Hilka de Groot-Böhlhoff
Jutta Farhadi

IN SACHEN ERNÄHRUNG

Ernährungslehre

2. Auflage

D1730073

Europa-Nr.: 60312

VERLAG EUROPA-LEHRMITTEL · Nourney, Vollmer GmbH & Co.
Düsselberger Straße 23 · 42781 Haan-Gruiten

VORWORT

Verfasserinnen:

Hilka de Groot-Böhlhoff
Lebensmittelchemikerin, Hesel

Jutta Farhadi
Studienrätin, Neckarsulm

Lektorat:
Hilka de Groot-Böhlhoff, Hesel

Layout und Gestaltung:
Hilka de Groot-Böhlhoff

Umschlaggestaltung unter
Verwendung von Abbildungen
von im Bildquellenverzeichnis
genannten Firmen.

2. Auflage 1994

Druck 5 4 3 2 1

Alle Drucke derselben Auflage
sind parallel einsetzbar.

ISBN 3-8085-6032-0

© 1994 by
Verlag Europa-Lehrmittel
Nourney, Vollmer GmbH & Co.,
42781 Haan-Gruiten
Druck: IMO-Großdruckerei,
42275 Wuppertal

Die Erfahrung lehrt, daß Schülerinnen und Schüler sich oftmals schwertun, wenn sie zum ersten Mal, losgelöst vom Lebensmittel, mit den verschiedenen Nähr- und Wirkstoffen konfrontiert werden.

Die zum Teil recht abstrakten Inhalte bleiben dann leicht ohne konkreten Bezug, die Informationen werden nicht über das Verständnis gespeichert, sondern einfach auswendig gelernt.

Wir haben uns daher bei der Konzeption dieses Buches für einen methodischen Weg entschieden, der diese Art Problem gar nicht erst aufkommen lassen dürfte.

Im lebensmittelkundlichen Teil ist zunächst immer erst ein Nahrungsmittel Gegenstand der Betrachtung. Es wird, anknüpfend an den Erfahrungshorizont des Schülers, ausführlich mit all seinen Eigenschaften und Besonderheiten dargestellt.

Vor diesem Hintergrund ergibt sich die Frage nach den Inhaltsstoffen dann fast von selbst. Die entsprechenden Informationen werden eingebettet in das bis dahin schon erworbene Wissen und ruhen damit auf einem soliden Fundament. Tips zur Verarbeitung und ein passendes Rezept sorgen danach wieder für die erneute Rückkopplung zur Praxis.

Der gesamte Informationsfluß mündet danach in den ernährungskundlichen Teil und wird dort zu Richtlinien für eine bedarfsgerechte Ernährung der verschiedenen Altersgruppen umgesetzt.

Maßgebend für die Veränderungen in der zweiten Auflage war unser Bestreben, die lebendigen und schülernahen Darstellungen noch im Hinblick auf ihre Anwendbarkeit im Unterricht zu optimieren.

So haben wir eine Vielzahl von Fragen unterschiedlicher Schwierigkeitsgrade eingefügt, deren Beantwortung durch gründliches Durcharbeiten des Textes ermöglicht wird und somit eine Überprüfung und Vertiefung des Erlernten gestattet.

Schülerversuche, als Mittel der Veranschaulichung theoretischer Inhalte und damit auch der Motivierung von Schülerinnen und Schülern, gewinnen zunehmend an Bedeutung, sind oft schon Bestandteile der Lehrpläne. Dieser Entwicklung trägt unser neuartig konzipierter Praktikumsteil Rechnung: praktische Durchführung und theoretische Auswertung der vorgeschlagenen Übungsblocks sind jeweils in einer Unterrichtsdoppelstunde durchführbar.

Aktuelle Daten, Übersichten und eine angegliederte Nährwerttabelle helfen, den Unterricht praxisnah und vielseitig zu gestalten.

Die Verfasserinnen

Inhaltsverzeichnis

1. Einstimmung

Das Bemühen um eine ausreichende Versorgung mit Nahrung ist so alt wie die Menschheit selbst und steht nach wie vor im Mittelpunkt menschlichen Lebens. Geändert haben sich lediglich die Formen der Beschaffung.

1.1 Nahrung erhält das Leben

Die Jäger und Sammler der vorgeschichtlichen Zeit waren noch stundenlang unterwegs, bis sie alles Nötige für die täglichen Mahlzeiten beisammen hatten, und oft genug machten sie sich vergebens auf den Weg. Dann hielt der Hunger Einzug in die Wohnhöhlen der Frühzeit. Wer noch zu klein oder durch Krankheit geschwächt war, den kosteten solche mageren Zeiten oftmals das Leben. Entsprechend niedrig war die Lebenserwartung der damals lebenden Menschen.

Völlig ausgerottet sind Mangel und Hunger allerdings immer noch nicht. Die Länder der Dritten Welt befinden sich bis zum heutigen Tag in einer permanenten Ernährungskrise, deren Ende noch längst nicht abzusehen ist. Sie wird sich vermutlich noch dramatisch verstärken, denn wegen der verbesserten medizinischen Versorgung sind die Bevölkerungszahlen in den letzten Jahrzehnten drastisch angestiegen, eine Entwicklung, die sich weiter fortsetzt. Eine Lösung der Ernährungsprobleme dieser Völker ist nicht einmal ansatzweise in Sicht.

Die hochindustrialisierten Länder bieten da ein total anderes Bild. Es wird alles angeboten, was der Appetit begehrt. Hunger ist schon längst kein Thema mehr. Wir haben bei uns nicht das Problem des „Zuwenig", sondern kommen mit dem Überfluß nicht klar.

Man sieht, auch ein reichliches Nahrungsmittelangebot garantiert noch keine optimale Ernährung. Wer daraus ungezielt nur das auswählt, was ihm schmeckt, versorgt seinen Körper oftmals am Bedarf vorbei. Übergewicht, Mangelerscheinungen und letztlich ernährungsbedingte Krankheiten sind dann sehr leicht die Konsequenz. Ungesunde Lebensgewohnheiten, z. B. wenig körperliche Bewegung und übermäßiger Alkohol- und Nikotingenuß, tun dann das ihre, um solche Entwicklungen zu beschleunigen.

Zitat aus der Nationalen Verzehrsstudie 1991

„Die zu hohe Energiezufuhr bleibt das wichtigste Ernährungsproblem in der Bundesrepublik Deutschland. Die Teilaspekte ‚zuviel Fett' und ‚zuviel Eiweiß' dürften dabei die Hauptursache in vielen Fällen von Übergewicht sein."

1.2 Warum wir essen

Wer gerade eine seiner täglichen Mahlzeiten, möglicherweise sogar sein Leibgericht, mit Genuß verzehrt, widmet sich dabei sicherlich in erster Linie dem Wohlgeschmack der Speisen. Er wird Essen in diesem Augenblick nicht als lebenserhaltende Pflichterfüllung, sondern vielmehr als etwas ausgesprochen Erfreuliches empfinden.

Dennoch, so vergnüglich und vielfach gesellig Mahlzeiten auch verlaufen können und sollen, niemand sollte darüber vergessen, daß sie nichts sind, was wir unserem Körper „einfach so", wie es gerade kommt, ganz nach Lust und Laune gönnen dürfen. Nur ein regelmäßiges, in Art und Zusammensetzung auf die Bedürfnisse des Organismus abgestimmtes Nahrungsangebot erhält und stärkt unser Wohlbefinden und unsere Leistungsfähigkeit.

Ein Fleischgericht: vor allem als Bestandteil von Hauptmahlzeiten geeignet.

1.2.1 Energieumsatz

Unser Körper benötigt deshalb eine regelmäßige Nahrungszufuhr, weil er ständig, tagaus-tagein, und das noch rund um die Uhr, Arbeit leisten muß.

Der Körper benötigt Nahrung, um leistungsfähig zu sein.

Wann immer Arbeit verrichtet werden muß, egal ob von einer Maschine oder von einem lebenden Organismus, ist dazu Energie erforderlich. Ein Auto ist nur dann startklar, wenn sich genügend Sprit im Tank befindet. Während der Fahrt setzt der Motor die in Benzin oder Diesel enthaltene Energie frei und verrichtet mit ihrer Hilfe Transportarbeit.

Der „Treibstoff" des Menschen ist die Nahrung, bzw. die darin enthaltenen Energieträger Kohlenhydrate und Fette. Aus ihnen gewinnt der Körper auf dem Wege eines komplizierten Abbauverfahrens die lebensnotwendige Energie.

Quarkspeise: nährstoffreicher Kraftspender z. B. als Dessert.

Kleine Energiekunde

Die Bezeichnung „Energie" ist ein Begriff aus der Physik. Der Physiker unterscheidet verschiedene Energieformen:

— Chemische Energie
— Wärmeenergie
— Mechanische Energie
— Elektrische Energie.

Die physikalische Einheit für Energie ist das Joule (J).

1000 Joule (J) = 1 Kilojoule (kJ)

Früher wurde die Einheit Kalorie (cal) verwendet.

1000 Kalorien (cal) = 1 Kilokalorie (kcal)
1 kcal entspricht 4,185 kJ.

Für die Ernährung des Menschen ist ausschließlich chemisch gebundene Energie von Bedeutung.
Grundsätzlich stellt jede Art von Materie, z. B. Kohle, Benzin, Fett oder Zucker, chemisch gebundene Energie dar. Als Energiequelle für den Menschen kommen jedoch nur solche Stoffe in Betracht, die der Organismus in den körpereigenen „Chemie-Labors" seiner Zellen verwerten kann. Es sind:

— Kohlenhydrate mit 17,22 kJ pro Gramm
— Fett mit 39,06 kJ pro Gramm
— Eiweiß mit 17,22 kJ pro Gramm
— Alkohol mit 30 kJ pro Gramm.

1.2.1.1 Grundumsatz

Von der aufgenommenen Nahrungsenergie zweigt der Körper erst einmal einen Teil ab, um damit seine „Routineaufgaben" zu erfüllen. Dazu gehören:

— Aufrechterhaltung der Atmung und Herztätigkeit
— Abwicklung von Stoffwechselvorgängen
— Sichern einer gleichmäßigen Körpertemperatur.

Diesen unverzichtbaren Grundbedarf an Energie nennt man Grundumsatz.

Der Grundumsatz ist nicht bei allen Menschen gleich, sondern er wird von verschiedenen Faktoren beeinflußt.

Genaue Definition:

Grundumsatz ist die Energiemenge, die ein Körper in nüchternem Zustand bei völliger Ruhe und einer Umgebungstemperatur von 20 °C benötigt.

Körperzusammensetzung

Der menschliche Körper besteht aus verschiedensten Organen und Gewebearten. Je nachdem, wie stoffwechselaktiv sie im einzelnen sind, haben sie einen mehr oder weniger hohen Anteil am Grundumsatz.

Allein bei den einzelnen Organen lassen sich erhebliche Unterschiede im Energiebedarf feststellen. Er liegt bei der Leber, dem „Zentrallabor" des menschlichen Körpers, wo unzählige Stoffwechselreaktionen ablaufen, am höchsten.

Gewebe und Organe mit einem intensiven Stoffwechsel haben einen hohen Anteil am Grundumsatz.

Anteil der verschiedenen Organe am Grundumsatz

Organ	Anteil am Körpergewicht (%)	Anteil am Grundumsatz (%)
Leber	2,1	26,4
Gehirn	2,0	18,3
Herz	0,4	9,2
Nieren	0,4	7,2

Gleiches gilt für die einzelnen Gewebearten. So verbraucht Fettgewebe, in dem hauptsächlich Stoffreserven abgelagert sind, deutlich weniger Energie als das Arbeit verrichtende Muskelgewebe mit seinem erheblich intensiveren Stoffwechsel. Ein Mensch mit gut bemuskeltem Körper und nur geringem Fettanteil wird daher einen vergleichsweise höheren Grundumsatz aufweisen als jemand, der eine nur gering entwickelte Muskulatur besitzt und dafür mit zahlreichen Fettpolstern bestückt ist.

Gewicht und Größe

Der Grundumsatz nimmt mit Körpergröße und -gewicht zu.

Auch Gewicht und Größe bestimmen die Höhe des Grundumsatzes mit. Zum einen hat ein großer, schwerer Mensch einfach mehr Masse und damit insgesamt mehr stoffwechselaktives Gewebe. Zum anderen nimmt mit Größe und Gewicht die Körperoberfläche zu. Das wiederum erhöht den energetischen Aufwand für die Regulierung der Körpertemperatur, denn durch eine größere Oberfläche kühlt der Körper leichter aus.

Geschlecht

Der Grundumsatz von Männern ist höher als der von Frauen.

Männer haben im allgemeinen einen höheren Grundumsatz als Frauen, vor allem deshalb, weil ihr Muskelanteil über und ihr Fettgewebeanteil unter dem von Frauen liegt.

Bei Frauen schwankt der Grundumsatz außerdem geringfügig mit dem Zyklus. Während einer Schwangerschaft steigt er deutlich an, gegen Ende um 20 bis 25 %.

Alter

Der Grundumsatz von alten Menschen ist niedriger als der von jungen.

Mit zunehmendem Alter wird der Stoffwechsel „langsamer". Das hat natürlich Auswirkungen auf den Grundumsatz; er nimmt ab.

Berechnung des Grundumsatzes

Häufig wird für die Berechnung des täglichen Grundumsatzes eine Faustformel von 4,2 kJ pro kg Körpergewicht und Stunde angegeben. Die danach erzielten Ergebnisse sind jedoch sehr ungenau, weil die individuellen Besonderheiten des einzelnen Körpers völlig unberücksichtigt bleiben. Am exaktesten sind Berechnungen, die von der Körperoberfläche ausgehen.

Körperoberfläche Erwachsener

Nomogramm zur Bestimmung der Körperoberfläche aus Größe und Gewicht

Länge	Oberfläche	Gewicht
cm 200	m² 2,7	kg 140
195	2,6	135 / 130
190	2,5 / 2,4	125 / 120
185	2,3	115 / 110
180	2,2	105 / 100
175	2,1 / 2,0	95 / 90
170	1,9	85
165	1,8	80 / 75
160	1,7	70
155	1,6	65
150	1,5	60
145	1,4	55 / 50
140	1,3	45
135	1,2	40
130	1,1	35
125		
cm 120	m² 1,0	kg 30

Zur Ermittlung der Körperoberfläche geht man folgendermaßen vor:

1. Markieren der Körpergröße auf der linken Skala.
2. Markieren des Körpergewichtes auf der rechten Seite.
3. Verbinden der beiden Markierungen durch eine gerade Linie.
4. Ablesen der Körperoberfläche am Schnittpunkt der Verbindungslinie mit der mittleren Skala.

Berechnungsbeispiel

Es soll der tägliche Grundumsatz eines 16jährigen Mädchens bestimmt werden (Größe: 165 cm, Gewicht: 53 kg).

Lösungsweg:

1. Bestimmung der Körperoberfläche anhand des Nomogramms.
   Ergebnis: 1,57 m²

2. Bestimmung des Grundumsatzes pro m² und Stunde nach der Tabelle für die Standardwerte.
   Ergebnis: 158 kJ

3. Umrechnung auf 1,57 m² und 24 Stunden.

Rechnung

Bedarf für:
1 m² und 1 Std. = 158 kJ

Bedarf für:
1,57 m² und
1 Std. = 1,57 x 158 kJ

Bedarf für:
1,57 m² und
24 Std. = 1,57 x 24 x 158 kJ

Ergebnis: 5 953 kJ

Standardwerte des Grundumsatzes bezogen auf die Körperoberfläche

Alter in Jahren	Männer (kJ/m²/h)	Frauen (kJ/m²/h)
3	252	228
4	242	226
5	236	222
6	226	214
7	219	208
8	213	201
9	207	193
10	200	188
11	195	185
12	190	176
13	186	170
14	183	164
15	182	160
16	180	158
17	175	152
18	170	149
19	168	148
20	167	148
21	165	147
22	164	147
23	163	147
24	162	147
25	161	147
26	160	146
27	159	146
28	158	146
29	158	146
30	157	146
31	157	146
32	156	146
33	155	146
34	155	146
35	154	146
36	154	145
37	154	145
38	154	144
39	153	144
40	153	144
45	152	142
50	151	140
55	148	138
60	146	136
65	142	133
70	139	131
75	133	130

1.2.1.2 Leistungsumsatz

Mit einer täglichen Energiezufuhr in Höhe des Grundumsatzes würde unser Körper zwar am Leben bleiben, sobald wir ihm jedoch Leistungen über den Rahmen der reinen Selbsterhaltung hinaus abverlangen wollen, ist dazu zusätzliche Energie nötig. Diese „Oben-drauf-Energie" bezeichnet man als Leistungsumsatz. Die Höhe des Leistungsumsatzes ist in erster Linie davon abhängig, welche Art körperlicher Arbeit ein Mensch verrichtet.

> *Für das Verrichten von Arbeit benötigt der Mensch zusätzliche Energie, den Leistungsumsatz.*

Energieverbrauch bei verschiedenen körperlichen Tätigkeiten

Art der Tätigkeit	Energieverbrauch (kJ/h)
Gehen auf ebenem Weg (2 km/h)	426
Autofahren (Landstraße)	252
Autofahren (Stadtverkehr)	804
Radfahren (10 km/h, ebene Straße, kein Gegenwind)	702
Radfahren (20 km/h, ebene Straße, kein Gegenwind)	1962
Einfaches Aufräumen	480
Bettenmachen	1032
Fensterputzen	828
Fegen	906
Staubsaugen	804
Boden wischen (gebückt)	1332
Boden wischen (stehend)	1002
Wäsche aufhängen	1254
Bügeln	678
Gymnastik	1254
Laufen (9 km/h)	2514

Für die Ermittlung des beruflich bedingten Energiebedarfs — er wird auch Arbeitsumsatz genannt — ist die tatsächliche Arbeitsleistung bzw. die Berufsschwere entscheidend.

Beispiele für einzelne Berufsschweregruppen

Leichtarbeiter: Büroangestellte, Laboranten, Feinmechaniker, Pkw-Fahrer, Fließbandarbeiter

Mittelschwerarbeiter: Autoschlosser, Verkäuferin, Anstreicher, hauswirtschaftliche Tätigkeit mit größerem manuellen Aufwand

Schwerarbeiter: mehrere landwirtschaftliche Tätigkeiten, Maurer, Zimmermann, Dachdecker, Masseur

Schwerstarbeiter: Waldarbeiter, Steinbrucharbeiter, Stahlarbeiter, Hochofenarbeiter, Kohlenhauer

Weitere Faktoren, die den Leistungsumsatz beeinflussen

— **Umgebungstemperatur**
Bei niedrigen Temperaturen erhöht sich der Energiebedarf für das Aufrechterhalten der Körpertemperatur.

— **Verdauung der Nahrung**

— **Zusätzliche Stoffwechselleistungen in Schwangerschaft und Stillzeit**

— **Muskelarbeit**

Beruflich bedingter Energiebedarf bei Frauen (DGE 1992)

Schwere der Arbeit	kJ/h
leicht	unter 250
mittel	250—500
schwer	über 500

Beruflich bedingter Energiebedarf bei Männern (DGE 1992)

Schwere der Arbeit	kJ/h
leicht	unter 315
mittel	315—630
schwer	630—840
schwerst	über 840

Berechnungsbeispiel

Es soll der tägliche Gesamtumsatz eines 16jährigen Mädchens bestimmt werden.
1. Gesamtumsatz: 5 953 kJ
2. Freizeitumsatz: 2 900 kJ
   (normale Körperbewegungen: 1 300 kJ, sportliches Training: 1 600 kJ)
3. Zuschlag für Stoffumsatz: 1 600 kJ.

Ergebnis: 9 815 kJ

Gesamtumsatz
Grundumsatz +   *Leistungsumsatz*

Der Körper benötigt zum Aufbau von Körpersubstanz Baustoffe.

Baustoffe sind:

— *Proteine*

— *Mineralstoffe*

— *Wasser.*

Für wenige spezielle Aufgaben noch:

— *Fette*

— *Kohlenhydrate.*

Der Körper benötigt zum Steuern seines Stoffwechsels Reglerstoffe.

Reglerstoffe sind:

— *Enzyme*

— *Vitamine*

— *Hormone*

— *Mineralstoffe.*

Für die berufsfreie Zeit empfiehlt die DGE, für Erwachsene einen Freizeitzuschlag von 840 bis 1260 kJ pro Tag zu veranschlagen. Er bezieht sich auf die normalen körperlichen Bewegungen, auch während des Weges von und zu der Arbeit. Für sportliche und andere körperliche Betätigungen sind zusätzliche Aufschläge nötig.

1.2.2 Stoffumsatz

Man darf die Zufuhr von Nahrung jedoch nicht nur unter dem Aspekt der Energie, also der „Treibstoffversorgung", betrachten. Ein Nahrungsangebot kann nämlich energiemäßig durchaus dem Bedarf des Körpers entsprechen und dennoch nicht ausreichend sein. Warum? Nun, die Frage beantwortet sich eigentlich ganz von selbst, wenn man bedenkt, daß jede der vielen Millionen Zellen einmal beginnende „Bauschäden" zeigen kann, daß Versorgungsleitungen brüchig werden können und daß Körperflüssigkeiten sich im Laufe der Zeit verbrauchen, wenn sie nicht regelmäßig nachproduziert werden. Für diese Aufgaben reicht eine bedarfsgerechte Energieversorgung allein nicht aus, da muß Baumaterial her, um rechtzeitige „Reparaturarbeiten" möglich zu machen.

Die Konsequenz für ein ausgewogenes Nahrungsangebot heißt daher: neben Energielieferanten benötigt der Körper Baustoffe. Nur sie gewährleisten, daß er verbrauchte Zellen ersetzen oder, während des Wachstums z.B., zusätzliche Zellen aufbauen kann.

1.2.3 Gesamtumsatz

Der tägliche Gesamtumsatz ergibt sich nun aus dem Grundumsatz plus Leistungsumsatz. Dabei werden für den Leistungsumsatz folgende Bedingungen angenommen:
— eine achtstündige Arbeitszeit
— ein täglicher Freizeitumsatz von 840 bis 1260 kJ
— ein gemäßigtes Klima.

1.2.4 Steuerung von Energie- und Stoffumsatz

Die Energiegewinnung aus der Nahrung und die Verarbeitung der darin enthaltenen Baustoffe sind hochkomplizierte Vorgänge. Im Rahmen vielstufiger, sogenannter biochemischer Prozesse werden Nahrungsbestandteile ab- bzw. umgebaut. Jeder lebende Organismus, das gilt nicht nur für den Menschen, sondern auch für Pflanzen und Tiere, ist eine ständig in Aktion befindliche chemische Fabrik. Ein derart vielschichtiges Geschehen kann in seinem Ablauf nun nicht einfach dem Zufall überlassen werden, sondern bedarf der Steuerung und Kontrolle. Der Körper setzt zu diesem Zweck Reglerstoffe ein; sie sorgen dafür, daß Energie- und Stoffumsatz in geregelten Bahnen ablaufen und nicht in ein großes Chaos ausarten. Einen Teil dieser Stoffe, die Hormone und Enzyme, produziert er selbst. Andere, die Vitamine und Mineralstoffe, muß er mit der Nahrung aufnehmen.

2. Die Nahrung und ihre Bestandteile

Auch wenn es heute schon Astronautenkost per Pille gibt, normalerweise besteht unsere Nahrung aus Nahrungsmitteln wie Fleisch, Gemüse, Obst, Milch oder Brot. Sie werden fast ausschließlich aus Pflanzen und Tieren gewonnen.

Die Vielfalt des Nahrungsangebots ist groß. Jedoch, so reichhaltig die Natur uns auch den Tisch gedeckt hat, Untersuchungen aller Lebensmittel haben gezeigt, daß sich darin immer wieder die gleichen lebensnotwendigen Stoffgruppen finden.

Verschiedene Gemüsearten: Nahrungsmittel, wie die Natur sie schuf.

Unterschiede zwischen den einzelnen Nahrungsmitteln bestehen eigentlich nur in der mengenmäßigen Zusammensetzung. Die meisten von ihnen sind durch einen für sie besonders charakteristischen Bestandteil gekennzeichnet. So sind Getreideprodukte, Back- und Teigwaren oder Reis vor allem Lieferanten von Kohlenhydraten. Fleisch, Milch und Eier versorgen uns vornehmlich mit Eiweiß, und Obst und Gemüse enthalten reichlich Vitamine und Mineralstoffe.

Der Stoffbedarf des Menschen kann also durch sehr unterschiedliche Nahrungsmittel und Kostformen gedeckt werden; nicht die „Verpackung" in Form eines bestimmten Nahrungsmittels ist qualitätsentscheidend, sondern Art und Menge der Inhaltsstoffe.

Lebensnotwendige Bestandteile der Nahrung:

— Eiweißstoffe
— Kohlenhydrate
— Fette
— Mineralstoffe
— Vitamine
— Wasser
— Ballaststoffe

Grundnahrungsmittel Brot

Verbrauch an Brot und Brötchen im europaweiten Vergleich. Angaben pro Person und Jahr in kg.

Quelle: DGE-Info 1/2 1993

Deutschland

80

Dänemark, Italien

75

Norwegen

74

Finnland, Belgien, Portugal

73

Schweden, Spanien

70

Irland

65

Niederlande

64

Österreich

60

Frankreich

56

Schweiz

54

Großbritannien

53

Luxemburg

52

Brot gab es bereits vor ca. 6000 Jahren.

2.1 Kohlenhydratreiche Nahrungsmittel

Diese Nahrungsmittel sind ausschließlich pflanzlicher Herkunft. Sie liefern die vor allem als Energieträger bedeutsamen Kohlenhydrate.

2.1.1 Brot

Diese Nahrungsmittel sind ausschließlich pflanzlicher Herkunft. Sie liefern vor allem die als Energieträger bedeutsamen Kohlenhydrate. Manche von ihnen, z. B. Kartoffeln oder Getreide, enthalten aber auch nennenswerte Mengen an Eiweiß.

„Sich sein Brot verdienen"

„Brotlos werden"

„Den Brotkorb höher hängen"

Vielerorts ist es üblich, „frisch gebackenen" Hausbesitzern Brot und Salz zu überreichen, als Symbol dafür, daß sie niemals Not leiden mögen.

Auch aus der modernen Ernährung, die sich nach neuesten wissenschaftlichen Erkenntnissen richtet, ist Brot nicht wegzudenken.

Die Geschichte des Brotes begann, als der Mensch gelernt hatte, Getreide anzubauen; das ist ca. 6000 Jahre her. Seit damals sind Getreidepflanzen als Kulturformen bekannt. Von da an war der Siegeszug des Getreides nicht mehr aufzuhalten. Da es auf vergleichsweise kleiner Fläche hohe Erträge bringt und in fast allen Klimazonen gedeiht, entwickelte es sich bald zur hauptsächlichen Nahrungsgrundlage.

Brot im heutigen Sinne kannte man damals allerdings zunächst noch nicht, sondern verarbeitete das Getreide zu Fladenbrot. Die Körner wurden zu Schrot zerkleinert, mit Wasser, Milch und Fett zu einem Brei angerührt und auf erhitzten Steinen oder in heißer Asche zu kleinen Fladen gebacken. Nach dem Erkalten wurde dieses Fladenbrot zwar steinhart, hielt sich wegen des geringen Wassergehaltes jedoch monatelang und konnte daher als Vorrat gelagert werden.

Vor ca. 2000 Jahren entdeckten die Ägypter dann den Sauerteig als Triebmittel und stellten damit das erste gelockerte Brot her. Lange Zeit war dieses „feine Brot" als ausgesprochene Delikatesse den Wohlhabenden vorbehalten. Das einfache Volk knabberte nach wie vor die harten Fladen. Auch in Deutschland galt gelockertes Brot bis ins 15. Jahrhundert hinein als „Herrenessen" und Festtagskost.

Altertümliche Wandzeichnung: Brotherstellung im alten Ägypten

Heutzutage ist der Brotkorb bei uns für jedermann da und außerdem so reichhaltig gefüllt wie in keinem anderen Land. Mehr als 300 verschiedene Brötchen- und Brotsorten verlassen täglich die bundesdeutschen Backstuben.

2.1.1.1 Brotgetreide

Zum Brotbacken dienen vor allem Weizen und Roggen. Der Aufbau des Korns ist bei beiden Getreidearten gleich. Es wird umschlossen von der aus mehreren Schichten zusammengesetzten Fruchtschale. Sie besteht aus unverdaulicher Cellulose und enthält außerdem zahlreiche Mineralstoffe und Vitamin B_1.
An die Fruchtschale schließt sich die Aleuronschicht an; hier befinden sich vor allem Eiweiß und Fett.
Der Mehlkörper im Inneren ist die Vorratskammer des Keimlings und enthält vor allem Stärke und Eiweiß.

Der Keim selbst ist mit einem Erstvorrat an allen lebensnotwendigen Stoffen versorgt, denn aus ihm soll sich ja eigentlich später eine neue Getreidepflanze entwickeln. Das darin vorkommende Fett wird allerdings leicht ranzig; man entfernt den Keim daher normalerweise. Nur in Vollkornmehlen muß er erhalten bleiben.

Verarbeitung von Getreide

Der erste Verarbeitungsschritt bei Getreide ist das Vermahlen. Die Körner werden zerkleinert und dabei von Schalenanteilen befreit, je nach Mahlverfahren unterschiedlich stark.

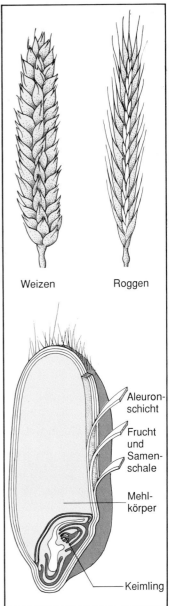

Weizen   Roggen

Aleuronschicht

Frucht und Samenschale

Mehlkörper

Keimling

Die lebensnotwendigen Bestandteile eines Weizenkornes:

— 68% Kohlenhydrate
— 18 % Eiweiß
— 1,9% Fett
— 1,9% unverdauliche Anteile
— 1,8% Mineralstoffe
— Vitamine.

Der Ausmahlungsgrad
gibt an, wieviel Gewichts-
prozente des Korns im Mehl
enthalten sind.

Beispiel:
Bei der Weißmehlherstellung
(Type 405) wird vor dem
Vermahlen der Kleieanteil
entfernt. Aus 1 kg Korn
erhält man deshalb nur
noch höchstens 410 g Weißmehl. Der Ausmahlungsgrad
beträgt 41%.

Man spricht in diesem Zusammenhang von Ausmahlungsgrad.
Man kennzeichnet den Ausmahlungsgrad mit dem Begriff Mehl-
type, dem ein Zahlenwert zugeordnet ist, der den mittleren Mineralstoffgehalt in mg pro 100 g Mehl angibt. Z. B. Weizenmehl Type
405 hat einen mittleren Mineralstoffgehalt von 405 mg in 100 g
Mehl. Je höher der Ausmahlungsgrad des Mehles, desto höher
seine Typenzahl, desto höher sein Nährstoffgehalt.

Mehltypen des Handels

Weizenmehl		Roggenmehl	
Type	Mineralstoffgehalt in mg/100 g Trockenmasse	Type	Mineralstoffgehalt in mg/100 g Trockenmasse
405	bis 500	815	bis 900
550	510— 630	997	910—1100
812	640— 900	1150	1110—1300
1050	910—1200	1370	1310—1600
1600	1210—1800	1740	1610—1800

**Ein Mehl mit einem hohen
Ausmahlungsgrad**
enthält daher noch reichlich
äußere Schichten, also auch
Vitamine, Mineralstoffe und
Cellulose.

**Ein Mehl mit einem nie-
drigen Ausmahlungsgrad**
enthält keinen oder nur
noch einen geringen Anteil
an Randschichten, deshalb
ist hier auch der Gehalt an
Vitaminen, Mineralstoffen
und Cellulose gering.

Vollkornmehle und Schrote enthalten die Anteile des gesamten
Korns, auch den Keimling. Sie sind wegen des relativ hohen Fettgehaltes nicht lange lagerfähig.

Wie wird die Type bestimmt?

Eine abgewogene Menge Mehl wird auf ca. 900 °C erhitzt. Dabei
verbrennen alle organischen Bestandteile. Nur die Mineralstoffe
bleiben als Asche zurück. Das Gewicht der Asche in mg gibt die
Type an.
Außer nach dem Ausmahlungsgrad teilt man Getreidemahlerzeug-
nisse noch nach dem Feinheitsgrad ein.

Mahlerzeugnisse mit verschiedenen Feinheitsgraden

Schrot
Dies ist die gröbste Mahlstufe.
Schrotbrote haben einen kernigen Biß und schmecken nach
„Korn".

Grieß

So heißt das körnig gemahlene Produkt aus Mehlkern.
Grieß ist sehr quellfähig und wird daher zur Zubereitung von Suppen, Soßen und Flammeri verwendet.

Dunst

Dieses Produkt ist dem Grieß sehr ähnlich, nur feinkörniger.
Man verwendet Dunst für feine Hefegebäcke.

Griffiges Mehl

Dieses Mehl steht im Feinheitsgrad zwischen Dunst und Feinmehl.
Man verarbeitet es vor allem zu Teigwaren und Klößen.

Feinmehl

Dies ist die feinste Mahlstufe.
Es wird zu allen feinen Gebäcken verarbeitet.

Sonstige Getreideerzeugnisse

Flocken

Sie entstehen aus den ganzen oder geschroteten Körnern, die mit Wasserdampf behandelt und dann zu Flocken gepreßt werden.
Man verwendet sie für Müsli und Milchsuppen.

Stärkemehl

Es wird aus dem stärkereichen Mehlkörper gewonnen. Das Eiweiß wird dabei entfernt. Auch andere Pflanzen, hauptsächlich Kartoffeln und Reis, eignen sich für die Gewinnung von Stärkemehl. Küchentechnisch wird es vor allem zum Binden von Suppen und Soßen und zum Zubereiten von Flammeris und Cremes verwendet.

Kleie

Sie besteht aus den Randschichten und dem Keim des Korns und ist sehr reich an Mineralstoffen und Cellulose.
Wegen der hohen Celluloseanteile wirkt sie besonders verdauungsfördernd und wird daher vielfach hellen Broten zugemischt oder auch zu Diätzwecken eingesetzt. Leider ist die Kleie, im Vergleich zum gesamten Getreidekorn, am stärksten mit Schadstoffen (Schwermetallen) belastet.

Was es sonst noch an Getreidearten gibt

Neben Weizen und Roggen, die hauptsächlich als Brotgetreide eine Rolle spielen, gibt es noch einige andere hochwertige Getreidearten, die als Bestandteil von Müsli oder zum Bereiten von Speisen wie z.B. Breien oder Suppen Verwendung finden.

Buchweizen

Er ist biologisch gesehen gar kein Getreide, sondern gehört zu den Knöterichgewächsen. Man baut ihn vor allem im nördlichen Europa, in Sibirien und Nordamerika an.
Seine Früchte ähneln im Aussehen den Bucheckern und sind besonders reich an Eiweiß.
Nachdem der Buchweizen bei uns lange Zeit vergessen war, hat die Vollwertkost (s. S. 246) ihn wiederentdeckt.

Was sind Spezialmehle?

Diese Produkte enthalten zusätzliche Beimischungen oder wurden besonderen Behandlungen unterzogen.

Instantmehle

Sie wurden nach dem Mahlen in feuchte Luft eingeblasen. Dabei kommt es zur Bildung winziger Zusammenlagerungen von Mehlteilchen. Das Mehl „agglomeriert", wie es in der Fachsprache heißt, und erhält dadurch ein leicht körniges Aussehen. Instantmehl läßt sich mit Wasser ohne Klumpenbildung schnell und problemlos anrühren. Es ist daher besonders gut zum Binden geeignet.

Backfertige Mehle

Sie enthalten bereits einen Teil oder sogar alle Zutaten, die für ein bestimmtes Gebäck benötigt werden, z.B. Ei- und Milchpulver, Triebmittel, Gewürze und Aromen. Die Zubereitung beschränkt sich daher auf nur wenige, schnell zu erledigende Arbeiten wie das Anteigen mit Wasser, das Formen und Abbacken.

Wird verwendet für:

— Suppen
— Breie
— Pfannkuchen
  (Blinis, Crêpes).

Gerste

Die Gerstenkörner unterscheiden sich von denen des Roggens und des Weizens. Sie sind von einer mit den Randschichten fest verwachsenen Spelze umgeben. Um diese ungenießbare Hülle zu entfernen, müssen die Körner in Mühlen geschält und anschließend geschliffen werden. Sie sind danach glatt und von rundlicher Form. In ihrer stofflichen Zusammensetzung ähnelt Gerste dem Weizen.

Wird verwendet für:

— Suppen
— Breie.

— Graupen sind geschälte und polierte Gerstenkörner.
— Rollgerste sind besonders grobe Graupen, die vor der Zubereitung in Wasser eingeweicht werden müssen.

Dinkel

Dinkel ist wahrscheinlich die wilde Urform des Weizens. Seine Körner sind wie bei der Gerste von einer Spelze umgeben. Sie werden auf die gleiche Weise geschält und geschliffen und anschließend zu Graupen, Grütze oder Mehl verarbeitet.

Wird verwendet für:

— Suppen
— Gebäck
— Pfannkuchen.

Grünkern

Grünkern ist unreif geernteter Dinkel, der über gelindem Feuer schwach geröstet wurde. Er entwickelt dabei einen würzigen Geschmack. Auch Grünkern spielt in der Vollwertkost eine große Rolle.

Hafer

Wird verwendet für:

— Breie (Porridge)
— Haferschleim
— Müsli.

Hauptanbaugebiete des Hafers sind Nordeuropa, Nordasien und Nordamerika.
Charakteristisch für Hafer ist sein hoher Fett- und Eiweißgehalt. Durch Entfernen der Spelze erhält man den „geschälten" Hafer. Beim groben Schroten entsteht daraus Hafergrütze. Beim Zerquetschen zwischen Walzen entstehen Haferflocken.

Hirse

Wird verwendet für:

— Breie
— Suppen
— mit anderen Getreidesorten zu Brot verarbeitet.

Sie wird vor allem in Afrika, Asien und neuerdings auch Nordamerika angebaut. Sie ist die wichtigste Brotfrucht Afrikas, denn als anspruchslose Pflanze gedeiht sie auch auf kargen Böden und bei großer Dürre.
Hirse ist ebenfalls fettreicher als Weizen.
Ihre Körner werden geschält und meist als ganzes Korn angeboten.

Mais

Als einzige Getreideart enthält Mais größere Mengen an β-Carotin, der Vorstufe von Vitamin A. Aus den Keimen stammt das hochwertige Maiskeimöl. Sein Eiweiß ist nicht sehr hochwertig und sollte mit anderen pflanzlichen oder tierischen Eiweißträgern kombiniert werden (s. S. 81). Bei uns wird er vor allem zu Maisstärke oder -grieß verarbeitet. Unreifer Zuckermais kann als Gemüse verzehrt werden. Getrocknete Maiskörner sind als Popcorn beliebt.

Wird verwendet für:

— Breie (z.B. Polenta)
— Fladenbrot.

Lagerung von Getreideerzeugnissen

Getreideerzeugnisse ziehen leicht Feuchtigkeit an und werden dann muffig. Man lagert sie am besten in der handelsüblichen Verpackkung in kühlen, gut gelüfteten und trockenen Vorratsschränken. Die Lagerzeit richtet sich vor allem nach dem Feinheitsgrad der Erzeugnisse:

— Grobe Erzeugnisse wie Flocken, Graupen, Schrot und Grieß halten sich ca. 6 Monate. Ausnahme: Vollkornschrot, er enthält den fettreichen Keim und ist nicht länger als 6 Wochen haltbar.

— Mehl hält sich mindestens 2 Monate in bester Qualität. Ausnahme: Vollkornmehl, es enthält ebenfalls Keimanteile und sollte nach spätestens 8 Wochen verbraucht sein.

2.1.1.2 Teigbereitung und Backvorgang

Vier Dinge sind unverzichtbar, um Brot backen zu können:

— Mehl ist die Grundsubstanz des Brotes.
— Wasser ist nötig, um das Mehl quellen zu lassen.
— Triebmittel sorgen für die Lockerung.
— Salz rundet den Geschmack ab und festigt die Krume.

Mit weiteren Zutaten wie Gewürzen, Nüssen oder Rosinen lassen sich dann Brote unterschiedlicher Geschmacksrichtungen herstellen.
Zur Lockerung von Brotteig sind Hefe und Sauerteig am besten geeignet.

Kleber: wichtig beim Backen

Für das Gelingen von Gebäcken ist eine bestimmte Eiweißart, das Klebereiweiß, von besonderer Bedeutung. Es verfestigt sich während des Backprozesses bei rund 70 °C und sorgt dadurch für ein stabiles Gerüst. Das Weizenkorn besitzt im Vergleich zu anderen Getreidesorten den höchsten Klebergehalt. Roggen ist dagegen relativ kleberarm.

Was ist Hefe?

Bei Backhefe handelt es sich um Pilzkulturen lebender Mikroorganismen. Die Hefepilze sind in der Lage, Zucker in Alkohol und Kohlendioxid aufzuspalten.
Dieser Vorgang wird als alkoholische Gärung bezeichnet.

$$C_6H_{12}O_6 \xrightarrow{\text{Hefe}} 2\ CO_2 + 2\ C_2H_5OH$$

Glucose   Kohlenstoff-   Ethanol
                 dioxid

Beide Abbauprodukte dehnen sich in der Backhitze aus und wirken auf diese Weise teiglockernd. Die Hefepilze benötigen allerdings eine gewisse „Anlaufzeit", bis sie so richtig in Schwung kommen. Mit Hefe bereitete Teige müssen daher vor dem Backen erst „gehen". Backhefe ist als Frischhefe im Handel. Sie ist in kleinen Päckchen abgepackt und hält sich im Kühlschrank ca. 2 bis 3 Wochen. Daneben gibt es die Trockenhefe in Tütchen, die bis zu zwei Jahren lagerfähig ist.

Die „Zutaten"

Klebereiweiß

Stärke

Wasser

Lockerungsmittel:
CO_2 aus Hefe

Beim Kneten und bei der Gare:

Klebereiweiß lagert Wasser an.
CO_2 entsteht aus Hefe.

Das Anteigen

Beim Anteigen wird der für die zu verarbeitende Mehlmenge erforderliche Sauerteig oder die Hefe mit dem Mehl, etwas Salz und dem erwärmten Wasser vermischt und geknetet. Nach einer gewissen „Reifezeit", auch Gare oder Teigruhe genannt, wird der Teig gewogen, geformt und bis zur endgültigen Ofenreife noch einmal einer Gare überlassen.

— Beim Kneten und während der Teigruhe lagert das Klebereiweiß Wasser an. Der Teig wird deshalb trockener.

— Hefe und/oder Sauerteig produzieren Alkohol und das gasförmige Kohlendioxid. Es bewirkt die Lockerung des Teiges.

Beim Backen:

CO_2 und Wasserdampf dehnen sich aus, Klebereiweiß gerinnt und gibt Wasser ab.
Stärke verkleistert.

Das Backen

Während des Backprozesses kommt es zu einer Reihe chemischer und physikalischer Veränderungen:

— bis die eiweißhaltige Hefe bei ca. 60 °C gerinnt, bildet sie weiter Alkohol und Kohlendioxid. Mit steigender Temperatur dehnt sich CO_2 aus und entweicht. Alkohol verdampft. Dadurch bilden sich die gebäcktypischen Poren.

— Eiweiß gerinnt. Das Klebereiweiß gibt das bei der Teigbereitung angelagerte Wasser wieder ab. Es entsteht ein stabiles, doch lockeres Gerüst.

— Stärke nimmt freiwerdendes Wasser auf und verkleistert.

— Wasser verdunstet. Der Wasserdampf lockert das Gebäck ebenfalls.

— An der Oberfläche bilden sich wohlriechende und -schmeckende Röststoffe.

Freigeschobene Brote

Sie werden einzeln zu runden oder länglichen Laiben geformt und freiliegend, ohne einander zu berühren, gebacken. So kann sich rundherum eine geschlossene Kruste bilden.
Land- und Bauernbrote werden z.B. so gebacken.

Freigeschobene Brote

Angeschobene Brote

Sie werden nebeneinander „auf Tuchfühlung" in den Ofen geschoben. So bleiben die Seiten weich und hell.
Kommißbrot wird z.B. so gebacken.

Kastenbrote

Sie werden, wie der Name schon sagt, in einer Kastenform gebakken. Dabei bilden Weizenbrote auch seitlich eine feste Kruste, während die anderen Sorten dort weich bleiben.
Toast- und Grahambrot werden z.B. so gebacken.

Angeschobene Brote

Dampfkammerbrote

Sie werden in dicht verschließbaren Spezial-Backkammern gestapelt und mit erhitztem Dampf gegart. Die Temperatur steigt dabei nicht über 100 °C. Die Backzeit beträgt oft Stunden. Die Brote entwickeln zwar keine Kruste, enthalten aber noch sehr viele der hitzeempfindlichen Vitamine.
Schrotbrote werden z.B. so gebacken.

Kastenbrote

2.1.1.3 Brotsorten

Die Vielfalt des Brotsortiments kann man in vier „Grundsorten" unterteilen.

Roggenbrot

Es wird aus Roggenmehl gebacken. Das großporige Brot hat einen leicht säuerlichen Geschmack und hält sich lange frisch.
Wegen des meist hohen Ausmahlungsgrades der verwendeten Roggenmehle ist der Vitamin- und Mineralstoffgehalt hoch.

Dampfkammerbrote

Weizenbrote

Diese Brotsorten werden aus reinem Weizenmehl, teilweise unter Zusatz von Milch, Fett, Salz und Zucker, gebacken. Sie haben einen milden, neutralen Geschmack und passen sich daher allen anderen Geschmacksrichtungen, von herzhaft bis süß, gut an.
Weizenbrot eignet sich nicht zur längeren Lagerung, weil es leicht altbacken wird.
Wegen des meist geringen Ausmahlungsgrades ist der Vitamin- und Mineralstoffgehalt bei hellen Weizenbroten weniger hoch.

Roggenmischbrote

Sie werden aus einer Mischung von Roggen- und Weizenmehl gebacken, die mindestens 51 % Roggenmehl enthalten muß. Sie lassen sich gut lagern.
Je dunkler das Brot, desto höher ist der Ausmahlungsgrad und damit der Vitamin- und Mineralstoffgehalt.

Roggenbrote

Weizenbrote

Weizenmischbrote

Bei dieser Mischbrotvariante überwiegt der Anteil des Weizenmehls. Je höher er ist, desto milder und neutraler schmeckt das Brot.

Der Vitamin- und Mineralstoffgehalt ist geringer als bei Roggenmischbrot.

Roggenmischbrote   *Weizenmischbrote*

Achtung!

Nicht immer handelt es sich bei dunklen Broten um wertvolles Vollkornbrot. Die Herstellung von Broten aus hochausgemahlenen Mehlen ist backtechnisch aufwendiger als die von hellem Weizenfeinbrot. Findige Bäcker haben sich daher einige Tricks ausgedacht, um helles Brot dunkler zu färben. Sie verlängern die Backzeit oder setzen Backmalz zu. Die Farbe allein ist also noch kein verläßliches Qualitätsmerkmal.

Welches Brot hält wie lange?

— Roggenbrot 7 Tage
— Weizenbrote ohne Fettzusatz 1 bis 2 Tage
— Weizenbrote mit Fettzusatz 3 Tage (Ausnahme: Toastbrot bis zu 7 Tage)
— Roggen- oder Weizenmischbrote 3 bis 5 Tage (je höher die Roggenanteile, desto länger haltbar)
— Schrot- oder Vollkornbrote bis zu 12 Tage.

Beim Altern gibt die Stärke wieder Wasser ab. Das Gebäck wird zuerst weich, dann durch Verdunsten des Wassers hart.

Was sind Vollkornbrote?

Sie sind Produkte aus ungeschälten Getreidekörnern einschließlich des Keimlings. Es gibt sowohl Roggen- als auch Weizenvollkornbrote.

Vollkornbrote haben von allen Sorten den höchsten Anteil an wertvollen Inhaltsstoffen.

Der Verbraucher verbindet mit dem Begriff „Vollkornbrot" oft die Vorstellung, es sei aus unzerkleinerten Körnern gebacken. Es muß jedoch lediglich alle Bestandteile des Korns enthalten, egal, ob Mehl, Schrot oder das ganze Korn verbacken wurden.

Spezialbrote

Neben den nach Standardrezepten zubereiteten Broten gibt es noch einige Brotspezialitäten, die durch besondere Zutaten oder Backverfahren ihren typischen Geschmack und ein unverwechselbares Aussehen erhalten.

Grahambrot

Es ist benannt nach dem amerikanischen Arzt Dr. Graham und wird aus Weizenschrot ohne Zusatz von Salz und Hefe gebacken. Sein Geschmack ist neutral bis nußartig. Der Eiweißgehalt ist im Vergleich zu anderen Brotsorten hoch.

24

Gewürzbrote

Diese Brote sind als deftige Spezialitäten sehr beliebt. Sie werden unter Beigabe würziger Zutaten wie z.B. Sesam, Kümmel, Leinsamen oder Zwiebeln gebacken. Dabei muß die Würze deutlich zu schmecken sein.

Die Lieblingsbrotsorten der Deutschen

(mit Mehrfachnennungen, Durchschnitt aller Bundesländer)

Weiß-/Weizenbrot 12%
Roggen-Mischbrot 28%
Vollkornbrot 25%
Roggenbrot 10%
"Spezial"-Brot 28%
Weizen-Mischbrot 17%

Quelle: GMF/EMNID

Steinmetzbrot

Es wird aus dem vollen Korn von Weizen oder Roggen oder aus Kornmischungen gebacken. Lediglich die strohige Außenhülse wurde zuvor in einem aufwendigen Naßschälverfahren entfernt. Der Teig wird in Formen bei gleichmäßiger Hitze und längerer Backzeit als sonst üblich gebacken. Dadurch bildet sich ein kräftiger, würziger Geschmack.

Schlüterbrot

So nennt man ein Roggenvollkornbrot, das als Zutat Schlütermehl enthält. Dieses Mehl wird aus Kleie gewonnen, die man so aufbereitet, daß die Stärke teilweise zu Zucker abgebaut wird. Der Zucker bräunt beim Backen und gibt dem Brot einen bei seinen Liebhabern geschätzten süßlich-aromatischen Geschmack.

Sechskornbrot

Wie der Name schon sagt, ist dieses Brot aus sechs verschiedenen Kornarten gebacken. Das können z.B. sein: Roggen, Hafer, Gerste, Hirse, Leinsamen und Sesam (obwohl Leinsamen und Sesam häufig verwendet werden, sind es keine „Körner" im üblichen Sinne, sondern wie auch Sonnenblumenkerne, Ölsaaten). Es gibt daneben auch Drei-, Vier- oder Fünfkornbrote.

Rosinenbrot

Je nach Region heißt dieses Brot auch Klaben, Klöben oder Stuten. Es ist ein Hefebrot, das vorwiegend aus Weizenmehl unter Zusatz von Rosinen, Sultaninen oder Korinthen gebacken wird. Der Anteil an Trockenfrüchten muß mindestens 15 Prozent betragen.

Toastbrot

Diese aus den angelsächsischen Ländern stammende Brotart erhält ihren besonderen Charakter durch den Zusatz von Fett zum Teig. Es wird aus Weizenmehl hergestellt und hat eine sehr lockere, feinporige Krume und einen mild-lieblichen Geschmack. Seinen vollen Geschmack entfaltet es allerdings erst beim Toasten.
Toastbrot wird heute in vielerlei Abwandlungen angeboten, z.B. als Buttertoast mit Butter gebacken oder als Dreikorntoast, hergestellt aus Weizen-, Hafer- und Roggenmehl.

Knäckebrot

Dieses Brot stammt aus Skandinavien. Es ist ein Flachbrot, das bei hohen Temperaturen schnell gebacken und anschließend getrocknet wird. Je nach Getreideart und Bräunungsgrad schmeckt es neutral bis würzig. Wegen seines geringen Wassergehaltes ist es sehr lange lagerfähig.

Teigverarbeitung:

— Teig auf einer bemehlten Platte mit den Händen durchkneten,

— einen Teller mit Mehl in Reichweite stellen und die Hände bei der weiteren Verarbeitung öfters mit Mehl einreiben, weil der Teig am Anfang leicht klebt,

— mit Geschirrtuch abdecken und 1 Stunde gehen lassen,

— zwei längliche Brote formen und auf der Oberseite leicht einschneiden,

— Brote dünn mit Mehl bestreuen, im vorgeheizten Backofen bei 220 °C ca. 50 Minuten backen.

Brot kann man auch selber backen!

1 Grundrezept	Roggenmischbrot
700 g Sauerteig 300 g Weizenmehl (Type 1050) 350 g Roggenmehl (Type 1370)	*in eine Schüssel geben, rechts und links eine Vertiefung eindrücken*
20 g Salz 40 g Hefe	*in eine Vertiefung das Salz, in die andere die zerbröckelte Hefe geben*
200 cm^3 Wasser	*lauwarm erwärmen, langsam über die Hefe gießen und den Teig mit dem Knethaken des Handrührers gut vermischen*
	ca. 1/2 Stunde gehen lassen, mit Geschirrtuch abdecken

Tips zur Lagerung

Brot kann seine Frische entweder durch Austrocknen oder durch Schimmelbefall verlieren. Vor beidem kann man es durch eine luftige, nicht zu trockene Lagerung schützen.

Für unverpacktes Brot gut geeignet sind:
— Brotkästen oder -fächer mit Lüftungsschlitzen,
— ein Steinguttopf, in den das Brot mit der Schnittfläche nach unten gelegt wird.
Alte Brotreste oder Krümel in den Behältern können die Schimmelbildung begünstigen. Sie sollten daher regelmäßig entfernt und der Brotbehälter mit Essigwasser gereinigt werden.

Für die Lagerung von Schnittbrot gilt:
— Brot in der Verpackung aufbewahren,
— Verpackung nach jedem Gebrauch sorgfältig schließen.

In den Kühlschrank gehört Brot grundsätzlich nicht. Bei den dort herrschenden Temperaturen wird es besonders schnell altbacken. Gut lagern kann man Brot dagegen in Gefriergeräten; am besten die noch ofenfrische Ware einfrieren.

Achtung!

Angeschimmeltes Brot wegwerfen!

Die auf dem Brot wachsenden Schimmelpilze sondern hochgiftige Substanzen, die sog. Aflatoxine, ab. Aflatoxine sind wasserlöslich und durchziehen daher das gesamte Brot. Durch Ausschneiden entfernt man also zwar die Schimmelkulturen, nicht aber deren Gift.

2.1.1.4 Nährwert von Brot

Wie fast alle Nahrungsmittel enthält Brot mehrere, für die Ernährung bedeutsame Stoffe. Die folgende Tabelle gibt die genauen Gehalte wieder.

Nährwertgehalt von Brot (in 100 g)

Brotsorte	Nährstoffe				Vitamine			Mineralstoffe				
	Kohlen-hydrate (g)	Ei-weiß (g)	Fett (g)	kJ	B_1 (µg)	B_2 (µg)	Nico-tins. (mg)	Na (mg)	K (mg)	Ca (mg)	P (mg)	Fe (mg)
Roggenvollkorn-brot	45,4	7,4	1,2	940	180	150	0,6	420	290	44	220	3,4
Roggenbrot	50,2	6,4	1,2	1010	160	120	0,6	520	230	36	130	2,0
Roggenmisch-brot	50,4	6,4	1,4	1020	180	120	1,0	468	270	32	168	3,0
Weizenvollkorn-brot	50,2	7,6	1,0	1020	250	150	3,4	370	110	96	266	2,0
Weizenbrot	51,2	8,2	1,2	1060	86	60	1,0	386	130	60	90	1,0

Bereits auf den ersten Blick läßt diese Zusammenstellung erkennen, daß Brot hauptsächlich aus Kohlenhydraten besteht. Diese Nährstoffart ist charakteristisch für alle Brotsorten. Was ursprünglich als Nährstoffvorrat für die junge Pflanze dienen sollte, steht nun uns als Nährstoffquelle zur Verfügung. Wenn wir Brot verzehren, nutzen wir die von der Natur angelegten Reserven für unsere Ernährung aus.

In diesem Zusammenhang wird sich vielleicht doch mancher die Frage stellen, wie eigentlich kommen diese immer wieder nachwachsenden, für uns so selbstverständlichen Vorräte zustande. Diese Frage zu beantworten ist eine längere, aber spannende Geschichte.

2.1.1.5 Kohlenhydrate oder: was Sonne und Brot miteinander zu tun haben

Sonnenblumen sind wichtige Ölpflanzen. Ohne genügende Energiezufuhr können sie nicht wachsen.

So unterschiedlich Erscheinungsbild und Lebensbedingungen aller Lebewesen auf dieser Erde auch sind, eines haben sie alle gemeinsam: jedes einzelne von ihnen kann sich nur dann entwickeln und am Leben erhalten, wenn es regelmäßig mit Energie versorgt wird.

Das gilt für den winzigsten Einzeller genauso wie für den hochspezialisierten menschlichen Organismus. Wird die Energiezufuhr unterbrochen, stellt ein jeder Organismus bald seine Lebensfunktionen ein und stirbt.

Die Sonne ist Energiequelle für das Leben auf der Erde.

Um alle hungrigen Mäuler stopfen zu können, schafft daher die Natur seit vielen Millionen Jahren unaufhörlich gewaltige Energiemengen heran. Als fast unerschöpfliche Energiequelle dient zu diesem Zweck die Sonne.

Jedoch, die Sonne ist Tausende von Kilometern weit weg. Wie nur gelangt die Energie von dort auf unseren Planeten und dann weiter zu den einzelnen Lebewesen, und auf welche Art wird sie verwertet?

Wer diesem Geheimnis auf die Spur kommen will, muß sich zunächst ein bißchen näher mit dem Geschehen auf diesem für uns so lebenserhaltenden Fixstern befassen.

Die Sonne selbst ist ein riesiger Feuerball. Ständig kommt es dort zu heftigen chemischen Reaktionen von unvorstellbaren Ausmaßen; ein Hochofen mit seinen vielen Tonnen glühenden Inhaltes ist verglichen damit ein harmloses kleines Lagerfeuer. Währenddessen entwickeln sich laufend große Mengen Wärme und Licht. Sie werden von dort ins Weltall abgestrahlt und erreichen, nachdem sie den weiten Weg zu uns zurückgelegt haben, auch die Erde. Wir spüren die angenehme Wärme auf der Haut und können das Licht mit den Augen wahrnehmen.

Die Sonne sendet energiereiche UV-Strahlen auf die Erde herab.

Aber die Sonne macht es bei uns nicht nur warm und hell. Gleichzeitig mit dem sichtbaren macht sich noch „verborgenes" Licht auf den Weg zu uns. Diese Lichtanteile heißen UV-Strahlen und sind besonders energiereich. UV-Strahlen können chemische Reaktionen auslösen. Wer seinen Körper der Sonne aussetzt, kann das an sich selbst beobachten. Die in den oberen Hautschichten eingelagerten Farbpigmente verfärben sich; die Haut bräunt. Von grundlegender Bedeutung für die „Energieversorgung" aller lebenden Organismen ist nun eine Reaktion, die sich unter dem Einfluß von UV-Strahlen in den grünen Pflanzen abspielt.

UV-Strahlen können chemische Reaktionen auslösen.

Pflanzen enthalten in den Randschichten ihrer Blätter den grünen Farbstoff Chlorophyll. Dieser Farbstoff „fängt" UV-Strahlen ein und leitet die darin enthaltene Energie im Inneren der Zellen weiter. Mit Hilfe der eingefangenen Energie kann die Pflanze dann eine chemische Reaktion ablaufen lassen. Sie verbindet Kohlendioxid (CO_2) und Wasser (H_2O) zu Traubenzucker (Glucose). Diesen Vorgang, der nur in Pflanzen ablaufen kann, nennt man Photosynthese oder Assimilation.

Die Pflanzen enthalten Chlorophyll.

Er läuft nach folgender Gleichung ab:

Chlorophyll bindet UV-Strahlen.

$$6\,CO_2 + 6\,H_2O \xrightarrow{\text{Energie}} C_6H_{12}O_6 + 6\,O_2$$

Kohlen-   Wasser   Trauben-   Sauerstoff
dioxid   zucker

Das benötigte Kohlendioxid wird aus der Luft durch die Spaltöffnungen aufgenommen, das Wasser aus dem Boden über die Wurzeln.

Die Energie der UV-Strahlen ermöglicht die Photosynthese.

Die Pflanzen und der von ihnen hergestellte Traubenzucker stehen also ganz am Anfang der Energiegewinnung. Genau genommen ist

Traubenzucker auch nichts anderes als gespeicherte Sonnenenergie. Diesen Speicher kann die Pflanze auf unterschiedliche Weise nutzen.

1. Sie „befreit" die Energie wieder aus der gebundenen Form durch Zerlegen des Traubenzuckermoleküls und nutzt sie für die vielen verschiedenen Aufgaben, die ihr Organismus zu leisten hat. Endprodukt dieses Abbaus ist Kohlendioxid, das wieder an die Umgebung abgegeben wird.

2. Sie „verlagert" die Energie in eine andere Form von Speicher, indem sie den Traubenzucker z.B. in Stärke oder Fett umwandelt.

Wegen ihrer Fähigkeit, Sonnenenergie in Form von Traubenzucker zu binden, sind die Pflanzen in puncto Energie absolute Selbstversorger. Sie benötigen als „Nahrung" lediglich Kohlendioxid und Wasser, abgesehen von Mineralstoffen. Alles andere regeln sie selbst.

Nicht so die Tiere und der Mensch. Sie sind darauf angewiesen, Nährstoffe fix und fertig „vorfabriziert", sozusagen als „Second-Hand-Energie" mit der Nahrung aufzunehmen. Aus diesen Nährstoffen gewinnen sie dann durch Abbau die benötigte Energie. Endprodukt dieses Abbaus ist wie bei der Pflanze Kohlendioxid, das ebenfalls vom Organismus ausgeschieden wird. Es steht danach wieder für die Photosynthese zur Verfügung.

Wir wissen jetzt also, daß die Pflanzen auf dem Wege der Photosynthese Traubenzucker herstellen können. Wir wollen ihn von jetzt an mit seinem „Fachnamen" Glucose bezeichnen. Die Glucose ist gewissermaßen die Stamm-Mutter sämtlicher Stoffe, die unter der Bezeichnung „Kohlenhydrate" zusammengefaßt werden.

Bei der Photosynthese entsteht aus CO_2 und H_2O Traubenzucker.

Traubenzucker wird auch Glucose genannt.

Pflanzen können aus Glucose Energie gewinnen.

Pflanzen können die Glucose-Energie verlagern und als Stärke oder Fett speichern.

Soja:
Beispiel für einen Fettspeicher

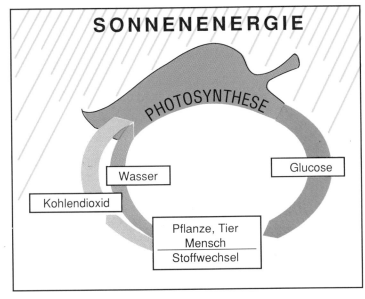

Kreislauf von Materie und Energie

Wie Kohlenhydrate noch heißen

Kohlenhydrate werden im allgemeinen auch als „Saccharide" bezeichnet.

Für die einfachen Glieder ist auch die Bezeichnung „Zucker" üblich.

In ihrem Namen tragen sie alle die Endung „-ose", z. B.:

— Glucose
— Saccharose
— Cellulose.

Symbol für Monosaccharide

$$
\begin{array}{l}
\quad\; C \!\!\nwarrow^{\!\!\displaystyle O}_{\!\!\displaystyle H} \\
\quad\; | \\
H - C - OH \\
\quad\; | \\
HO - C - H \\
\quad\; | \\
H - C - OH \\
\quad\; | \\
H - C - OH \\
\quad\; | \\
\quad CH_2OH
\end{array}
$$

Glucose

$$
\begin{array}{l}
\quad CH_2OH \\
\quad\; | \\
\quad\; C = 0 \\
\quad\; | \\
HO - C - H \\
\quad\; | \\
H - C - OH \\
\quad\; | \\
H - C - OH \\
\quad\; | \\
\quad CH_2OH
\end{array}
$$

Fructose

$$
\begin{array}{l}
\quad\; C \!\!\nwarrow^{\!\!\displaystyle O}_{\!\!\displaystyle H} \\
\quad\; | \\
H - C - OH \\
\quad\; | \\
HO - C - H \\
\quad\; | \\
HO - C - H \\
\quad\; | \\
H - C - OH \\
\quad\; | \\
\quad CH_2OH
\end{array}
$$

Galaktose

Symbol für Disaccharide

Warum nennt man Glucose ein Kohlenhydrat?

Die chemische Formel von Glucose ist $C_6H_{12}O_6$, sie enthält also die Elemente:

— Kohlenstoff (C)
— Wasserstoff (H)
— Sauerstoff (O).

Die zahlenmäßigen Anteile der einzelnen Atome sind:

1 Kohlenstoff (C) : 2 Wasserstoff (H) : 1 Sauerstoff (O)

Dabei entspricht das Verhältnis Wasserstoff zu Sauerstoff genau der Zusammensetzung des Wassers (H_2O). Rein formal betrachtet kann man dieZusammensetzung auch so formulieren:

1 Kohlenstoff (C) : 1 Wasser (H_2O)

Da Wasser im Griechischen „hydor" heißt, ist vor diesem Hintergrund der Begriff „Kohlenhydrate" entstanden.

Welche Arten von Sacchariden gibt es?

Man teilt die Saccharide in drei Gruppen ein.

Monosaccharide

So heißen die einfachen Zucker.
Glucose kennen wir bereits. Weitere wichtige Vertreter sind:

— Fruchtzucker oder Fructose
— Schleimzucker oder Galaktose

Wie bei der Glucose ist ihre chemische Summenformel $C_6H_{12}O_6$. Anzahl und Art der Atome ist also gleich. Sie unterscheiden sich lediglich in der Anordnung.

Disaccharide

Sie entstehen durch Zusammenschluß von zwei einfachen Zuckern zu einem Doppelzucker unter Wasserabspaltung.

Wichtige Vertreter sind:
— Rohr- oder Rübenzucker = Saccharose, bestehend aus
       je einem Glucose- und Fructosebaustein
— Malzzucker = Maltose, bestehend aus zwei Glucosebausteinen
— Milchzucker = Lactose, bestehend aus je einem Glucose- und Galactosebaustein.

Polysaccharide

Sie entstehen, wenn sich sehr viele Monosaccharide zu „Riesenmolekülen" zusammenschließen.

Wichtige Vertreter sind:
— **Stärke,** zusammengesetzt aus zwei Arten von Riesenmolekülen,
  der Amylose und dem Amylopektin.
  Sie dient als Reservekohlenhydrat.
— **Dextrine,** das sind Stärkebruchstücke, die durch Abbau von
  Stärke gebildet werden.
— **Glykogen,** so heißt die „tierische Stärke".
  Sie dient in menschlichen und tierischen Organismen der kurz-
  fristigen Energiespeicherung.
— **Cellulose** ist der Gerüststoff von Pflanzen.

2.1.1.6 Die Kohlenhydrate von Getreide und Brot

Das Getreidekorn enthält vor allem die Kohlenhydrate Stärke und
Cellulose. Beide Stoffe sind Polysaccharide. Chemisch gesehen
handelt es sich bei Polysacchariden um sogenannte polymere Verbindungen.

Zur Chemie polymerer Verbindungen

Eine polymere Verbindung entsteht immer dann, wenn viele
kleine Moleküle (sog. Monomere) sich zu „Riesenmoleku-
len" (sog. Polymeren) zusammenlagern. Das Endprodukt
unterscheidet sich dabei erheblich in seinen chemischen und
physikalischen Eigenschaften. Beispielsweise sind die allgemeine Reaktionsfähigkeit und die Löslichkeit durch den
Zusammenschluß stark herabgesetzt.

**Was Stärke und Cellulose
gemeinsam haben**

— Beide sind aus Glucose-
  bausteinen zusammen-
  gesetzt.
— Beide sind schwerer
  löslich als ihre Aus-
  gangsstoffe, die Mono-
  saccharide.

Besonderheiten von Stärke

Bei Stärke unterscheidet man zwischen zwei Bestandteilen, der
Amylose und dem Amylopektin.

Amylose:

— Sie besteht aus ca. 200 bis 1000 Glucose-Bausteinen; die Glucose-Moleküle bilden unverzweigte, zu einer Schraube aufgewik-
  kelte Ketten.

— Sie ist in heißem Wasser löslich, dabei bildet sich leicht eine gal-
  lertartige Masse.

— Sie ist verdaulich.

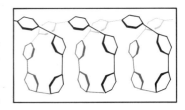

Amylose:
Stärke besteht zu ca. 20 %
aus diesem Polysaccharid.

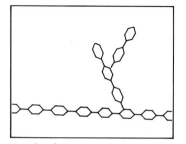

Amylopektin:
Ca. 80 % der Stärke bestehen aus
diesem Kohlenhydrat.

Welche Aufgabe hat Stärke in den Pflanzen?

Sie dient als Energiespeicher; so besteht z. B. der Mehlkörper des Getreidekorns aus Stärke.

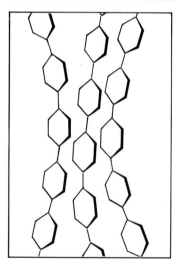

Cellulose:
Die langen Ketten werden beim Aufbau der Stützgewebe fest miteinander verflochten.

Welche Aufgabe hat Cellulose in der Pflanze?

Sie dient als Gerüstsubstanz, so besteht z. B. die schützende, harte Schale des Getreidekorns aus Cellulose.

Amylopektin:

— Es besteht aus ca. 200 000 bis 1 Mio. Glucose-Bausteinen, die verzweigte Ketten bilden, an jedem 25. Glucose-Molekül eine Verzweigung.

— Es löst sich in Wasser nicht auf, sondern quillt nur (Verkleisterung).

— Es ist verdaulich.

Besonderheiten von Cellulose

— Sie enthält bis zu 100 000 Glucose-Bausteine. Die Glucose-Moleküle bilden lange Ketten, die, anders als in Amylose oder Amylopektin, fest miteinander verflochten sind, eine viel engere Verknüpfung als bei Stärke.

— Sie ist wegen der starken Verknüpfung unlöslich in Wasser.

— Sie ist wegen der starken Verknüpfung von den Verdauungssäften nicht angreifbar, also unverdaulich.

Verwandte der Cellulose

Neben Cellulose kommen in der Samenschale des Getreidekorns noch sog. Hemicellulosen vor. Sie bestehen vorwiegend aus Monosacchariden, deren Molekül im Unterschied zu Glucose nur fünf Kohlenstoff-Atome enthält.
Die Art der Verknüpfung ist ähnlich wie bei Cellulose. Daher sind auch sie wasserunlöslich und unverdaulich.
Vergesellschaftet mit den Hemicellulosen treten in Pflanzen meist noch die Pektine auf. Sie bilden mit Wasser schnittfeste Gele und werden bei der Herstellung von Konfitüren und Gelees verwendet.

Im Brot kommen noch Dextrine vor

Fertig gebackenes Brot enthält außer Stärke und Cellulose (diese nur bei Verwendung höher ausgemahlener Mehle) noch Dextrine. Sie sind Spaltprodukte der Stärke und entstehen beim Erhitzen dadurch, daß die Stärkeketten zerreißen.

Besonderheiten der Dextrine

— Sie entstehen vor allem in den Rindenschichten des Brotes (Röstdextrine), weil die Hitzeeinwirkung dort am stärksten ist und verleihen ihm den typischen Wohlgeschmack.

— Sie sind wegen der geringen Molekülgröße im Unterschied zu Stärke wasserlöslich.

2.1.1.7 Glykogen: Reservekohlenhydrat von Mensch und Tier

Auch Mensch und Tier haben <u>ihr</u> für sie typisches Reserve-Kohlenhydrat. Es ist ähnlich aufgebaut wie das Amylopektin der Stärke, besitzt jedoch mehr Verzweigungen.

Im Muskel ist nur wenig Glykogen enthalten. Den höchsten Gehalt besitzt die Leber (bis zu 8%).

Glykogen ist für die kurzfristige Bereitstellung von Energie gedacht. Für den „Langzeit-Bedarf" speichern menschliche und tierische Organismen ihre Energie in Form von Fett (s. S. 56).

2.1.1.8 Bedeutung von Stärke, Cellulose und Dextrinen für unsere Ernährung

Alle drei Kohlenhydrate sind für die Ernährung des Menschen von Bedeutung.

Stärke und Dextrine:

Sie dienen dem Körper in erster Linie als Energielieferanten. Nur ein geringer Anteil erfüllt andere Aufgaben. Der Energiegehalt von Stärke und Dextrinen beträgt 17,22 kJ pro Gramm. Die in ihnen gebundene Energie ist jedoch nicht unmittelbar verfügbar, sondern erst, wenn die Glucoseketten in die einzelnen Monosaccharide aufgespalten sind. Stärke- und dextrinhaltige Nahrungsmittel bleiben daher verhältnismäßig lange im Verdauungstrakt, wo diese Aufspaltung stattfindet.
Sobald die Glucose als Monosaccharid freigesetzt ist, kann sie die Darmwand passieren und ihre Aufgaben im Körper erfüllen.

Stärke und Dextrine sind vor allem Energielieferanten.

1. Sie wird zwecks Energiegewinnung zu CO_2 und H_2O verbrannt.

2. Sie wird (zu einem geringen Anteil) als Baustoff herangezogen und zwar:
   — zum Aufbau von Stützgewebe
   — zur Bildung von Schleimstoffen
   — zum Aufbau von Blutbestandteilen.

Ein geringer Anteil der aus Stärke und Dextrinen freigesetzten Glucose dient als Baustoff.

Cellulose und Hemicellulosen

Diese Kohlenhydrate können vom menschlichen Organismus nicht in ihre Monosaccharide aufgespalten werden. Die Verknüpfungen sind zu fest. Dennoch spielen sie in der Ernährung als sogenannte Ballaststoffe eine Rolle. Sie regen die Darmtätigkeit an und wirken dadurch verdauungsfördernd (s. S. 270).

Cellulose und Hemicellulosen wirken als Ballaststoffe.

2.1.1.9 Küchentechnische Bedeutung von Stärke

Wegen ihrer Eigenschaft, mit Wasser zu quellen, verwendet man Stärke zum Binden von Süßspeisen, Suppen und Soßen.

Tips für die Praxis:

— Stärkehaltige Bindemittel vor dem Binden in kaltem Wasser anrühren. Keine warme Flüssigkeit verwenden; ein Teil der Stärke würde darin schon vorquellen und Klümpchen bilden.

— Bei längerem Erhitzen wird Stärke zu Dextrinen abgebaut. Das Bindevermögen nimmt dadurch ab oder geht ganz verloren. Deshalb die Speisen erst kurz vor Ende der Garzeit binden und nur einmal aufkochen lassen.

— Stärke wird durch Säuren abgebaut. Stärkehaltige Speisen nach der Zugabe von Säuren wie Zitronensaft oder Essig nicht mehr längere Zeit kochen.

— Stärke wirkt als Schutzkolloid. Verquirlt man eiweißhaltige Speisen vor dem Erhitzen mit etwas Stärke, so gerinnt das Eiweiß feinflockiger.

Beim Erhitzen mit Flüssigkeit platzen die Stärkekörner auf: Amylose löst sich, Amylopektin lagert Wasser an. So entsteht eine gelartige Masse: der Stärkekleister.

In der Hitze flockt Eiweiß aus.

Stärke „schiebt sich" zwischen die Eiweißmoleküle. Es entstehen feinere Flocken.

Ein „Stärke-Rezept"

Menge für 4 Personen	Spargelcremesuppe	
250 g Spargel oder Spargelabschnitte aus der Dose ¹/₂ l Wasser Salz 1 EL Butter	*Spargel waschen, putzen und in 2—3 cm lange Stücke schneiden. In kochendem Salzwasser mit etwas Butter ca. 15 Min. garen. Spargelwasser beim Abgießen auffangen*	
40 g Butter 40 g Mehl 1 l Flüssigkeit (Spargelbrühe und Wasser)	*die Butter erhitzen und das Mehl unter Rühren bei mäßiger Hitze darin erhitzen, bis keine Bläschen mehr aufsteigen und die Schwitze goldgelb ist, nach und nach die kalte Flüssigkeit dazugießen und weiterhin gut rühren, damit sich keine Klumpen bilden, einmal aufkochen lassen und dann von der Kochstelle nehmen*	
1 Eigelb 3 EL süße Sahne	*verquirlen und in die Suppe rühren*	
Salz, Zitronensaft, Muskat, gehackte Petersilie	*mit Salz, Muskat und Zitronensaft abschmecken und vor dem Servieren mit gehackter Petersilie bestreuen*	Hierzu passen getoastetes Weißbrot oder Käsestangen

2.1.2 Feingebäck

Kuchen, Kekse, Torten - sie sind die vornehmen Verwandten von Brot mit einem feineren Geschmack und mürberer Struktur. Damit diese Art Gebäck nach Wunsch gelingt, sind neben den Grundbestandteilen Mehl und Wasser noch weitere Zutaten erforderlich.

— Fett macht das Gebäck mürbe und verfeinert die Krume.
— Eier haben wegen des im Dotter enthaltenen Lecithins eine emulgierende und mürbe machende Wirkung.
— Zucker fördert bei Hefegebäck die Gärung und begünstigt die Aromabildung.

Im Prinzip läuft die Herstellung von Feingebäck nach dem gleichen Muster wie die von Brot auch. Unterschiede bestehen dagegen in der Art der Teiglockerung.
Von den uns bislang bekannten Mitteln verwendet man für Feingebäck nur die Hefe; Sauerteig ist zu kräftig im Geschmack und würde das feine Aroma dieser Backwaren stören.

Neben Hefe gibt es aber noch andere Triebmittel.

Backpulver

Die Verwendung von Backpulver ist wohl die bequemste Art, einen Teig zu lockern. Backpulver ist ein Gemisch aus Natriumbicarbonat (Natron) und einem sauer reagierenden Bestandteil, z.B. Weinsäure.

Während des Backens spaltet das Carbonat unter Einwirkung der Säure Kohlendioxid ab. Das in winzigen Gasbläschen entstehende CO_2 dehnt sich durch die Wärmewirkung aus, treibt den Teig hoch und sorgt so für eine lockere Beschaffenheit des fertigen Gebäcks.

Backpulver ist im Unterschied zu biologischen Triebmitteln sehr gut haltbar. Es erfreut sich vor allem deshalb so großer Beliebtheit, weil seine Dosierung sehr einfach und die Teigbereitung innerhalb sehr kurzer Zeit möglich ist. Ein „Gehenlassen" wie bei der Hefe ist nicht nötig.
Backpulver ist relativ geschmacksneutral. Eine besondere Geschmacksnote wie bei Hefegebäck läßt sich daher mit ihm nicht erzielen.

Hirschhornsalz

Es ist ein Gemisch aus Ammoniumcarbonat und Ammoniumcarbamat. Aus den Verbindungen wird beim Erhitzen Kohlendioxid, Ammoniak und Wasser frei.

Tip zur Anwendung

Die CO_2-Entwicklung wird bereits durch Zugabe von Flüssigkeit eingeleitet. Das Backpulver daher erst ganz zum Schluß zugeben, damit die Wirkung des CO_2 nicht zu früh und damit unwirksam „verpufft".

Die Besonderheit

Für sehr schwere Teige (Lebkuchen, Honigkuchen) verwendet man manchmal auch heute noch Pottasche (Kaliumcarbonat, K_2CO_3).

2.1.3 Teigwaren

Angeblich soll die Nudel aus China zu uns gekommen sein. Es geht die Legende, Marco Polo, der Weltumsegler, habe sie von dort mitgebracht. Wie dem auch sei, heute ist ganz sicher Italien das Nudelland. Wohl kaum einer beherrscht die „weiße Kunst" der Herstellung von Teigwaren so perfekt wie unsere südlichen Nachbarn. Es ist schon beeindruckend, welche Vielfalt sie zu bieten haben, und das aus so einfachen Zutaten wie Mehl, Wasser und eventuell noch Eiern.

Definition nach dem Lebensmittelgesetz:

Teigwaren sind kochfertige Erzeugnisse, die aus Weizengrieß oder Weizenmehl (Ausmahlungsgrad höchstens 70 %) mit oder ohne Verwendung von Ei, durch Einteigen, ohne Anwendung eines Gärungs- oder Backverfahrens, nur durch Formen und Trocknen bei gewöhnlicher Temperatur oder mäßiger Wärme hergestellt werden.

> *Teigwaren werden nicht gelockert und nicht gebacken.*

Nach dieser Definition unterscheiden sich Teigwaren von den bisher besprochenen Backwaren dadurch, daß weder eine Teiglockerung noch ein Backprozeß stattfindet.

2.1.3.1 Herstellung von Teigwaren

Als Rohstoff für die Herstellung von Teigwaren eignen sich ganz besonders Weizenmahlprodukte (Grieße, Dunste, Mehle) von Hartweizensorten (Durumweizen). Diese Sorten sind sehr kleberreich und binden daher Flüssigkeit besonders gut. Etwa 90% aller deutschen Teigwaren werden daraus hergestellt.

Ablauf der industriellen Bereitung von Teigwaren

1. Grieß, Dunst oder Mehl wird mit Wasser und Salz, bei Eierteigwaren noch mit Eiern, vermischt.

2. In riesigen Knettrögen werden alle Zutaten zu einem glatten Teig verknetet.

3. Wie es anschließend weitergeht, hängt davon ab, welche Art Nudel hergestellt werden soll.

   — Für die Herstellung von Walzwaren (Bandnudeln) wird der Teig hauchdünn ausgewalzt und danach in Bänder geschnitten.
   — Für die Herstellung von Preßwaren (Spaghetti, Makkaroni, Hörnchen) wird der Teig durch Formen gepreßt.

4. Der letzte Verarbeitungsschritt vollzieht sich bei allen Sorten wieder auf die gleiche Weise; die Teigwaren werden jetzt getrocknet.

Spätzleproduktion

Wichtig dabei: die Trocknung muß von innen nach außen verlaufen. Die Oberfläche darf nicht vor dem Inneren erhärten; es käme sonst zu Spannungen im Teiggefüge und die Nudeln würden beim Kochen platzen.

Um die Restfeuchte besonders schonend und bis in den „Kern" hinein zu entziehen, trocknet man nicht bei gleichbleibender Temperatur, sondern schickt die Ware durch verschiedene Klimazonen mit abwechselnd hoher und niedriger Temperatur bzw. Luftfeuchtigkeit. Man spricht in diesem Zusammenhang auch von Schwitz- und Ruheperioden des Trocknungsgutes. Die anzuwendenden Trocknungszeiten liegen je nach Sorte bei 6 bis 10 Stunden.

Nudeln auf dem Weg zur Verpackung

Man kann Nudeln auch selbst zubereiten!

1 Grundrezept	Nudelteig	
4 Eier 4 — 6 EL Wasser 1 TL Salz	*in eine Schüssel geben,* *alles miteinander verrühren*	Abwandlungen: 1. ca. 5 EL pürierten Spinat unter den Teig mischen 2. ca. 4 EL Tomatenmark mit den Eiern verrühren 3. ca. 5 EL Rote-Bete-Saft etwas einkochen, mit den Eiern verquirlen, den Teig mit 2 EL Wasser weniger bereiten
500 g Mehl	*auf ein Brett sieben, in die Mitte des Mehlberges eine Vertiefung eindrücken, die verrührten Eier hineingeben,* *das Mehl mit der Gabel nach und nach darunterrühren,* *mit bemehlten Händen alles schnell durcharbeiten und verkneten, bis der Teig glatt ist, er darf beim Durchschneiden keine Löcher mehr zeigen*	

2.1.3.2 Nudelsorten

Für Teigwaren, die auf dem deutschen Markt angeboten werden, sind genaue Qualitätsstufen festgelegt.

Grießnudeln
Sie werden aus normalem Weizengrieß oder -dunst ohne Eier hergestellt und sind als Teigwaren einfacher Qualität anzusehen.

Hartweizengrießnudeln
Bei ihrer Herstellung darf ausschließlich Hartweizengrieß verwendet werden; sie haben daher beste Kocheigenschaften. Man erkennt sie an ihrer intensiven, bräunlichgelben Farbe.

Eiernudeln
In Deutschland schätzt man die Eiernudel. Der Zusatz von Eiern macht die Nudeln besonders zart und locker.

Teigverarbeitung:

— Teig in 6 Teile teilen, jeden Teil für sich auf der bemehlten Arbeitsplatte ausrollen.

— Teigfladen zum Trocknen auf Küchentüchern ausbreiten.

— Sobald er nicht mehr klebt, kann der Teig geschnitten werden.

Bandnudeln

Makkaroni

Eiernudeln werden mit verschieden hohen Eiergehalten in den Handel gebracht:

— Einfache Eiernudeln enthalten pro kg Grieß $2\frac{1}{4}$ Hühnereier.

— Eiernudeln mit hohem Eiergehalt enthalten pro kg Grieß 4 Hüh-nereier.

— Eiernudeln mit sehr hohem Eiergehalt enthalten pro kg Grieß 6 Hühnereier.

Welche Nudeln für welchen Zweck?

Für die Verwendung in der Küche ist nicht nur die Qualität, sondern genauso die Form ein entscheidender Gesichtspunkt. Das leuchtet sofort ein, wenn man sich nur einmal Fadennudeln als Beilage oder die langen Makkaroni im Eintopf vorstellt.
Entsprechend ihrer Verwendungsmöglichkeiten unterscheidet man drei Gruppen:

Gemüsenudeln
Zu ihnen gehören Bandnudeln und kurze, krause Nudeln wie z.B. Hörnchen.
Man verwendet sie hauptsächlich als Beilage, aber auch für Auf-läufe und Eintöpfe.

Suppennudeln
Zu ihnen gehören z.B. Fadennudeln, Sternchen, und mit ihnen alle kleinen zarten Nudelformen.
Man verwendet sie als Suppeneinlage.

Langware
Unter dieser Bezeichnung faßt man die stift- oder röhrenförmigen Teigwaren wie Spaghetti oder Makkaroni zusammen. Aber auch die plattenförmigen Lasagne-Nudeln gehören dazu.
Man verzehrt sie hauptsächlich mit Soßen als Hauptgericht oder verwendet sie für Aufläufe.

2.1.3.3 Nährwert von Nudeln

Nudeln sind gar nicht die Energiebomben, als die sie vielfach noch gelten. Sie enthalten zwar reichlich Kohlenhydrate, dafür aber nur sehr wenig Fett. Der Energiegehalt von 100 g ungekochten Eiernu-deln liegt daher auch nur bei 1573 kJ.

Noch einige Vorzüge von Nudeln:

— Sie sind wegen ihres neutralen Geschmacks vielseitig verwend-bar, sowohl für pikante als auch für süße Gerichte.
— Wegen ihres geringen Wassergehaltes können sie lange gelagert werden und sind daher ein ideales Lebensmittel für die Vorrats-haltung.

Aufgaben

1. Welche Nahrungsmittel sind besonders kohlenhydratreich? Suchen Sie in der Nährwerttabelle (ab Seite 295) Nahrungsmittel, die im Vergleich zu anderen Nahrungsmitteln a) besonders eiweißreich, b) besonders ballaststoffreich sind. Schätzen Sie, wie oft und wie viel man von diesen Nahrungsmitteln verzehrt und leiten Sie daraus ab, wie gut sich diese Nahrungsmittel zur Deckung des Bedarfs an dem jeweiligen Nährstoff eignen.

2. Warum nennt man Brot ein Grundnahrungsmittel? Nennen Sie Gründe, weswegen Brot als Lebensmittel so beliebt ist.

3. Warum ist der Getreidekeimling so besonders wertvoll? Nennen Sie Nahrungsmittel, die den Keimling enthalten.

4. Erläutern Sie jeweils die Zusammenhänge zwischen:
   — Farbe eines Mehles — Mineralstoffgehalt — Typenzahl — Ausmahlungsgrad
   — Backfähigkeit eines Mehles — Gehalt an Klebereiweiß — niedriger Ballaststoffanteil
   — Fettgehalt eines Mehles — Haltbarkeit
   — Ballaststoffgehalt eines Mehles — Vitamingehalt — Eignung für Ernährung bei Magen-Darm-Erkrankungen — Sättigungswert.

5. Beurteilen Sie den ernährungsphysiologischen Wert Ihrer Lieblingsbrotsorte (Vitamin- und Mineralstoffgehalt, Ballaststoffgehalt, Gehalt an hochwertigem Eiweiß).

6. Vergleichen Sie 500 g Weißbrot und 500 g Roggenvollkornbrot hinsichtlich ihres Volumens und der Beschaffenheit der Krume und erläutern Sie die Ursachen für die Unterschiede.

7. Warum gibt es kein Hirsebrot mit 80 % Hirseanteil? Informieren Sie sich, in welcher Form Hirse in Afrika als Grundnahrungsmittel Verwendung findet.

8. Unterscheiden Sie:
   — freigeschobene Brote — Roggenmischbrote — Knäckebrot
   Kann ein Roggenmischbrot gleichzeitig auch ein freigeschobenes Brot sein? Begründen Sie.

9. Für Ihre Geburtstagsparty wollen Sie selber backen. Am Nachmittag soll es Kirschkuchen und Marmorkuchen, am Abend belegte Roggenbrötchen geben. Sie können wählen zwischen den Lockerungsmitteln Hefe, Sauerteig und Backpulver. Diskutieren Sie die Eignung jedes Lockerungsmittels für das entsprechende Gebäck und begründen Sie Ihre Entscheidungen.

10. Begründen Sie die Empfehlung: Brotbehälter regelmäßig mit Essigwasser auswaschen.

11. Was versteht man unter der Photosynthese? Geben Sie die Reaktionsgleichung und die Reaktionsbedingungen an.

12. Stellen Sie in Stichworten die Bedeutung der Photosynthese für das Leben auf der Erde dar. Orientieren Sie sich dabei an den Begriffen:
    — Pflanzen — Selbstversorger
    — Menschen und Tiere — Verbraucher von „second-hand-Energie".

13. Nennen Sie Gemeinsamkeiten und Unterschiede von Amylose, Amylopektin, Cellulose. Orientieren Sie sich an den Stichworten: chemischer Aufbau, Eigenschaften, Vorkommen, Nutzen für den Organismus.

14. Unterscheiden Sie: Frischei-Nudeln — Eiernudeln — Suppennudeln. Können Suppennudeln auch Frischei-Nudeln sein? Erläutern Sie.

15. Jeder Haushalt sollte einen Nahrungsmittelvorrat für Notsituationen haben. Wie gut eignen sich für die Vorratshaltung: Roggenmischbrot, Knäckebrot, Frischei-Nudeln? Begründen Sie jeweils.

16. Wie wirkt sich die Schutzkolloidwirkung der Stärke optisch und im Hinblick auf die Verdaulichkeit der Speisen aus? Begründen Sie.

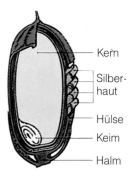

- Kern
- Silberhaut
- Hülse
- Keim
- Halm

2.1.4 Reis

Mehr als die Hälfte der Erdbevölkerung ernährt sich von Reis. Für den Großteil dieser Menschen stellt Reis das „tägliche Brot" dar. Insbesondere die Asiaten sind große Reisesser. Sie verzehren jährlich pro Person ca. 90 kg und haben die Kochkunst rund um den Reis bis zur Meisterschaft entwickelt.

Der Reiskonsum von uns Europäern liegt bei bescheidenen 1,7 kg pro Jahr. Dabei stellt Reis nicht nur als Beilage, sondern auch in Form von Aufläufen, Salaten und Eintopfgerichten eine echte Alternative zu Kartoffeln und Nudeln dar.

Aufbau des Reiskorns

Ein ausgereiftes Reiskorn ist außen von der harten Spelze (Hülse) umgeben. Frucht- und Samenschale sind zusammengewachsen und bilden gemeinsam mit der Aleuronschicht das sog. Silberhäutchen.
Es umschließt den Stärkekörper und enthält die Inhaltsstoffe Eiweiß, Vitamine und Mineralstoffe.

2.1.4.1 Anbau und Bearbeitung von Reis

Reis gedeiht nur in heißem Klima und auf natürlichem oder künstlich überflutetem Sumpfboden. Er wird daher in den tropischen und subtropischen Regionen Asiens und Amerikas kultiviert.
Man sät ihn direkt in den Sumpfboden und läßt das Wasser danach so lange stehen, bis die jungen Pflänzchen die Wasseroberfläche erreicht haben. Dann wird das Wasser abgeleitet, das Unkraut entfernt und die Schößlinge werden verpflanzt.

Nach mehrmaligem Be- und Entwässern können die dann 1 bis 2 Meter langen Halme geschnitten, anschließend gebündelt und gedroschen werden.
Die 4 bis 8 mm langen Reiskörner sind zunächst noch von der Spelze umgeben. Diese Rohfrucht bezeichnet man als Paddy-Reis. Der Paddy-Reis wird meist noch in den Erzeugerländern entspelzt und anschließend als Cargo-Reis in die Einfuhrländer transportiert, wo man ihn weiterverarbeitet. Je nach Art der Weiterverarbeitung unterscheidet man zwischen vier verschiedenen Reisprodukten.

Vollreis

Bei Gewinnung von Vollreis wird das Reiskorn nur enthülst und enthält noch Silberhäutchen und Keim mit den darin enthaltenen wertvollen Nähr- und Wirkstoffen. Wegen des hohen Fettgehaltes im Keimling ist er jedoch nur begrenzt lagerfähig.

Vollreis

Weißreis

Bei der Verarbeitung zu Weißreis wird das Korn geschliffen und poliert. Silberhäutchen und Keim werden dabei entfernt. Trocken gelagert ist diese Art Reis jahrelang haltbar.

Weißreis

Parboiled-Reis

Dieser Reis wird noch in der Spelze mit Druck und Dampf behandelt. Dabei wandern die wasserlöslichen Vitamine und Mineralstoffe aus dem Silberhäutchen ins Innere des Korns. Erst nach dieser Behandlung wird der Reis geschält und geschliffen. Parboiled-Reis ist daher wirkstoffreicher als gewöhnlicher Weißreis.

Parboiled Reis

Schnellkochender Reis

So bezeichnet man Weißreis, der industriell vorgegart und danach wieder getrocknet wurde. Nach einer sehr kurzen Garzeit von 5 bis 10 Minuten ist dieser Reis bereits servierfertig.

Schnellkochender Reis

2.1.4.2 Reissorten

Die Kocheigenschaften einer Reissorte werden vor allem von ihrem Klebergehalt bestimmt. Kleberarme Sorten kochen weich, kleberreicher Reis wird beim Kochen körnig-trocken.

Es gibt beim Reis zwei Grundsorten:

Langkorn- oder Patnareis

Diese Sorte hat lange, schlanke Körner und wird wegen des hohen Klebergehaltes beim Kochen weiß, trocken und körnig. Er eignet sich als Beilage zu Fleisch-, Fisch- oder Gemüsegerichten, als Suppeneinlage und als Hauptgericht, dann vermischt mit verschiedenen Zutaten.

Rundkorn- oder Milchreis

Diese Sorte hat dicke, runde Körner und wird wegen des geringen Klebergehaltes beim Kochen ziemlich weich. Rundkornreis findet bevorzugt für Breie, Pudding, süße Aufläufe und Reisklößchen Verwendung. Der Verzehr von Rundkornreis ist in der letzten Zeit ständig zurückgegangen. Er spielt im Vergleich zu Langkornreis keine große Rolle mehr.

2.1.4.3 Nährwert von Reis

Ob die „tägliche Schüssel Reis" den gesamten Nährstoffbedarf eines Menschen abdeckt, ist sicher fraglich, dennoch ist Reis, insbesondere dann, wenn seine Vitamine und Mineralstoffe weitgehend erhalten sind, als wertvolles Nahrungsmittel anzusehen.

Qualitätsstufen von Reis

Maßgebend für die Qualität ist der Anteil an gebrochenen Körnern. Je mehr Bruch enthalten ist, desto mehr Stärke tritt beim Kochen aus; der Reis klebt.

— Spitzenreis enthält bis zu 5% Bruch.

— Standardreis enthält bis zu 15% Bruch.

— Haushaltsreis enthält bis zu 25% Bruch.

— Bruchreis enthält bis zu 40% Bruch.

Nährstoffgehalt verzehrfertiger Portionen

		Pellkartoffeln (200 g)	Vollreis (180 g)	Reis, poliert (180 g)
Energie	kJ	700	900	910
Eiweiß	g	4	4	4
Kohlenhydrate	g	36	44	45
Fett	g	—	2	1
Ballaststoffe	g	5	2	1
Kalium	mg	890	90	60
Calcium	mg	25	15	45
Vitamin C	mg	30	—	—

Reisgericht mit Klößchen

Tips für die Verwendung von Reis:

— in einem Sieb unter fließendem Wasser waschen
— Langkornreis brennt leicht an; deshalb nicht umrühren
— Vollreis benötigt eine längere Garzeit.

Zubereitungsarten

Reis wird entweder in die kochende Flüssigkeit eingestreut oder erst in Fett angedünstet und nach Zugießen von Flüssigkeit gegart.

Wie man Reis am besten lagert

Reis muß besonders trocken gelagert werden, denn er zieht Feuchtigkeit stark an. Totaler Luftabschluß bekommt ihm allerdings auch nicht, er wird dann leicht muffig. Am besten in den üblichen Verpackungen des Handels in luftigen Schränken oder Schüben lagern. Auf keinen Fall in Dosen oder Gläser umfüllen.

Ein „Reis-Rezept"

Menge für 4 Personen	Reissalat	
125 g Langkornreis	*garen und kalt abbrausen*	Abwandlungen:
125 g gekochter Schinken 1 Dose Mandarinen ½ Dose rote Paprikastreifen	*würfeln,* *mit folgenden Zutaten vermischen*	150 g gewürfeltes Geflügelfleisch und Currypulver hinzufügen
3 EL Mayonnaise 4 EL saure Sahne Salz, Pfeffer, Zucker 1 EL Zitronensaft	*glatt verrühren, den Salat* *darin anrichten*	
2 EL Sojasoße Ingwer	*untermischen*	

2.1.5 Kartoffeln

Kartoffeln sind nach wie vor ein Grundnahrungsmittel, das vom deutschen Küchenzettel nicht wegzudenken ist. Laut Statistik verzehrt jeder von uns rund zwei Zentner Kartoffeln pro Jahr.

Ursprünglich kommt die Kartoffel aus den südamerikanischen Andenhochländern. Die Spanier entdeckten dort auf ihren Eroberungszügen die großen Kartoffelkulturen der Inkas und brachten die nährstoffreiche Knolle mit nach Europa, wo zunächst keiner so recht etwas mit ihr anzufangen wußte.
Man hegte sie zunächst als exotische Schönheit in fürstlichen Gärten. Ihrer sonderbaren Knollen wegen, die den begehrten Trüffelpilzen sehr ähnlich waren, nannte man sie kurzerhand „Taratufo", das ist die italienische Bezeichnung für Trüffel. Daraus entstand dann später unser Wort „Kartoffel".

2.1.5.1 Anbau und Reifezeit

Die Kartoffelpflanze gehört zu den Nachtschattengewächsen. Ihre oberirdisch wachsenden Früchte sind ungenießbar; sie enthalten das giftige Solanin. Genießbar sind die unterirdisch austreibenden Knollen. Kartoffelpflanzen sind anspruchslos und gedeihen auf nahezu jedem Boden.
Je nach Reifezeit unterscheidet man drei Gruppen von Speisekartoffeln.

Speisefrühkartoffeln

Man erntet sie ab Anfang Juni bis Mitte August. Nach dem 10. August geerntete Kartoffeln dürfen nicht mehr unter dieser Bezeichnung in den Handel gebracht werden. Sie sind wegen ihrer zarten Schale und ihres feinen Geschmacks besonders geschätzt. Zur Vorratshaltung sind Frühkartoffeln nicht geeignet, denn sie enthalten relativ viel Wasser und sind daher leicht verderblich.

Mittelfrühe Kartoffeln

Sie werden ab Mitte August geerntet. Das Angebot ist zu dieser Zeit besonders vielfältig.

Mittelspäte bis sehr späte Sorten

Sie werden ab Mitte September geerntet und sind für die Vorratshaltung besonders geeignet.

2.1.5.2 Kochtypen und Sorten

Wer „kartoffelbewußt" ist, hat nicht nur eine Kartoffelsorte in seinem Vorrat, sondern für jeden Verwendungszweck die richtige. Man unterscheidet drei Kochtypen.

Mehligkochend

Diese Kartoffeln haben einen besonders hohen Stärkegehalt und sind nach dem Kochen relativ weich.

Hauptsorten sind:
— **Irmgard**, eine mittelfrühe Kartoffel,
  glatte Schale,
  zartgelbes Fleisch, kräftiger Geschmack.
— **Bintje**, eine mittelfrühe Kartoffel,
  dünne Schale ohne tiefe Augen,
  hellgelbes Fleisch, milder Geschmack.

Festkochend

Diese Kartoffeln besitzen ein festes Fleisch, das seine Festigkeit auch beim Kochen behält.

Die Hauptsorten sind:
— **Hansa**, eine mittelfrühe Kartoffel, vor allem in Norddeutschland bekannt,
  gelbes, festkochendes Fleisch, milder bis kräftiger Geschmack.
— **Sieglinde**, eine Frühkartoffel,
  dünne, glatte Schale, feiner Geschmack.

Irmgard

Geeignet für:

— Püree
— Klöße
— Reibekuchen
— Kroketten
— Eintöpfe
— Folienkartoffeln.

Clivia

Geeignet für:

— Salzkartoffeln
— Pellkartoffeln
— normale Bratkartoffeln.

Hansa

Sieglinde

Geeignet für:

— Salate
— Gratins
— feine Bratkartoffeln.

Vorwiegend festkochend

Diese Kartoffeln sind zwar nach dem Kochen noch fest, lassen sich aber mit der Gabel ganz leicht zerteilen und eignen sich daher sehr gut als Beilage.

Hauptsorten sind:

— **Clivia**, eine mittelfrühe Kartoffel,
  Schale mit Netzmuster, die beim Kochen leicht aufspringt,
  tiefgelbe Farbe, milder bis kräftiger Geschmack.

— **Hela**, Frühkartoffel,
  fast glatte Schale,
  zartgelbe Farbe, milder Geschmack.

— **Grata**, eine mittelfrühe Kartoffel,
  glatte Schale,
  tiefgelbes Fleisch, stark ausgeprägter Geschmack.

2.1.5.3 Handelsklassen von Kartoffeln

Speisekartoffeln dürfen nur nach gesetzlich festgelegten Handelsklassen verkauft werden.

Klasse Extra

Kartoffeln dieser Qualitätsstufe müssen besonders sauber gewaschen, schalenfest und gleichmäßig sortiert sein. Höchstens 5% eines Packungsinhaltes dürfen von dieser Norm abweichen.

Klasse I

Kartoffeln dieser Qualitätsstufe sind weniger gleichmäßig sortiert; der Anteil abweichender Ware darf höher sein als bei der Klasse Extra.

Drillinge

So werden besonders kleine Kartoffeln bezeichnet.

2.1.5.4 Nährwert von Kartoffeln

Die oftmals als „Dickmacher" angeprangerte Kartoffel ist ein hochwertiges Nahrungsmittel und enthält für den menschlichen Organismus wichtige Nährstoffe.

Ihrer Zusammensetzung nach steht die Kartoffel zwischen den Gemüsen und den Getreiden. Sie ist wie Getreide Stärketräger, enthält aber wesentlich mehr Wasser (75%). In Art und Höhe ihres Vitamin- und Mineralstoffgehaltes ähnelt sie den Gemüsen.

Das Eiweiß der Kartoffel ist sehr hochwertig und enthält reichlich essentielle Aminosäuren (s. S. 81). Ideal ist die Kombination von Kartoffeln mit Ei oder Milch in einer Mahlzeit, denn das Eiweiß dieser beiden Nahrungsmittel ergänzt sich mit dem Kartoffeleiweiß in idealer Weise. Gemeinsam liefern sie ein Eiweißgemisch mit besonders hoher biologischer Wertigkeit.

Was auf der Kartoffelpackung steht:

— Handelsklasse
— Name der Sorte
— Kochtyp
— Erzeugeranschrift
— Bezeichnung „Speisekartoffeln" oder „Speisefrühkartoffeln".

2.1.5.5 Wie man Kartoffeln möglichst nährstoffschonend lagert

Aus Kartoffeln können sich, vorausgesetzt, die Wachstumsbedingungen sind günstig, neue Kartoffelpflanzen entwickeln. In jeder einzelnen Knolle steckt also noch Leben; sie atmet wie jeder andere lebende Organismus auch. Kartoffeln sind daher in punkto Lagerbedingungen recht anspruchsvoll.

Grundsätzlich sollte man nur saubere und unbeschädigte Kartoffeln lagern und dabei auf folgendes achten:

— Luft muß Zutritt haben. Größere Mengen daher am besten in Horden oder auf Lattenrosten lagern.

— Die zweckmäßige Lagertemperatur liegt zwischen +3 und +6 °C. Bei Temperaturen darüber beginnen die Kartoffeln zu keimen. Bei Temperaturen darunter werden bestimmte Enzyme (Amylasen) aktiv und wirken sich auf den Geschmack aus. Amylasen sind Stoffe, die ständig kleine Mengen der Stärke in Zucker überführen. Normalerweise wird der Zucker sofort „veratmet" und reichert sich daher nicht in den Zellen an. Bei Temperaturen unter 5 °C geht die Atmungsaktivität zurück, der Zucker wird nicht mehr so schnell abgebaut und die Kartoffeln schmecken süß.

— Möglichst dunkel lagern, denn Licht begünstigt das Auskeimen der Kartoffeln und schädigt außerdem lichtempfindliche Inhaltsstoffe wie z.B. Vitamin C.

Zweckmäßige Kartoffelkiste

— Trocken lagern, denn Feuchtigkeit begünstigt das Wachstum von Mikroorganismen; die Kartoffeln faulen.

Unter den beschriebenen Bedingungen bleiben Kartoffeln ca. 6 bis 8 Monate genießbar. Auch sachgemäße Lagerung kann allerdings gewisse Nährstoffverluste nicht verhindern.

2.1.5.6 Zubereiten von Kartoffeln

Nur wenige Nahrungsmittel lassen sich so vielseitig verwenden wie die Kartoffel. Man ißt sie gedünstet, gebraten, gebacken, heiß oder kalt und auf verschiedene Weise angemacht, mit Kräutern oder Sahne, mit Quark, Schinken, Zwiebeln oder gar als Karamelkartoffeln.

Grundregeln für die Zubereitung

1. Geschälte Kartoffeln nur kurz und unzerschnitten waschen und anschließend sofort garen, nicht längere Zeit im Wasser liegen lassen. Nur so wird verhindert, daß die B-Vitamine (wasserlöslich) und das Vitamin C (wasserlöslich und sauerstoffempfindlich) in höherem Ausmaß verloren gehen.

Folienkartoffeln

2. Grüne Stellen an den Kartoffeln entfernen, da sie Solanin enthalten.

3. Wenn möglich, Kartoffeln in der Schale garen; so bleiben vor allem die dicht unter der Schale liegenden Mineralstoffe erhalten.

4. Salz- und Pellkartoffeln mit nur wenig Wasser mehr dünsten als kochen; die Kartoffeln laugen so weniger aus.

5. Kartoffeln möglichst sofort nach Beendigung der Garzeit verzehren und nicht längere Zeit warmhalten; die hitzeempfindlichen Vitamine werden so weniger geschädigt.

2.1.5.7 Vorgefertigte Kartoffelerzeugnisse

In den letzten Jahren ist der Verbrauch frischer Kartoffeln ständig gesunken. Stark durchgesetzt haben sich dagegen vorgefertigte Kartoffelerzeugnisse. Ihr Verbrauch stieg von 0,8 kg pro Person im Jahre 1955 auf mittlerweile 21,6 kg 1992 jährlich pro Person. Vielleicht können sie geschmacklich nicht immer mit den nach herkömmlicher Methode zubereiteten Kartoffelgerichten mithalten, haben aber einen unschlagbaren Vorteil: sie sind in Rekordzeit zubereitet.

Für alle Fertigerzeugnisse gilt:

Jeder Hersteller hat die Angaben zur Zubereitung speziell auf seine Produkte abgestimmt. Sie müssen eingehalten werden, damit alles nach Wunsch gelingt.

Die Angebotspalette enthält außerdem:

— Reibekuchen, tiefgefroren und als Trockenprodukt
— Kartoffelkroketten, tiefgefroren und als Trockenprodukt
— Rösti, tiefgefroren und als Trockenprodukt
— Kartoffelsuppenpulver.

Salzkartoffeln

Es gibt sie geschält und bereits vorgegart in Gläsern und Dosen.

Pommes frites

Man kann sie tiefgefroren kaufen. Sie sind fertig geschnitten, bereits vorfritiert und können direkt ins heiße Fett gegeben oder auch im Backofen gegart werden. Ihre Garzeit beträgt nur wenige Minuten.

Kloßmehl für Kartoffelklöße

Kloßmehl entsteht aus gekochten Kartoffeln dadurch, daß man ihnen das Wasser entzieht. Man läßt es in kaltem Wasser ausquellen und gibt Gewürze hinzu. Die entstandene Masse wird dann ganz normal weiterverarbeitet.
Es gibt auch schon fertige Klöße und Knödel im Kochbeutel.

Kartoffelpüree-Pulver

Es wird ebenfalls durch Trocknen von gekochten Kartoffeln hergestellt. Durch Zusatz von Wasser, Milch, Butter und Gewürzen ist Kartoffelpüree in wenigen Minuten fertig zum Servieren.

Nährwertgehalt von Püree (in 100 g)		Nährwertgehalt von gekochten Klößen (in 100 g)		Nährwertgehalt von Kroketten (in 100 g)	
Eiweiß	1,15 g	Eiweiß	1,53 g	Eiweiß	2,05 g
Fett	0,05 g	Fett	0,36 g	Fett	0,24 g
Kohlenhydrate	10,90 g	Kohlenhydrate	23,60 g	Kohlenhydrate	20,20 g
Energie	206 kJ	Energie	440 kJ	Energie	389 kJ

Ein „Kartoffel-Rezept"

Menge für 4 Personen	Kartoffelgratin
500 g Kartoffeln	*schälen, in dünne Scheiben schneiden*
¼ l Milch ¼ l süße Sahne Pfeffer, Salz Muskat 1 TL Butter	*zusammen mit den Kartoffeln in einen Topf geben, 30 Min. bei mittlerer Hitze unter häufigem Umrühren ohne Deckel garen*
1 TL Butter 1 Knoblauchzehe	*damit eine Auflaufform ausreiben*
	die gekochten Kartoffeln mit dem Schaumlöffel einfüllen (evtl. etwas Garflüssigkeit hinzugeben)
125 g geriebener Emmentaler	*darüberstreuen*
1 TL Butter	*als Flöckchen daraufsetzen, im Backofen bei 220 °C 30 Min. garen*

Aufgaben

1. Sie möchten Reisbrei zubereiten. Zur Auswahl stehen Ihnen:
   — Langkorn-Spitzenreis, — Langkorn-Bruchreis, — Rundkorn-Haushaltsreis parboiled.
   Für welchen Reis entscheiden Sie sich? Begründen Sie und erläutern Sie auch, weswegen Sie sich gegen die beiden anderen Reissorten entschieden haben.

2. „Kartoffeln gehören in den Keller aber nicht auf den Teller". Hat die Kartoffel diese Geringschätzung verdient?
   Wieviel Prozent des Tagesbedarfs an a) Vitamin B_1, b) Vitamin C, c) Kalium, d) Eisen werden durch 200 g Kartoffeln (2 mittelgroße Kartoffeln) gedeckt?

3. Beurteilen Sie vergleichend den Vitamin- und Mineralstofferhalt bei der Zubereitung von Kartoffeln als a) Folienkartoffeln (aus dem Backofen), b) Salzkartoffeln.

4. Ist die Kartoffel ein Dickmacher oder eignet sie sich sogar für eine Abnehmkur? Begründung.
   Wie ist die Kartoffel zu ihrem Ruf als „Kalorienbombe" gekommen?

2.1.6 Zucker

Im Unterschied zu anderen Nährstoffen ist die Verwendung von Zucker in der Küche noch verhältnismäßig jung. Zwar kam bereits zur Zeit der Indienfeldzüge Alexanders des Großen (300 v.Chr.) Kunde vom süßen Zuckerrohr nach Europa, bis etwa zum 18. Jahrhundert aber stand in unserem Kulturkreis ausschließlich Honig als süßes Lebensmittel zur Verfügung, allerdings auch nicht jedem, denn Honig war früher sehr teuer und nur den Wohlhabenden vorbehalten.

Erst nachdem man vor ca. 200 Jahren den Zuckergehalt der Runkelrübe entdeckt hatte, hielt der Zucker allgemein Einzug in die Küche.

2.1.6.1 Gewinnung von Zucker

Rohstoff für die industrielle Gewinnung von Zucker ist bei uns die Zuckerrübe, eine Veredelung der Runkelrübe.

Stationen der Verarbeitung

Die Verarbeitung läuft in folgenden Einzelschritten ab:

1. Die Rüben werden gewaschen und in Schnitzelmaschinen zerkleinert.

2. Die Schnitzel werden mit Wasser ausgelaugt, und auf diese Weise wird ein zuckerhaltiger Saft gewonnen.

3. Aus dem Rohsaft werden die Nichtzucker-Anteile (Eiweiß, organische Säuren, Phosphorsäure) abgeschieden, der Zucker bleibt als Dünnsaft in Lösung.

4. Zur Kristallisation wird der Dicksaft eingedampft. Zurück bleibt der bräunliche Rohzucker.

5. Der Rohzucker wird im letzten Verarbeitungsschritt gereinigt. Man spricht dabei von Raffination.

Die während der Verarbeitung verwendeten Hilfsmittel wie Kalk und Kohlendioxid sind im fertigen Produkt nicht mehr enthalten.

2.1.6.2 Zuckerqualitäten und Handelssorten

Zucker kommt in zwei Qualitätsstufen in den Handel.

<u>Weißzucker</u>

Unter dieser Bezeichnung wird Zucker einfacher Qualität gehandelt. Er hat eine nicht ganz klare Farbe und enthält noch relativ viel Mineralstoffe.

<u>Raffinade</u>

Dieser Zucker ist von höchster Reinheit und bester Qualität.

Schnitt durch eine reife Zuckerrübe

Inzwischen ist uns der Verzehr von Zucker und zuckerhaltigen Lebensmitteln selbstverständlich geworden, zu selbstverständlich, denn der Zuckerkonsum liegt heutzutage in der Bundesrepublik Deutschland viel zu hoch.

Zuckerverbrauch im Bundesgebiet

Jahr (1. 10.– 30. 9.)	Weißzuckerverbrauch je Kopf in kg		
	Haushalt	Industrie	Insgesamt
1988/89	8,3	24,9	33,21
1989/90	7,9	27,0	34,88
1990/91	7,5	25,5	33,04

ab 1990 einschließlich der neuen Bundesländer

Quelle: DGE Info 7/8 92

48

Die wichtigsten Zuckersorten

Bei der handelsüblichen Unterscheidung der Zucker spielt auch die äußere Form eine Rolle.

Haushaltszucker
Er liegt in losen, deutlich ausgebildeten Kristallen vor. Diese Sorte ist der Küchenzucker und wird zum Bereiten von Speisen und Gebäck und zum Süßen von Getränken verwendet. Es gibt ihn in verschiedenen Körnungen.

Haushaltszucker

Würfelzucker
Er wird aus angefeuchteter Haushaltsraffinade gepreßt und vor allem zum Süßen von Getränken verwendet.

Würfelzucker

Hagelzucker
Er ist ein hagelkornähnlich aussehender Zucker, hergestellt durch Granulieren (Körnen) von Haushaltsraffinade, und wird vor allem zum Bestreuen von Gebäck und Süßspeisen verwendet.

Hagelzucker

Puderzucker
Er entsteht beim Vermahlen von Raffinade und wird zum Bestreuen von Gebäck verwendet.

Kandis
Dieser besonders großkristalline Zucker entsteht durch langsame Kristallisation aus hochkonzentrierten Zuckerlösungen. Man verwendet ihn zum Süßen von Getränken, z.B. von Tee. Es gibt weißen und braunen Kandis.

Puderzucker

Einmachzucker
Diese grobkristalline Raffinade wird, wie der Name bereits sagt, zum Einmachen verwendet. Die großen Kristalle lösen sich beim Erhitzen des Einmachgutes nur langsam auf; ein Schäumen tritt daher nicht auf.

Gelierzucker
Gelierzucker ist kein reiner Zucker, sondern wurde mit Geliermitteln und Obstsäure (Weinsäure oder Zitronensäure) gemischt. Man verwendet ihn zum Herstellen von Konfitüren, Marmeladen und Gelees. Er geliert in kürzester Zeit. Aroma, Farbe und auch die Vitamine der Früchte bleiben daher gut erhalten.

Vanillinzucker
Auch er ist kein reiner Zucker, sondern ein Gemisch von Raffinade und dem synthetischen Aromastoff Vanillin.

Lagerung von Zucker

Zucker wird leicht feucht; er zieht die Feuchtigkeit aus seiner Umgebung an und wird dadurch klumpig. Außerdem nimmt er leicht Fremdgerüche an.
Am besten in der handelsüblichen Verpackung in luftigen, trockenen Vorratsschränken und nicht gemeinsam mit stark riechenden Lebensmitteln lagern.
Unter solchen Bedingungen ist Zucker nahezu unbegrenzt haltbar.

Kandis

Einmachzucker

Gelierzucker

Zur Erinnerung

Saccharose ist ein Disaccharid, das aus einem Glucose- und einem Fructosebaustein zusammengesetzt ist.

Bisher haben wir ausschließlich stärkehaltige Nahrungsmittel kennengelernt. Mit dem aus Zuckerrübe oder Zuckerrohr gewonnenen Zucker begegnet uns zum ersten Mal ein Disaccharid, die Saccharose (Rüben- bzw. Rohrzucker).

Eigenschaften

Saccharose und mit ihr alle anderen Disaccharide unterscheiden sich in ihren Eigenschaften ganz erheblich von den bisher vorgestellten Polysacchariden, obwohl beide Verbindungsgruppen aus Monosacchariden zusammengesetzt sind.

Warum das so sein muß, wird verständlich, wenn man sich klarmacht, daß

— bei der Bildung von Polysacchariden sehr viele Monosaccharide in relativ fester Bindung miteinander verknüpft werden. In einem solchen Riesengebilde gehen die Eigenschaften der einzelnen Bausteine unter.

— bei der Bildung von Disacchariden nur zwei Monosaccharide miteinander verknüpft werden. Das entstandene Molekül ist im Vergleich zu einem Polysaccharid geradezu winzig. Die Eigenschaften der Bausteine bestimmen das chemische und physikalische Verhalten von Disacchariden weitgehend mit.

Löslichkeit
Saccharose gehört zu den wasserlöslichen Substanzen. In Fett und Alkohol ist sie so gut wie unlöslich.
Die Geschwindigkeit, mit der sich Zucker auflöst, wird von zwei Faktoren beeinflußt:

— Mit steigender Temperatur erhöht sich die Löslichkeit.
— Kleine Kristalle lösen sich schneller als große.

Noch zwei Disaccharide

Neben der Saccharose spielen noch die Disaccharide Lactose und Maltose für unsere Ernährung eine gewisse Rolle.

Süßkraft
Saccharose hat einen rein süßen Geschmack. Auch andere Saccharide schmecken süß, manche stärker, andere schwächer als Saccharose. Um sie miteinander vergleichen zu können, hat man ihre relative Süßkraft bestimmt. Bezugssubstanz ist dabei die Saccharose; man hat ihr die Süßkraft 100 gegeben und alle anderen Saccharide mit ihr verglichen.

Lactose (Milchzucker)
Sie ist aus je einem Glucose- und einem Galaktosebaustein zusammengesetzt und findet sich in der Milch von Säugetieren. Für Säuglinge ist Lactose in den ersten Lebensmonaten praktisch das einzige Nahrungskohlenhydrat.

Wasserbindende Wirkung
Zucker gehört zu den hygroskopischen Stoffen, d.h. er wirkt stark anziehend auf Wasser in seiner unmittelbaren Umgebung. Sogar die in Gewebezellen enthaltene Flüssigkeit vermag er an sich zu binden.

Maltose (Malzzucker)
Sie ist aus zwei Glucosebausteinen zusammengesetzt und tritt vor allem als Endprodukt des Stärkeabbaus auf. Für die menschliche Ernährung spielt sie eine nur untergeordnete Rolle.

Bildung von Karamel
Beim trockenen Erhitzen schmilzt Zucker. Erhitzt man die Schmelze weiter, so färbt sie sich nach und nach braun und entwickelt dabei fein duftende Aromastoffe. Gleichzeitig verringert sich die Süßkraft des Zuckers. Man bezeichnet diesen Vorgang als Karamelisierung, das Reaktionsprodukt als Karamel.

Anmerkungen zu den Monosacchariden

Da Mono- und Disaccharide sich in ihren Eigenschaften sehr ähnlich sind, sollen Monosaccharide an dieser Stelle mitbehandelt werden.

Zucker	Süßkraft
Fructose	173
Saccharose	100
Glucose	74
Maltose	32
Galaktose	32

Glucose (Traubenzucker)

Dieses Monosaccharid haben wir bereits als „Kohlenhydrat der ersten Stunde" bei der Photosynthese kennengelernt.
Glucose kommt in vielen süßen Früchten vor und bildet zusammen mit Fructose den Hauptbestandteil des Honigs. Weitaus wichtiger als das freie Vorkommen von Glucose ist ihre Bedeutung als Baustein vieler Di- und Polysaccharide.
Sie ist gut wasserlöslich. Ihre Süßkraft liegt unter der von Saccharose.

Fructose (Fruchtzucker)

Sie kommt in freier Form gemeinsam mit Glucose und Saccharose in süßen Früchten vor. Außerdem ist sie, wie wir bereits wissen, Baustein von Saccharose.
Fructose ist gut wasserlöslich und wie Saccharose stark hygroskopisch. Sie hat von allen Zuckern die stärkste Süßkraft.

Galaktose (Schleimzucker)

Sie kommt nur in gebundener Form vor, hauptsächlich als Baustein von Lactose.
Galaktose ist in Wasser schwer löslich und schmeckt nur etwa $\frac{1}{3}$ so süß wie Saccharose.

2.1.6.4 Bedeutung von Mono- und Disacchariden für unsere Ernährung

Diese Kohlenhydrate werden im Unterschied zu Stärke und Dextrinen vom Körper ohne nennenswerte Verdauungsarbeit resorbiert und können ihm daher als „schnelle" Energieträger dienen.
Ihr Energiegehalt ist der gleiche wie bei Stärke und Dextrinen und beträgt ebenfalls 17,2 kJ pro Gramm.
Für unsere Ernährung spielt hauptsächlich Saccharose eine Rolle. Glucose wird in erster Linie in der Medizin zur intravenösen Nährstoffzufuhr eingesetzt.
Fructose dient als Zuckeraustauschstoff für Diabetiker.

Preisfrage: Sollte eine gesunde Ernährung auf Zucker verzichten?

In dieser Frage gehen die Meinungen stark auseinander. Die einen, z.B. die Befürworter der Vollwertkost, möchten Zucker am liebsten total aus der Küche verbannen. Sie verteufeln ihn als „leeren Kalorienträger", als hochraffiniertes und damit „totes" Nahrungsmittel. Ihre Empfehlung: statt mit Zucker nur noch mit Honig süßen.

Brauner Zucker

Viele Verbraucher bevorzugen braunen Zucker, weil sie ihn für gesünder und bekömmlicher halten, als weißen. Das ist ein Irrglaube. Brauner Zucker ist weniger gründlich gereinigt als weißer. Seine braune Farbe kommt durch Rückstände von Melasse zustande. Außerdem kann er Schadstoffe enthalten. Der Gehalt an Mineralstoffen und Vitaminen ist entgegen der landläufigen Meinung nicht höher als bei weißem Zucker.

Zuckergehalte

Produkt	Gehalt (%)
Hartkaramellen	95
Lakritz	78
Konfitüren	60
Nußschokolade	55
Tomatenketchup	30
Fertigmüsli	20—30
Milchspeiseeis	15
Limonaden, Colagetränke	12

Crème Caramel:
Sie kann ohne Verwendung von Zucker nicht zubereitet werden.

Für andere gehört Zucker ganz selbstverständlich als nicht zu ersetzender Geschmacksstoff mit zu den Grundzutaten beim Bereiten von Süßspeisen, Gebäck, Konfitüren und Gelees.

An welcher Auffassung soll man sich nun orientieren?

Zunächst einmal haben die Zuckerkritiker insoweit recht, daß Zucker in der Tat nichts weiter als Energie enthält, in Form von Saccharose. Andere Nähr- oder Wirkstoffe sind nicht enthalten, auch nicht in Spuren. Der von der Vollwertkost empfohlene Honig weist dagegen meßbare Mengen an Vitaminen und Mineralstoffen auf. Genau betrachtet ist Zucker also ein Nahrungsmittel, auf das in der menschlichen Ernährung verzichtet werden könnte, ohne daß wir Schaden an Leib und Leben nähmen. Diese Behauptung kann man aufstellen, ohne ihm Unrecht zu tun.

Warum also nicht einfach auf Zucker verzichten?

Der Grund dafür, daß die meisten Menschen das nicht tun und auch nicht tun möchten, liegt ganz einfach darin, daß sie sich nicht nur zweckmäßig ernähren, sondern auch schmackhafte Speisen genießen wollen, und als süßer Geschmacksstoff ist Zucker nun einmal nur sehr begrenzt zu ersetzen. Ein mit Honig gebackener Kuchen z.B. schmeckt anders als herkömmlich zubereitetes Gebäck und ist einfach nicht jedermanns Geschmack.
Um den Gesichtspunkt „gesunde Ernährung" und den Wunsch nach schmackhafter Zubereitung miteinander in Einklang zu bringen, empfiehlt sich: zwar kein Totalverzicht, aber Zuckerkonsum in Maßen, nur da, wo es keine geschmacklich brauchbare Alternative gibt.

2.1.6.5 Küchentechnische Bedeutung von Zucker

In der Küche wird fast ausschließlich Saccharose verwendet.

Verwendung als Geschmacksstoff
Je nach Art der Speise und nach Zubereitungsverfahren wählt man dabei unterschiedliche Zuckersorten aus:

— Bei geringem Wassergehalt der Nahrungsmittel und nur kurzer Zubereitungszeit, z.B. beim Herstellen von Marzipan oder Bereiten von Glasuren, ist Puderzucker am besten geeignet.

— Normalerweise liegen die Wassergehalte aber hinreichend hoch, so daß mit Haushaltszucker gesüßt werden kann, z.B. beim Bereiten von Süßspeisen, Gebäck oder beim Süßen von Getränken.

— Bei langer Zubereitungszeit und hohem Wassergehalt verwendet man meist groben Kristallzucker, der sich nur langsam auflöst, z.B. beim „Marmeladekochen" oder Einmachen.

Verwendung zum Haltbarmachen von Obst

Mit Hilfe von Zucker kann man Obst haltbar machen, z. B. in Form von Konfitüren, Marmeladen oder Gelees.
Eine Hauptursache für den Verderb von Lebensmitteln ist das Wachstum von Mikroorganismen. Dieses Wachstum ist jedoch nur bei einem Mindestgehalt an frei verfügbarer Flüssigkeit möglich. Der Zucker nun bindet die im Obst enthaltene Flüssigkeit so stark, daß sich Mikroorganismen nicht entwickeln können.

Verwendung von Karamel als Geschmacksstoff

Karamel dient beim Bereiten von Süßspeisen und dem Herstellen von Krokant als Geschmacksstoff.

2.1.7 Honig

Honig ist ein Naturprodukt, das diese Bezeichnung tatsächlich verdient. Im „Produktionsbetrieb" Bienenstock entsteht dieser süße Stoff ohne jeden künstlichen Eingriff von außen, allein durch den sprichwörtlichen Fleiß seiner Bewohner.
Die Bienen sammeln Blütennektar und speichern ihn in ihrem Honigmagen. Im Stock angelangt, nimmt eine andere Biene den Mageninhalt auf, speichert ihn ihrerseits und verteilt ihn weiter an andere Bienen. Etwa 30 bis 40 Honigmägen werden auf diese Weise durchlaufen — dabei wirken ständig körpereigene Enzyme der Bienen ein — bis Bienenhonig entsteht. Er wird als Nahrungsvorrat in den Waben gespeichert.
Erst wenn der Honig ganz ausgereift ist, wird er aus den Waben entfernt und anschließend nur noch von winzigen Pflanzengewebeteilchen und Wachspartikeln befreit. Mehr darf nicht mit ihm geschehen. Ihm dürfen weder fremde Stoffe zugesetzt noch natürliche Bestandteile entzogen werden.

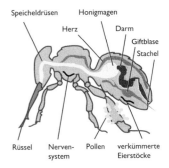

Die Bienenarbeiterin: Ihr Organismus ist ganz auf das Sammeln und Speichern von Nektar ausgerichtet.

2.1.7.1 Gewinnung

Je nach Art der Gewinnung unterscheidet man unterschiedliche Honigsorten.

Scheiben- oder Wabenhonig

Er befindet sich noch in den von den Bienen gebauten und verdeckelten Waben. Die Waben werden geschnitten und portionsweise in den Handel gebracht. Scheiben- oder Wabenhonig gilt als besonders teure Honig-Spezialität.

Schleuderhonig

So bezeichnet man den Honig, der mittels Zentrifuge aus den Waben ausgeschleudert wird. Nach dieser Methode wird Honig heute hauptsächlich gewonnen.

Tropfhonig

So heißt Honig, der aus zerkleinerten Waben freiwillig ausgeflossen ist, eine heute kaum noch angewandte Art der Gewinnung.

Preßhonig

Er wird aus den Waben durch Pressen gewonnen. Diese Sorte ist am geringwertigsten.

Das Besondere an Honig

Schon seit dem Altertum gilt Honig als Heilmittel, und so manche Großmutter schwört noch heute bei Erkältungen auf eine „Tasse warme Milch mit Honig".
Nicht ganz zu Unrecht, denn mit den Bienensekreten gelangen geringe Mengen Immunstoffe in den Honig, die ihm eine gewisse antibakterielle Wirkung verleihen.

Wie man Honig am besten lagert

Geschützt vor Licht- und Wärmeeinwirkung, damit die empfindlichen Aromastoffe keinen Schaden nehmen.
Beste Lagertemperatur: 18 °C. So erhält Honig mindestens ein Jahr lang seine gute Qualität.

Was ist Kunsthonig?

Man versteht darunter ein dem Honig ähnliches, aber künstlich hergestelltes Produkt, das als „Invertzucker-Creme" im Handel ist.
Man gewinnt ihn aus Rohrzucker, der auf chemischem Wege in Glucose und Fructose aufgespalten wurde.
Das Mischen von Invertzucker-Creme mit Honig ist gesetzlich erlaubt. Der Prozentgehalt an Bienenhonig muß auf der Packung vermerkt sein.

2.1.7.2 Nährwert von Honig

Honig enthält im Unterschied zu Zucker neben Kohlenhydraten noch andere Inhaltsstoffe.
Honig hat wegen des hohen Kohlenhydratgehaltes einen beträchtlichen Nährwert. Den Hauptbestandteil stellt dabei der Invertzucker dar, ein Gemisch aus gleichen Teilen der beiden Monosaccharide Glucose und Fructose.
Chemisch gesehen ist der Unterschied zur Saccharose des Haushaltszuckers also gar nicht so groß. Im Honig liegen die beiden Monosaccharide frei nebeneinander vor, in der Saccharose sind sie miteinander verknüpft.
Außerdem enthält Honig noch Mineralstoffe und, zwar geringe, aber meßbare Mengen an Vitaminen.
Sein Proteingehalt ist unbedeutend.
Der Genußwert von Honig wird durch seine charakteristischen Aromastoffe ganz wesentlich mitbestimmt. Bislang hat man 120 Einzelstoffe des Honigaromas isoliert.

2.1.7.3 Küchentechnische Bedeutung von Honig

In der traditionellen Küche wird Honig hauptsächlich als Brotaufstrich oder zum Bereiten bestimmter Gebäcke wie z.B. Lebkuchen verwendet.
Die Vollwertkost setzt Honig ganz allgemein als süßen Geschmacksstoff ein.

Aufgaben

1. Errechnen Sie den durchschnittlichen täglichen Zuckerverbrauch des Bundesbürgers. Wieviel Energie wird dem Organismus damit zugeführt?
   Wieviel Prozent ihres täglichen Energiebedarfs (8000 kJ) würde demnach eine Schülerin mit Zucker decken? Beurteilen Sie diese Eßgewohnheit vom ernährungsphysiologischen Standpunkt her.

2. Begründen Sie jeweils die einzelnen Verarbeitungsschritte bei der Zuckergewinnung.

3. Unterscheiden Sie: — Haushaltszucker, — Gelierzucker, — brauner Zucker.

4. Nennen Sie Gemeinsamkeiten und Unterschiede von Glucose und Fructose. Orientieren Sie sich dabei an den Stichworten: chemischer Aufbau, Eigenschaften, Vorkommen, Verwendung.

5. Bei alternativen Kostformen wird häufig empfohlen, statt mit Zucker, mit Honig zu süßen. Diskutieren Sie diese Empfehlung. Finden Sie Argumente für und gegen den Honig als Zuckerersatz.

2.2 Fetthaltige Nahrungsmittel

Fetthaltige Nahrungsmittel können sowohl pflanzlichen als auch tierischen Ursprungs sein. Sie sind vielfach als „Dickmacher" gefürchtet. Dabei bedeutet Fettverzehr nicht automatisch das ungeliebte Speckpolster auf Taille und Hüften. Maßvoll und gezielt genossen sind fetthaltige Nahrungsmittel ein wichtiger Bestandteil unserer Ernährung.

2.2.1 Butter

Butter ist ein Nahrungsmittel mit Tradition. Seit Beginn der bäuerlichen Viehwirtschaft, und das ist viele Jahrhunderte her, gewinnt man sie aus Kuhmilch.
Früher war das „Buttern" noch Handarbeit. Man füllte Milch in große, flache Schalen, wartete, bis sich der Rahm abgesetzt hatte und schöpfte ihn dann sorgfältig ab. Im Butterfaß wurde er dann so lange kräftig geschlagen, bis sich das Milchfett von der Flüssigkeit trennte, eine schweißtreibende Arbeit.
Der moderne Nachfolger des Butterfäßchens ist die Zentrifuge. In ihr wird das Fett von der Milch getrennt. Der leichte Rahm sammelt sich um die Drehachse der rotierenden Zentrifuge (auch Separator genannt). Die schweren Bestandteile der Milch werden per Fliehkraft nach außen geschleudert und durch Öffnungen in der Zentrifugenwand abgeleitet.
Anschließend wird der Rahm nach verschiedenen Verfahren so lange geschlagen, bis sich die zunächst winzigen Fettkügelchen zu Butterkörnern zusammenballen. Die im Rahm noch enthaltene Flüssigkeit trennt sich als Buttermilch ab. Jetzt enthält das Milchfett noch etwa 30 % Wasser. Um den Flüssigkeitsgehalt weiter zu senken, werden die Butterkörnchen noch so lange geknetet, bis eine geschmeidige, homogene, fast wasserfreie Masse entstanden ist.
Die fertige Butter muß einen Mindestfettgehalt von 82 % besitzen. Der Wassergehalt darf höchstens 16 % betragen.

2.2.1.1 Buttersorten

Es gibt Sauerrahm- und Süßrahmbutter.

Süßrahmbutter
Sie wird aus ungesäuertem Rahm gewonnen.
Süßrahmbutter schmeckt sehr mild, ein bißchen wie Schlagsahne. Sie flockt beim Erhitzen nicht aus und ist deshalb besonders gut für das Bereiten von Soßen geeignet.

Mildgesäuerte Butter
Sie wird aus Süßrahmbutter hergestellt, die, wie die Sauerrahmbutter, durch den Zusatz von Milchsäurebakterien oder durch Zugabe von Milchsäure nachträglich schwach gesäuert wird.

Sauerrahmbutter
Sie wird aus gesäuertem Rahm hergestellt. Hierzu versetzt man den Rahm mit Milchsäurebakterien, die während ihres Wachstums bestimmte Aromastoffe absondern.
Sauerrahmbutter erhält so einen frischen, nußartigen Geschmack und Geruch.

Verbrauch an Speisefetten 1991 in Deutschland pro Person in kg:

Margarine	8,6
Butter	6,8
Schmalz, Speck, Talg	6
Öle	4,1
sonst. pflanzliche Fette	5,9

Butter wird aus Milch gewonnen. Zu diesem Zweck wird der Rahm abgetrennt.

Altes Butterfäßchen

Butterbesonderheiten

— Gesalzene Butter enthält Kochsalzzusätze.
Liegen diese über 0,1 %, so muß die Butter mit dem Vermerk „gesalzen" in den Handel gebracht werden.

— Butterschmalz ist das vom restlichen Wasser und vom Eiweiß befreite Milchfett. Zu diesem Zweck wird die Butter eingeschmolzen. Butterschmalz ist sehr gut zum Braten und Backen geeignet, weil es wesentlich höher erhitzt werden kann als Butter. Auch seine Haltbarkeit ist besser.

55

**Was auf der Butter-
packung steht:**

— Handelsklasse
— Gütezeichen
— Gewicht
— Name der Molkerei
— Buttersorte
— Mindesthaltbarkeitsdatum

**Nährwertgehalt von Butter
(in 100 g)**

Inhaltsstoff	Gehalt
Eiweiß	1,0 g
Fett	83,0 g
Vitamin A	0,59 mg
Carotin	0,38 mg
Vitamin B$_1$	0,005 mg
Vitamin B$_2$	0,020 mg
Vitamin B$_6$	0,01 mg
Energiegehalt	3 146 kJ

*Die Kokosnuß,
Fettreserve der Kokospalme*

2.2.1.2 Handelsklassen von Butter

Butter wird nach festgelegten Qualitätsnormen bewertet und auf folgende Merkmale hin untersucht:

— sensorische Eigenschaften wie Aussehen, Geruch, Geschmack und Textur
— Verteilung des Wassers
— Streichfähigkeit
— pH-Wert.

Jede Eigenschaft kann mit höchstens fünf Punkten bewertet werden. Aus der dabei erreichten Punktzahl ergibt sich die Zuordnung zur jeweiligen Handelsklasse.

Handelsklassen	Ausgangsprodukt	Mindestpunktzahl je Eigenschaft
Markenbutter	Sahne	4
Molkereibutter	Sahne, Molkensahne	3

Butter niedrigerer Qualität gelangt nicht in den Handel, sondern wird zu Butterschmalz verarbeitet.

2.2.1.3 Nährwert von Butter

Butter besteht zwar zu mehr als 80 % aus Fett, enthält als Nebenbestandteile aber noch geringe Mengen an Eiweiß, Kohlenhydraten, Mineralstoffen und außerdem Vitamine.

2.2.1.4 Fette oder: viel Energie auf kleinem Raum

Energiespeicher in Form von Stärke und Glykogen haben wir bereits kennengelernt. Eine noch „platzsparendere" und ergiebigere Art Energiereserve aber ist das Anlegen von Fettdepots. Auf weniger Raum läßt sich hier mehr Energie unterbringen, denn der Energiegehalt von Fett ist mehr als doppelt so hoch wie der von Kohlenhydraten oder Eiweiß.

Für menschliche und tierische Organismen ist dies die einzige Möglichkeit, Energie in größeren Mengen auf „die hohe Kante" zu legen. Aber auch Pflanzen kennen diese Variante der Vorratshaltung.

Bausteine der Fette

Fette sind aus zwei Arten von Bausteinen zusammengesetzt.

Baustein Nr. 1:
$$CH_2 - OH$$
$$CH - OH \quad \textbf{Glycerin}$$
$$CH_2 - OH$$

Glycerin ist ein Alkohol und trägt in seinem Molekül die für Alkohole typische OH-Gruppe. Da es drei OH-Gruppen gebunden hat, spricht man von einem dreiwertigen Alkohol.

Baustein Nr. 2:
$$CH_3 - CH_2 - CH_2 - C \underset{OH}{\overset{O}{\lessgtr}} \quad \textbf{Fettsäuren}$$

Fettsäuren gehören in die Gruppe der Carbonsäuren, das sind organische Verbindungen, die aus einem Kohlenwasserstoffrest und einer daran gebundenen Carboxylgruppe zusammengesetzt sind. Die oben abgebildete Säure ist die Buttersäure, die, wie der Name bereits anzeigt, in Butter vorkommt.
Der Kohlenwasserstoffrest der Buttersäure ist verhältnismäßig kurz. Es gibt Säuren mit sehr viel längeren Ketten, z.B. Stearinsäure:

$CH_3 - CH_2 - CH_2$	$- C \underset{OH}{\overset{O}{\lessgtr}}$
Kohlenwasserstoffrest	**Carboxylgruppe**

$$CH_3\text{-}CH_2\text{-}CH_2\text{-}CH_2\text{-}CH_2\text{-}CH_2\text{-}CH_2\text{-}CH_2\text{-}CH_2\text{-}CH_2\text{-}CH_2\text{-}CH_2\text{-}CH_2\text{-}CH_2\text{-}CH_2\text{-}CH_2\text{-}CH_2\text{-}COOH$$

Man unterteilt die Fettsäuren in kurz-, mittel- und langkettige Säuren.

Wie ein Fettmolekül entsteht

Ganz allgemein können Alkohole und organische Säuren unter Wasserabspaltung miteinander reagieren. Dieser chemische Vorgang heißt Veresterung; die Reaktionsprodukte nennt man Ester. Die aus Glycerin und Fettsäuren gebildeten Ester werden als Triglyceride bezeichnet.

$$CH_2 - OH + HOOC - CH_2 - CH_2 - CH_3 \qquad CH_2 - O - CO - CH_2 - CH_2 - CH_3$$
$$CH - OH + HOOC - CH_2 - CH_2 - CH_3 \rightarrow CH - O - CO - CH_2 - CH_2 - CH_3 + 3H_2O$$
$$CH_2 - OH + HOOC - CH_2 - CH_2 - CH_3 \qquad CH_2 - O - CO - CH_2 - CH_2 - CH_3$$

Glycerin　　　　**Fettsäuren**　　　　　　**Triglycerid (Fettmolekül)**

Mit Hilfe der drei OH-Gruppen hat das Glycerin drei Fettsäuremoleküle gebunden. Jede OH-Gruppe hat mit einer COOH-Gruppe reagiert; ein Fettmolekül ist entstanden.

Welche Fettsäuren werden gebunden?

In natürlichen Fetten kommen Fettsäuren unterschiedlicher Kettenlänge vor, zum Teil sogar in ein und demselben Fettmolekül.

Fettsäurenzusammensetzung wichtiger Speisefette

Name/Summenformel		Gehalt in Prozent				
		Butter-fett	Schweine-schmalz	Cocos-fett	Oliven-öl	Soja-öl
Buttersäure	C_3H_7COOH	3—4	—	—	—	—
Capronsäure	$C_5H_{11}COOH$	1—2	—	0—0,7	—	—
Caprylsäure	$C_7H_{15}COOH$	1—2	—	8—10	—	—
Caprinsäure	$C_9H_{19}COOH$	2—3	—	5—10	—	—
Laurinsäure	$C_{11}H_{23}COOH$	3—6	—	44—51	—	—
Myristinsäure	$C_{13}H_{27}COOH$	8—15	1—2	13—19	0—1,3	0—0,4
Palmitinsäure	$C_{15}H_{31}COOH$	26—30	26—32	8—11	7—15	2—11
Stearinsäure	$C_{17}H_{35}COOH$	9—11	8—15	1—3	1—3	2—6
Ölsäure	$C_{17}H_{33}COOH$	19—33	50—60	5—8	65—85	24—31
Linolsäure	$C_{17}H_{31}COOH$	3—6	0—10	1—3	4—15	49—51

> *Gesättigte Fettsäuren enthalten nur Einfachbindungen im Molekül.*

> *Ungesättigte Fettsäuren enthalten außer Einfach- noch Doppelbindungen im Molekül.*

Die beiden letzten Fettsäuren in dieser Aufstellung unterscheiden sich von den übrigen. Sie tragen in ihrem Molekül eine Doppelbindung; in allen anderen kommen nur Einfachbindungen vor. Dieser „Bindungs-Besonderheit" wegen nennt man Ölsäure und Linolsäure ungesättigt.

Je nachdem, wie viele Doppelbindungen im Molekül auftreten, spricht man von einfach oder mehrfach ungesättigten Fettsäuren. In Butter sind die einfach ungesättigte Ölsäure und die zweifach ungesättigte Linolsäure enthalten. Es gibt aber noch die in anderen Fetten vorkommende dreifach ungesättigte Linolen- und die vierfach ungesättigte Arachidonsäure.

Eigenschaften von Fett

Die Eigenschaften eines Fettes werden in erster Linie von dem aus der Fettsäure stammenden Kohlenwasserstoffrest bestimmt.

Konsistenz

Ob ein Fett mehr oder weniger fest ist, hängt zum einen von der Länge des Kohlenwasserstoffrestes, zum anderen auch davon ab, ob und wievielfach er ungesättigt ist. Diese beiden Faktoren haben Einfluß darauf, bei welcher Temperatur ein Fett schmilzt. Allgemein gilt:

> $$-C = C-$$
>
> *Die Doppelbindung: Kernstück einer ungesättigten Fettsäure*

> *Die Konsistenz von Fetten wird von der Länge des Kohlenwasserstoffrestes und von der Anzahl an Doppelbindungen bestimmt.*

— Je länger der Kohlenwasserstoffrest und je weniger Doppelbindungen, desto höher der Schmelzbereich und desto fester bei Normaltemperatur.

— Je kürzer der Kohlenwasserstoffrest und je mehr Doppelbindungen, desto niedriger der Schmelzbereich und desto weniger fest, oft sogar flüssig, bei Normaltemperatur.

Löslichkeit

Kohlenwasserstoffreste sind „wasserfeindlich" oder, mit dem Fachbegriff ausgedrückt, „hydrophob". Da der Kohlenwasserstoffrest weitgehend die Eigenschaften von Fett bestimmt, lösen diese sich in Wasser nicht auf, sondern nur in organischen Lösungsmitteln, wie z.B. Alkohol, Äther oder Toluol.

> *Fette sind in Wasser unlöslich.*

Emulgierbarkeit

Durch Zusatz von Emulgatoren lassen sich Fett und Wasser in feinsten Tröpfchen miteinander vermischen. Diese Stoffe wirken als Vermittler zwischen Fett- und Wasserphase. Die entstandene Mischung nennt man eine Emulsion.

> *Fette lassen sich in Wasser emulgieren.*

Es gibt zwei Arten von Emulsionen:

— **Fett-in-Wasser-Emulsionen** enthalten wenig Fett in einer Wasserphase verteilt, z.B. Milch.
— **Wasser-in-Fett-Emulsionen** entstehen, wenn wenig Wasser in einer Fettphase verteilt ist, z.B. Butter.

Dichte

Fett hat eine geringere Dichte als Wasser, ist also, bei gleichem Volumen, „leichter" und schwimmt daher in Suppen und Soßen immer an der Oberfläche. Das kann man auch beobachten, wenn eine Fett-in-Wasser-Emulsion wie z.B. Milch längere Zeit steht und sich dabei entmischt; sie „rahmt auf".

> *Fette haben eine geringere Dichte als Wasser.*

Erhitzbarkeit

Fette können verhältnismäßig hoch erhitzt werden, sehr viel höher als Wasser, das ja bereits bei 100 °C siedet. Sie sind daher für das Garen vieler Lebensmittel besser geeignet, insbesondere dann, wenn die Bildung von Röststoffen gewünscht ist, denn die entstehen erst bei Temperaturen oberhalb 120 °C.
Fette sind jedoch nicht beliebig hoch erhitzbar. Jedes von ihnen hat seine Zersetzungstemperatur. Ist sie erreicht, wird das Fettmolekül zerstört.

> *Fette lassen sich hoch erhitzen.*

Schmelzbereiche und Zersetzungstemperatur von Fetten

Fettart	Schmelzbereich	Zersetzungstemperatur
Schweineschmalz	28 — 40 °C	ca. 160 °C
Kokosfett	20 — 28 °C	185 — 205 °C
Butter	28 — 38 °C	ca. 150 °C
Margarine	28 — 38 °C	ca. 150 °C
Olivenöl	unter 5 °C	ca. 220 °C
Erdnußöl	unter 5 °C	ca. 200 °C
Weizenkeimöl	unter 5 °C	ca. 135 °C

Fettverderb

Fette können selbst bei sachgemäßer Lagerung und Behandlung tiefgreifende Zersetzungen erleiden. Die dabei gebildeten Produkte sind oftmals von außerordentlich unangenehmem Geschmack und Geruch. Auch geringste Konzentrationen können ein Fett völlig genußuntauglich machen; es ist ranzig geworden. Die beim Fettverderb ablaufenden Vorgänge sind sehr verwickelt und vielgestaltig. Der Übersichtlichkeit halber wollen wir nur auf zwei „Grundarten" eingehen.

Hydrolytische Spaltung

Dieser Vorgang ist in seinem chemischen Ablauf verhältnismäßig leicht zu verstehen. Das Fettmolekül wird dabei in seine Bausteine, also in Glycerin und in drei Fettsäuren, aufgespalten. Von hydrolytischer Spaltung oder Hydrolyse spricht man deshalb, weil bei dieser Reaktion Wasser verbraucht wird (griech.: hydor = Wasser, lysis = Auflösen, Spalten).

$$
\begin{aligned}
&CH_2 - O - CO - CH_2 - CH_2 - CH_3 + H_2O && CH_2 - OH \quad HOOC - CH_2 - CH_2 - CH_3 \\
&CH \;\; - O - CO - CH_2 - CH_2 - CH_3 + H_2O \;\; \rightarrow \;\; CH \;\; - OH + HOOC - CH_2 - CH_2 - CH_3 \\
&CH_2 - O - CO - CH_2 - CH_2 - CH_3 + H_2O && CH_2 - OH \quad HOOC - CH_2 - CH_2 - CH_3
\end{aligned}
$$

Bei genauer Betrachtung der Reaktionsgleichung der Hydrolyse zeigt sich, daß sie eigentlich nichts anderes darstellt als die Umkehrung der Veresterung.

> *Beim hydrolytischen Verderb werden Fette in ihre Bausteine aufgespalten.*

Hydrolytischer Fettverderb macht sich insbesondere dann sehr unangenehm bemerkbar, wenn dabei kurz- bis mittelkettige Fettsäuren freigesetzt werden, z.B. bei Butter. Diese Säuren zeigen bereits in geringsten Konzentrationen einen intensiven, schweißartigen Geruch.
Hydrolytischer Fettverderb kann auf verschiedene Ursachen zurückzuführen sein:

— Fettspaltende, im Fett bereits enthaltene Enzyme lösen die Esterbindung.
— Mikroorganismen siedeln sich auf dem Fett an und spalten mit ihren arteigenen Wirkstoffen die Esterbindung auf.

Hitze fördert die Bildung von Peroxiden

Oxidation

Fette sind sauerstoffempfindlich. Hauptsächlich gilt das für Fette, die ungesättigte Fettsäuren gebunden haben; je mehr und je höher ungesättigt, desto anfälliger gegen diese Form von Verderb.
Bei der Oxidation von Fetten entstehen sogenannte Peroxide, die gesundheitlich bedenklich sind und im Verdacht stehen, krebserregend zu sein.

Auch für den oxidativen Angriff gibt es unterschiedliche Ursachen:

— Der Luftsauerstoff greift das Fett direkt an. Man spricht hier auch von Autoxidation (Selbstoxidation).
— Enzyme übertragen den Sauerstoff auf die ungesättigten Fettsäuren. Die Reaktionsprodukte sind ähnlich wie bei der Autoxidation.

Es gibt eine Möglichkeit, die Oxidation von Fetten zumindest zu bremsen, und zwar indem man sogenannte Antioxidantien zusetzt. Diese Stoffe bieten sich dem Sauerstoff anstelle der Fette zur Oxidation an; sie „opfern" sich, um das Fettmolekül zu schonen. Natürliche Antioxidantien sind z. B. Vitamin A und Vitamin C.

> *Beim oxidativen Verderb werden die Fette an ihren Doppelbindungen angegriffen. Dadurch entstehen giftige Zersetzungsprodukte, z. B. Aldehyde.*

Bedeutung der Fette für die menschliche Ernährung

Fette dienen dem menschlichen Körper in erster Linie als Energielieferant. Ihr Energiegehalt ist mehr als doppelt so hoch wie der von Kohlenhydraten oder Eiweißstoffen. Er beträgt im Durchschnitt 39 kJ pro Gramm.

Bei der Verwertung der Nahrungsfette im Organismus gibt es zwei Möglichkeiten:

— Der Körper verbrennt das Fett sofort zwecks Energiegewinnung.
— Er nutzt das Fett nicht gleich, sondern lagert es in Form von Fettdepots als „Reserve für später" ab (s. S. 238).

Aufgaben, die Fette im Körper sonst noch erfüllen:

— Sie dienen in Form von Organfett als Wärmeisolierung und schützen empfindliche Organe gegen mechanische Einwirkungen wie Druck und Stoß (Beispiel: Nierenfett, Fett im Augapfel).
— Sie sind Träger fettlöslicher Vitamine.
— Sie sind Träger lebensnotwendiger (essentieller) Fettsäuren, die gemeinsam mit Eiweiß am Aufbau von Zellmembranen beteiligt sind.

Was es mit den essentiellen Fettsäuren auf sich hat

Alle Pflanzenöle sind reich an mehrfach ungesättigten Fettsäuren. Diese Substanzen sind für die Ernährung des Menschen von großer Bedeutung, denn sie haben im Organismus lebenswichtige Aufgaben zu erfüllen:

— Sie sind am Aufbau der Zellmembranen beteiligt.
— Sie sind Grundbausteine bei der Bildung von Hormonen.
— Sie können einen erhöhten Cholesterinspiegel senken.

Vergleichbare Funktionen haben andere Stoffe auch. Der Haken bei den mehrfach ungesättigten Fettsäuren ist jedoch, der Körper kann sie nicht selbst aus Nahrungsbestandteilen aufbauen. Sie müssen ihm komplett vorgefertigt angeboten werden.
Man bezeichnet ganz allgemein Stoffe, auf deren Zufuhr mit der Nahrung der Körper angewiesen ist, als essentiell und spricht daher von essentiellen Fettsäuren. In tierischen Nahrungsmitteln oder festen Pflanzenfetten sind sie nur wenig vorhanden.

Die essentiellen Fettsäuren sind:

— Linolsäure mit 18 C-Atomen und 2 Doppelbindungen
— Linolensäure mit 18 C-Atomen und 3 Doppelbindungen
— Arachidonsäure mit 20 C-Atomen und 4 Doppelbindungen.

Tips zur Lagerung

— Dunkel lagern, damit kein Licht Zutritt hat.
— Trocken lagern, damit Feuchtigkeit ferngehalten wird.
— Für die kurzfristige Lagerung sind die Temperaturen des Kühlschrankes am besten geeignet.
— Für die längerfristige Lagerung empfiehlt sich das Gefriergerät.
— Butter ist empfindlich gegen Fremdgerüche und darf daher nicht mit stark riechenden Nahrungsmitteln zusammen gelagert werden oder in Berührung kommen.

2.2.1.5 Besonderheiten von Butterfett

Butterfett gehört zu den tierischen Fetten. Es enthält nur sehr wenig essentielle Fettsäuren.

— Butterfett enthält vor allem kurz- bis mittelkettige Fettsäuren.
— Der Schmelzbereich von Butter liegt mit 28 bis 38 °C verhältnismäßig niedrig. Sie ist deshalb und wegen der vergleichsweise kurzen Fettsäureketten besonders leicht verdaulich und wird gern für diätetische Zwecke verwendet.
— Im Vergleich zu einigen anderen Fetten (s. Tab. S. 59) kann Butter weniger hoch erhitzt werden. Bereits bei 150 °C tritt Zersetzung ein.

Haltbarkeit von Butter

Butter ist wegen des hohen Wassergehaltes sehr verderbsanfällig. Sie bietet vor allem Hefen und Schimmelpilzen einen vorzüglichen Nährboden. Die Ansiedlung dieser Mikroorganismen kann man an grün-schwarzen oder rötlichen Flecken erkennen.
Da Butter auch ungesättigte Fettsäuren enthält, ist sie darüber hinaus oxidationsgefährdet.
Vor allem Feuchtigkeit, Wärme und UV-Strahlen beschleunigen den Verderb.

2.2.1.6 Küchentechnische Bedeutung von Butter

Butter ist ein ideales Streichfett. Damit sie ihre Streichfähigkeit behält, immer im Butterfach des Kühlschrankes aufbewahren.

Butter eignet sich auch zum Garen von Nahrungsmitteln:

— Dünsten von Gemüse, Fisch.
— Zubereiten von Rührei.

Ein „Butter-Rezept"

1 Grundrezept	Kräuterbutter
1 bis 2 Knoblauchzehen	*durch die Knoblauchpresse drücken*
1 TL Schnittlauch	*in Röllchen schneiden*
1 EL Petersilie	*fein hacken*
250 g Butter 1 TL Zitronensaft Salz	*mit Kräutern und Knoblauch gut vermischen*

Aufgaben

1. Was versteht man unter dem Begriff: essentielle Fettsäuren? Nennen Sie zwei davon.

2. Nennen Sie die Aufgaben von Fetten im Organismus.

3. Warum ist Butter zum Fritieren z. B. von Hähnchenkeulen ungeeignet? Erläutern Sie die chemischen Vorgänge, die bei der Verwendung von Butter als Fritierfett ablaufen würden.

2.2.1.7 Fettbegleitstoffe

In fetthaltigen Nahrungsmitteln kommen gemeinsam mit den Fetten noch die sogenannten Fettbegleitstoffe vor. Chemisch gesehen handelt es sich um Verbindungen, die sich in ihrem Molekülaufbau von Fetten deutlich unterscheiden.

Cholesterin: Nutzen und Schaden — kein ausgewogenes Verhältnis

Die wertgebenden Bestandteile von Butter haben wir bereits kennengelernt. Es gibt aber noch einen Inhaltsstoff, der Ernährungswissenschaftlern und Medizinern ernste Sorgen bereitet, das Cholesterin.

Cholesterin gehört zu den Fettbegleitstoffen. Chemisch gesehen hat es mit Fett gar nichts gemeinsam. Sein Molekül besteht aus einer Vielzahl miteinander verbundener Ringe, ist in seinem Aufbau also völlig anders.
Es besitzt jedoch eine sehr gute Fettlöslichkeit. Dieser Eigenschaft wegen ist es in fetthaltigen Nahrungsmitteln anzutreffen, allerdings als typisches Stoffwechselprodukt menschlicher und tierischer Organismen so gut wie ausschließlich in tierischen Produkten.

Der Organismus setzt Cholesterin für verschiedene Aufgaben ein:
— Es ist am Aufbau der Zellwände beteiligt.
— Es ist Grundbaustein von Hormonen.
— Es ist Grundbaustein für Gallensäuren, die beim Fettabbau eine große Rolle spielen.

Cholesterin ist also keine im Organismus „überflüssige" Substanz. Es gibt jedoch ein großes „ABER". Der Körper kann nämlich seinen gesamten Bedarf an Cholesterin aus den Inhaltsstoffen der Nahrung eigenständig aufbauen. Selbst wenn Cholesterin im Nährstoffangebot völlig fehlen würde, käme es nicht zu Mangelerscheinungen. Das bedeutet im Klartext: nicht Cholesterin im Körper, aber Cholesterin in der Nahrung ist überflüssig. Mehr noch, eine zu hohe Cholesterinzufuhr hat oft einen hohen Cholesterinspiegel im Blut zur Folge, und das wiederum ist ein Risikofaktor bei der Entstehung von Herz- und Kreislauferkrankungen. Begünstigt wird ein hoher Cholesterinspiegel zusätzlich noch durch zu hohen Fettkonsum. Mehrfach ungesättigte Fettsäuren und reichlich Ballaststoffe wie Cellulose und Hemicellulosen in der Nahrung wirken dagegen senkend.

Es wird eine maximale Cholesterinaufnahme von 300 mg pro Tag empfohlen.

Fazit für unsere Ernährung:

— Sparsamer Verzehr cholesterinhaltiger Nahrungsmittel.
— Einschränkung des Fettkonsums.
— Ausreichende Aufnahme mehrfach ungesättigter Fettsäuren.
— Ballaststoffreiche Kost.

Cholesteringehalt verschiedener Nahrungsmittel (in 100 g)

Nahrungsmittel	Gehalt
Butter	244 mg
Eigelb	1400 mg
Rindfleisch (fett)	bis zu 90 mg
Schweinefleisch (fett)	bis zu 125 mg
Lebertran	570 mg
Hirn	3150 mg

Der menschliche Organismus synthetisiert seinen Bedarf an Cholesterin selbst.

Für Salatsaucen hochwertige Pflanzenöle verwenden. Sie sind reich an essentiellen Fettsäuren.

Aufgaben

1. Ein erhöhter Cholesterin-spiegel gehört heute zu den weit verbreiteten Zivilisationsleiden. Vor hundert Jahren gab es diese Erkrankung kaum. Begründen Sie dies anhand der Ernährungs-gewohnheiten damals und heute.

2. Erläutern Sie die Über-schrift: Cholesterin: Nutzen und Schaden — kein ausgewogenes Ver-hältnis.

3. Zeichnen Sie ein Schema, aus dem die Wirkungs-weise eines Emulgators ersichtlich wird.

Lecithin hat wasserliebende und fettliebende Molekül-bereiche.

Der Körper synthetisiert seinen Bedarf an Lecithin selbst.

Lecithin: noch ein Fettbegleitstoff

Daß nicht alles Fett ist, was in Fett enthalten ist, wissen wir bereits vom Cholesterin. Es gibt noch einen weiteren wichtigen Begleiter von Fett, der ihm in seinem chemischen Aufbau sogar verhältnis-mäßig ähnlich ist, und zwar das Lecithin.

Wie die Triglyceridmoleküle enthält es als Bausteine Glycerin und Fettsäuren, allerdings sind nur zwei der alkoholischen OH-Grup-pen des Glycerins mit jeweils einer Fettsäure verestert. An der drit-ten sind Phosphorsäure und eine Base gebunden. Um den Über-blick zu erleichtern, soll hier nicht die genaue Formel, sondern ein Formelschema aufgezeichnet werden.

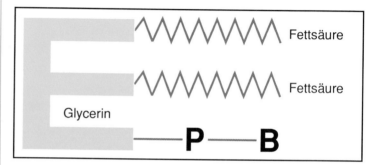

Wie aus dem Schema zu ersehen ist, besitzt Lecithin nicht einen so ausgewogenen Aufbau wie die Triglyceride. An das Glycerin sind die beiden Fettsäuren und Phosphorsäure plus eine Base gebunden. Diese beiden Molekülteile unterscheiden sich nun grundsätzlich in ihrem Verhalten Wasser gegenüber. Während Phosphorsäure und Base gut in Wasser löslich sind, „vertragen" sich Fettsäuren und Wasser überhaupt nicht. Genau umgekehrt ist das Verhalten Fett gegenüber. Fettsäurereste sind fettliebend, Phosphorsäure und Base sind „fettfeindlich".

Vereinfacht ausgedrückt kann man sagen, Lecithin steht in puncto Löslichkeit zwischen Wasser und Fett. Ein Teil seines Moleküls löst sich gut in Fett, der andere in Wasser. Diese Eigenschaft macht Lecithin zu einem „Lösungsvermittler" zwischen Fett und Wasser. Stoffe mit dieser Wirkung bezeichnet man als Emulgatoren. Man verwendet sie zum Stabilisieren von Emulsionen.

Aufgaben von Lecithin im Organismus:

— Beteiligung am Aufbau von Zellmembranen.

Lecithin kommt häufig in Nerven- und Gehirnzellen vor. Auch der Herzmuskel ist reich an Lecithin.

Lecithin wird in ausreichender Menge im Körper selbst gebildet und muß nicht mit der Nahrung zugeführt werden. Es ist allerdings in zahlreichen pflanzlichen und tierischen Nahrungsmitteln enthal-ten, z.B. in Pflanzenölen, Eigelb, Milch und Fleisch.

2.2.2 Pflanzliche Fette

Die gesicherte Erkenntnis, daß Cholesterin als Risikofaktor für die menschliche Ernährung anzusehen ist, erklärt die seit ca. 20 Jahren zunehmende Nachfrage nach pflanzlichen Fetten. Ihr gerecht zu werden ist gar kein Problem, denn die Pflanzenwelt ist reich an fetthaltigen Früchten, Saaten oder Keimen.

Mittelalterliche Ölmühle

2.2.2.1 Speiseöle

Fette, die bei gewöhnlicher Temperatur flüssig und für den menschlichen Genuß geeignet sind, bezeichnet man als Speiseöle.

Sie werden aus den ölhaltigen Pflanzenteilen durch Auspressen oder Extrahieren gewonnen. Um eine möglichst hohe Ölausbeute zu erzielen, kommen auch oft beide Verfahren zur Anwendung.

Gewinnung von Ölen im Überblick

1. Ölfrüchte und Ölsaaten werden gereinigt und zerkleinert. Dabei zerreißen die Wände der Pflanzenzellen; das Öl kann austreten.

2. Der entstandene Brei wird erwärmt; das enthaltene Öl ist dadurch dünnflüssiger und so leichter zu gewinnen.

3. In kontinuierlich arbeitenden Schneckenpressen wird das Öl ausgepreßt. Kontinuierlich heißt, das Preßgut tritt an einem Ende in die Schnecke ein, bewegt sich hindurch, wird währenddessen ausgepreßt und verläßt sie am anderen Ende wieder. Damit die Ölausbeute möglichst hoch ausfällt, hat die Schnecke eine besondere Form. Sie verengt sich zum Ende hin immer mehr. Der Druck auf das Preßgut verstärkt sich daher beim Durchwandern allmählich so sehr, daß zum Schluß ein Großteil des enthaltenen Öls ausgepreßt ist.

Schneckenpresse

4. Die Rückstände sind noch nicht völlig ölfrei. Um diesen Rest auch noch gewinnen zu können, behandelt man sie mit einer fettlösenden Flüssigkeit, meist einem Kohlenwasserstoff. Dadurch wird das Öl fast vollständig herausgelöst. Man bezeichnet diesen Vorgang als Extraktion.

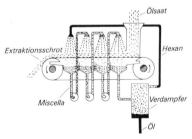

Extraktion

5. Das Lösungsmittel wird durch Verdampfen wieder vom Öl getrennt (Destillation) und steht jetzt erneut für die Extraktion zur Verfügung.

Das durch Auspressen und Extraktion gewonnene Rohöl ist für den Verzehr noch nicht geeignet. Es kann noch Gewebeteilchen, Schleimstoffe und Farbstoffe enthalten. Oftmals besitzt es auch einen wenig attraktiven Geruch. Um es genußfähig zu machen, muß es von diesen Verunreinigungen befreit und aufgearbeitet werden. Zu diesem Zweck unterwirft man das Rohöl der Raffination, einem Reinigungsprozeß, der in mehreren Stufen abläuft.

ROHÖL

↓

ENTSCHLEIMEN

↓

ENTSÄUERN
WASCHEN

↓

TROCKNEN
(VAKUUM)

↓

BLEICHEN

↓

FILTERN

↓

DÄMPFEN

↓

RAFFINAT

Schema der Raffination

Wichtige Stationen der Raffination

1. Die Entschleimung, meist eine Behandlung mit Kochsalz- oder Phosphorsäurelösung, bezweckt die Entfernung von Harz- und Schleimkörpern. Dabei setzen sich diese Bestandteile als leicht abzutrennender Schleim ab.
Dieser Prozeß erhöht die Haltbarkeit der Öle ganz erheblich, denn Schleimstoffe bilden einen idealen Nährboden für Kleinstlebewesen. Wenn dieser Nährboden entzogen wird, ist die Gefahr des mikrobiellen Verderbs nicht mehr so groß.

2. Die Entsäuerung dient der Abtrennung freier, ungebundener Fettsäuren. Dies geschieht durch Einsprühen schwacher Alkalilösungen (z.B. Soda). Fettsäuren und Alkalien reagieren miteinander unter Bildung von Seifen, die sich als kompakter, dunkel gefärbter „Seifenstock" abscheiden.

3. Beim Bleichen werden Reste von Seifen, Schleimstoffen, Schwermetallspuren und von natürlichen bzw. während der Lagerung des Öls entstandenen Farbstoffen erfaßt. Man behandelt das erwärmte Fett mit Bleicherden. Wenn sämtliche Verunreinigungen daran gebunden sind, trennt man sie per Zentrifuge wieder ab.

4. Die Desodorierung (Geruchlosmachung) entfernt qualitätsmindernde Geruchs- und Geschmacksstoffe. Es handelt sich dabei um relativ leicht flüchtige Verbindungen. Man bläst daher Wasserdampf durch die Öle; er reißt die Verunreinigungen mit sich.

Eine nach diesem Muster durchgeführte Raffination liefert einwandfreie Speiseöle.

Wie man Öle besonders schonend gewinnen kann

Manche Ölflaschen oder -dosen tragen die Aufschrift „kaltgeschlagen" oder „kaltgepreßt". Solche Öle gewinnt man nur durch Pressen der ölhaltigen Pflanzenteile, ohne anschließende Raffination. Nach dem Auspressen wird lediglich noch gefiltert.
Bei diesem schonenden Verfahren bleiben praktisch alle wertgebenden Bestandteile erhalten. Kaltgeschlagene Öle sind daher reich an Vitaminen und essentiellen Fettsäuren, also besonders edel und von bester Qualität; aber auch, weil die Ausbeute vergleichsweise gering ist, sehr teuer.
Sie haben meist einen kräftigen Geschmack und eine intensive Farbe. Man sollte kaltgeschlagene Öle (sie werden manchmal auch als „naturrein" oder „naturbelassen" bezeichnet) möglichst nur für Salate und Rohkost verwenden. Zum Braten und Backen sind sie einfach zu schade.

Die wichtigsten Sorten

Im Handel werden entweder aus nur einer Pflanzenart gewonnene Öle angeboten oder Mischungen aus verschiedenen Ölen.

Sojabohnen

Sojaöl

Es entstammt dem Samen der Sojapflanze, einer Hülsenfrucht. Der Fettgehalt der Sojabohnen liegt mit 18 bis 22% im Vergleich zu anderen Ölsaaten verhältnismäßig niedrig.
Sojaöl kommt als Speiseöl in den Handel und ist wichtiger Rohstoff für die Margarineherstellung und die Produktion von Speiseölgemischen.
Es hat den für Speiseölmischungen wichtigen milden und angenehmen Geschmack.

Erdnüsse

Erdnußöl

Es wird aus Erdnüssen gewonnen, ebenfalls einer Hülsenfrucht. Der Fettgehalt liegt bei 42 bis 50%. Weil es kaum Begleitstoffe enthält, ist es sehr gut für die Margarineherstellung geeignet, außerdem ist es ein ideales Fritierfett.

Baumwollsaatöl

Es ist ein Nebenprodukt des Baumwollanbaus. Die vier bis fünf Millimeter breiten Samenkörner enthalten ca. 15% Öl. Baumwollsaatöl findet ausschließlich in der Margarineherstellung Verwendung.

Baumwollkapsel, aufgesprungen

Raps- oder Rüböl

Es wird aus Samen der Rapspflanze gewonnen, die ca. 35 bis 45% Öl enthalten. In der Bundesrepublik Deutschland ist Raps die wichtigste Ölpflanze. Man verwendet Rapsöl hauptsächlich als Speiseöl und nur zu einem geringen Teil zur Margarineherstellung. Das Rohöl hat einen sehr strengen Geruch und Geschmack, der aber bei der Raffination vollständig verschwindet.

Rapsfeld

Distel- oder Safloröl

Dieses Öl wird von einer etwas ausgefallenen Pflanze gewonnen, von der Färberdistel, die bereits im alten Ägypten bekannt war und heute an der Westküste der USA angebaut wird. Die den Sonnenblumenkernen ähnlichen Samen sind außerordentlich reich an ungesättigten Fettsäuren. Man verwendet Safloröl daher für Diät-Speiseöle und für hochwertige Margarinen. Wegen des hohen Gehaltes an ungesättigten Fettsäuren ist es besonders verderbnisanfällig.

Blühende Saflorpflanze

Sesamöl

Noch ein Öl exotischer Herkunft; es wird aus den Samen der tropischen Sesampflanze gewonnen, mit einem Fettgehalt von ca. 45%. Das hellgelbe, völlig geruchslose Öl hat einen angenehmen Geschmack, der hervorragend zu Speisen der ostasiatischen Küche paßt.

Sesamkraut

Leinöl

Es wird aus den kleinen braunen Samen der Flachs- oder Leinpflanze gewonnen. Die Samen der ostindischen Arten enthalten 34 bis 40 % Fett, die der europäischen nur ca. 25 %.

Für Speisezwecke wird es meist kaltgepreßt. Das gelb-grüne Öl mit seinem charakteristischen würzigen Geschmack wird in Dosen vor allem in Reformhäusern angeboten.

Es verfügt ebenfalls über einen hohen Gehalt an ungesättigten Fettsäuren, vor allem Linolsäure. Entsprechend hoch ist seine Verderbnisanfälligkeit. Bereits nach kurzer Lagerzeit verändert sich der Geschmack.

Sonnenblumenöl

Reife Sonnenblumenkerne

Es wird aus den Samen der Sonnenblume gewonnen. Hauptanbaugebiete sind Osteuropa, aber auch Kanada und Argentinien. Die Samenkerne enthalten 62 bis 63 % Fett. Sie werden kalt gepreßt und das Öl naturrein oder raffiniert angeboten.

Sonnenblumenöl ist nach Safloröl das biologisch hochwertigste Öl, weil es wie dieses einen sehr hohen Linolsäuregehalt aufweist.

Das leicht gelbliche Öl hat einen milden, angenehmen Geschmack. Raffiniertes Sonnenblumenöl ist ein begehrter Rohstoff für die Margarineherstellung. Das besonders wertvolle naturreine Öl sollte man nicht erhitzen, sondern für Salate und Rohkost verwenden.

Maiskeimöl

Keimender Mais

Es fällt als Nebenprodukt der Maismehl- und Maisstärkeproduktion an und wird aus den abgetrennten Keimen der Maiskörner gewonnen, die ca. 35 % Öl enthalten.

Das rohe Maiskeimöl ist von tiefgelber Farbe. Nach der Raffination ist es nur noch schwach gefärbt und hat einen angenehm neutralen Geschmack. Seine Fettsäurezusammensetzung ähnelt der von Sesamöl.

Maiskeimöl findet vor allem als Salatöl Verwendung. Daneben dient es als Rohstoff für die Margarineherstellung.

Weizenkeimöl

Aus dem Weizenkorn trennt man in ganz ähnlicher Weise wie beim Mais den Keimling ab. Das Öl gewinnt man daraus vorwiegend durch Auspressen. Es enthält neben hoch ungesättigten Fettsäuren wichtige fettlösliche Vitamine und ist deshalb ein hoch geschätztes Diätöl.

Weizenkeimöl besitzt eine schwach goldgelbe Farbe und einen typischen feinen Geschmack nach Getreide.

Um die wertvollen Inhaltsstoffe nicht zu schädigen, sollte man es möglichst nicht erhitzen und nur für Salate und Rohkost verwenden.

Ölpresse von 1768

Olivenöl

Es wird aus dem Fruchtfleisch der reifen Frucht des Olivenbaumes gewonnen, die 15 bis 25 % Öl enthält. Olivenöl ist in verschiedenen Qualitätsstufen im Handel.

Olivenernte (Vasenbild)

Naturreines Olivenöl:

Hinter dieser Bezeichnung verbergen sich die edelsten Öle überhaupt. Sie alle werden kalt gepreßt. Am kostbarsten von ihnen ist das Jungfernöl. Es tritt bereits beim ersten sanften Druck aus, ist von einem zarten Grün und besitzt einen typischen, schwach süßlichen Geschmack.
Die Preßrückstände des Jungfernöls kann man noch einer zweiten und dritten Pressung unterziehen. Dabei werden feines bzw. mittelfeines Olivenöl gewonnen, beide zwar nicht ganz so exquisit wie Jungfernöl, aber immer noch von ausgezeichneter Qualität.

Reines Olivenöl:

Dieses Öl wird wie die meisten anderen Speiseöle gepreßt und anschließend raffiniert. Unter dieser Bezeichnung kommen auch Mischungen aus kaltgeschlagenem und raffiniertem Olivenöl in den Handel.

Küchentechnische Bedeutung

Die Verwendung der einzelnen Ölsorten richtet sich nach deren Nährstoffzusammensetzung.
Die besonders hochwertigen kaltgeschlagenen Öle mit ihrem hohen Gehalt an essentiellen Fettsäuren und fettlöslichen Vitaminen sollte man in erster Linie für die „kalte Küche", d. h. zum Anmachen von Salaten bzw. von Rohkost einsetzen.
Ansonsten eignen sich Pflanzenöle wegen ihrer recht guten Erhitzbarkeit bestens zum Braten und Schmoren.

Aufgaben

1. Vergleichen Sie (Tabelle!) kaltgepreßte und raffinierte Öle im Hinblick auf a) Vitamingehalt, b) Gehalt an ungesättigten Fettsäuren, c) Haltbarkeit, d) Vielseitigkeit des Einsatzes bei der Nahrungszubereitung. Begründen Sie jeweils Ihre Aussagen.

2. Zum Nachmittagskaffee wollen Sie Gebäckstücke aus Quark-Öl-Teig herstellen. Zur Auswahl stehen Ihnen: Naturreines Olivenöl, Distelöl, kaltgeschlagen, Rapsöl. Entscheiden Sie sich begründet für eines der drei Öle und erläutern Sie Ihre Entscheidung gegen die anderen beiden Öle.

3. Herr P. hat einen viel zu hohen Blut-Cholesterinspiegel und muß daher seine Ernährung umstellen. Beurteilen Sie die Eignung folgender Speisefette für seine Diät.
   a) Schweineschmalz, b) Butter, c) Rapsöl, d) Distelöl, kaltgepreßt.

4. Vergleichen Sie die Fettsäurenzusammensetzung von Butter und Sesamöl und leiten Sie daraus die unterschiedliche Konsistenz der beiden Speisefette ab.

Zum Fritieren benötigt man hocherhitzbare Fette.

2.2.2.2 Feste Pflanzenfette

Sie gehören zu den „robusten" Vertretern der Gattung Fett; robust heißt in diesem Zusammenhang, sie überstehen hohe Temperaturen bis zu 200 °C, ohne zu spritzen oder sich zu zersetzen. Diese Eigenschaft ist immer dann gefragt, wenn bei der Zubereitung von Speisen entsprechend hohe Temperaturen erreicht werden, z.B. beim Fritieren oder auch Braten.

Dazu kommt, daß sie hauptsächlich gesättigte Fettsäuren gebunden haben, also unempfindlich gegen den Angriff von Luftsauerstoff sind, und einen hohen Schmelzpunkt besitzen. Sie bleiben auch ohne Kühlung bei Zimmertemperatur fest.
Feste Pflanzenfette werden meist in flachen, eckigen Formen angeboten; man spricht daher auch von Plattenfetten.

Gewinnung

Hauptsächlicher Lieferant fester Pflanzenfette sind die Früchte und Kerne der Kokos- und Ölpalme.

Die Fette werden durch Pressen oder Extrahieren gewonnen und das noch flüssige Fett in Formen gegossen, wo man es unter leichter Kühlung erstarren läßt.
Da die Nachfrage nach festen Pflanzenfetten höher ist als das natürliche Vorkommen, gewinnt man heute feste Pflanzenfette auch durch Härtung von Speiseölen. Das Verfahren der Fetthärtung wird im Zusammenhang mit der Margarineherstellung ausführlich beschrieben.

Die wichtigsten Sorten

Es sind sowohl reine Fette als auch Mischungen im Handel.

Kokosfett
Es wird aus Kopra gewonnen, dem fettreichen getrockneten Kernfleisch der Kokosnuß.
Das fertig verarbeitete Produkt ist schneeweiß und hat einen zarten, nußartigen Geschmack. Es wird mit dem Vermerk „Reines Kokosfett" oder „100 % Kokosfett" in den Handel gebracht.

Palmkernfett
Es wird aus den Samenkernen der Ölpalme durch Auspressen und Extraktion gewonnen.
In Geschmack und Beschaffenheit ist Palmkernfett dem Kokosfett sehr ähnlich.

Soft-Fette
Diese Fette sind Mischungen von festen Pflanzenfetten mit Pflanzenölen. Sie haben die gleiche Hitzestabilität wie feste Pflanzenfette, sind daneben aber gut streichfähig. Sogar im Kühlschrank bleiben sie noch „soft".

Küchentechnische Verwendung fester Pflanzenfette

Wie bereits anfangs erwähnt, setzt man sie vor allem dann ein, wenn es auf gute Hitzestabilität ankommt:

— Zum Fritieren
— Zum Braten

Tips zum Fritieren

— Temperatur von höchstens 180 °C einhalten.
— Gargut nacheinander in kleineren Portionen zugeben.
— Fritierfett nach Gebrauch durch ein feines Haarsieb gießen, verkohlte Reste werden so entfernt.
— Fett höchstens viermal verwenden, es entstehen sonst gesundheitlich bedenkliche Peroxide.
— Fett immer insgesamt austauschen. Zu gebrauchtem kein frisches Fett geben. Das ältere wird durch frisches Fett nicht wieder „neu", sondern zersetzt sich trotzdem weiter.

2.2.3 Margarine

Notzeiten machen erfinderisch. In Frankreich herrschten im Jahre 1869 Hunger und Krieg, als die Regierung unter Napoleon III. einen Preis aussetzte. Das war aber, wie man zunächst annehmen könnte, kein Preis für ein imposantes Bauwerk oder gelungenes Gemälde. Die schönen Künste bewegten die Gemüter zu dieser Zeit weniger. Zum Problem geworden war die Versorgung der Bevölkerung mit Nahrung. Landflucht und beginnende Industrialisierung ließen landwirtschaftliche Produkte teuer und knapp werden. Auch der Preis für Butter war ins Astronomische gestiegen. Der kaiserliche Wettbewerb nun sollte erfinderische Geister beflügeln, Wege und Möglichkeiten zu einem preiswerten und weniger leicht verderblichen Butterersatz zu finden.

Hippolyte Mège-Mouriès:
der Erfinder der Margarine

Das Rennen machte der Chemiker Mèges-Mouriès. Er mischte Oleomargarin, einen Bestandteil von Rindertalg, mit Milch und erhielt dabei eine Emulsion, die sich unter Kühlung zu einem Produkt verfestigte, das er Margarine nannte. Die Margarine hatte es zunächst sehr schwer, sich gegen die „gute Butter" durchzusetzen, obwohl sich ihre Qualität mehr und mehr verbesserte. Um sie bereits auf den ersten Blick von Butter unterscheiden zu können, wurde bei uns 1897 das erste Margarinegesetz erlassen. Nur unter Beachtung zahlreicher Auflagen durfte Margarine von da an in den Verkehr gebracht werden:

— Sie durfte nur in ganz bestimmter Form, entweder als verpackter Würfel oder in runden Bechern, verkauft werden.

— Die Packung mußte deutlich sichtbar die Aufschrift „Margarine" und einen roten Signalstreifen tragen.

— Um zu verhindern, daß Margarine zum „Strecken" von Butter benutzt wurde, schrieb der Gesetzgeber einen Zusatz von Kartoffelstärke vor. Ob Butter mit Margarine verfälscht war, ließ sich fortan leicht feststellen. Man mußte sie nur auf einen eventuellen Stärkegehalt hin überprüfen.

Heute ist Margarine zwar ein butterähnliches Produkt, aber keineswegs ein Butterersatzfett. Sie hat sich ihren eigenständigen Platz in der Küche erobert.

2.2.3.1 Gewinnung von Margarine

Als Ausgangsprodukte für die Margarineproduktion dienen heute überwiegend pflanzliche Fette und Öle. Hauptsächlich kommen zum Einsatz:

— Kokosfett
— Palmkernfett
— Baumwollsaatöl
— Sonnenblumenöl
— Sojaöl
— gehärtete Pflanzenöle

*Margarine-Gewinnung
wie sie früher war*

Tierische Fette wie Rindertalg oder Fischöle finden nur noch wenig Verwendung, bei minderwertiger Margarine.

Was sind gehärtete Pflanzenöle?

Pflanzenöle sind bei normaler Temperatur flüssig. Das ist deshalb so, weil sie sehr viel ungesättigte Fettsäuren enthalten. Ein Fett, das zwar Fettsäuren der gleichen Kettenlänge, aber ohne Doppelbindungen (gesättigte) gebunden hat, ist nicht flüssig, sondern fest. Soll aus Pflanzenölen ein festes Fett wie Margarine entstehen, so ist dies ganz einfach dadurch zu erreichen, daß man die Anzahl der Doppelbindungen verringert. An die ungesättigte Bindung wird zu diesem Zweck Wasserstoff angelagert.

Ursprüngliche Doppelbindung:

$$- CH_2 - CH = CH - CH_2 -$$

Ungesättigte Fettsäure

$$\text{(H)} \quad \text{(H)}$$

$$- CH_2 - CH_2 - CH_2 - CH_2 -$$

Aus der Doppelbindung ist eine Einfachbindung geworden: Gesättigte Fettsäure

Durch Hydrierung von Doppelbindungen kann man Fette härten.

Chemisch gesehen handelt es sich bei diesem Vorgang um eine Hydrierung. Die Fetthydrierung wurde bereits 1901 von dem Chemiker Normann entwickelt. Von da an wurden in großem Maßstab gehärtete Pflanzenöle für die Margarineproduktion eingesetzt.

Ablauf der Margarine-Produktion im Überblick

1. Ein Gemisch aus flüssigen und festen Fetten wird mit fettlöslichen Vitaminen (A und D), Carotin und Emulgatoren versetzt (Fettphase).

2. Entrahmte Milch, Wasser, Kochsalz und Stärke werden miteinander gemischt (Wasserphase). Die Milch ist zuvor mit Milchsäurebakterien gesäuert worden. Das gibt der Margarine später ein feines, butterähnliches Aroma.

3. Beide Phasen werden emulgiert (Fett-in-Wasser-Emulsion) und im Schnellkühler so lange gekühlt und geknetet, bis die Emulsion weich und streichfähig geworden ist. Das Wasser ist zum Schluß so fein verteilt, daß die einzelnen Tröpfchen kaum noch Lebensraum für Mikroorganismen bieten.

4. Direkt an den Schnellkühler ist die Packmaschine angeschlossen. Dort wird die Margarine vollautomatisch portioniert und verpackt.

*Wasser- und Fettphase
vor dem Mischen*

2.2.3.2 Margarinesorten

Die einzelnen Margarinesorten unterscheiden sich zum Teil erheblich in ihrer Zusammensetzung. Nicht jede Margarine eignet sich für jeden Verwendungszweck.

Haushaltsmargarine
Sie gehört zu den einfachen Sorten. Die verwendeten Fette können sowohl pflanzlicher als auch tierischer Herkunft sein. Der Gehalt an ungesättigten Fettsäuren ist verhältnismäßig gering.
Haushaltsmargarine eignet sich zum Kochen, Braten und Backen.

Pflanzenmargarine
Sie wird, wie der Name schon sagt, ausschließlich aus pflanzlichen Fetten hergestellt (bis zu 3 % tierische Fette sind erlaubt). Von den im Ursprungsfett enthaltenen Fettsäuren müssen im Endprodukt mehr als die Hälfte unverändert sein. Dieser Anteil wiederum muß zu mindestens 15 % aus Linolsäure bestehen.
Pflanzenmargarine eignet sich zum Kochen, Braten und Backen und als Streichfett.

Diätmargarine
Sie darf nur aus pflanzlichen Fetten ohne jeden Minimalgehalt an tierischen Fetten hergestellt werden. Vorgeschrieben ist außerdem ein Mindestgehalt mehrfach ungesättigter Fettsäuren von 40 %. Darüber hinaus sind diese Produkte streng kochsalzarm.
Diätmargarine eignet sich am besten als Streichfett.

Halbfettmargarine
Diese Produktgruppe ist im Rahmen „kalorienverminderter" Lebensmittel in den Handel gekommen. Sie wird aus pflanzlichen Fetten mit einem tolerierbaren Gehalt von 3 % tierischer Fette hergestellt. Sie unterscheidet sich von anderen Margarinen durch einen stark reduzierten Fettgehalt von höchstens 41 %. Der geringe Fettanteil wird durch einen höheren Wasseranteil ausgeglichen.
Weil Halbfett-Margarine so wasserreich ist, kann man sie, wegen der „Spritzgefahr", nicht zum Braten und Backen verwenden. Die Packung muß einen entsprechenden Vermerk tragen.

Ein kurzer Blick in das neue Margarine-Gesetz

Das noch aus dem Jahre 1897 stammende Margarine-Gesetz mit seinen einengenden Vorschriften ist 1985 neu gefaßt worden. Darin ist genau definiert, was unter Margarine zu verstehen ist:

„Margarine im Sinne dieses Gesetzes ist ein Emulsionsfett, hauptsächlich vom Typ der Wasser-in-Fett-Emulsion, die durch Emulgieren aus genußtauglichen Fettstoffen hergestellt wurden. Ihr Gesamtfettanteil muß mindestens 80 % des Gewichtes betragen. Der Anteil an Milchfett und Milcheiweiß darf 1 % des Gewichtes nicht übersteigen."

Verwendung von Margarine
(neben der Funktion als Streichfett)

Zubereiten von Gebäck

Dünsten von Gemüse

Dünsten von Fisch

Bereiten von Saucen

73

Küchentechnische Bedeutung

Margarine wird ähnlich wie Butter verwendet:

— als Streichfett

— zum Dünsten

— zum Backen

— zum Fetten von Backblechen und Auflaufformen.

Das Margarine-Gesetz schreibt auch genau vor, was auf der Pakkung zu stehen hat:

— Die Bezeichnung „Margarine" oder „Halbfettmargarine". Bei Halbfettmargarine zusätzlich der Vermerk „Zum Braten und Backen nicht geeignet".

— Der Name oder die Firma und der Ort der gewerblichen Niederlassung des Herstellers bzw. Anbieters.

— Die Gewichtsmenge des Inhaltes zur Zeit der Abfüllung. Bei Halbfettmargarine außerdem der Fettgehalt in Gewichtsprozenten.

— Ein unverschlüsseltes Herstellungsdatum oder Mindesthaltbarkeitsdatum. Ist die Haltbarkeit von der Einhaltung bestimmter Temperaturen abhängig, ist auch das zu vermerken.

Aufgaben

1. Vergleichen Sie Butter, Haushaltsmargarine und Diätmargarine (Tabelle) hinsichtlich:
   a) Fettsäurenzusammensetzung, b) Haltbarkeit, c) Verdaulichkeit, d) Cholesteringehalt.

2. Welche Margarine würden Sie empfehlen
   a) für Vegetarier, b) bei einer Schlankheitskur, c) zum Backen eines Marmorkuchens?
   Begründen Sie jeweils.

3. Um Margarine zu erhalten, müssen die Pflanzenöle „gehärtet" werden. Man erreicht dies durch die Anlagerung von Wasserstoff an einen Teil der Doppelbindungen.
   Erstellen Sie die Reaktionsgleichung für die Härtung von Linolsäure.
   Wie wirkt sich dieser Vorgang auf die ernährungsphysiologische Qualität eines Fettes aus?
   Begründung.

4. Der durchschnittliche Bundesbürger verzehrt täglich 86 g an Speisefetten. Diskutieren Sie Menge und Qualität der aufgenommenen Fette.
   Finden Sie in der Nährwerttabelle andere Nahrungsmittel, die einen hohen Fettgehalt aufweisen.

5. Welches Speisefett würden Sie jeweils empfehlen
   a) bei Lebererkrankungen, b) bei erhöhtem Cholesterinspiegel, c) bei Übergewicht, d) für Kinder, e) für Salate? Begründen Sie jeweils.

6. Nennen und begründen Sie Lagerbedingungen, bei denen ein Fett möglichst lange seine ursprünglichen Eigenschaften behält.

2.3 Eiweißhaltige Nahrungsmittel

Eiweißstoffe sind für die menschliche Ernährung von zentraler Bedeutung. Der Grund: im Unterschied zu Kohlenhydraten und Fetten können sie durch keinen anderen Nahrungsbestandteil ersetzt werden.

Eiweißstoffe dienen dem Körper nämlich in erster Linie als Baustoff, zum Aufbau von Zellsubstanz und körpereigenen Stoffen wie Enzymen oder Hormonen. Während bei der Gewinnung von Energie die chemische Natur des Brennstoffs keine entscheidende Rolle spielt, sieht das bei einem Baustoff anders aus. Er muß in die vorgegebenen Baupläne und Strukturen haargenau passen, und das ist im menschlichen Organismus nur bei Eiweiß der Fall.

2.3.1 Eier

In vielen alten Kulturen galten Eier als Symbol des Lebens und der Fruchtbarkeit. Unzählige Zauber und Mythen rankten sich um ihre unscheinbare Schale. Man schrieb ihnen geheimnisvolle Heilkräfte zu, vergrub sie als Gabe für die Götter in bestellten Äckern, um eine gute Ernte zu erbitten und weihte mit ihnen heilige Stätten. Einige „Eier-Bräuche" haben bis in unsere Zeit hinein überlebt: zu Ostern schmücken farbig verzierte „Ostereier" den Festtagstisch. Eiersuchen und Eierkicken sind noch immer beliebter Zeitvertreib der Kinder.

Abgesehen von diesen paar Relikten aus alter Zeit spielen Eier für uns heute ausschließlich als Nahrungsmittel eine Rolle, und zwar als ein sehr hochwertiges.

2.3.1.1 Aufbau des Eies

Das Innere des Eies besteht aus Eiklar und Eidotter. Umschlossen wird beides von der Schale. Am stumpfen Ende befindet sich die Luftkammer. Bei frischen Eiern ist sie noch sehr klein, vergrößert sich aber während der Lagerung.

Der Frischetest im Wasserglas:

— Die Luftkammer beim ganz frischen Ei ist noch so klein, daß es zu Boden sinkt.

— Nach ca. einer Woche ist die Luftkammer so weit vergrößert, daß das stumpfe Ende leicht angehoben ist.

— Nach weiteren zwei Wochen steht das Ei fast senkrecht, so viel Luft hat sich jetzt unter der Schale angesammelt.

Ei ist nicht immer gleich Ei

Normalerweise versteht man unter dem Begriff „Eier" die Eier vom Huhn. Stammen Eier von anderen Tieren, muß das kenntlich gemacht werden.

Enteneier
Sie sind mit ca. 70 g etwas schwerer als Hühnereier und haben einen kräftigeren Geschmack. Enteneier sind oftmals von gesundheitsschädlichen Bakterien (Salmonellen!) besiedelt und dürfen daher nur nach einer Garzeit von mindestens 10 Minuten verzehrt werden. Im Handel müssen sie mit dem deutlich sichtbaren Vermerk: „Entenei, 10 Minuten kochen" versehen sein.

Gänseeier
Sie sind die Riesen unter den Eiern und können bis zu 200 g schwer sein. Man verwendet sie wie Hühnereier.

Wachteleier
Eine Delikatesse für besondere Gelegenheiten sind diese kleinen Eier mit ihrer gesprenkelten Schale.

Inhaltsstoff	Gehalt
Eiweiß	12,8 g
Fett	11,5 g
Kohlenhydrate	0,7 g
Wasser	74,0 g
Vitamin A	0,2 mg
Vitamin B_1	0,12 mg
Vitamin B_2	0,34 mg
Vitamin B_6	0,25 mg
Nicotinsäure	0,1 mg
Pantothensäure	1,6 mg
Natrium	135,0 mg
Kalium	138,0 mg
Calcium	54,0 mg
Magnesium	13,0 mg
Mangan	0,05 mg
Eisen	2,3 mg

Der Wermutstropfen

So ausgewogen die Nährstoff-zusammensetzung von Eiern auch ist, die Deutsche Gesellschaft für Ernährung empfiehlt dennoch, nicht mehr als drei Eier pro Woche zu verzehren. Der Grund: Eier haben einen hohen Cholesteringehalt. Ein mittelgroßes Ei enthält rund 240 Milligramm.

Essigsäure Monocarbonsäure

Glycin Aminosäure

2.3.1.2 Nährwert von Eiern

Warum Eier einen hohen Nährwert haben müssen, wird klar, wenn man sich vor Augen hält, daß sie eigentlich als Vorratskammer für den Hühnerembryo gedacht sind und ihn vom Moment der Befruchtung an bis hin zum Ausschlüpfen des ausgewachsenen Kükens mit allem Lebensnotwendigen versorgen müssen.

Wie man sieht, enthält das Ei in einer Vielfalt Nähr- und Wirkstoffe, die von keinem anderen Nahrungsmittel übertroffen wird. Für unsere Ernährung sind Eier vor allem deshalb interessant, weil ihr Eiweiß vom menschlichen Körper besonders gut verwertet werden kann; am besten von allen Eiweißarten, die es gibt. Es ist deshalb wohl an der Zeit, daß wir uns mit diesem so lebensnotwendigen Nährstoff näher befassen.

2.3.1.3 Eiweiß oder: der Stoff, aus dem die Zellen sind

Die Bezeichnung Eiweiß leitet sich ursprünglich von der äußeren flüssigen Schicht des Hühnereies ab, dem sogenannten Weißei oder Eiklar. Im wissenschaftlichen Sprachgebrauch ist vor allem die Bezeichnung Proteine üblich.

Im Zusammenhang mit dem Begriff Eiweiß ist oft der Slogan „Ohne Eiweiß kein Leben" zu lesen. Dadurch entsteht leicht der Eindruck, Eiweiß sei die alleinige stoffliche Grundlage für Leben. Das trifft jedoch nur mit Einschränkungen zu, denn es gibt einige andere Stoffe, die für Aufbau und Funktion des Körpers ebenfalls von großer Bedeutung sind, wie z.B. manche Mineralstoffe, die Vitamine und nicht zuletzt das Wasser. Es ist jedoch nicht zu bestreiten, daß Eiweißstoffe zu den wichtigsten Bedarfsstoffen des Körpers gehören, die er in seiner Nahrung keinesfalls entbehren kann.

Aminosäuren: Bausteine der unbegrenzten Möglichkeiten

Proteine sind aus immer der gleichen Bausteinart zusammenge-setzt, aus den Aminosäuren, die zu den organischen Säuren gehö-ren. Wir haben organische Säuren bereits bei den Fetten kennenge-lernt. Es sind Verbindungen, die aus einem Kohlenwasserstoffrest und einer Carboxylgruppe bestehen, z.B. Essigsäure.

Essigsäure ist eine Monocarbonsäure. Aminosäuren unterscheiden sich von den „einfachen" Monocarbonsäuren nur dadurch, daß sie zusätzlich zur Carboxylgruppe eine Aminogruppe ($-NH_2$) im Molekül tragen.

Ersetzt man in der oben stehenden Essigsäure einen Wasserstoff durch die NH_2-Gruppe, entsteht eine Aminosäure mit dem Namen Glycin.

Würde man in Propionsäure, die wir ebenfalls bereits von den Fetten her kennen, eine Aminogruppe einbauen, so entstünde Alanin.

$$CH_3 - \overset{\displaystyle H}{\underset{\displaystyle H}{\overset{|}{\underset{|}{C}}}} - COOH \qquad\qquad CH_3 - \overset{\displaystyle H}{\underset{\displaystyle NH_2}{\overset{|}{\underset{|}{C}}}} - COOH$$

Propionsäure Alanin

Am Aufbau von Nahrungseiweiß sind ca. 24 verschiedene Aminosäuren beteiligt, die sich in ihrer Molekülstruktur voneinander unterscheiden. Manche haben längere Kohlenstoffketten, bei anderen hat sich eine Kohlenstoffkette am Ende zu einem Ring geschlossen, und wieder andere haben zusätzlich noch eine OH- oder SH-Gruppe im Molekül. Eines trifft aber für jede von ihnen zu: sie tragen alle mindestens eine NH_2- und eine COOH-Gruppe. Diese beiden Gruppierungen sind für die Entstehung der Proteine verantwortlich.

> *Eiweißstoffe heißen Proteine. Sie sind aus Aminosäuren zusammengesetzt.*

Verknüpfung der Bausteine

Bei Verknüpfung der Bausteine treten, wie schon gesagt, die COOH- und die NH_2-Gruppen untereinander in Reaktion, und zwar nach folgendem Mechanismus:

$$CH_3 - \overset{\displaystyle H}{\underset{\displaystyle NH_2}{\overset{|}{\underset{|}{C}}}} - \overset{\displaystyle O}{\overset{\|}{C}} - OH + H_2N - \overset{\displaystyle H}{\underset{\displaystyle H}{\overset{|}{\underset{|}{C}}}} - COOH \rightarrow$$

Alanin Glycin

$$\rightarrow CH_3 - \overset{\displaystyle H}{\underset{\displaystyle NH_2}{\overset{|}{\underset{|}{C}}}} - \overset{\displaystyle O}{\overset{\|}{C}} - \overset{}{\underset{\displaystyle H}{\overset{}{\underset{|}{N}}}} - \overset{\displaystyle H}{\underset{\displaystyle H}{\overset{|}{\underset{|}{C}}}} - COOH + H_2O$$

Dipeptid

Das Reaktionsprodukt nennt man Dipeptid. An das Dipeptid kann sich jetzt eine dritte Aminosäure anlagern, wobei ein Tripeptid entsteht. Auch an das Tripeptid kann nochmals eine Aminosäure gebunden werden und so fort, bis lange Aminosäureketten aus mehr als 100 einzelnen Gliedern entstanden sind. Erst bei Verbindungen, die aus mehr als 100 Aminosäuren bestehen, spricht man von Proteinen.

> **Einteilung der Peptide**
>
> 2 Aminosäuren:
> Dipeptide
>
> 3 Aminosäuren:
> Tripeptide
>
> 4 bis 10 Aminosäuren:
> Oligopeptide
>
> 10 bis 100 Aminosäuren:
> Polypeptide
>
> mehr als 100 Aminosäuren:
> Makropeptide oder
> Proteine

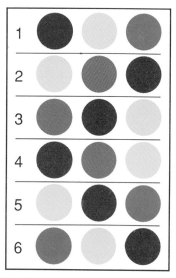

Kombinationsmöglichkeiten bei drei Bausteinen

Das Körpereiweiß hat vier Ordnungsstufen.

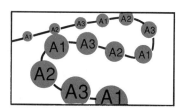

Wo im Körper findet das Verknüpfen von Aminosäuren statt?

Es hört sich immer ein bißchen nach Labor an, wenn man von Reaktionen zweier Gruppierungen, von Wasserabspaltung und von entstehenden Peptidketten hört und liest. Dabei ist der Ort des Geschehens gar nicht weit weg. Die oben beschriebenen Reaktionen finden in uns selbst statt, oder genauer gesagt in den Zellen unseres Körpers. Das gilt natürlich auch für alle anderen Lebewesen, ob Säugetiere, Vögel, Reptilien oder Mikroorganismen, auch sie verknüpfen in ihren Zellen Aminosäuren zu Proteinen.

Dieses Verknüpfen geschieht nun nicht etwa willkürlich, wie der Zufall gerade so spielt. Jeder Organismus geht dabei äußerst planvoll zu Werk. Er reiht die aus dem Nahrungseiweiß genommenen Aminosäuren nach einem ganz bestimmten, sich stets wiederholenden Muster aneinander. Beeindruckend daran ist, jeder einzelne der in ihrer Anzahl gar nicht zu schätzenden lebenden Organismen hat sein ganz eigenes Aminosäuremuster, das nirgendwo auf der Welt noch einmal vorkommt. Viele werden einwenden, das sei gar nicht möglich, bei nur 24 verschiedenartigen Aminosäuren. Denen sei empfohlen, nur einmal die Mustermöglichkeiten für drei Bausteine durchzutesten. Sie werden feststellen, daß es bereits bei dieser geringen Zahl von Bausteinen eine ganze Reihe von Varianten gibt. Mathematiker haben ausgerechnet, daß es bei 24 Aminosäure-Bausteinen und Proteinmolekülen, die aus bis zu 1000 Bausteinen zusammengesetzt sind, nahezu unendlich viele Kombinationsmöglichkeiten für das Eiweiß gibt.

Die vier „Ordnungen" von Eiweiß

Von der Genauigkeit, mit der unser Organismus **sein** Aminosäuremuster einhält, haben wir nun einen Eindruck bekommen. Damit aber ist der „Ordnungssinn" unseres Körpers in puncto Eiweiß noch längst nicht befriedigt, und zwar deshalb, weil er aus den Peptidketten Zellen aufbauen will. Aus ketten-, man könnte auch sagen fadenförmigen Gebilden, sollen räumliche Strukturen entstehen. Um das zu erreichen, müssen die Aminosäureketten „weiterverarbeitet", müssen gefaltet, geknotet, miteinander verschlungen werden, ein bißchen ähnlich den textilen Fäden, aus denen je nach Art des „Miteinanderverschlingens" Gewebe, Gewirke oder Maschenwaren entstehen, die man dann zu Bekleidung „vernähen" kann. Aus den Aminosäureketten bilden sich auf ähnliche Weise Proteinmoleküle, die durch verschiedene aufeinanderfolgende „Ordnungsstufen" gekennzeichnet sind.

Stufe Nr. 1: Die Primärstruktur

Diese Ordnungsstufe kennen wir bereits. Als Primärstruktur bezeichnet man das Aminosäuremuster oder wissenschaftlicher ausgedrückt die Aminosäuresequenz der Peptidketten.

Stufe Nr. 2: Die Sekundärstruktur

Darunter versteht man die platzsparende Anordnung der „sperrigen" Peptidketten. Dabei gibt es zwei Möglichkeiten:

— Die Ketten rollen sich wie eine Spirale wendelförmig auf. Man spricht in diesem Fall von einer Helix-Struktur. α-Helix

— Die Ketten falten sich zickzackförmig. Man nennt diese Art von Faltung Faltblatt-Struktur. β-Faltblatt

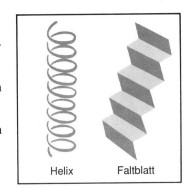

Helix   Faltblatt

Stufe Nr. 3: Die Tertiärstruktur

Zwischen den Windungen der Helix oder den Faltungen der Faltblatt-Struktur wirken noch zusätzliche Bindekräfte, so daß Knäuel oder faserförmige Gebilde entstehen. Man bezeichnet eine solche durch zusätzliche Bindungen weitergeformte und stabiler gewordene Anordnung als Tertiärstruktur.

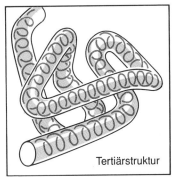

Tertiärstruktur

Stufe Nr. 4: Die Quartärstruktur

Wenn sich mehrere bereits in der Tertiärstruktur vorliegenden Proteinmoleküle zusammenlagern, entsteht eine Quartärstruktur. Sie stellt den höchstmöglichen Ordnungszustand von Eiweiß dar.

Denaturierung - Eiweiß gerät in Unordnung

Die oben beschriebenen natürlichen Ordnungsstrukturen von Eiweiß können durch äußere Einflüsse teilweise zerstört werden. Der natürliche Zustand geht dabei in einen „unnatürlichen" über, daher die Bezeichnung Denaturierung.

Bei der Denaturierung von Eiweiß wird das verknäuelte Molekül aufgerollt. Übrig bleibt die Primärstruktur. Dieser Vorgang läßt sich vergleichen mit dem Aufrollen eines Wollknäuels: Der Wollfaden entspricht der Primärstruktur.

Einflüsse, die Eiweiß denaturieren können

Einwirkung	Beispiel
Hitze	Garen von Eiern, das flüssige Eiweiß wird durch das Kochen fest.
Säure	Milcheiweiß gerinnt bei Zugabe von Säure, z. B. von Zitronensaft.

Aufgaben

1. Leiten Sie aus der Wasser- bzw. der Salzwasserlös- lichkeit von Albumin und Globulin Regeln für die Zubereitung eiweißhaltiger Nahrungsmittel ab.

2. Wiederholen Sie: wie wirkt Klebereiweiß?

3. Begründen Sie, warum fibrilläre Proteine für die Ernährung von geringerer Bedeutung sind.

4. Warum können Amino- säuren nicht denaturiert werden?

5. Erstellen Sie die Reak- tionsgleichung für die Bildung eines Dipeptids aus Alanin und Serin

   (Serin: COOH
   |
   NH₂—CH
   |
   CH₂OH)

6. Erläutern Sie den Unter- schied zwischen Polypep- tiden und Proteinen.

Die Proteine im Überblick

Man teilt die Proteine nach der Form ihrer Tertiärstruktur in zwei Gruppen ein.

Kugelförmige (globuläre) Proteine

Diese Proteine haben eine mehr oder weniger stark ausgebildete kugelförmige Tertiärstruktur. Die Bindekräfte sind so gerichtet, daß sie das Eiweißmolekül in einer knäuelartigen Form stabil hal- ten. Zu ihnen gehören hauptsächlich drei Eiweißarten.

Globuline:

Diese Eiweißkörper sind die am weitesten verbreiteten. Sie stellen die wichtigsten Reserveeiweißstoffe der Pflanzen dar und kommen z.B. vor in Hülsenfrüchten, Getreide und Kartoffeln. Daneben sind sie auch im Tierreich häufig zu finden, und zwar in Blut, Milch, Fleisch und Eiern. Sie lösen sich nicht in reinem Wasser, wohl aber in verdünnter Kochsalzlösung.

Albumine:

Neben den Globulinen bilden sie die zweite Hauptgruppe der Pro- teine. Es ist auffällig, daß sie beide fast immer gemeinsam auftreten. Bei Pflanzen sind Albumine hauptsächlich in den Samen zu finden. Im Tierreich sind sie Bestandteil von Organflüssigkeiten und Geweben und kommen im Blutserum, in der Milch und im Eiklar vor. Im Unterschied zu Globulinen sind sie wasserlöslich.

Gluten (Gluteline und Gliadine):

Diese Eiweißstoffe kommen beide gemeinsam in Getreidekörnern vor. Ihr Gemisch stellt das für den Backprozeß so wichtige Kleber- eiweiß dar. Beide lösen sich zwar nicht in Wasser, sind aber quellfä- hig.

Faserförmige (fibrilläre) Proteine

Im Gegensatz zu den globulären besitzen die fibrillären Proteine Faserstruktur und sind deshalb zum Aufbau von Gerüstsubstanzen befähigt. Wegen ihrer starken Bindungen sind sie unlöslich in Was- ser, besitzen aber ein gewisses Quellvermögen.

Kollagene:

Sie treten vor allem im Bindegewebe der Sehnen, Bänder, Knochen und Knorpel auf. Beim Auskochen mit Wasser kann aus ihnen Gelatine gewonnen werden. Es gibt eine Kollagen-Variante, das Elastin; es stellt die Grundsubstanz elastischer Fasern dar, liefert jedoch keine Gelatine.

Keratine:

Sie werden oft auch als Hornsubstanz bezeichnet und finden sich vor allem in den Haaren und Nägeln. Gegen Angriff von Chemika- lien und auch Enzymen sind sie außerordentlich widerstandsfähig.

2.3.1.4 Biologische Wertigkeit des Volleies

Das Vollei-Protein hat von allen Eiweißarten die höchste biologische Wertigkeit. Es wird bei Berechnungen der biologischen Wertigkeit daher häufig als Bezugseiweiß gewählt.

Biologische Wertigkeit: Qualitätsmerkmal von Eiweiß

Beim Verzehr von Kohlenhydraten spielt es genaugenommen keine Rolle, welchem Nahrungsmittel sie entstammen. Wir haben lediglich darauf zu achten, daß die aufgenommene Nährstoffmenge unserem Energiebedarf entspricht. Bei Fetten gilt dieser Grundsatz schon nicht mehr; hier müssen wird bei der Auswahl den Gehalt an essentiellen Fettsäuren berücksichtigen. Bei den eiweißhaltigen Nahrungsmitteln nun gibt es ganz erhebliche Qualitätsunterschiede. Nicht jeder Eiweißträger ist für uns gleich wertvoll. Der Grund dafür sind die sogenannten essentiellen Aminosäuren.

Es handelt sich dabei um eigentlich ganz normale Aminosäuren; allerdings mit einem Handicap: der Körper kann sie nicht, wie ihm das bei den übrigen Aminosäuren möglich ist, selbst aufbauen. Sie müssen ihm täglich mit der Nahrung zugeführt werden. Es gibt insgesamt acht essentielle Aminosäuren. Je ähnlicher ein Nahrungseiweiß dem menschlichen ist, desto wertvoller ist es für den menschlichen Körper. Als Maß dafür hat man den Begriff der biologischen Wertigkeit geprägt.

Essentielle Aminosäuren:

— Isoleucin
— Leucin
— Lysin
— Methionin
— Phenylalanin
— Threonin
— Tryptophan
— Valin
— Histidin (für den Säugling)

„Vollei" ist die Bezugsgröße für die biologische Wertigkeit. Sie wird bei ihm mit 100 festgesetzt.

Die biologische Wertigkeit ist um so höher, je höher und ausgewogener der Gehalt an essentiellen Aminosäuren ist. Wenn nur eine essentielle Aminosäure fehlt oder in sehr geringen Anteilen vorhanden ist, bedeutet das sofort eine geringere Verwertbarkeit im menschlichen Organismus, sprich: geringere biologische Wertigkeit. Oder anders ausgedrückt: die in der geringsten Menge enthaltene Aminosäure bestimmt die biologische Wertigkeit. Man spricht in diesem Zusammenhang auch von „limitierender Aminosäure" (limes = Grenze).

Die biologische Wertigkeit eines Nahrungseiweißes ist ein Maß für die Menge und Relation an essentiellen Aminosäuren.

Nahrungsmittel	Wertigkeit
Vollei	100
Kartoffeln	90 — 100
Kuhmilch	84 — 88
Rindfleisch	83 — 92
Soja	84
Mais	72 — 76
Weizen	73 — 59

(nach Jekat und Kofranyi)

81

Was ist Sonderklasse Extra?

Für diese Eier gelten die gleichen Anforderungen wie für die Klasse A, jedoch mit zwei Einschränkungen:

— Sie dürfen höchstens 7 Tage alt sein.
— Ihre Luftkammer darf höchstens 4 mm hoch sein.

Sie sind durch eine besondere Banderole gekennzeichnet. Nach 7 Tagen, gerechnet ab Verpackungsdatum, ist die Banderole zu entfernen, und die Eier sind der normalen Klasse A zuzuordnen.

Aufgabe

Bei einer sogenannten Eierdiät werden täglich 17 Eier verzehrt. Beurteilen Sie die Bedarfsdeckung durch Energie und Nährstoffe, wenn insgesamt 6000 kJ zugeführt werden sollen.

Würden Sie diese Diät für eine längerfristige Abnehmkur empfehlen? Begründen Sie.

Qualitätskontrolle von Eiern

2.3.1.5 Einkauf von Eiern

Selbst wenn auf den ersten Blick ein Ei dem anderen zu gleichen scheint, gibt es doch Qualitätsunterschiede. Um dem Verbraucher eine objektive Beurteilung zu erleichtern, wurden in den EG-Ländern Güte- und Gewichtsklassen festgelegt.

Güteklassen

Eier werden nach bestimmten Merkmalen in drei Güteklassen eingeteilt.

Klasse A
Im Handel werden fast ausschließlich Eier dieser Klasse angeboten. Sie zeichnen sich durch besondere Frische aus und müssen außerdem folgende Bedingungen erfüllen:

— Luftkammerhöhe kleiner als 6 mm
— saubere, intakte Schale
— nicht gewaschen oder gereinigt
— Eiklar und Eidotter ohne Fremdeinlagerung
— kein sichtbar entwickelter Keim
— kein Fremdgeruch.

Klasse B
Dies sind Eier minderer Qualität. Sie dürfen eine Luftkammer bis zu 9 mm aufweisen. Erlaubt ist auch ein Haltbarmachen durch Kühlung auf unter 8 °C. Verunreinigungen der Schale sind kein Grund zur Beanstandung. Eier dieser Güteklasse müssen durch einen roten Stempel gekennzeichnet sein.

Klasse C
Eier dieser Klasse werden nicht im Handel angeboten, sondern sind zur ausschließlichen Verwendung in der Nahrungsmittelindustrie bestimmt.

Gewichtsklassen

Eier werden in sieben verschiedene Gewichtsklassen unterteilt.

Gewichtsklasse	Gewichte des Eies in g
1	70 g und mehr
2	65 bis unter 70 g
3	60 bis unter 65 g
4	55 bis unter 60 g
5	50 bis unter 55 g
6	45 bis unter 50 g
7	unter 45 g

Was auf der Packung stehen muß!

Im Handel werden Eier meist in Zehner- oder Sechserkartons oder auch lose angeboten. In jedem Fall ist eine genaue Kennzeichnung vorgeschrieben. Ausgenommen von dieser Kennzeichnungsverordnung sind lediglich Eier, die auf dem Wochenmarkt, an der Haustür oder direkt vom Bauernhof aus verkauft werden.

Nachdem durch Hühnereier immer wieder Salmonelleninfektionen aufgetreten sind, sind die Vorschriften für die Kennzeichnung verschärft worden.

Sind Eier mit brauner Schale besser?

Darauf gibt es eine ganz klare Antwort: Nein!
Zwar hält sich noch vielfach dieser Glaube; er entbehrt jedoch jeder sachlichen Grundlage und ist nichts anderes als ein Vorurteil. Der einzige Unterschied zwischen braun und weiß: die weißen Schalen sind im allgemeinen etwas dünner und deshalb empfindlicher gegen mechanische Einwirkung.

Auf der Packung müssen vermerkt sein:

— Gewichtsklasse

— Güteklasse

— Packdatum

— Mindesthaltbarkeitsdatum

— Anzahl der Eier

— Name, Anschrift und Kennummer des verpackenden Betriebes

— Datum, von dem ab Kühlung erforderlich ist

— Verbraucherhinweis: „Nach Ablauf des Mindesthaltbarkeitsdatums durcherhitzen"

— Verbraucherhinweis: Bei Kühlschranktemperatur aufbewahren.

2.3.1.6 Lagerung

Die Schale dient dem Ei als natürlicher Schutz. Allerdings, völlig hermetisch schließt sie nach außen hin nicht ab. Durch winzige Poren können kräftige Gerüche eindringen. Man sollte Eier daher nicht zusammen mit stark riechenden oder leicht verderblichen Nahrungsmitteln lagern. Umgekehrt kann Wasser durch die Schale nach außen verdunsten.

Ein Schwachpunkt dieser natürlichen Verpackung liegt im Bereich der Luftkammer. Sie wirkt fast wie eine Schleuse, über die Gerüche und Mikroorganismen besonders leicht ins Innere vordringen können.

Lagerzeiten:

im Kühlschrank ca. 3 bis 4 Wochen

2.3.1.7 Küchentechnische Bedeutung

Viele Gerichte würden ohne die Mitwirkung von Eiern nur halb so gut oder gar nicht gelingen. Art und Zusammensetzung seiner Inhaltsstoffe machen das Ei zu einem wichtigen Helfer in der Küche.

Der Tip!

Wer Eier länger lagern möchte, kann sie ohne Schale, entweder als Gesamtei oder getrennt in Dotter und Eiklar, tiefgefrieren. Lagerzeit: 4 Monate.

Emulgieren von Wasser und Fett

Das Eigelb ist reich an Lecithin (s. S. 64). Es liegt zum Teil frei vor, zum Teil gebunden an Eiweiß als Lecithalbumin. Wir haben diese Substanz bereits als Bestandteil von Ölen kennengelernt und wissen, daß sie als Emulgator wirkt. Man nutzt die emulgierende Wirkung von Eigelb z. B. beim Herstellen von Mayonnaise.

Tip zum Legieren

Eigelb kann in zu heißer Flüssigkeit sehr leicht grob ausflocken. Um das zu vermeiden, verschlägt man es vorher mit etwas warmer Flüssigkeit und fügt es in dieser Form unter Rühren der nicht mehr kochenden Suppe zu.

Ei als Bindemittel in Teigen oder Massen

Die Bindefähigkeit von Eiweiß macht man sich auch beim Herstellen von Teigen und Massen wie z. B. Hackfleischfüllung zunutze. In diesem Fall setzt man das ganze Ei zu.

Binden von Flüssigkeit

Das in Eiern enthaltene Eiweiß gerinnt beim Erhitzen und wird fest. Dabei vermag es etwa das Doppelte seines Gewichtes an Flüssigkeit aufzunehmen. Diese Eigenschaft nutzt man küchentechnisch auf verschiedene Weise. Suppen werden durch den Zusatz von Eiweiß sämiger (legieren). Man verwendet dazu das Eigelb; seine Bindefähigkeit ist noch besser als die von Eiklar.

Klären von Flüssigkeiten

Mit Eiklar kann man trübe Flüssigkeiten klären. Gibt man es z.B. in eine heiße Fleischbrühe, so bildet sich an der Oberfläche ein Schaum aus geronnenem (denaturiertem) Eiweiß. Beim Gerinnen hat es die in der Brühe schwebenden festen Partikelchen mit eingeschlossen. Nach dem Abschöpfen mit einem Schaumlöffel oder Abgießen durch ein Sieb ist die Brühe klar.

Lockern von Speisen

Beim Schlagen von Eiklar wird das enthaltene Eiweiß durch die mechanische Einwirkung in seiner Beschaffenheit verändert; es bildet einen festen Schaum, der große Mengen Luft einschließt. Bei Zusatz von einigen Tropfen Zitronensaft wird der Schnee besonders steif. Speisen wie Kuchenteig oder Crèmes werden durch Unterheben von Eischnee luftig und locker.

Tip zum Unterheben

Das richtige Vermischen will gekonnt sein. Am besten Teig- oder Crèmemasse auf den Eischnee gleiten lassen und mit einem Schneebesen durchziehen.

Ein „Eier-Rezept“

	Soleier
10 Eier	*am runden Ende anpicken und in 8 Min. hartkochen, abschrecken, auf einem Brett rundherum leicht anklopfen (die Schale bekommt Risse)*
1 l Wasser 50 g Salz 2 Lorbeerblätter 15 Pfefferkörner 1 Teelöffel Senfkörner 1 Zweig Rosmarin 2 Nelken	*alles zusammen aufkochen,* *abkühlen lassen*
	Eier in den Sud einschichten (am besten in einem hohen Glas), 1 – 2 Tage ziehen lassen

So werden Soleier serviert:

- Eier pellen, halbieren,
- Dotterhälften herausnehmen, in die Mulde je nach Geschmack Öl, Essig, Senf oder scharfe Gewürze füllen,
- Dotterhälften mit der Rundung nach oben wieder auflegen,
- mit Graubrot servieren.

2.3.2 Milch

„Das Land, wo Milch und Honig fließen", so beschreibt das alte Testament paradiesische Lebensbedingungen für den Menschen. Auch in vorchristlicher Zeit war demnach schon bekannt, daß dieser „weiße Saft" alles in bester Ausgewogenheit enthält, was wir zum Leben und Heranwachsen benötigen.

Bereits die Sumerer hielten Kuhherden, um Milch zu gewinnen; die Römer als hervorragende Technologen des Altertums hatten sogar schon richtige Molkereien, und in Indien gilt die Kuh noch heute als heilig.
Auch in unserer Ernährung spielt Milch als wichtige Eiweiß-, Mineralstoff- und auch Vitaminquelle eine große Rolle.

1991 verzehrte jeder Bundesbürger im Durchschnitt 90,6 kg Milch, das entspricht etwa 250 g pro Person und Tag.

Was Milch biologisch gesehen ist

Als Milch bezeichnet man die von der Milchdrüse weiblicher Säugetiere abgesonderte Flüssigkeit. Sie entsteht durch Umwandlung von Bestandteilen des Blutes. Bei der Kuh z. B. müssen ca. 300 bis 400 l Blut das Euter durchströmen, damit 1 l Milch entsteht.

Was Milch im Sinne des Lebensmittelgesetzes ist

Unter Milch als Handelsware versteht man lediglich die Kuhmilch. Die Milch anderer Tiere darf nur unter deutlicher Kennzeichnung der Tierart, z.B. als Ziegenmilch oder Schafmilch, in den Verkehr gebracht werden.

„Milch ist das durch regelmäßiges vollständiges Ausmelken des Euters gewonnene und gründlich durchgemischte Gemelke von einer oder mehreren Kühen."

2.3.2.1 Gewinnung von Milch: vom Erzeuger zum Verbraucher

Eine Kuh, die entsprechend der heute gültigen wissenschaftlichen Erkenntnisse gefüttert wird, gibt im Durchschnitt ca. 4000 l Milch pro Jahr. Früher, als noch viel mehr Menschen in ländlicher Umgebung lebten, war es durchaus üblich, die Milch direkt beim Bauern zu beziehen. In den industrialisierten Ländern der heutigen Zeit sind Erzeuger und Verbraucher räumlich meist weit voneinander getrennt und längere Transportwege nicht zu vermeiden.

Nun ist Milch für Mikroorganismen ein geradezu idealer Nährboden. Rohmilch gehört daher zu den leicht verderblichen Lebensmitteln. Um sie für den Weg hin zum Verbraucher und eventuelle Lagerzeiten „fit" zu machen, gibt es verschiedene Verfahren der Aufarbeitung und Haltbarmachung.

Die gelblich-weiße Farbe und die Undurchsichtigkeit von Milch hat vor allem zwei Ursachen:

— Das Milchfett liegt emulgiert vor als Fett-in-Wasser-Emulsion.
— Die Eiweißstoffe sind in Form von Molekülzusammenlagerungen (Kolloide) gelöst.

Besonderheiten der homogenisierten Milch:

— Sie schmeckt vollmundiger, weil die größere Fettoberfläche eine intensivere Berührung mit den Geschmackspapillen zuläßt.
— Sie ist leichter verdaulich, weil die fettspaltenden Enzyme (s. S. 229) eine größere Angriffsfläche zur Verfügung haben.
— Sie rahmt nicht auf.

Stationen der Milchgewinnung

1. Eine Kuh wird zweimal am Tag, morgens und abends, gemolken. Die Milch fließt über ein Sieb in gekühlte Sammelbehälter.

2. Von hier aus geht es per Tankwagen zur Molkerei, wo schon bei der Anlieferung Reinheit, Frischezustand, Fett- und Wassergehalt und die bakteriologische Beschaffenheit überprüft werden.

3. Nächste Station ist normalerweise die Zentrifuge. Das Zentrifugieren bewirkt zweierlei: eventuell enthaltene Verunreinigungen werden nach außen hin abgeschleudert. Die leichten Milchfettkügelchen (Durchmesser: 3 bis 15 µm) sammeln sich innen und werden separat als Rahm oder Sahne abgeschieden.

4. Nach dem Entrahmen wird die Konsummilch auf unterschiedliche Fettgehalte eingestellt. Das geschieht durch gezielte „Wieder-Zugabe" von Rahm.

5. Im nächsten Schritt wird die Milch homogenisiert; man will dadurch eine feinere Verteilung der Fettkügelchen erreichen. Sie wird zu diesem Zweck unter hohem Druck durch feine Düsen gepreßt und das Milchfett dadurch feinst zerteilt; die Gesamtmenge an Fett bleibt gleich. Nach Ablauf dieser Prozedur befinden sich in der Milch zwar kleinere, aber dafür sehr viel mehr Fettpartikel; so viele, daß die Fettoberfläche insgesamt größer wird.

6. Um pathogene (krankmachende) Keime abzutöten, wird die Milch zum Schluß noch erhitzt, je nach Verfahren auf 62 bis 85 °C. Nach dem französischen Forscher L. Pasteur heißt dieser Vorgang „Pasteurisieren". Die Dauer der Hitzeeinwirkung richtet sich nach der Höhe der einwirkenden Temperatur.

Dauererhitzung: 30 Minuten bei 62—65 °C.
Kurzzeiterhitzung: ca. 30 Sekunden bei 70—74 °C.
Hocherhitzung: ca. 5 Sekunden bei 85 °C.

Danach kühlt man sofort auf 5 °C herunter.

Abfüllen der Milch

Dies war die Endstation der Milchgewinnung. Jetzt muß nur noch abgefüllt und verpackt werden.

Die nach dem oben beschriebenen Verfahren gewonnene Milch ist zwar im Vergleich zu Rohmilch deutlich haltbarer, aber länger als 3 - 6 Tage läßt auch sie sich nicht im Kühlschrank aufbewahren. Da Frischmilch in den Haushalten ohnehin normalerweise schnell verbraucht wird, ist das eigentlich kein Problem. Dennoch wird für die längerfristige Vorratshaltung Milch angeboten, die eine Haltbarkeit von zum Teil mehreren Monaten besitzt. Das erreicht man durch verschiedene Bearbeitungsverfahren, die allerdings in allen Fällen mit deutlichen Qualitätseinbußen verbunden sind.

Ultrahocherhitzen

Die Milch wird für wenige Sekunden auf 135—150 °C gebracht.

Wirkungen und Veränderungen:

— Sämtliche lebenden Keime sterben ab.
— Hitzeempfindliche Vitamine werden zu ca. 20 % zerstört.
— Leichte Geschmackseinbußen.

Ultrahocherhitzte Milch wird als sogenannte H-Milch angeboten. Ungeöffnet ist H-Milch bei Zimmertemperatur ca. 6 Wochen haltbar.

Sterilisieren

Die Milch wird bis zu 20 Minuten lang auf 110—120 °C erhitzt.

Wirkungen und Veränderungen:

— Sämtliche Keime werden abgetötet.
— Hitzeempfindliche Vitamine werden weitgehend zerstört.
— Starke geschmackliche Einbußen treten auf (Kochgeschmack).
— Das Eiweiß wird in seiner biologischen Wertigkeit beeinträchtigt.

Sterilmilch hat also einen entschieden geringeren Nährwert als Frischmilch. Sie sollte daher nicht als Nahrung für Säuglinge und Kleinkinder verwendet werden. Sterilmilch ist ohne Kühlung und verschlossen bis zu einem Jahr haltbar.

Kondensieren

Die Milch wird bei vermindertem Druck erwärmt, bis ein Teil des enthaltenen Wassers verdampft ist. Dies geschieht bei schonenden Temperaturen von 45—50 °C; der Unterdruck macht's möglich, er setzt den Siedepunkt von Wasser herab.

Wirkungen und Veränderungen:

— Die Milch wird sterilisiert.
— Hitzeempfindliche Vitamine werden zum Teil zerstört.
— Das Eiweiß wird wegen der niedrigen Temperaturen weitgehend geschont.

Kondensmilch wird in unterschiedlichen Fettstufen produziert. Sie ist ungekühlt und verschlossen mindestens ein Jahr lang haltbar.

Kondensmilch kommt in Dosen in den Handel

Aufgaben

1. Welche Informationen erhalten Sie jeweils aus folgenden Begriffen:

   — H-Milch
   — homogenisierte Milch
   — Kondensmilch?

   Erläutern Sie jeweils die erfolgten Bearbeitungsverfahren und beurteilen Sie den ernährungsphysiologischen Wert dieser Milchsorten.

2. Der Gesetzgeber schreibt vor, daß Trinkmilch, mit Ausnahme von Vorzugsmilch, einem Haltbarkeitsverfahren unterzogen werden muß, bevor sie in den Handel gelangt. Begründen Sie diese Forderung.

Tips zur Kühlung

— Milch nimmt leicht Fremdgerüche an; daher nicht
offen stehen lassen.

— Mikroorganismen entwik-
keln sich in der Wärme
besonders leicht, daher
stets kühl aufbewahren
(Kühlschrank).

— Milch enthält Vitamine,
die von UV-Strahlen leicht
zerstört werden, daher nie
längere Zeit dem Licht
aussetzen.

Die Haltbarkeit im Überblick

Art der Milch	Haltbarkeit
Rohmilch	2 Tage im Kühlschrank
Pasteurisierte Milch	3—6 Tage im Kühlschrank
H-Milch	mindestens 6 Wochen ohne Kühlung
Steril-Milch	bis zu 1 Jahr ohne Kühlung
Kondensmilch	mindestens 1 Jahr ohne Kühlung

2.3.2.2 Nährwert von Milch

Milch ist von der Natur als erste Vollnahrung für einen jungen,
heranwachsenden Organismus gedacht. Sie enthält daher Nähr-
und Wirkstoffe in einem biologisch ausgewogenen Verhältnis.

Die Nährstoffe im einzelnen

Auch für den Menschen ist Milch ein hochwertiges Nahrungsmittel.

Milchfett

Charakteristisch für Milchfett ist, daß es einen hohen Anteil
kurz- und mittelkettiger Fettsäuren enthält. Seine Verdaulichkeit
ist daher besonders gut. Neben Glyceriden sind regelmäßig geringe
Mengen an Lecithin und Cholesterin (1%) zugegen.

Milcheiweiß

Es besitzt als tierisches Eiweiß eine verhältnismäßig hohe biologische Wertigkeit. Sie liegt bei 84 bis 88 (s. S. 81). Hauptbestandteil von Milcheiweiß ist Casein.

Milchzucker (Lactose)

Im Körper, genauer gesagt im Dünndarm, wird ein Teil Lactose
zu Milchsäure oxidiert. Sie verhütet schädliche Fäulnisprozesse im
Darm. Außerdem fördert sie die Resorption (Aufnahme) von Calcium, Phosphor und Magnesium.

Vitamine

Ein halber Liter Milch pro Tag leistet bereits einen beachtlichen
Beitrag zur empfohlenen Vitaminzufuhr.

**Nährwertgehalt von Frisch-
milch, 3,5 % Fett (in 100 g)**

Inhaltsstoff	Gehalt
Eiweiß	3,3 g
Fett	3,5 g
Kohlenhydrate	4,5 g
Vitamin A	140 I.E.
Vitamin B_1	0,04 mg
Vitamin B_2	0,15 mg
Vitamin B_6	0,05 mg
Nicotinsäure	0,07 mg
Pnatothensäure	0,33 mg
Vitamin C	1,00 mg
Natrium	75,00 mg
Kalium	139,00 mg
Calcium	133,00 mg
Eisen	0,04 mg
Phosphor	88,0 mg

	Erwachsene (36—50 J.)	
	männl.	weibl.
Vitamin A	30%	38%
Vitamin B_1	15%	18%
Vitamin B_2	50%	57%

Mineralstoffe

An Mineralstoffen enthält die Milch vor allem Calcium und
Phosphor, beide unentbehrlich für den Aufbau und die Erhaltung
von Knochen und Zähnen.

Casein: Das Eiweiß mit Besonderheiten

Als man das Eiweiß der Milch genauer untersuchte und in seine Bestandteile zerlegte, stellte man fest, daß es im Unterschied zu anderen Eiweißarten nicht ausschließlich aus Aminosäuren aufgebaut ist. Als zusätzlicher, eigentlich artfremder Baustein wurde Phosphorsäure (H_3PO_4) isoliert.
Casein ist nicht der einzige Eiweißstoff mit dieser Art „blindem Passagier an Bord". Auch im Eidotter kommen phosphorsäurehaltige Eiweißmoleküle vor.
Man bezeichnet Eiweißkörper, die neben Aminosäuren noch andere Bausteine enthalten, als zusammengesetzte Eiweißstoffe oder auch als Proteide. Der eiweißfremde Anteil, im Falle des Caseins die Phosphorsäure, heißt prosthetische Gruppe.

Systematik der Proteide

Man unterscheidet je nach Art der prosthetischen Gruppe verschiedene Arten zusammengesetzter Eiweißstoffe.

Phosphoproteide
Sie enthalten als prosthetische Gruppe Phosphorsäure. Hauptvertreter sind Casein und Ovovitellin.
Casein liegt in der Milch als Calciumsalz vor; es gibt der Milch das typische milchig-trübe Aussehen.
Ovovitellin kommt stets vergesellschaftet mit Lecithin im Eidotter vor.

Chromoproteide
Diese Proteide enthalten als prosthetische Gruppe Metallatome. Die wichtigsten Vertreter:

— Hämoglobin sorgt als roter Blutfarbstoff für den Sauerstofftransport im Organismus. Als prosthetische Gruppe hat es Eisen gebunden.
— Myoglobin ist als Muskelfarbstoff und Sauerstoffspeicher von Bedeutung und enthält ebenfalls Eisen gebunden.
— Chlorophyll spielt als grüner Farbstoff der Pflanzen bei der Photosynthese eine zentrale Rolle. Als prosthetische Gruppe hat es Magnesium gebunden.

Glykoproteide
Sie sind in der Natur außerordentlich weit verbreitet. Ihre prosthetische Gruppe sind Kohlenhydrate. Als Bestandteil der Schleimstoffe bilden sie schützende Überzüge über die Schleimhäute in Mund, Rachen, Magen etc.

Lipoproteide
Sie sind am Aufbau von Zellmembranen beteiligt und wirken als Lösungsvermittler für Fett und fettähnliche Stoffe. Als prosthetische Gruppe haben sie Lipide gebunden.

89

2.3.2.3 Milchsorten

Milch wird in unterschiedlichen Handelsformen abgegeben, die sich hauptsächlich in ihrem Fettgehalt unterscheiden.

Standardisierte Konsummilch

In diese Kategorie gehören die meisten im Handel angebotenen Milchsorten. Standardisiert heißt in diesem Zusammenhang in erster Linie, die Milch wurde in der Molkerei auf einen ganz bestimmten Fettgehalt eingestellt.

Vollmilch

Sie ist die hauptsächlich verbrauchte Standardsorte. Ihr Fettgehalt liegt bei mindestens 3,5 %. Einzige Ausnahme: **Vollmilch mit natürlichem Fettgehalt.** Sie wird nicht entrahmt und hat daher einen Fettgehalt zwischen 3,5 und 4 %. Sie ist auch als H-Milch zu kaufen.

Fettarme Milch

Ihr Fettgehalt liegt niedriger, bei 1,5 %—1,8 %. Diese Milch kann mit Milcheiweiß angereichert sein. Die Packung muß dann einen entsprechenden Vermerk tragen. Sie ist auch als H-Milch zu kaufen.

Magermilch

Sie hat kaum noch einen nennenswerten Fettgehalt; er liegt bei höchstens 0,3 %. Auch sie kann mit Milcheiweiß — sofern kenntlich gemacht — angereichert sein und ist ebenfalls als H-Milch zu kaufen.

Rohmilch

Ja, es gibt sie noch, die völlig naturbelassene Milch, die, abgesehen von Kühlen und Filtern, völlig unbehandelt geblieben ist. Sie ist sogar wieder zunehmend gefragt. Rohmilch kann entweder direkt ab Erzeuger an den Verbraucher verkauft werden oder ist im Handel, dann natürlich verpackt, als Vorzugsmilch zu haben. Rohmilch enthält sämtliche Bestandteile in ihrer natürlichen Zusammensetzung und Beschaffenheit. Da sie nicht keimfrei gemacht wurde, muß sie für Säuglinge und Kleinkinder abgekocht werden.

Was auf der Milchpackung steht:

— Mindesthaltbarkeits-
datum
— Inhalt
— Milchsorte
— Molkerei
— Fettgehalt
— Art der Wärmebe-
handlung
— Hinweis ob „homogeni-
siert" wurde.

Mindesthaltbarkeitsdatum
Inhalt
Milchsorte
Molkerei
Milchsorte
Wärmebehandlung

Fettgehalt (% Fett)
homogenisiert

2.3.2.4 Küchentechnische Bedeutung

Milch ist in erster Linie **kein** Durstlöscher, sondern ein flüssiges Nahrungsmittel. Sie unterscheidet sich von anderen Getränken durch ihren hohen Nährwert. Ein Glas Milch zum Frühstück oder zwischen den Mahlzeiten ist daher als echte Stärkung anzusehen. Wem Milch „pur" auf Dauer zu eintönig ist, dem bieten Mixgetränke schmackhafte Alternativen. Zum Mixen eignen sich nicht nur Obstarten wie Erdbeeren, Bananen, Kirschen oder Säfte, sondern genauso Zutaten wie Nüsse, Rosinen, Instant-Kakao-Pulver oder auch Honig. Darüber hinaus ist Milch Hauptbestandteil vieler Süßspeisen wie Flammeris, Crèmes oder Milchreis.

Ein „Milch-Rezept"

	Früchte-Mixgetränk
1 l Milch	*in den Mixbecher der Küchenmaschine geben*
200 g frische oder tiefgefrorene Früchte 1 Päckchen Vanillinzucker	*zur Milch geben (Früchte, falls nötig, vorher in Stücke schneiden) ca. 20 Sekunden mixen.*

2.3.2.5 Sauermilch-Erzeugnisse

Wird Wein sauer, so ist er verdorben und allenfalls als Essig zu verwenden. Sauer gewordene Milch dagegen beschert uns eine ganze Reihe wohlschmeckender und wertvoller Nahrungsmittel, die unseren Speisezettel bereichern und zum Teil eine Hilfe beim Zubereiten von Mahlzeiten sind.

Sauermilch entsteht immer dann, wenn Milchsäurebakterien Gelegenheit finden, sich auf frischer Milch anzusiedeln. Sie bauen den Milchzucker zu Milchsäure ab; die zuvor süße Milch wird leicht sauer. Wie wir bereits wissen, verändert Eiweiß sich unter dem Einfluß von Säure; es gerinnt (denaturiert). In der „Molkerei-Sprache": die Milch wird „dickgelegt".

Bei der industriellen Erzeugung von Sauermilcherzeugnissen überläßt man natürlich die Milchsäurebakterien nicht sich selbst, sondern verfolgt den Prozeß der Säuerung sehr genau. Sind Säuregrad und Beschaffenheit wie gewünscht erreicht, werden die Milchsäurebakterien in ihrer Aktivität gebremst. Das geschieht ganz einfach durch Herunterkühlen.

Sauermilchprodukte erfreuen sich seit Jahren großer Beliebtheit. Es gibt sie inzwischen nicht nur als einfache Standardprodukte, sondern auch mit den verschiedensten Zusätzen wie Früchten, Nüssen oder Säften.

Allgemeine Eigenschaften

Für Sauermilcherzeugnisse gibt es drei charakteristische Merkmale.

Fettgehalt

Wie bei der Trinkmilch gibt es Produkte unterschiedlicher Fettstufen; von mager (höchstens 0,3%) bis sahnig (mindestens 10%).

Geschmack

Je nach Säuregrad schmecken die Produkte mild bis kräftig säuerlich. Man erreicht den gewünschten Säuregrad zum einen durch die Wahl eines geeigneten Bakterienstammes und zum anderen durch eine entsprechende Kontrolle der „Dicklegung".

Beschaffenheit

Es gibt Sauermilch entweder als dickflüssige Getränke oder als „löffelfeste" Masse. Die flüssigen Produkte werden meist in Tanks gesäuert und dann vor dem Abfüllen flüssig gerührt. Die festen säuert man erst in der Verpackung.

Die Produkt-Palette

Aus dem Riesenangebot sollen hier nur die Hauptvertreter vorgestellt werden.

Es gibt Joghurt in vier Fettstufen:

— Sahnejoghurt mit mindestens 10% Fett

— Vollmilchjoghurt mit mindestens 3,5% Fett

— Fettarmer Joghurt mit 1,5% bis 1,8% Fett

— Magermilchjoghurt mit höchstens 0,3% Fett

Joghurt

Ein inzwischen fast klassisches Sauermilcherzeugnis. Es wird aus pasteurisierter Milch durch Zusatz von nur sehr mild säuernden Bakterienkulturen gewonnen. Wegen der relativ geringen Säureentwicklung gerinnt nicht das gesamte Milcheiweiß. Ein Teil bleibt in seiner ursprünglichen Form erhalten. Joghurt besitzt daher einen sehr milden, frischen Geschmack.

Bioghurt

Er ist dem Joghurt sehr ähnlich. Der einzige Unterschied: zum Säuern werden spezielle Milchsäurebakterien eingesetzt. Es handelt sich um Stämme, wie sie auch im Verdauungstrakt des Menschen vorkommen. Sie passen sich daher der natürlichen Darmflora besonders gut an.

Kefir

Kefir oder Kumys ist ein schäumendes, leicht alkoholhaltiges (0,1%) Getränk, das ursprünglich aus Asien stammt und dort aus Stutenmilch bereitet wurde. An der Gewinnung von Kefir sind neben Milchsäurebakterien noch Hefepilze beteiligt, durch die eine leichte alkoholische Gärung stattfindet. Das erklärt den Alkoholgehalt, der diesem Getränk seinen typischen spritzigen Geschmack verleiht.

Die Deutschen — ein Volk von Joghurtessern:

Der Verbrauch liegt statistisch bei 12 kg pro Person und Jahr. Davon sind 80% Fruchtjoghurts.

Sauermilch

Es gibt sie in flüssiger und gut trinkbarer Form oder dickgelegt, dann ist sie stichfest und wird unter der Bezeichnung Dickmilch in den Handel gebracht.

Es gibt sie in drei Fettgehaltsstufen:
höchstens 0,3 % oder 1,5 - 1,8 % oder mindestens 3,5 %.
Sauermilchprodukte mit der Bezeichnung „Schwedenmilch" oder
„nach Schwedenart" sind normale Sauermilch, die stark gerührt
wurde und sich deshalb besonders gut trinken läßt.

Aufgaben

1. Unterscheiden Sie:

   — Vollmilch und
     Frischmilch

   — H-Milch und teilent-
     rahmte Milch.

   Kann Frischmilch auch
   teilentrahmte Milch sein?
   Erläutern Sie, worauf
   die einzelnen Bezeich-
   nungen hinweisen.

2. Vergleichen Sie Trink-
   milch und Joghurt im
   Hinblick auf

   — Konsistenz
   — Verdaulichkeit

   und begründen Sie die
   Unterschiede.

3. Welche Arten von Sauermilch sind im Handel?

Verwendung von Sauermilcherzeugnissen

Hauptsächliche Verwendungszwecke sind:

— Als „Mini-Gericht" zum Frühstück, als Zwischenmahlzeit oder
  Nachspeise. Besonders beliebt sind dabei Sauermilcherzeugnisse mit Früchten. Man kann sie entweder fertig vorgemischt
  kaufen oder nach eigenem Geschmack durch frisches Obst
  ergänzen.
— Als Grundlage für Salatsoßen, die dadurch besonders frisch
  schmecken.

Buttermilch: Ein Nebenprodukt der Butterherstellung

Im Unterschied zu den „echten" Sauermilcherzeugnissen entsteht
Buttermilch als Nebenprodukt beim Buttern. Das heißt aber nicht,
daß sie vom Nährwert her uninteressant sei. Im Gegenteil: sie enthält nur noch wenig Fett (höchstens 1%), jedoch einen hohen
Eiweiß- und Mineralstoffanteil. Der Verbraucher schätzt sie daher
als erfrischendes, säuerlich schmeckendes Getränk mit sehr niedri-
gem Energiegehalt; bestens geeignet, überflüssige Pfunde zu verhindern.

Außer als Getränk wird Buttermilch zum „Beizen" von Fleisch verwendet. Sie mildert den strengen Eigengeschmack von Fleischsor-
ten wie Wild oder Hammel. Man legt sie daher vor dem Zubereiten
einige Zeit in Buttermilchbeize ein. Die Beize wird oftmals weiter-
verwendet, z.B. als Soßenflüssigkeit.

Haltbarkeit von Sauermilcherzeugnissen und Buttermilch

Wegen des Säuregehaltes sind Sauermilcherzeugnisse und Buttermilch haltbarer als Frischmilch. Bei einem niedrigen pH-Wert können sich viele Mikroorganismen nicht mehr so gut entwickeln.

Haltbarkeit im Überblick

Produkt	Haltbarkeit
Joghurt, Bioghurt	3 — 4 Wochen im Kühlschrank
Kefir	3 — 4 Wochen im Kühlschrank
Sauermilch	3 — 4 Wochen im Kühlschrank
Buttermilch	8 — 14 Tage im Kühlschrank

2.3.2.6 Sahne-Erzeugnisse

Sahne ist die fettreiche Schicht, die sich beim Stehenlassen von Milch an der Oberfläche sammelt. Bei der Milchgewinnung reichert sie sich im Inneren der Zentrifuge an. Sie findet entweder direkt als „süße" Sahne oder in verschiedenen Zubereitungsformen Verwendung.

Verwendung von geschlagener Sahne:

— Füllung für Torten und Gebäck
— Verfeinern von Süßspeisen
— Verzieren von Speisen und Gebäck
— Gemischt mit Gewürzen und Kräutern als pikante Soße, z. B. als Meerrettichsoße zu Fisch.

Verwendung von ungeschlagener Sahne:

— Verfeinern von Suppen und Soßen
— Als Ergänzung zu Süßspeisen wie Rote Grütze.

Verwendung von Saurer Sahne und Crème fraîche:

— Verfeinern und Binden von Suppen und Soßen
— Grundbestandteil von Salatsoßen.

„Süße" Sahne

Wie Milch auch ist Sahne in verschiedenen Fettgehaltsstufen zu haben. Sie läßt sich problemlos zu einer schaumigen Masse schlagen. Das gelingt allerdings nur bei frischer kühler Sahne mit einer Temperatur unter 6 °C.

Sahne
In dieser Form hat sie einen Fettgehalt von 25 - 29 %. Zum Steifschlagen ist sie wegen dieses vergleichsweise geringen Gehaltes weniger gut geeignet.

Schlagsahne
Sie muß einen Fettgehalt von mindestens 30 % aufweisen. Beim Schlagen wird sie eher steif als einfache Sahne.

Schlagsahne „extra"
Wer beim Steif-Schlagen auf Nummer Sicher gehen will, ist mit diesem Produkt gut bedient; mit einem Mindestfettgehalt von 36 % gibt es unter Garantie keine Probleme.

Kaffeesahne: eine fettarme Variante

Sie wird auch als „Kaffeerahm" oder „Trinksahne" angeboten und muß einen Mindestfettgehalt von 10 % aufweisen. Sie läßt sich nicht steif schlagen, ist aber gut zum Verfeinern geeignet. Sie ist meist ultrahocherhitzt oder sterilisiert.

Saure Sahne-Erzeugnisse

Sie werden durch Säuerung von Rahm gewonnen. Je nach Art des Verfahrens unterscheidet man unterschiedliche Produkte.

Saure Sahne
Sie entsteht aus frischem Rahm durch Säuern mit Hilfe von Milchsäurebakterien. Ein Mindestfettgehalt von 10 % ist vorgeschrieben. „Unfreiwillig" sauer gewordene Sahne darf nicht als Saure Sahne in den Verkehr gebracht werden.

Crème fraîche
Die französische Spezialität beginnt sich auch bei uns durchzusetzen. Sie ist die „feine" Verwandte der Sauren Sahne und wird nach einer besonderen Rezeptur hergestellt. Crème fraîche besitzt ein mildes Aroma und ist wegen des hohen Fettgehalts von 30 - 40 % besonders weich und cremig. Es gibt sie natur oder mit Zusätzen wie Kräuter oder Knoblauch.

2.3.3 Käse

Milch ist zwar ein sehr wertvolles, aber leider auch sehr leicht verderbliches Lebensmittel. Der Wunsch, ihre kostbaren Inhaltsstoffe längere Zeit zu erhalten, hat möglicherweise Pate gestanden, als der Mensch bereits viele Jahrhunderte vor unserer Zeitrechnung den Käse „erfand".

Verglichen mit unserer heutigen „Käse-Kultur" waren die ersten hausgemachten Produkte noch reichlich primitiv. Man brachte Milch durch Ansäuern zum Gerinnen und preßte die entstandene dickliche Masse gründlich aus; noch ein bißchen Salz dazu, und fertig war der Käse.

Käsemacherei um 1545

Im Laufe der Zeit wurden die Herstellungsverfahren mehr und mehr verfeinert. Man entwickelte neue, raffinierte Rezepturen; die Zahl der Käsesorten wuchs. Heute soll es weltweit 3000 Sorten geben - ganz exakt vermag das niemand zu sagen. Schon längst ist Käse kein einfaches Grundnahrungsmittel mehr, sondern bietet auch Feinschmeckern ein reichhaltiges Angebot.

Was genau ist Käse?

Rohprodukt der Käseherstellung ist Milch, in der Hauptsache Kuhmilch, für spezielle Sorten auch Ziegen- oder Schafsmilch. Die Milch wird „dickgelegt" und von der Restflüssigkeit (Molke) getrennt.

Gerinnungsmethoden

Es gibt verschiedene Möglichkeiten, die Milch „dickzulegen".

Zusatz von Milchsäurebakterien
Die Milchsäurebakterien setzen den Milchzucker zu Milchsäure um. Der pH-Wert sinkt, die Säure bringt das Milcheiweiß (Casein) zum Gerinnen. Das Endprodukt hat ein feines, leicht säuerliches Aroma.

Zusatz von Lab
Lab ist ein Enzym, das im Kälbermagen vorkommt. Es ist auf Milcheiweiß „spezialisiert" und bringt es zum Gerinnen, ohne daß die Milch dabei sauer wird.

Zusatz von einem Gemisch aus Lab und Milchsäurebakterien
Um Aroma, Geschmack und Konsistenz besonders günstig zu beeinflussen, kombiniert man heute beide Methoden.

Jeder Deutsche hat 1992 im Durchschnitt 18,3 kg an Käse verzehrt. Das entspricht einem Gesamtverbrauch von 1,46 Millionen Tonnen. Davon waren (in Tausend Tonnen):

655 Hart-, Schnitt-, Weich-
und Sauermilchkäse

650 Frischkäse einschließlich Speisequark

120 Schmelzkäse

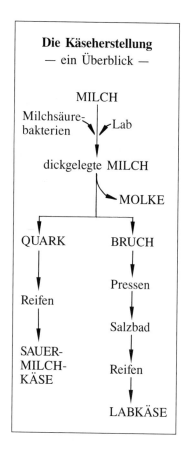

Die Käseherstellung

— ein Überblick —

MILCH

Milchsäurebakterien ↘ ↙ Lab

↓

dickgelegte MILCH

↘ MOLKE

QUARK   BRUCH

↓   ↓

Reifen   Pressen

↓   ↓

SAUER-MILCH-KÄSE   Salzbad

↓

Reifen

↓

LABKÄSE

Jetzt gibt es grundsätzlich zwei Möglichkeiten der Weiterverwendung:

Frischkäse entsteht:
Die Masse wird sofort getrennt, dabei gesalzen und eventuell mit Gewürzen, Kräutern oder anderen Zutaten gemischt und anschließend verpackt.

Gereifter Käse entsteht:
Die geformte Käsemasse kommt für einige Zeit in ein Salzbad und wird in klimatisierten Räumen einer Reifezeit überlassen.

Fett und Trockenmasse: die Kenngrößen von Käse

Auf jeder Käsepackung ist die Angabe „Fett i.Tr." zu lesen, verbunden mit einer Zahlenangabe in %. Was zunächst nach Geheimformel oder Zahlenakrobatik aussieht, ist eigentlich ganz einfach zu verstehen.

Trockenmasse ist das, was übrig bleibt, wenn man dem Käse das Wasser entzogen hat. Wenn man in einem Käse den Fettgehalt ermittelt, so tut man das nie beim „intakten" Lebensmittel, sondern erst, nachdem man den Käse getrocknet hat. Die Messung ist dann leichter durchzuführen. Der Fettgehalt wird also in der Trockenmasse bestimmt. „25 % Fett i.Tr." heißt daher im Klartext nichts anderes als: 25 % Fett in der Trockenmasse.

Nach der deutschen Käseverordnung wird Käse in 8 Fettstufen gehandelt:

— Doppelrahmstufe:	mindestens 60, höchstens 85% Fett i. Tr.
— Rahmstufe:	mindestens 50% Fett i. Tr.
— Vollfettstufe:	mindestens 45% Fett i. Tr.
— Fettstufe:	mindestens 40% Fett i. Tr.
— Dreiviertelfettstufe:	mindestens 35% Fett i. Tr.
— Halbfettstufe:	mindestens 20% Fett i. Tr.
— Viertelfettstufe:	mindestens 10% Fett i. Tr.
— Magerstufe:	weniger als 10% Fett i. Tr.

2.3.3.1 Die einzelnen Käsesorten

Für die Herstellung von Käse verwendet man heute bis auf wenige Ausnahmen (z.B. Emmentaler) pasteurisierte Milch. Je nachdem, ob der Käse mager oder fett sein soll, setzt man seinen Fettgehalt durch Zumischen von Magermilch herab oder erhöht ihn durch Zusatz von Rahm.

Frischkäse

Frischkäse können sowohl durch Lab als auch durch Impfen mit Bakterienkulturen gewonnen werden.

Es gibt folgende Sorten:

— **Speisequark** wird heute vorzugsweise aus schwach gesäuerter, weitgehend entrahmter Milch gewonnen. Er besitzt einen leicht säuerlichen Geschmack und wird angeboten als Magerquark (bis 0,1% Fett i. Tr.), als Quark, halbfett (20% Fett i. Tr.) oder Quark, vollfett (40% Fett i. Tr.).

— **Schichtkäse** (10, 20 oder 40% Fett i. Tr.) muß eine Mittelschicht aufweisen, die fettreicher ist als die darüber- bzw. darunterliegende Schicht.

— **Rahmfrischkäse** (50% Fett i. Tr.) ist auch in der fettreicheren Form als Doppelrahmkäse zu haben (60% Fett i. Tr.). Er wird aus mit Rahm versetzter Vollmilch durch Labgerinnung gewonnen. Sein Aussehen ist weiß bis gelblich; der Geschmack leicht pikant.

Verschiedene Frischkäsesorten: Speisequark, Doppelrahmkäse, Hüttenkäse

Gereifter Käse

Bei der Gewinnung gereifter Käse wird die Käsemasse unter Mitwirkung von Bakterien, Hefen und Schimmelpilzen in verschiedenster Weise verändert. Je nach Art der Dicklegung unterscheidet man Süßmilch- und Sauermilchkäse.

Süßmilchkäse

Die Milch wird unter Zusatz von Labferment mit Bakterienkulturen „eingelabt". Es entsteht eine süße weiße Gallerte. Je nach Labfermentmenge und Einflüssen, wie z. B. der Temperatur, ist sie mehr oder weniger fest.

Das anschließende Zerschneiden, Rühren und Erwärmen liefert eine körnige Masse, den „Bruch". Gleichzeitig fließt der flüssige Anteil, die Molke, aus. Darin befinden sich ein Teil des Milchzuckers, des wasserlöslichen Eiweißanteils und der Mineralstoffe.

Danach wird der Käse mit eventuellen Zutaten versetzt und anschließend in eine Kochsalzlösung eingelegt. Das Salz reguliert den Wassergehalt, festigt die Rinde, erhöht die Haltbarkeit und beeinflußt Bakterienentwicklung und Reifung.

Die Einwirkungszeit ist je nach Sorte unterschiedlich lang, z. B. Camembert 2 Stunden, Emmentaler 4—5 Tage.
Danach läßt man den Käse abtropfen und lagert ihn in Gär- und Reifungskellern. Diese Phase der Reifung dauert je nach Käseart 2 Wochen bis 3 Monate; bei manchen Hartkäsen, z. B. Parmesankäse, sogar mehrere Jahre.

Bei den Labkäsen unterscheidet man nach ihrer Konsistenz:

— Hartkäse
— Schnittkäse
— Halbfeste Schnittkäse
— Weichkäse.

Nährwertgehalt von Speisequark, Magerstufe (in 100 g)

Inhaltsstoff	Gehalt
Eiweiß	15,0 g
Fett	0,3 g
Kohlenhydrate	4,1 g
Wasser	80,0 g
Vitamin A +Carotin	0,01 mg
Vitamin B_1	0,04 mg
Kochsalz	186,00 mg
Phosphor	177,00 mg
Calcium	92,00 mg

Hartkäse: v. l.: Emmentaler, Chester

Allerdings sind die Grenzen fließend. Alle Gruppen gibt es in unterschiedlichen Fettgehaltsstufen.

Hartkäse haben mit mindestens 60% den höchsten Trockenmassegehalt. Sie gehören zu den besonders edlen, aber vergleichsweise teuren Käsesorten. Hartkäse benötigen eine sehr lange Reifezeit, je länger sie reifen, desto ausgeprägter ihr kräftiger Geschmack. Vollreife Käse werden hauptsächlich als Reibekäse verwendet.
Hartkäse sind, wenn man sie gut vor dem Austrocknen schützt, sehr lange haltbar.
Die wichtigsten Vertreter: Emmentaler, Parmesan, Chester, Gruyère.

Schnittkäse: v. l.: Tilsiter, Edamer

Schnittkäse haben eine Trockenmasse von 49 – 57% und sind deshalb etwas weicher und saftiger als Hartkäse. Sie kommen meist als Kugel, Block oder flache runde Laibe in den Handel. Meist sind sie durch einen Überzug vor dem Austrocknen geschützt.
Wichtige Vertreter sind: Gouda, Edamer, Tilsiter, Appenzeller, Havarti, Danbo.

Halbfeste Schnittkäse haben eine Trockenmasse von 44 - 55 %. Sie sind daher noch weicher als Schnittkäse und lassen sich gerade noch in Scheiben schneiden. Eine Spezialität dieser Gruppe sind die Edelpilzkäse; die Käsemasse ist bei diesen Sorten von grünblauem Edelschimmel durchzogen und schmeckt daher besonders pikant.
Wichtige Vertreter sind: Butterkäse, Steppenkäse, Weißlacker, Esrom, Geheimratskäse, Roquefort.

Halbfeste Schnittkäse: v. l. hinten: Butterkäse, Edelpilzkäse, Steinbuscher, Weißlacker

Weichkäse hat einen Mindestgehalt an Trockenmasse von 35%. In diese Gruppe gehören vor allem zwei Arten von Weichkäsen: Käse mit weißer Schimmelbildung, sie schmecken mild-aromatisch, Käse mit „Rotschmiere", sie haben einen herzhaft-würzigen Geschmack. Die Reifung verläuft bei Weichkäsen von außen nach innen und wird durch ganz spezielle Milchsäurebakterien mit beeinflußt. Die jungen Käse sind oft noch gut schnittfest; erst mit der Vollreife beginnen sie, weich und fließend zu werden.
Wichtige Weichkäse: Camembert, Brie, Romadur, Münsterkäse, Weinkäse.

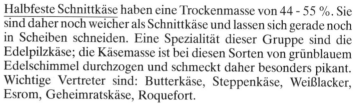

Weichkäse: v. l. hinten: Camembert, Brie, Romadur, Limburger, Münsterkäse

Sauermilchkäse

Diese Käse entstehen, wenn die Milch durch Milchsäurebakterien dickgelegt und anschließend einer Reinigung unterzogen wird. Sie reifen von außen nach innen, wobei der zunächst weiße Quarkkern zunehmend gelblich und geschmeidig fest wird.

Sauermilchkäse werden hauptsächlich in niedrigen Fettstufen hergestellt. Sie haben einen hohen Eiweißgehalt. Im Vergleich zu anderen Käsesorten sind sie sehr preiswert.

Es gibt zwei Hauptsorten Sauermilchkäse:

— Käse mit Rot- oder Gelbschmiere werden nach dem Formen und Trocknen mit speziellen Bakterienkulturen besprüht und so lange gelagert, bis sich die rötlichbraune oder goldgelbe Schmiere gebildet hat. Sie schmecken besonders pikant. Die wichtigsten Vertreter: Mainzer Käse, Harzer Käse.

— Käse mit Weißschimmel werden nach dem Formen mit entsprechenden Schimmelkulturen beimpft und so lange gelagert, bis der Schimmelrasen die gesamte Oberfläche bedeckt. Die wichtigsten Vertreter: Bauernhandkäse, Stangenkäse, Korbkäse.

Sauermilchkäse: Bauernhandkäse, Stangenkäse, Korbkäse

Schmelzkäse: noch eine Käsevariante

Der Name sagt es bereits: Schmelzkäse ist geschmolzener und dann weiter verarbeiteter Käse. Er wird aus einer oder auch mehreren Sorten hergestellt. Der Käse wird zerkleinert und mit Hilfe von Schmelzsalzen unter Einwirkung von Druck und heißem Wasserdampf geschmolzen. Als Schmelzsalze sind Phosphate oder Salze der Zitronensäure zugelassen.

Schmelzkäse und Schmelzkäsezubereitung

Die mehr oder weniger plastische Schmelze wird automatisch in Portionen verpackt (Scheiben, Ecken, Blöcke). Wird auf der Verpackung auf eine bestimmte Sorte verwiesen, muß der Schmelzkäse zu mindestens 75 % daraus bestehen.
Schmelzkäse ist durch das Erhitzen keimfrei geworden, er reift daher auch nicht mehr und ist bei kühler Lagerung über Monate haltbar.

2.3.3.2 Nährwert von Käse

Käse enthält die Nährstoffe der Milch in konzentrierter Form. Sein Nährwert ist daher beträchtlich. Der Gehalt an biologisch wertvollem Eiweiß macht auch preiswerte Käsesorten (Magerkäse) zu einem ausgesprochen hochwertigen Nahrungsmittel.

Eiweiß
Den höchsten Eiweißgehalt haben fettarme Käse wie magerer Quark oder Sauermilchkäse. Er beträgt zwischen 10 und 30 %. Die biologische Wertigkeit ist hoch.

Fett
Das Fett ist leicht verdaulich, weil es sehr viel kurzkettige Fettsäuren enthält (s. S. 57) und in sehr fein verteilter Form vorliegt.

Fettlösliche Vitamine
Die Vitamine A, D und E sind hauptsächlich in fettreichem Käse enthalten; in mageren Sorten ist ihr Vorkommen nur gering.

Aufgaben

1. Überprüfen Sie, inwieweit folgende Aussage zutrifft: „Käse ist ein Konzentrat der Milch".

2. Beurteilen Sie den ernährungsphysiologischen Wert der Inhaltsstoffe Fett und Eiweiß bei Käse.

Kann man Käse einfrieren?

Man kann, aber mit Einschränkungen.
Käse im Stück eingefroren, verändert seine Struktur beim Einfrieren und läßt sich nicht mehr gut schneiden. Deshalb sind Käse in Scheiben und geriebener Käse am besten zum Einfrieren geeignet.

Wasserlösliche Vitamine

Diese Gruppe von Vitaminen, vor allem Thiamin, Riboflavin und Vitamin C, befindet sich vor allem in der Molke. Je mehr Restflüssigkeit ein Käse noch enthält, desto mehr davon kommen vor (Quark, Weichkäse).

Calcium

Auch wenn ein Teil der Mineralstoffe mit der Molke abgetrennt wird, Käse ist neben Milch die wichtigste Calciumquelle. 15 g Schnittkäse enthalten so viel Calcium wie 100 ml Milch. Das Calcium im Käse ist im Casein, dem Haupteiweißstoff, gebunden.

Wie man den Fettanteil genau berechnen kann

Rechenbeispiel: Parmesankäse, 40 % Fett i.Tr.

Trockenmasse von Parmesankäse: 62 %
Trockenmasse in 100 g Käse: 62 g
40 % Fett i. Tr.:   40 % von 62 g
                                    = 24,8 g

Ergebnis: 100 g Parmesankäse, 40 % Fett i.Tr., enthalten 24,8 g Fett.

Kann man Käserinde mitessen?

Eine typische der Fragen, die man weder mit „ja" noch mit „nein" beantworten kann. Natürlich gereifte Außenschichten kann man ohne Bedenken verzehren, z.B. die Edelschimmelschicht von Camembert oder Brie. Künstliche Überzüge sind zwar nicht giftig, aber dennoch nicht zum Verzehr gedacht.

2.3.3.3 Haltbarkeit und Lagerung

Wer Käse nach dem Motto aufbewahrt: „Immer nur hinein in den Kühlschrank, egal wie", der wird wenig Freude an diesem Lebensmittel haben. Käse muß mit Sorgfalt gelagert werden, wenn Aroma und Geschmack optimal erhalten bleiben sollen.

Frischkäse
Er ist am besten im Kühlschrank aufgehoben und hält sich dort bis zu einer Woche.

Weich- und Schimmelkäse
Wenn der Käse bereits durchgereift ist, in der Originalverpackung im Kühlschrank lagern. Er hält sich ca. 1 Woche. Einmal geöffnet, sollte er innerhalb von 2 bis 3 Tagen verbraucht werden.

Falls er die richtige Reife noch nicht erreicht hat, außerhalb des Kühlschranks bei 15—16 °C durchreifen lassen, danach innerhalb von 2 bis 3 Tagen verbrauchen.

Schnittkäse

Gut verpackt (nicht in Alu- oder Kunststoffolie, sondern in einem feuchten Tuch) im Kühlschrank aufbewahren. So ist er bis zu einer Woche lagerfähig. Etwa 1 Stunde vor dem Verzehr aus dem Kühlschrank nehmen, damit sich das bei tiefen Temperaturen „eingeschlafene" Aroma wieder voll entwickeln kann.

Hartkäse

Ebenfalls gut verpackt im Kühlschrank lagern. So bleibt er bis zu 2 Wochen frisch. Er braucht noch länger, bis sein Aroma wieder voll da ist, ungefähr 2 Stunden.

Ein „Käse-Rezept"

Menge für 4 Personen	Quarkauflauf	Abwandlungen:
3 Eigelb 125 g Zucker	*schaumig schlagen*	1. Statt Äpfel andere frische oder eingemachte Obstarten verwenden, z. B. Sauerkirschen
500 g Quark 1 Päckchen Vanillin-zucker $^1/_2$ TL fertig gekaufte, geriebene Zitronenschale (oder geriebene Schale einer unbehandelten Zitrone) 75 g Grieß $^1/_2$ Päckchen Backpulver	*miteinander verrühren*	2. Statt Äpfel Backobst verwenden 3. Zusätzlich gehackte Mandeln oder Nüsse zufügen
500 g Äpfel	*schälen, in feine Spalten schneiden*	
50 g Rosinen	*zusammen mit den Äpfeln unter die Quarkmasse heben*	
3 Eiklar	*zu steifem Schnee schlagen, vorsichtig unterheben*	
	in den kalten Backofen schieben, auf 200 °C schalten, ca. 45 Minuten backen	

Der Fleischverbrauch der Deutschen in kg/Person		
im Jahr	1990	1991
Schweinefleisch	41,4	39,4
Rindfleisch	14,2	13,5
Geflügelfleisch	7,0	7,3
Kalbfleisch	0,6	0,7
Innereien	1,5	1,4
sonstige	1,6	1,7
gesamt:	66,3	64,0

Quelle: DGE-Info

2.3.4 Fleisch

Wer nicht gerade auf streng vegetarischer Kost besteht, für den ist Fleisch fester Bestandteil einer ausgewogenen und abwechslungsreichen Ernährung; zum einen deshalb, weil es sich auf vielfältige Art und Weise schmackhaft zubereiten läßt, zum anderen, weil es hochwertiges Eiweiß und andere essentielle Stoffe enthält.

Wenn man die bei uns üblichen Ernährungsgewohnheiten betrachtet, dann tun wir allerdings in puncto Fleischkonsum ein bißchen viel des Guten. Der durchschnittliche Bundesbürger verzehrt nämlich pro Jahr 66 kg Fleisch.

Wie das Lebensmittelgesetz Fleisch definiert:

Das Fleischbeschauungsgesetz bezeichnet als Fleisch „Teile von warmblütigen Tieren, frisch oder zubereitet, sofern sie sich zum Genuß für Menschen eignen".

Als Fleisch sind daher insbesondere anzusehen:

— Muskelfleisch (mit oder ohne Knochen, Fett- und Bindegewebe), Innereien, Schlund, Magen, Dünn- und Dickdarm, vom Schwein die ganze Haut (Schwarte), ferner Knochen und daran anhaftende Weichteile.
— Fette, unverarbeitet oder zubereitet.
— Würste und ähnliche Gemenge aus zerkleinertem Fleisch.

2.3.4.1 Aufbau und Zusammensetzung von Muskelfleisch

Für die menschliche Ernährung kommt in erster Linie Muskelfleisch mit eventuell anhaftendem Fett- und Bindegewebe in Frage.

Struktur von Muskelfleisch

Es besteht aus den Muskel- und Fleischfasern; das sind meist quergestreifte, bisweilen auch glatte Röhren oder Schläuche. Sie sind mit Fleischsaft und Proteinen gefüllt und von stützendem Bindegewebe umhüllt.

Die Fasern sind durch das Bindegewebe meist zu Muskelbündeln vereinigt, zwischen denen je nach Tierart und Fütterung mehr oder weniger Fett abgelagert ist.

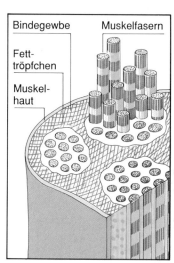

Bestandteile des Fleisches

Qualitätssicherung bei Fleisch

Nach deutschem Lebensmittelrecht darf Fleisch nur dann in den Verkehr gebracht werden, wenn die Schlachttiere vor und nach dem Schlachten untersucht worden sind. Je nach Qualität erhält das Fleisch dann einen Stempel. Voll verkehrsfähig ist ein Fleisch dann, wenn es mit dem runden Stempel in blauer Farbe gekennzeichnet ist.

Deutsches Schweinefleisch ist außerdem noch mit dem rechteckigen „Trichinen-Stempel" versehen. Diese Kennzeichnung garantiert dafür, das Fleisch ist frei von Trichinen, Seuchenerregern und Krankheiten. In puncto Hygiene kann die Qualität des deutschen Fleischangebots als gesichert angesehen werden.

Ein Problem ist allerdings noch immer der Nachweis von Antibiotika, Beruhigungsmitteln und Hormonen im Fleisch. Schon einige Male ist Fleisch wegen derartiger Rückstände in das Kreuzfeuer der öffentlichen Kritik geraten. Zwar werden Stichproben gemacht, aber die entsprechenden Analysen sind zeitraubend und kostspielig. Niemand kann mit Sicherheit sagen, ob solche Gehalte in dem einen oder anderen Fall nicht doch unentdeckt blieben.

Aufgaben

1. Welche Information erhält man durch den runden und den rechteckigen Stempel, der nach der Schlachtung auf das Fleisch aufgebracht wird?

2. Warum enthält Bauchfleisch weniger Wasser, als z.B. ein Filetstück?

3. Beurteilen Sie vom ernährungsphysiologischen Standpunkt her die Qualität des Fleischeiweißes und des Fleischfettes.

4. Welche Aufgabe hat das Fleisch-Kohlenhydrat Glykogen für den tierischen Organismus? Wie wirkt es sich auf den Glykogenbestand aus, wenn das Tier kurz vor der Schlachtung unter Streß steht? Folgen für die Fleischqualität?

5. Eine junge Hausfrau kommt in die Metzgerei und möchte 250 g Rindfleisch kaufen. „Aber ganz frisch soll es sein" sagt sie. Was erklären Sie ihr?

6. Welche Eiweißarten finden sich vermehrt a) in Beinscheiben, b) im Filetsteak?
   Leiten Sie daraus ab, warum man Beinscheiben zum Kochfleisch zählt, Steaks aber meist kurzgebraten werden.

7. Aus welchen Fleischteilen schneidet man am besten: Rinderbraten, Schweinekotelett, Kalbsfrikassee?

8. Begründen Sie, warum Hackfleisch nur am Tag der Zubereitung verkauft werden darf.

9. Unterscheiden Sie die drei Qualitätsstufen, in denen Gulasch verkauft werden kann.

10. Die sich andeutende Tendenz beim Fleischverbrauch (s. S. 102) kann schon seit Jahren beobachtet werden und hält weiter an. Beurteilen Sie die Änderung des Ernährungsverhaltens im Bezug auf Fleisch. Berücksichtigen Sie dabei:
    Cholesteringehalt, Ballaststoffversorgung, Gehalt an Fett, Eisen, Vitaminen.

Chemische Zusammensetzung

Für das von Knochen und sichtbarem Fett befreite Fleisch lassen sich Durchschnittswerte angeben, die jedoch Schwankungen unterworfen sind und dabei von Tierart, Rasse, Alter und Fütterung beeinflußt werden.

Wassergehalt

Er liegt zwischen 74 und 79 % und ist beim Kalb und anderen jungen Tieren am höchsten, bei sehr fettreichem Fleisch am niedrigsten.

Eiweiß

An Proteinen enthält das Fleisch eine unlösliche (13 - 18%) und eine lösliche (0,6 - 4,0%) Fraktion. Aminosäuren und Peptide sind in frischem Fleisch nur geringfügig vorhanden, bei der Fleischreifung (s. S. 105) nimmt ihr Gehalt jedoch stark zu. Sie sind von Bedeutung für den Fleischgeschmack.
Die biologische Wertigkeit ist hoch; sie liegt bei etwa 85%.

Fett

Viele Fleischarten enthalten mehr oder weniger große Fettmengen, entweder als Reservefett (Bauch-, Rückenspeck) oder im Bindegewebe abgelagert. Das tierische Fett setzt sich vor allem aus Glyceriden der Palmitin-, Stearin- und Ölsäure zusammen. Daneben kommen Cholesterin und Phosphatide vor.

Kohlenhydrate

Kohlenhydrate sind meist nur in Form geringer Mengen Glykogen vorhanden (0,05 - 0,2 %). Besonders glykogenreich ist die Leber (2,8 - 8,0 %).

Mineralstoffe

Hauptsächlich sind enthalten: Kalium, Magnesium, gut verwertbares Eisen und Phosphor. Insgesamt beträgt der Mineralstoffanteil 0,8 bis 1,8%.

Vitamine

Im Vergleich zu den Innereien enthält das Muskelfleisch nur geringe Mengen. Bemerkenswert ist jedoch der Gehalt an B-Vitaminen.

2.3.4.2 Fleischarten

Das Fleischangebot ist bei uns so reichhaltig, daß der Verbraucher ganz nach Geldbeutel und Appetit wählen kann.

Fleischeinkauf: Welche Menge pro Person?

Fleisch ohne Knochen: 150 g
Fleisch mit Knochen: 200 g
Hackfleisch: 125 g

Rindfleisch

Rindfleisch ist blaß ziegelrot bis dunkelrot, wird meist von feinen Fettadern durchzogen (Marmorierung) und hat einen Fettrand. Bestes Fleisch stammt von jüngeren Tieren. Man erkennt es an seiner mittelroten Farbe, der feinen bis mittelfeinen Faserung und den sehr hellen Fettadern. Das dunkel- bis braunrote, grob faserige und von gelblichen Fettadern durchzogene Fleisch älterer Tiere ist minderwertiger und hauptsächlich nur noch zum Kochen geeignet.

Warum Rindfleisch „abhängen" muß

Schlachtfrisches Rindfleisch ist durch Kochen, Braten oder andere Garmethoden nicht weich zu bekommen; es bleibt zäh wie die berühmte Schuhsohle. Ganz anders sieht die Sache aus, wenn das Fleisch 8 - 14 Tage nach der Schlachtung im Kühlhaus gehangen hat. Es ist während dieser Zeit folgendes geschehen:

Das im Muskel in geringer Menge enthaltene Glykogen ist enzymatisch zu Milchsäure abgebaut worden. Die Milchsäure nun aktiviert ihrerseits eiweißspaltende Enzyme. Diese Enzyme greifen bevorzugt das Bindegewebe im Muskel an; dadurch wird das Fleisch mürbe.
Den Gesamtvorgang nennt man Fleischreifung.

Gut abgehangenes, durchgereiftes Fleisch ist besonders zart und hat kürzere Garzeiten. Am längsten abgehangen müssen Stücke sein, die kurz gebraten werden sollen, also neben Filet und Roastbeef alle Teile, die zu Steaks geschnitten werden.

Was oftmals auf den Preistafeln steht

In den Auslagen von Metzgereien sind auf den Preistafeln mitunter Kürzel zu lesen, von denen man wissen sollte, was sie bedeuten.

w.g.	„wie gewachsen"
m.B.	„mit Beilage"
o.Kn.	„ohne Knochen"

Rindfleisch muß nach der Schlachtung 8 bis 14 Tage abhängen.

Verwendung der einzelnen Teile:

Rindfleisch ist in der Qualität sehr unterschiedlich, je nachdem, aus welchem Teil es geschnitten wurde.

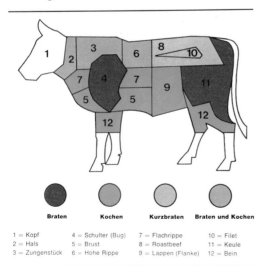

Braten   Kochen   Kurzbraten   Braten und Kochen

1 = Kopf	4 = Schulter (Bug)	7 = Flachrippe	10 = Filet
2 = Hals	5 = Brust	8 = Roastbeef	11 = Keule
3 = Zungenstück	6 = Hohe Rippe	9 = Lappen (Flanke)	12 = Bein

Braten aus der Keule

Braten aus der Schulter

Braten
— Hochwertige Braten wie Mürbebraten oder Rostbraten stammen vor allem aus der Keule, dem Roastbeef und Teilen der Schulter (Dicker Bug).
— Weniger wertvoll und daher preiswerter sind Stücke aus den übrigen Schulterteilen und der hohen Rippe.

Filet

Kochfleisch aus dem Hals

Rouladen

Man schneidet sie vor allem aus der Keule, zum Teil auch aus der Schulter.

Steaks

— Das beste Steakfleisch liefern Filet und Roastbeef.
— Bei jungen Tieren bieten sich auch Keule und die hohe Rippe an.

Kochfleisch

Dafür eignen sich Beinscheiben von Hinter- oder Vorderteil, die Bruststücke sowie Lappen und Flachrippe.

Kochfleisch wird oftmals sehr preisgünstig angeboten. Außer für Suppen und Eintopfgerichten gibt es für diese Stücke noch viele andere Verwendungsmöglichkeiten. So kann man fast jedes Kochfleisch zusammen mit kräftig gewürzten warmen oder kalten Soßen reichen; Rinderbrust mit Meerrettich ist nur ein Beispiel dafür.

Schweinefleisch

> *Schweinefleisch benötigt keine Reifezeit, sondern kann auch frisch zubereitet werden.*

Schweinefleisch ist feinfaserig und von reichlich Fett durch- bzw. umwachsen. Es hat normalerweise eine blaßrosa Farbe, die bei älteren Tieren etwas dunkler sein kann. Beim Kochen wird Schweinefleisch im Unterschied zu anderen Fleischarten grauweiß. Wegen seiner zarten Beschaffenheit benötigt es keine längere Reifezeit und kann auch frisch zubereitet werden.

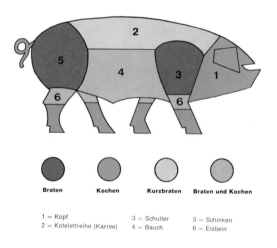

Braten   Kochen   Kurzbraten   Braten und Kochen

1 = Kopf	3 = Schulter	5 = Schinken
2 = Kotelettreihe (Karree)	4 = Bauch	6 = Eisbein

Verwendung der einzelnen Teile:

Braten

— Der Schinken und die Unterseite des hinteren Kotelettstranges (Filet) liefern besonders zarte und magere Braten. Wenn möglich, sollte der Braten eine dünne Fettschicht behalten, damit er nicht zu trocken wird. Bei sehr mageren Tieren schneidet man die Schinkenbraten sogar mit Fett und Schwarte. Die eingeritzte Schwarte wird beim Braten appetitlich braun.

Braten aus dem Schinken

— Schulter und Nacken werden ausgelöst angeboten oder „wie gewachsen" mit Fett, Schwarte und Knochen. Der Braten ist dann besonders kräftig.

Kotelett
— Stielkoteletts werden aus dem Mittelstück des Kotelettstrangs geschnitten.
— Filetkoteletts mit angewachsenem Filet sind besonders mager, knochenarm und daher relativ teuer.
— Nackenkoteletts sind sehr preiswert. Sie eignen sich wegen ihres höheren Fettgehaltes gut als Grillstücke.

Schnitzel
— Schinken und ausgelöster Rücken liefern das beste Schnitzelfleisch. Beim Rücken ist die Ausschnittfläche ziemlich klein. Man schneidet aus dem Kotelettstrang daher häufig die sogenannten Schmetterlingssteaks, dicke Scheiben, die in sich noch einmal eingeschnitten und auseinandergeklappt werden.
— Schulterschnitzel sind im Vergleich zu den beiden anderen Stücken weniger wertvoll.

Weitere Stücke zum Kurzbraten:
— Das Filet wird beim Schwein häufig herausgetrennt und für sich verkauft. Es kann entweder im ganzen oder in Scheiben geschnitten als Medaillon gebraten werden.
— Bauchfleisch, in Scheiben geschnitten, liefert preiswerte Stücke zum Kurzbraten oder Grillen.

Außer als frische Stücke werden Koteletts auch angeboten als:

— Rippchen, gesalzen und gekocht,
— Kasseler, gepökelt und geräuchert (s. S. 198).

Schweinekoteletts

Bauchfleisch

Kalbfleisch

Kalbfleisch ist im Vergleich zu Rind- und Schweinefleisch sehr teuer und spielt in unserer Ernährung daher auch eine untergeordnete Rolle. Qalitativ hat das Fleisch von Mastkälbern alle Vorzüge von hochwertigem Rindfleisch. Das Fleisch ist hellrosa, sehr saftig und sehr fettarm. Die bekanntesten Stücke sind Keule und Rücken.

Verwendung der einzelnen Teile:

Braten
Am besten geeignet ist der Rücken. Der klassische Kalbsnierenbraten ist das Rückenstück mit eingewachsener Niere.

Kalbsnierenbraten

Schnitzel
Die begehrten Kalbsschnitzel werden aus der Keule geschnitten.

Ragout, Frikassee
Für solche Gerichte ist am besten die Brust geeignet.

Ein besonderer Leckerbissen ist die gegrillte Kalbshaxe. Richtig zubereitet, ist sie außen knusprig braun und innen besonders zart und saftig.

Kalbshaxe

Lammkoteletts

Lammkeule

Kalbsleber

Nieren (Schwein, Kalb, Rind)

Zunge (Schwein, Kalb, Rind)

Lammfleisch

Lammfleisch hat bei uns noch immer den Ruf einer etwas exotischen Fleischart. Eigentlich schade, denn es läßt sich nicht nur abwechslungsreich und schmackhaft zubereiten, sondern besitzt wie die anderen Fleischarten einen hohen Nährwert und ist dabei nicht einmal übermäßig teuer.

Verwendung der einzelnen Teile

Braten
Sehr gut geeignet ist das von feinen Fettadern durchzogene Nackenfleisch, die Schulter, der Rücken und die Keule.

Koteletts
Sie werden aus dem Rücken geschnitten.

Eintöpfe, Ragouts
Geeignet sind Nacken, die durchwachsene Brust und der Bauch (Dünung).

Innereien

Die am häufigsten verwendeten Innereien sind Leber, Niere, Zunge und Herz. Sie enthalten reichlich Nährstoffe und sind verhältnismäßig preiswert.
Allerdings! Leber und Niere weisen heutzutage einen so hohen Gehalt an Schwermetallen wie Blei, Quecksilber oder Cadmium auf, daß sie nicht allzu oft, einmal pro Monat, verzehrt werden sollten.

Leber
Für Leber gilt: je frischer, desto besser! Besonders gefragt ist Kalbsleber. Sie hat einen milden Geschmack und bleibt beim Braten sehr saftig. Fast alle Lebergerichte sind kurzgebraten, ob es Leber in Scheiben, geschnetzelt oder am Spieß ist. Leber darf erst nach dem Braten gesalzen werden; sie wird sonst zäh.

Nieren
Am zartesten und schmackhaftesten sind sie von jungen Tieren (Kalb und Lamm). Nieren werden meist im ganzen angeboten und vor allem für „Saure Nieren" verwendet, können aber auch gegrillt werden.

Zunge
Zunge ist eine teure Delikatesse. Sie wird frisch, gepökelt oder geräuchert angeboten. Frische Zunge wird meist gekocht und dann mit Soße gereicht oder als Ragout bereitet.

Herz
Herz hat eine Faserstruktur wie zartes Fleisch. Es wird meist gebraten, entweder im ganzen oder in Scheiben geschnitten.

Hackfleisch

Hackfleisch entsteht durch feines Zerkleinern von Fleischstücken. Die Faserstruktur wird dabei so stark aufgelockert, daß es auch roh verzehrt werden kann. Hackfleisch ist ein idealer Nährboden für Mikroorganismen und verdirbt leicht. Es ist daher noch am Tage des Einkaufs zu verzehren. Im Handel werden hauptsächlich drei Sorten angeboten:

Hackfleisch (Gehacktes, Gewiegtes)
Es ist rohes, von groben Sehnen befreites Fleisch von Rind oder Schwein bzw. ein Gemisch beider Fleischarten ohne jeden Zusatz.

Schabefleisch (Tartar, Beefsteakhack)
Es ist schieres, rohes Rindfleisch ohne jeden Zusatz. Der Fettgehalt darf nach der Hackfleischordnung nicht mehr als 6 % betragen.

Zubereitetes Hackfleisch (Mett, Hackepeter)
Darunter versteht man mit Salz, Zwiebeln und Gewürzen vermischtes Hack- und Schabefleisch.

Schabefleisch

Gulasch

Der Begriff Gulasch bezeichnet keine bestimmte Fleischsorte, sondern bedeutet lediglich, daß Fleisch, welcher Qualität auch immer, in kleine, möglichst würfelige Stücke geschnitten worden ist. Meist wird Gulasch aus Rindfleisch geschnitten. Es gibt drei unterschiedliche Qualitätsstufen.

Rinderhack

Beste Qualität
Sie wird aus guten, meist mageren und sehnenfreien Bratenstücken geschnitten und meist als Bratengulasch angeboten.

Mittlere Qualität
Sie wird aus Rindfleisch, so wie es gewachsen ist, mit natürlichem Fett- und Sehnenanteil geschnitten, z.B. aus Hals oder Schulter.

Einfache Qualität
Sie wird aus einfachen Brat- und Suppenfleischstücken mit überdurchschnittlich hohem Fett- und Sehnenanteil meist ungleichmäßig geschnitten.

Schweinehack

Gulasch „mager"

Gulasch „wie gewachsen"

Gulasch „mit Fett"

2.3.4.3 Vorbereiten von Fleisch

Bevor Fleisch in den Kochtopf oder in die Pfanne wandern kann, muß es entsprechend vorbereitet sein. Sowohl für große Braten als auch für Kurzgebratenes ist die richtige Art der Vorbereitung wichtig.

Säubern

Große Fleischstücke (Braten, Suppenfleisch) unter fließendem Wasser kurz abspülen, um eventuell anhaftende Knochensplitter und nicht sichtbare Verunreinigungen zu entfernen, und sofort abtrocknen (Küchenkrepp). Nicht zu viel Wasser verwenden, damit möglichst wenig wasserlösliche Vitamine verlorengehen. Kleine Fleischstücke (Schnitzel, Steaks) nicht waschen, sondern nur mit Küchenkrepp abtupfen.

Große Braten werden vor dem Garen mit Gewürzen eingerieben.

Parieren

Darunter versteht man das Auslösen von großen Knochen und das Entfernen von Knorpeln, Sehnen und Häuten. Der Fettrand, z.B. am Rumpsteak, wird eingeschnitten, damit sich die Steaks nicht in der Pfanne wölben.

Spicken

Es hilft, mageres Fleisch saftiger und schmackhafter zu machen. Je nach Geschmack frischen oder geräucherten Speck in schmale Streifen schneiden und mit der Spicknadel in gleichmäßigem Abstand durch das Fleisch ziehen.

Beizen

Man kann Fleisch vor dem Garen in eine Beize einlegen. Dadurch verkürzt sich die Garzeit. Außerdem bewirkt sie einen besonderen Geschmack. Das Fleisch wird ein bis vier Tage eingelegt, z.B. in Buttermilchbeize, Essigbeize oder in Beize auf Weinbasis. Anschließend verwendet man die Beize als Soßengrundlage weiter.

Kurzgebratenes immer erst nach dem Garen würzen.

Würzen

Fleisch lebt von der Würze. Wer gut würzt, hat mehr Freude an diesem Lebensmittel. Je nach Art des Fleischstückes geht man dabei unterschiedlich vor:

— Große Braten vor dem Anbraten würzen.
— Kleine Fleischstücke nach dem Anbraten würzen.
— Kurzbratstücke (auch Leber und Geschnetzeltes) erst nach dem Garen würzen, um Saftverluste zu vermeiden.

Soll die Panade sehr kräftig werden, erst in Mehl wälzen.

Panieren

Flache Fleischstücke wie Koteletts oder Schnitzel werden häufig paniert, d.h. nach dem Würzen in einem verschlagenen Ei und anschließend in Paniermehl gewälzt. Vorteil einer Panierung: das Fleisch bleibt schön saftig.

2.3.4.4 Zubereiten von Fleisch

Wie wir bereits wissen, enthält Fleisch sehr viele für den menschlichen Organismus lebensnotwendige Nährstoffe. Ein Fleischgericht gekonnt zubereiten heißt also nicht nur, Wohlgeschmack zu erzielen. Genauso wichtig ist eine schonende Garmachungsart, um die wertvollen Inhaltsstoffe so weit wie möglich zu erhalten.

Herkömmliche Garmethoden von Fleisch

Welche Garmethode man im Einzelfall auswählt, hängt vor allem von Art und Größe des Fleischstücks ab. Mageres Fleisch beispielsweise wird bei zu langem Erhitzen leicht trocken. Bindegewebsreiches Fleisch dagegen benötigt längere Garzeiten.

Kurzbraten in der Pfanne

heißt kurzes Garen (ca. 10 Minuten) in wenig heißem Fett (180 bis 200 °C). Beim Einlegen in das erhitzte Fett gerinnen die Randschichten, die Poren schließen sich, der Fleischsaft mit seinen wasserlöslichen Inhaltsstoffen bleibt weitgehend erhalten.
Geeignet für: kleine Fleischstücke und -scheiben, möglichst mager und bindegewebsarm.

Schnitzel werden kurzgebraten.

Braten

heißt Garen in wenig heißem Fett (180—200 °C). Gebraten wird entweder im Bratentopf oder im Backofen. Vorteil des Backofens: die gewünschte braune „Rundum-Kruste" bildet sich sehr schnell, der Fleischsaft fließt kaum aus; der Braten bleibt sehr saftig.

Schmoren

heißt Garen durch scharfes kurzes Anbraten in heißem Fett, Zugeben von Flüssigkeit und anschließend längeres Schmoren (100 bis 150 °C). Nachteile: relativ hohe Nährstoffverluste, das Fleisch ist schwerer verdaulich. Vorteil: die beim Anbraten und Schmoren gebildeten Röst- und Geschmacksstoffe geben gute Soßen.
Geeignet für: kleine und große Braten, Rouladen und Gulasch.

Große Fleischstücke lassen sich gut im Backofen braten.

Dünsten

heißt Garen unter Zugabe von wenig Wasser oder Brühe und etwas Fett (ca. 100 °C) und ist eine Zwischenform zwischen Braten und Kochen. Dünsten ist eine besonders schonende Gartechnik; das Fleisch bleibt saftig und ist leicht verdaulich.
Geeignet für: zartes (bindegewebsarmes bzw. -freies) Fleisch und kleine Fleischstücke.

Kochen

heißt Garen in so viel Wasser, daß das Fleisch völlig bedeckt ist (98—100 °C). Das Wasser soll leicht sprudelnd kochen. Will man möglichst viele Nährstoffe im Fleisch erhalten, gibt man es in kochendes Wasser (Kochfleisch, z. B. Tafelspitz). Sollen die Nährstoffe herausgelöst werden (Brühe), setzt man in kaltem Wasser auf.

*Rouladen:
ein typisches Schmorgericht.*

Moderne Garverfahren für Fleisch

Die oben beschriebenen Gartechniken sind bereits seit alters her bekannt. Moderne Geräte und Materialien erlauben noch schonendere Methoden des Garens von Fleisch.

Garen in Bratfolie

heißt das Garen in dünner, aber sehr reißfester, durchsichtiger Kunststoffolie. Das Fleisch erhält wie beim normalen Braten eine braune, knusprige Kruste. Vorteil: das Fleisch bleibt saftig, und die Nährstoffverluste sind gering.

Grillen

heißt kurzes Garen durch starke Strahlungshitze (ca. 350 °C). Das Grillgut bleibt sehr saftig.
Geeignet für: kleine Fleischstücke und -scheiben.

Garen in Aluminiumfolie

geht ähnlich wie in Bratfolie vor sich. Wenn das Fleisch bräunen soll, muß die Folie 10 Minuten vor Ende der Garzeit aufgeklappt werden. Vorteil: keine Saft- und kaum Nährstoffverluste. Das Garen im Aluminiumfolie ist auch für Schonkost und Diät geeignet.

Garen im Dampfdrucktopf

heißt das Garen in einem fest verschlossenen Topf bei Überdruck (112 °C, 1,5—1,8 bar). Die Garzeit beträgt ca. $^{1}/_{3}$ der sonst üblichen Zeit. Daher bleiben empfindliche Inhaltsstoffe weitgehend geschont.
Geeignet für: Braten und Kochfleisch.

Aufgaben

1. Welche Art von Fleisch wird gespickt? Welchen Zweck verfolgt man damit?

2. Wie wirkt sich eine Essigbeize auf das Fleischeiweiß aus? Auswirkungen auf die Fleischqualität?

3. Beurteilen Sie jeweils den Nährstofferhalt im Fleisch beim:
   a) Kurzbraten, b) Kochen, c) Grillen, d) Garen in Alufolie.
   Nennen Sie jeweils ein Fleischteil, das sich für diese Art der Zubereitung eignet.

4. Sie möchten am Sonntag 500 g Rinderbraten zubereiten, haben aber das Fleisch am Donnerstag schon gekauft. Wie bewahren Sie das Fleisch auf, damit die Qualität weitgehend erhalten bleibt? Nennen Sie mehrere Möglichkeiten.

5. Woraus bestehen Rohwürste? Erläutern Sie den Herstellungsprozeß.

6. Was versteht man unter „verstecktem Fett"? Nennen Sie andere Nahrungsmittel, die größere Mengen an verstecktem Fett enthalten (Nährwerttabelle).

2.3.4.5 Lagern von Fleisch

Frischfleisch ist ein idealer Nährboden für Mikroorganismen und daher nicht lange haltbar. Fleisch, das zum baldigen Verbrauch bestimmt ist, wird am besten bei Temperaturen unter 6 °C im Kühlschrank gelagert. Wichtig: Fleisch braucht Luft, am besten ausgepackt in einer abgedeckten Schüssel oder zwischen zwei Tellern aufbewahren, möglichst nicht in der Nähe von stark riechenden Lebensmitteln. So hält sich Fleisch zwei bis drei Tage.

Für eine längere Lagerung jedoch sind die Temperaturbedingungen des Kühlschranks nicht geeignet; da muß man schon etwas härtere „Kältegeschütze" auffahren, sprich: „Tiefgefrieren". bei tiefen Temperaturen verlaufen Verderbnisvorgänge jeder Art nur noch äußerst langsam. Der ursprüngliche Frischzustand bleibt weitgehend erhalten.
Fleisch sollte in haushaltsgerechten Mengen von höchstens 3 kg eingefroren werden.

Tips zum Vorbereiten:

— Möglichst alles Fett wegschneiden, denn Fett wird auch bei tiefen Temperaturen schnell ranzig und verringert die Haltbarkeit des Fleisches.

— Bei Brat- und Schmorstücken empfiehlt es sich, die Knochen herauszulösen, auszukochen und die erkaltete Brühe portioniert einzufrieren.

Tips zum Verpacken:

— Am besten geeignet sind Kunststoff- und Alufolie oder Beutel.
— Koteletts, Schnitzel und Steaks durch Folienblätter trennen.

Lagerzeiten (bei —18 °C)

Rindfleisch
ca. 10—12 Monate
Schweinefleisch
ca. 6—9 Monate
Lammfleisch
ca. 6—9 Monate
Kalbfleisch
ca. 6—9 Monate
Hackfleisch
ca. 2—3 Monate

Achtung bei Hackfleisch!

Hackfleisch ist ganz besonders verderbnisanfällig und **muß** noch am gleichen Tag verbraucht bzw. eingefroren werden.

Ein „Fleisch-Rezept"

Menge für 4 Personen	„Falscher Hase" (Hackbraten)	
500 g Hackfleisch (nur Rind, oder halb Rind- und halb Schweinefleisch) zwei eingeweichte, ausgedrückte Brötchen 1 Ei 1 feingehackte Zwiebel Salz, Pfeffer, Paprika	*zu einem Teig vermischen und kräftig würzen*	Abwandlungen: Fleischteig zur Hälfte in die Form füllen, dann 3 hartgekochte Eier oder 150 g Champignons und 1 feingeschnittene rote Paprika darauflegen, anschließend den Fleischteig darüberfüllen
2 EL Butter	*in eine gebutterte Kastenform füllen und glattstreichen, Butterflöckchen obenauf setzen, im vorgeheizten Backofen bei 220 °C ca. 35 Min. garen*	

Cervelatwurst

Plockwurst (grob)

Teewurst

Streichfähige Rohwürste:

— Teewurst
— Braunschweiger Mettwurst
— Zwiebelmettwurst

Schnittfeste Rohwürste:

— Cervelatwurst
— Salami
— Plockwurst
— Schinkenwurst
— Katenrauchwurst

Schnittfeste Rohwürstchen:

— Mettenden
— Landjäger
— Schinken

2.3.5 Wurstwaren

Die Herstellung von Wurst war bereits in der Antike bekannt. Homer, berühmter Dichter des alten Griechenlandes, beschreibt in seiner Odyssee ein Gastmahl, bei dem unter anderem auch Würste aufgetischt wurden. Auch die Römer kannten Fleischzubereitungen in Darmhüllen.

Daß der Mensch die Wurst erfand, hatte im wesentlichen zwei Gründe.

1. Fleisch ist leicht verderblich. Zu Wurst verarbeitet, läßt es sich länger lagern; manche Wurstwaren sind sogar mehrere Monate haltbar.

2. Schlachtabgänge (Schwarte, Innereien, Blut), die sonst nur begrenzt zu verwerten sind, können in Würsten mit verarbeitet werden.

2.3.5.1 Wurstarten

Wer nach dem Motto „täglich eine neue Wurst" alle Sorten einmal durchprobieren wollte, hätte frühestens nach vier Jahren jede von ihnen einmal gekostet, denn man schätzt, daß es bei uns ungefähr 1500 verschiedene Wurstspezialitäten gibt. Genau durchgezählt hat das noch niemand.

Ordnung und Übersicht läßt sich in diese Vielfalt am einfachsten dadurch bringen, daß man sie nach der Art ihrer Herstellung in Gruppen einteilt.

Hauptbestandteil jeder Wurst ist Fleisch. Es wird fein zerkleinert und die Wurstmasse gewürzt, gesalzen und in Därme abgefüllt. Das zerkleinerte Fleisch kann der Körper sehr leicht verwerten, denn es erspart ihm Verdauungsarbeit.

Rohwürste

Sie werden aus rohem, ungekochtem Muskelfleisch und Fett ohne Wasserzusatz hergestellt. Hinzu kommen als geschmacksbildende Zutaten Gewürze, Salz und Zucker.

Haltbar gemacht werden sie durch Trocknen, Räuchern oder Pökeln (s. S. 198). Es gibt streichfähige und schnittfeste Sorten. Die streichfähigen Rohwürste sind leicht verderblich und werden ausschließlich als Brotaufstrich verwendet.

Schnittfeste Rohwürste sind besonders haltbar. Man bezeichnet sie daher auch als Dauerwürste. Sie werden vor allem als Brotbelag verzehrt, aber auch als Bestandteil von Salaten, Aufläufen oder zum Belegen von Pizza verwendet.

114

Kochwürste

Sie werden aus vorgekochtem, zerkleinertem Fleisch, Innereien, Speck, Schwarten (evtl. auch Blut) unter Zusatz von Wasser hergestellt. Weitere Zusätze sind Salz und Gewürze.
Haltbar gemacht werden sie durch Hitzebehandlung („Ziehen" in heißem Wasser oder Erhitzen in heißer Luft).

Kochwürste werden außer in Därme auch in Gläser und Dosen abgefüllt. Man teilt sie in drei Hauptgruppen ein.

Leberwurst

Unter den Kochwürsten nimmt die Leberwurst verschiedenster Qualitätsabstufungen die erste Stelle ein. Sie kommt mit verschiedenartigen Bezeichnungen in den Handel.

Spitzenqualitäten enthalten 25 bis 35 % Leber. Einfache Sorten müssen mindestens 10 % Leber enthalten. Daneben sind andere Innereien und Schwarten erlaubt.

Blutwurst

Grundbestandteile sind frisches Blut (vor allem vom Schwein, aber auch vom Rind) und zerkleinerte Schwarten. Je nach Sorte wird sie mit Leber, Muskelfleisch oder Zungenstückchen verfeinert.

Sülzwurst

Sie wird aus bindegewebsreichen Fleischteilen (Schweinekopf, Schwarten, Kalbsfüßen, Bauch vom Schwein) hergestellt und hat einen geringeren Nährwert als Leber- und Blutwurst.

Brühwürste

Für diese Sorten benötigt man Fleisch mit einem besonders hohen Wasserbindevermögen und verwendet daher möglichst schlachtwarmes Fleisch. Es wird mit Speck, Pökelsalz, Kochsalz und Gewürzen gemischt.

Nächste Station ist der „Kutter", eine Maschine, die alle Zutaten zu einem feinen Teig (Brät) verarbeitet. Dieses Brät kann zusätzliches Wasser aufnehmen und bewirkt die bei Bock- und Knackwürstchen gewünschte Knackigkeit.
Nach Abfüllen der Wurstmasse in Därme werden einige Brühwürste bei 100 °C geräuchert und anschließend 30 Minuten bei 75 °C gebrüht.

Brühwürste sind Frischwürste, also nur wenig haltbar und sollten daher rasch verzehrt werden.

Schinken

Eigentlich ist Schinken ja keine Wurstware; weil er jedoch in der Küche in ähnlicher Weise verwendet wird wie Wurst, soll er an dieser Stelle behandelt werden.

Einteilung der Leberwurstsorten

Nach den Bestandteilen:

— Trüffelleberwurst
— Kalbsleberwurst
— Zwiebelleberwurst

Nach dem Zerkleinerungsgrad:

— grobe Leberwurst
— mittelfeine Leberwurst
— feine Leberwurst

Nach der Herstellungsart:

— Hausmacher Leberwurst
— Gutsherrenleberwurst
— Landleberwurst

Grobe Leberwurst

Wichtige Brühwurstsorten:

— Fleischwurst
— Bierschinken
— Jagdwurst
— Krakauer
— Mortadella
— alle Brühwürstchen

Was ist Bratwurst?

Sie ist ein „Sonderfall" von Brühwurst und wird ebenfalls aus Brät bereitet. Es gibt sie als grobe und als feine Bratwurst zu kaufen.

Rollschinken

Gekochter Schinken

Schinken gibt es vor allem vom Schwein. Er wird hauptsächlich aus der Keule, dem wertvollsten Stück des Schweins, gewonnen.

Roher Schinken

Er wird zunächst gepökelt und dann 3 bis 4 Wochen in Salz gelagert. Dabei erhält er seine typische Schinkenfarbe. Anschließend wird er entweder durch Räuchern oder Trocknen haltbar gemacht.

Gekochter Schinken

Er wird mild gepökelt und anschließend gekocht. Gekochter Schinken ist nur begrenzt lagerfähig und sollte bald verzehrt werden.

2.3.5.2 Nährwert von Wurstwaren

Der Nährwert von Wurstwaren ist ganz erheblich. Sie enthalten Eiweiß, daneben Vitamine und Mineralstoffe, jedoch leider auch reichlich Fett.

Nährwertgehalt von Wurstwaren (in 100 g)

Wurst-sorte	Nährstoffe			Energie	Vitamine			Mineralstoffe				
	Eiweiß (g)	Fett (g)	Kohlen-hydrate (g)	kJ	B_1 (mg)	B_2 (mg)	Nicotin-säure (mg)	Na (mg)	K (mg)	Ca (mg)	Fe (mg)	P (mg)
Frankfurter	12,5	21,6	1,8	1071	0,16	0,2	2,7	1100	230	7	1,9	133
Mortadella	12,4	32,8	—	1461	0,10	0,15	3,1	668	207	12	3,1	238
Salami	17,8	49,7	—	2193	0,18	0,20	2,6	1260	302	35	—	—
Weißwurst	11,1	21,7	—	1009	0,04	0,13	2,4	620	122	25	—	—
Bockwurst	13,0	19,6	—	971	0,03	0,08	3,1	711	—	10	2,7	185

Man sieht es den Würsten zwar nicht an, aber die Zahlen belegen es eindeutig; Wurst enthält viel Fett, manche Sorten bis zu 50 %. In diesem Zusammenhang wurde der Begriff „verstecktes Fett" geprägt. Wenn wir an dieser Stelle auf das versteckte Fett der Wurstwaren aufmerksam machen, soll das nun aber keine Aufforderung zum Totalverzicht bedeuten, sondern ist als eine Empfehlung zum bewußten Verzehr dieser Art Nahrungsmittel zu verstehen. Wir sollten lernen, das versteckte Fett zu „sehen".

2.3.5.3 Lagerung von Wurstwaren

Es gibt keine allgemeinen Regeln für die Lagerung. Die geeigneten Lagerbedingungen sind je nach Sorte unterschiedlich.

Brüh- und Kochwürste

Sie sind leicht verderblich und gehören daher in den Kühlschrank, am besten in Frischhaltefolie verpackt. Das gleiche gilt für gekochten Schinken.

Jagdwurst

Für die längere Lagerung sollte man diese Nahrungsmittel einfrieren. Sie halten sich dann, je nach Fettgehalt, 2 bis 3 Monate.

Rohwürste
Sie sind wegen ihres geringen Wassergehaltes haltbarer und sollten kühl, luftig und trocken bei ca. 10 °C gelagert werden (am besten Keller oder gut gelüftete Speisekammer).

Sie halten sich dann ohne Qualitätsverlust 1 bis 2 Monate. Auch roher Schinken wird am besten so gelagert.

Schinkenmettwurst

2.3.5.4 Küchentechnische Bedeutung

Wurst und Schinken sind als Brotbelag nach wie vor beliebt. Weitere Verwendungsmöglichkeiten sind:

— Bestandteil von Salaten
— Bestandteil von pikanten Gerichten, wie z.B. Pizza, Eintöpfe, Aufläufe.

Ein „Wurst-Rezept"

Menge für 4 Personen	Wurstsalat
400 g Fleischwurst	*pellen, in feine Streifen schneiden*
2 mittelgroße Zwiebeln	*schälen, in dünne Ringe schneiden*
2 Gewürzgurken	*in Würfel schneiden* *alle Zutaten in einer Salatschüssel miteinander vermischen*
4 EL Öl 1 Prise Salz 1 Prise Pfeffer	*miteinander verrühren*
2 EL Essig ½ EL Senf	*dazugeben, unterrühren*
	Soße über den Salat geben, zugedeckt 30 Min. ziehen lassen, *mit Stangenweißbrot servieren*

2.3.6 Geflügel

Geflügel spielt in unserer Ernährung eine wichtige Rolle, denn es stellt eine verhältnismäßig preiswerte Eiweißquelle dar.

Unter den Sammelbegriff „Geflügel" fällt übrigens nicht jede Art von „Federvieh", sondern nur solches, das zur Mast oder als Haustier gehalten worden ist. Das sind: Hühner, Enten, Gänse, Puten und Perlhühner.

Vogelarten wie Fasan, Wachtel oder Rebhuhn zählen zum Federwild.

2.3.6.1 Nährwert von Geflügel

Geflügel ist ein hochwertiges Nahrungsmittel, enthält es doch eine Fülle lebensnotwendiger Stoffe.

Neben wertvollem Eiweiß enthält Geflügel noch Vitamine der B-Gruppe und Mineralstoffe, wobei vor allem der Eisen- und Phosphorgehalt hervorzuheben ist.

Der Fettgehalt ist unterschiedlich. Mageres Geflügelfleisch ist leicht verdaulich. Das fette Fleisch, besonders von Ente und Gans, erfordert mehr Verdauungsarbeit, ist dafür aber sättigender.

Handelsklassen

In der Bundesrepublik Deutschland werden Geflügel und Geflügelteile in drei Handelsklassen eingeteilt.

Klasse A
Beste Qualität, das Geflügel ist einwandfrei gerupft und ohne Verletzungen oder Verfärbungen.

Klasse B
Das Geflügel hat kleine Mängel, wie Hautrisse oder ungleichmäßigen Fettansatz.

Klasse C
Wird nicht in den Handel gebracht und nur industriell verarbeitet.

2.3.6.2 Einkauf von Geflügel

Geflügel wird entweder ganz oder in Teilen angeboten, und zwar in drei verschiedenen Angebotszuständen.

Frischgeflügel
Es wurde nach der Schlachtung auf 0 °C bis +4 °C heruntergekühlt und bei diesen Temperaturen gelagert. Unter solchen Bedingungen ist Geflügel ca. 5 bis 7 Tage lagerfähig. Frischgeflügel sollte gleich verbraucht werden.

Gefrorenes Geflügel
Es wird bei mindestens —12 °C eingefroren und bei diesen Temperaturen gelagert. Unter solchen Bedingungen ist Geflügel ca. 12 Monate haltbar.

Tiefgefrorenes Geflügel
Es wird bei —40 °C „schockgefrostet" und ist bei einer Lagertemperatur von —18 °C mehr als 12 Monate haltbar.

2.3.6.3 Lagerung von Geflügel

Die Lagerung von Geflügel bietet wenig Probleme, denn es wird im Handel hauptsächlich gefroren oder tiefgefroren angeboten. Der geeignete „Lagerplatz" dafür ist selbstverständlich das Gefriergerät.

Frischgeflügel, das zum baldigen Verzehr bestimmt ist, wird im Kühlschrank gelagert, dabei das Haltbarkeitsdatum beachten!

2.6.3.4 Küchentechnische Bedeutung

Geflügel ist Bestandteil vieler schmackhafter Gerichte. Es wird entweder im ganzen oder in Teilen gegart.

Hauptsächlich angewandte Garmethoden

Garmethode	Anwendung	Bemerkungen
Kochen	Suppenhuhn Hühnerklein	ergibt gehaltvolle Brühen
Garziehen	Huhn für Frikassee und Eintöpfe	Fleisch in das kochende Wasser geben, Nährstoffe bleiben gut erhalten
Dünsten	zarte Fleischstücke	gute Erhaltung von Nährwert und Geschmack, Fleisch bleibt saftig und gut verdaulich
Schmoren	Teile wie Schenkel, Keulen oder Brust	ergibt gute Soßen, Fleisch schwerer verdaulich als beim Dünsten
Braten	ganzes Geflügel	Fleisch bekommt schmackhafte Kruste
Kurzbraten	Geflügelteile	Fleisch bekommt schmackhafte Kruste
Grillen	ganze Hähnchen oder Poularden	kurze Garzeit, schmackhafte Kruste

Tip zum Auftauen:

Grundsätzlich langsam auftauen lassen, am besten im Kühlschrank, dabei Verpackung entfernen.
Wenn möglich, ein Gefäß mit Loch- oder Siebeinsatz benutzen, damit die Auftauflüssigkeit abfließen kann. So wird einer Salmonellenvergiftung am wirkungsvollsten vorgebeugt, oder aber Flüssigkeit sofort nach dem Auftauen fortgießen.

Tips für die Verarbeitung:

— Fleisch wegen möglicherweise vorhandener Salmonellen besonders gründlich waschen.
— Ganzes Geflügel bleibt nur in Form, wenn es zuvor mit Küchengarn in Form gebunden wird (dressieren).
— Fettes Geflügel seitlich anstechen, damit das Fett ablaufen kann.
— Ganzes Geflügel erst mit der Brust nach unten, dann mit der Brust nach oben braten, häufig begießen.

Ein „Geflügel-Rezept"

Hähnchen/Poularde

Menge für 4 Personen	Poularde auf dem Gemüsebett
1 Poularde Salz, Pfeffer 1 TL Thymian	*Poularde mit den Gewürzen einreiben*
70 g Butter	*in einer Kasserolle erhitzen,* *Poularde darin von allen Seiten anbraten,* *herausnehmen*
100 g Porree 4 Tomaten 1 Zucchini 1 rote Paprika	*Gemüse putzen und kleinschneiden,* *in der Bratbutter andünsten,* *Poularde drauflegen*
⅛ l Brühe	*hinzugießen und bei geschlossenem Deckel* *ca. 40 Min. garen*

Was sind Poularden!

Das sind Fleischhähnchen von mindestens 1200 g Gewicht.

Aufgaben

1. In welchen Angebotszuständen kommt Geflügelfleisch auf den Markt?

2. Welche Zubereitungsart von Geflügel wählen Sie? Begründen Sie jeweils
   — für eine leichte Kost nach einer Magenoperation
   — beim Sommerfest im Garten
   — zur Zubereitung einer Hühnersuppe
   — für das Festtagsmenü.

3. Nennen Sie die Vorsichtsmaßnahmen, die bei der Geflügelzubereitung einer Salmonelleninfektion vorbeugen.

2.3.7 Fisch

So ganz hat sich der Fisch noch nicht von allen Vorurteilen frei geschwommen, mit denen ihm viele noch immer begegnen. Das hat Auswirkungen: Fisch wird bei uns noch immer sehr wenig verzehrt.

Mit einem Verbrauch von ca. 14 kg pro Kopf und Jahr (in den alten Bundesländern) liegt der Fischkonsum weit hinter dem Fleischverzehr zurück. Sieht man von dem kurzfristigen Einbruch der Verbrauchszahlen 1987 (Nematodenskandal) ab, so läßt sich jedoch seit Jahren ein stetiges Anwachsen des Fischverzehrs beobachten.

Der Nahrungsmittelverbrauch an Fisch und Fischwaren in der Bundesrepublik Deutschland (in 1000 t)

Kein Thema am Rande!

Der jährliche Schadstoffeintrag in die Meere, vor allem durch Industrieabwässer und „Verklappung" von Giftmüll, nimmt immer noch ständig zu. Insbesondere die küstennahen Zonen verkommen mehr und mehr zu Müllkippen der Industrienationen.

Der Fisch und andere Meeresbewohner sind diesen Umweltgiften hilflos ausgesetzt und beginnen bereits seit längerer Zeit, besorgniserregende Schadstoffkonzentrationen zu zeigen.

Wenn wir weiterhin zulassen, daß man dieser wertvollen Nahrungsquelle derart rücksichtslos zusetzt, wird Fisch aus den Ernährungsempfehlungen bald gestrichen werden müssen. Jeder von uns sollte sich mit aufgerufen fühlen, solchen Mißbrauch der Meere zu verhindern.

Was sind Nematoden?

Im Jahr 1987 schreckte eine Alarmmeldung der Medien die Öffentlichkeit auf. Im Fisch waren Wurmlarven, sog. Nematoden gefunden worden, die dem menschlichen Organismus schaden können. Der Verzehr von Fisch ging daraufhin drastisch zurück.
Was man dazu inzwischen weiß:

— Die Wurmlarven sind hitzeempfindlich und werden beim Garen abgetötet.

— Beim Einlegen in Marinaden werden die Wurmlarven ebenfalls zerstört.

— Am wichtigsten aber: die Fischindustrie führt seitdem regelmäßige Kontrollen durch.

Fazit: Fisch kann nach wie vor als hochwertiges Nahrungsmittel angesehen werden.

2.3.7.1 Fischarten

Fische leben in Meeren, Seen oder Flüssen. Je nach Art ihres Lebensraumes unterscheidet man zwischen See- und Süßwasserfischen. Da Fische im Fettgehalt ihres Muskelfleisches erheblich voneinander abweichen, teilt man sie darüber hinaus noch weiter in Mager- und Fettfische ein.

Seefische

Die Hochsee- und Küstenfischerei versorgt den Verbraucher regelmäßig mit hochwertigen Fischarten aus der riesigen Vorratskammer der Meere.

Hier eine Auswahl der wichtigsten Seefische.

Kabeljau

Er ist ein typischer Bewohner des Nordatlantik. Als Magerfisch speichert er sein Fett in der Leber, die daher sehr fett- und vitaminreich ist (Vitamin A und D). Aus ihr wird der Lebertran gewonnen. Kabeljau versorgt uns reichlich mit Jod.

Kabeljau

Hering

Je nach Alter unterscheidet man:

— Matjes, junger Hering, der noch nicht gelaicht hat.
— Vollhering, mit Milch oder Rogen gefüllter Hering, kurz vor Beginn der Laichzeit.
— Ihlen, schlanker, junger, ausgelaichter Hering.

Heringsspezialitäten

Bratheringe:
Geköpfte, ausgenommene und gebratene Heringe, in Essig eingelegt.

Bücklinge:
Heißgeräucherte Heringe.

Rollmöpse:
Gewürzte Heringsfilets, ohne Schwanz, aufgerollt, mit Holzstäbchen zusammengesteckt und in Essigmarinade.

Bismarckhering:
Von Kopf und Gräten befreite Heringe in Essigmarinade.

Rotbarsch

Seelachs

Junger Kabeljau und Kabeljau aus der Ostsee wird auch als Dorsch bezeichnet. Er kann bis zu 1,5 m lang werden und bis zu 20 kg wiegen.

Im Handel ist er als Filet oder auch im ganzen zu haben. Vor allem in Skandinavien wird er zu Klipp- und Stockfisch (Salz- bzw. Trockenfisch) verarbeitet.

Hering

Er ist bereits seit vielen Jahrhunderten das bekannteste Nahrungsgut des Meeres und war bereits in der Hansezeit ein wichtiges Handelsobjekt der Hafenstädte.
Der Hering bewohnt in großen Schwärmen die gemäßigten und kalten Meeresgebiete des Nordatlantik, einschließlich Nord- und Ostsee, und den Nordpazifik. Er wird bis zu 35 cm lang und rund 300 g schwer. Sein Fettgehalt ist hoch, bis zu 20 %. Frischer (grüner) Hering eignet sich besonders gut zum Braten und Grillen. Der größte Teil aller Heringsfänge wird jedoch in erster Linie von der Fischindustrie zu Konserven und Räucherfisch verarbeitet.

Rotbarsch (Goldbarsch)

Er wird vor allem vor Grönland, Irland und der norwegischen Küste gefangen und erreicht eine Durchschnittslänge von 40 cm. Seine Außenhaut ist von sehr harten, festsitzenden Schuppen und großen Stacheln bewachsen. Rotbarsch kommt daher vorwiegend als tafelfertiges Filet in den Handel. Es gibt ihn auch tiefgefroren und geräuchert.

Schellfisch

Seine Hauptfangplätze sind die Gewässer vor der norwegischen Küste und bei Irland. Er ähnelt dem Kabeljau, ist jedoch deutlich heller im Fleisch und hat einen noch feineren Geschmack. Die Schellfischbestände sind in den letzten Jahren deutlich zurückgegangen. Dieser Fisch ist daher heute ein relativ teurer Feinfisch.

Seelachs

Er steht in keiner Verwandtschaft zum echten Lachs. Seine Fanggründe sind vor allem die norwegische Küste und die nördliche Nordsee. Auch der Seelachs ähnelt dem Kabeljau. Sein festes, leicht gräuliches Fleisch nimmt beim Garen eine hellere Farbe an.

Scholle (Goldbutt)

Die Scholle gehört zu den Plattfischen. Ihr Hauptverbreitungsgebiet sind die Nord- und Ostsee und die westeuropäischen Küstengewässer. Schollen sind als ganzer Fisch oder als Filet auf dem Markt. Außerdem gibt es sie tiefgefroren oder geräuchert.

Süßwasserfische

Sie werden in Flüssen, Teichen oder Seen gefangen. Einige Arten zieht man mittlerweile aber auch in Zuchtanlagen heran.

Aal

Er lebt überwiegend in Binnengewässern, wird aber auch in der Nord- und Ostsee gefangen. Zum Laichen wandern Aale in die

Saragossa-See (Atlantik). Von dort machen sich die jungen Aale (Glasaale) auf den Weg zu unseren Flüssen, wo sie sich die ersten 10 bis 12 Jahre ihres Lebens aufhalten. Erst dann kehren sie ins Meer zurück. Das Fleisch der Aale ist sehr fettreich (bis zu 25%), schmeckt aber sehr würzig. Aale werden hauptsächlich geräuchert. Ein nur geringer Anteil wird frisch oder zubereitet in Gelee oder Marinaden angeboten.

Forelle

Sie gehört zu den beliebtesten Süßwasserfischen. Am häufigsten wird die besonders robuste Regenbogenforelle angeboten. Sie stammt meist aus Zuchtbetrieben und wird bei uns lebend gehandelt; ausländische Einfuhren kommen tiefgefroren auf den Markt.

Karpfen

Auch Karpfen werden nur noch selten in natürlichen Gewässern gefangen, sondern vorwiegend in Zuchtbetrieben gehalten. Am besten schmecken zwei Jahre alte Tiere mit einem Gewicht von ein bis zwei kg. Karpfenfleisch ist im Vergleich zur Forelle sehr weich. Der Fettgehalt ist, anders als oft angenommen, gering und liegt bei 7%.

Forellenarten:

— Lachsforelle, in Flüssen und Seen heimisch, die größte Forellenart und besonders fein im Geschmack.

— Seeforelle, lebt in großen tiefen Seen, nur das Fleisch junger, kleiner Fische ist schmackhaft und bekömmlich.

— Regenbogenforelle, wird so genannt wegen ihrer schillernden Seitenlinie, hat festes, wohlschmeckendes Fleisch.

— Bachforelle, lebt in kalten sauerstoffreichen Flußgewässern, besonders beliebt ist die Gebirgsforelle.

2.3.7.2 Nährwert von Fisch

Fisch ist hauptsächlich Eiweißträger, enthält aber auch reichlich Vitamine und Mineralstoffe.

Fisch besteht zu einem hohen Prozentsatz aus Eiweiß. Dieses Eiweiß besitzt eine hohe biologische Wertigkeit von mindestens 75, wird also vom menschlichen Organismus besonders gut verarbeitet.

Im Fettgehalt zeigen sich starke Unterschiede. Neben den fettarmen Fischen wie Schellfisch oder Kabeljau gibt es die ausgesprochenen Fettfische wie Aal oder Hering. Allerdings liefert dieses Fett nicht nur Kilojoule, sondern enthält auch große Mengen der fettlöslichen Vitamine A und D.

Die wasserlöslichen Vitamine der B-Gruppe sind in Fisch so reichlich vorhanden, daß eine einzige Fischmahlzeit fast den gesamten Tagesbedarf deckt.

Auch Mineralstoffe sind in Fisch reichlich enthalten. Besonders zu nennen ist der hohe Jodgehalt von Seefisch. Er liegt zwischen 120 und 325 μg pro 100 g Fischfleisch.

Eine Besonderheit hat Fischfleisch außerdem noch; es besitzt einen nur geringen Bindegewebsanteil und ist aus diesem Grund besonders leicht verdaulich. Wegen dieser Eigenschaft und natürlich wegen seines hohen Nährwertes spielt er in der Krankenkost und in vielen Diätformen eine große Rolle.

Tips zum Einkauf:

Bei keinem anderen Nahrungsmittel ist die Frische so wichtig wie bei Fisch. Wer Freude an seinem Fischgericht haben möchte, sollte deshalb beim Einkauf sorgfältig wählen. Wenn Fisch erst einmal nach Fisch riecht, ist er ganz bestimmt nicht mehr frisch. Es muß allerdings nicht immer frischer Fisch sein. Das Angebot an Tiefkühlfisch ist mittlerweile so reichhaltig, daß sich hier eine echte Alternative bietet.

2.3.7.3 Vorbereiten von Fisch

Süßwasser- und Seefische kommen in unterschiedlichen „Angebotszuständen" in den Handel. Der Arbeitsaufwand für die Vorbereitung ist daher nicht gleich.

Seefische gibt es normalerweise als küchenfertige Filetstücke zu kaufen. Damit vereinfacht sich das Vorbereiten ganz erheblich und ist in wenigen Minuten erledigt.
Süßwasserfische werden im ganzen und unausgenommen verkauft, müssen also entschuppt, ausgenommen und entgrätet werden.

Schuppen

Mit einer scharfen Küchenschere Rücken- und Bauchflosse sauber abschneiden und die Schwanzflosse stutzen. Mit einem großen Messer (schräg ansetzen) Schuppen von hinten nach vorne abstreifen.

Ausnehmen

Fisch auf die Seite legen, den Bauch mit einem spitzen Messer vom Schwanz her aufschlitzen (Achtung! Gallenblase nicht verletzen!), Eingeweide herausnehmen.

Säubern

Unter fließendem Wasser gründlich waschen (bei ganzen, ausgenommenen Fischen müssen alle Blut- und Hautreste entfernt sein), gut trockentupfen.

Säuern

Kurz vor dem Garen Zitronensaft auf den Fisch träufeln, dadurch wird das Fischeiweiß denaturiert (s. S. 79) und ist fester.

Salzen

Kurz vor dem Garen den Fisch salzen. Nach dem Salzen niemals stehenlassen; das Salz entzieht Wasser und das Fischfleisch wird trocken und fade.

2.3.7.4 Zubereiten von Fisch

Da Fischfleisch wegen des geringen Bindegewebsanteils leicht zerfällt, sollte es auch nur schonend, d. h. bei milder Hitze und in kurzer Zeit gegart werden.

Für die Zubereitung von Fisch bietet sich eine ganze Reihe von Garverfahren an. Bis auf das Garziehen sind sie alle mit nur geringen Nährstoffverlusten verbunden.

Braten

Da Fisch ohnehin nicht hoch erhitzt werden darf, eignen sich außer Pflanzenölen auch Butter und Margarine als Bratfett.

Grillen

Der gewürzte Fisch wird in Fischhaltern oder auf dem Rost möglichst weit von der Grillhitze entfernt gegart.

Garziehen

Der Fisch wird in reichlich Salzwasser meist unter Zugabe von Gemüsen bei Temperaturen unterhalb des Siedepunktes (70 bis 90 °C) gegart.

Dämpfen

Der Fisch wird nicht in, sondern über dem Gemüsesud, in einem Siebeinsatz liegend, gegart.

Dünsten im Gemüsebett

Fisch läßt sich auch sehr gut im Backofen auf verschiedenen Gemüsen garen.

Dünsten in Alufolie

Im Backofen, aber auch auf dem Grill, ist das Garen in Alufolie eine ideale Methode. Die Nährstoffe werden weitgehend erhalten, das Fleisch bleibt besonders saftig.

Wann ist ein Fisch gar?

Das Fischfleisch hat durch und durch eine weißliche Tönung angenommen.
Bei ganzen Fischen prüft man, ob sich die Rückenflosse herausziehen läßt.

Aufgaben

1. Unterscheiden Sie: Matjes, Brathering, Rollmops.

2. Ordnen Sie mit Hilfe der Nährwerttabelle folgende Fischsorten den Begriffen Magerfisch — Fettfisch bzw. Süßwasserfisch — Seefisch zu:
   Kabeljau, Aal, Karpfen, Hering, Forelle, Seelachs.

3. Überprüfen Sie das Nahrungsmittel Fisch im Hinblick auf: Eiweißqualität, Ballaststoffgehalt, Vitamingehalt, Verdaulichkeit.

4. Informieren Sie sich über die Jodversorgung der Bevölkerung der Bundesrepublik (s. S. 151). Beurteilen Sie den Beitrag, den Fisch hier zur Bedarfsdeckung leisten kann.

5. Begründen Sie, warum sich die Zubereitungsart „Kochen" nicht zum Garen von Fischen eignet. Nennen und erläutern Sie drei geeignetere Garverfahren.

Tips zur Lagerung:

— Fisch nach dem Einkauf in der kältesten Zone des Kühlschrankes lagern; noch am gleichen Tag verbrauchen!
— Tiefgefrorenen Fisch unaufgetaut zubereiten.

2.3.7.5 Haltbarkeit von Fisch

Fisch gehört zu den besonders leicht verderblichen Nahrungsmitteln. In der lockeren Eiweißstruktur können sich Mikroorganismen sehr leicht ansiedeln und giftige Stoffwechselprodukte bilden. Tiefgefrorener Fisch verliert beim Auftauen leicht Flüssigkeit. Er erleidet dadurch Nährstoffverluste und zerfällt beim späteren Garen besonders leicht.

Ein „Fisch-Rezept"

Menge für 4 Personen	Fisch-Frikassee	
750 g Fischfilet (Rotbarsch oder Kabeljau) Saft einer halben Zitrone	*säubern, abtrocknen, säuern und 15 Min. stehenlassen*	**Abwandlungen:** Statt süßer Sahne Crème fraîche verwenden; andere Kräuter, z. B. Dill oder Zitronenmelisse, dazugeben.
30 g Butter 40 g Mehl ¼ l Fleischbrühe (aus Würfeln)	*eine helle Mehlschwitze zubereiten und mit Fleischbrühe ablöschen*	
1 Tasse Weißwein	*hinzufügen*	
250 g frische Champignons, ersatzweise aus der Dose	*putzen und blättrig in dünne Scheiben schneiden, in die Soße geben*	
Salz, Pfeffer, 1 TL Senf	*Soße würzen*	
Salz	*Fischfilet salzen und in gleichmäßige Stücke schneiden, ca. 3 cm², in die Soße geben, einmal kurz aufkochen lassen, dann bei schwacher Hitze ca. 10 Min. garziehen lassen*	
6 EL süße Sahne 1 Bund Petersilie	*zum Schluß die Sahne und die gewaschene, feingehackte Petersilie dazugeben*	Hierzu passen Salzkartoffeln und frische Salate

2.3.8 Hülsenfrüchte

Hülsenfrüchte gehören zu den ältesten Kulturpflanzen der Menschen. Bereits im Alten Testament werden sie erwähnt. Heimisch sind sie fast überall auf der Welt, in Europa, Mittel- und Südamerika, Afrika und Asien. Bis in dieses Jahrhundert hinein gehörten sie auch bei uns zu den Grundnahrungsmitteln; von Großmutters Speisenzettel waren deftige Eintöpfe und Suppen aus Erbsen, Bohnen und Linsen nicht wegzudenken und kamen regelmäßig auf den Tisch. Eine Zeitlang gerieten sie dann ein wenig ins Hintertreffen, galten als schwer verdaulich und daher für eine gesunde Ernährung als wenig empfehlenswert. Auch war vielen die Zubereitung zu aufwendig. Inzwischen weiß man nicht nur ihren kräftigen Geschmack wieder zu schätzen, sondern hat auch ihren hohen Nährwert neu entdeckt. Sie enthalten nämlich reichlich Eiweiß, Kohlenhydrate, Mineralstoffe, Vitamine und Ballaststoffe.

Sojablüte

2.3.8.1 Hülsenfruchtarten

Botanisch gesehen gehören die Pflanzen der Hülsenfrüchte zu den Schmetterlingsblütlern. Da deren Samen in Hülsen wachsen, hat man sie als Hülsenfrüchtler bezeichnet.

Erbsen

Es gibt heutzutage weltweit 250 Sorten, die nach Größe, Form und Farbe unterschieden werden. Die bedeutendsten Anbaugebiete liegen in den USA und den Niederlanden. Der menschlichen Ernährung dienen in erster Linie die grünen und gelben Garten- und Felderbsen.
Um Erbsen leichter verdaulich zu machen, entfernt man ihre cellulosereiche Schale. Nach dem Schälen ist die Oberfläche nicht mehr glatt und eben; geschälte Erbsen werden daher geschliffen und poliert.

Bohnen

Mit fast 500 Sorten ist die Vielfalt bei den Bohnen noch größer. Hauptanbaugebiete sind Bulgarien, Argentinien, die USA und Chile. Man unterscheidet grundsätzlich zwischen weißen und bunten Bohnen. Weiße Bohnen kochen im allgemeinen weicher als bunte. Die nierenförmigen Samen der Bohnen zeigen die typische Zusammensetzung von Hülsenfrüchten mit ihrem hohen Eiweißanteil.

Linsen

Diese Hülsenfrucht ist auch in der feinen Küche beliebt. Beste Sorten kommen aus Chile, Argentinien, Kanada und den USA. Linsen der frischen Ernte sind hell- bis olivgrün. Nach längerer Lagerung werden sie gelbbraun bis braun. Diese Verfärbung beeinträchtigt jedoch weder Wohlgeschmack noch Kochfähigkeit.

Was genau sind Hülsenfrüchte?

Man versteht darunter die reifen, luftgetrockneten Samen der Erbsen, Bohnen, Linsen und Sojabohnen.
Junge, frische Erbsen und Bohnen werden als Schotengemüse gehandelt.

Was sind Hülsenfruchtmehle?

Man gewinnt sie aus geschälten Hülsenfrüchten. Die Samen werden eingeweicht und mit Wasserdampf behandelt. Dabei wird die enthaltene Stärke aufgeschlossen. Aus der getrockneten Masse stellt man das Mehl her. In Hülsenfruchtmehl sind die schwer verdaulichen Schalen nicht mehr enthalten. Viele Suppenerzeugnisse haben Hülsenfruchtmehle als Grundlage. Sie machen nicht nur deren Nährwert, sondern auch deren Geschmack aus.

Biologische Zeichnung der Sojapflanze

Soja: eine Bohne macht Karriere

In Ostasien spielt die Sojabohne bereits seit Jahrtausenden eine bedeutende Rolle für die menschliche Ernährung. Bei uns dagegen war sie bis vor 100 Jahren noch völlig unbekannt. Erst als man herausfand, was sich alles an hochwertigen Inhaltsstoffen unter ihrer unscheinbaren Schale verbirgt, hielt sie auch Einzug in den Ländern der westlichen Welt. Kaum einer Frucht gilt zur Zeit ein vergleichbar starkes Interesse von seiten der Landwirtschaft und der Ernährungsindustrie. Sojabohnen sind die reifen Samen der Hülsenfrüchte Glycine Soja. Sie sind wie die übrigen Hülsenfrüchte durch einen hohen Eiweißanteil ausgezeichnet, unterscheiden sich aber durch den hohen Fettgehalt (ca. 20%).

2.3.8.2 Nährwert von Hülsenfrüchten

Hülsenfrüchte sind von allen pflanzlichen Nahrungsmitteln die eiweißreichsten überhaupt. Das Eiweiß von Erbsen, Bohnen und Linsen hat eine geringere biologische Wertigkeit als das tierischer Nahrungsmittel wie Fleisch, Fisch, Eier oder Milch. Sojaeiweiß dagegen kann bei einer biologischen Wertigkeit von 84 durchaus mit den traditionellen Eiweißlieferanten mithalten. Es wird daher vielfach zum Aufwerten von Backwaren verwendet. Sojabohnen enthalten außerdem noch reichlich hochwertiges Öl. Die Samenschalen aller Hülsenfrüchte sind reich an Ballaststoffen, ca. 7 bis 13%.

2.3.8.3 Küchentechnische Bedeutung

Mit Ausnahme der Sojabohne verwendet man Hülsenfrüchte in erster Linie für das Zubereiten von Eintöpfen und Suppen.

Tips für die Verarbeitung:

— Ungeschälte Hülsenfrüchte über Nacht einweichen; das verkürzt die Kochzeit erheblich; Einweichwasser beim Kochen mitverwenden.

— Geschälte Erbsen braucht man nicht einzuweichen. Sie werden beim Kochen schnell weich und ergeben eine sämige, gut bekömmliche Suppe.

— Geschälte Erbsen eignen sich besonders gut für Erbspüree.

Die Sojabohne ist zweifellos der Star unter den Hülsenfrüchten, denn:

— Sojaeiweiß ist biologisch sehr hochwertig und daher ein vollwertiger Ersatz für tierisches Eiweiß.

— Das Fett der Sojabohne ist reich an essentiellen Fettsäuren.

— Ihre Kohlenhydrate sind besonders leicht verdaulich; der Ballaststoffanteil ist relativ hoch.

— Sie ist noch mineralstoffreicher als andere Hülsenfrüchte, vor allem an Calcium und Eisen.

Reife Sojaschote

Sojamilch

Zur Gewinnung von Sojamilch werden Sojabohnen in der 10fachen Menge Wasser 12 Stunden eingeweicht, dann gemahlen. Die sogenannte Maische wird kurz auf 100 °C erhitzt und zentrifugiert. Dabei trennt sich die milchähnliche Sojamilch ab. Sie hat die Farbe von Rahm und schmeckt leicht nußartig.

Sojamilch ist wichtig für die Ernährung von Säuglingen und Kindern, die gegen Kuhmilch allergisch sind.

Tofu

In den asiatischen Ländern wird Sojamilch zu Tofu weiterverarbeitet, das es inzwischen auch schon bei uns zu kaufen gibt. Tofu ist eine quarkähnliche Frischspeise. Um sie zu gewinnen, erhitzt man Sojamilch auf ca. 75 °C und bringt sie zum Gerinnen. Dabei tritt Molke aus, die abgegossen wird. Durch Pressen entwässert man den Sojaquark weiter und teilt ihn in kleine Stückchen auf. In dieser Form wird er dann verkauft.

Tofu enthält 5 bis 8 % Eiweiß, 3 bis 4 % Fett, 2 bis 4 % Kohlenhydrate und 0,6 % Mineralstoffe. In China und Japan spielt Tofu als Nahrungsmittel eine bedeutende Rolle. Auch bei uns hat die Vollwertkost dieses hochwertige und leicht verdauliche Sojaprodukt entdeckt.

Sojamehl

Es bleibt als Rückstand bei der Extraktion des Sojaöls zurück. Man verwendet es als Zusatz zu Back- und Teigwaren (Ei-Ersatz), als Grundbestandteil von Fertigsuppen und als Grundstoff für Würzen.

Wie Asiaten Tofu verwenden:

— als Suppeneinlage
— wie Quark, mit Kräutern verrührt
— sehr schmackhaft: Tofu kleinhacken, mit Gemüse und Fisch mischen, zu Frikadellen formen und in Öl backen.

Sojakeimlinge

Aufgaben

1. Wann zählt man Bohnen zu den Hülsenfrüchten, wann zu den Gemüsen?

2. Wieviele Ballaststoffe werden zugeführt mit einer Portion Linseneintopf, zubereitet aus folgenden Zutaten: 50 g Linsen, 350 g Wasser, 20 g Möhren, 20 g durchwachsener Speck, Suppengrün. Wieviel Prozent des täglichen Ballaststoffbedarfes (ca. 30 g) werden durch diese Mahlzeit gedeckt?

3. Für Vegetarier ist die Sojabohne schon seit langem fester Bestandteil des Speiseplans. Vergleichen Sie Schweinefleisch (mittelfett) und Sojabohnen hinsichtlich ihres Nährstoffgehaltes. Welches der beiden Nahrungsmittel würden Sie vom ernährungsphysiologischen Standpunkt her eher empfehlen? Mit Begründung.

4. Informieren Sie sich über die Lebensmittelpreise und berechnen Sie: Wieviel kostet ein Gramm Eiweiß aus a) Schweinefleisch (mager), b) Seelachsfilet, c) Hühnerei, d) Vollmilch, frisch, e) Camembert 45 % Fett i. Tr.), f) Linsen?

2.4 Vitamin- und mineralstoffreiche Nahrungsmittel

Wie mag wohl der Speisenzettel der allerersten Menschen ausgesehen haben? Niemand vermag es genau zu sagen; nur so viel ist gewiß: Früchte, Wurzeln, Blätter und andere eßbare Pflanzenteile gehörten auf jeden Fall zum täglichen Nahrungsangebot. Die Menschen sammelten sie damals von wild wachsenden Bäumen, Sträuchern oder anderen Gewächsen. Obst und Gemüse gehören damit zu den ältesten Nahrungsmitteln.

Bereits in der Jungsteinzeit waren die Menschen dann so weit, daß sie nicht mehr „von der Hand in den Mund" lebten, sondern Vorräte für Notzeiten von all dem anlegten, was die Natur ihnen freiwillig bot. Irgendwann genügte auch das nicht mehr. Sie hatten mittlerweile den Zusammenhang zwischen Samenkorn und junger Pflanze begriffen und begonnen, Pflanzen systematisch zu kultivieren. Bereits im 5. Jahrtausend v. Chr. wurden in Mitteleuropa Erbsen, Leinsamen, Hanf und einzelne Obstarten angebaut. Die Sammler waren zu Ackerbauern geworden.

2.4.1 Obst: gesunde Vielfalt der Natur

Beim Obst zieht die Natur alle Register ihres Könnens. Man gehe nur einmal über den Wochenmarkt oder die Auslagen eines gut sortierten Obstgeschäftes entlang: Knackige Äpfel, duftende Erdbeeren, saftige Trauben, zartfleischige Birnen, leuchtendrote Himbeeren.... Die Auswahl ist riesengroß und das Schönste daran: die ganze Pracht ist nicht nur schön anzusehen und köstlich im Geschmack, sondern auch noch ausgesprochen gesund, denn Obst enthält — neben Kohlenhydraten — viel wertvolle Vitamine und Mineralstoffe.

Das „Paradiesgärtlein" eines oberrheinischen Meisters vom Anfang des 15. Jahrhunderts. Schon vor fast 600 Jahren hat ein deutscher Maler die himmlischen Freuden in einem Garten mit üppigen Blumen und Obst dargestellt.

2.4.1.1 Obstarten

Im allgemeinen Sprachgebrauch versteht man unter Obst nur Früchte, nicht aber Wurzeln, Stengel, Blätter oder andere eßbare Pflanzenteile. Dabei ist der Begriff „Frucht" jedoch nicht im streng botanischen Sinn zu verstehen, denn zum Obst zählt man auch Scheinfrüchte, Samen oder ganze Fruchtstände.

Kernobst

Unter diesem Begriff faßt man die Scheinfrüchte von Rosaceenarten zusammen. Im Inneren des fleischig gewordenen Blütenbodens sind in fünf pergamentartig ausgekleideten Fächern die Samen, auch Kerne genannt, enthalten.

Äpfel

Der Apfel verließ etwa 5000 v. Chr. seine Heimat am Schwarzen Meer und hat sich über die ganze Welt verbreitet. Er ist bei uns die wichtigste Obstart.

Weltweit gibt es über 20 000 verschiedene Apfelsorten. In der Bundesrepublik Deutschland werden ca. 1000 Sorten des Apfelbaums kultiviert. Die bekanntesten deutschen Äpfel sind: Cox Orange, Boskop, Golden Delicious, James Grieve, Goldparmäne, Ingrid Marie.

Daneben werden Äpfel aber auch in großcm Umfang importiert, vor allem aus Frankreich (Golden Delicious) und Italien (Morgenduft).

Wichtig zu wissen bei Äpfeln

Vitamin C ist nicht gleichmäßig im Fruchtgewebe verteilt. Am vitaminreichsten ist der Bereich direkt unter der Schale.

Offiziell teilt man Äpfel in drei Gruppen ein:

— **Tafeläpfel** sind Früchte bester Qualität. Im Handel werden überwiegend Tafeläpfel angeboten.
— **Wirtschaftsäpfel** sind säurereiche Sorten, die sich nicht zum Verzehr als Frischobst eignen. Sie werden verarbeitet, vor allem zu Apfelmus, -gelee oder -kraut.
— **Mostäpfel** sind ohne Ausnahme sehr säurereich. Sie werden „geschüttelt" geerntet und zu Apfelsaft, Apfelwein und Essig verarbeitet.

Golden Delicious   *Roter Boskop*

Birnen

Die Birne stammt ursprünglich aus Westasien. Sie wurde aus orientalischen Wildbirnen kultiviert. Verglichen mit dem Apfel ist sie zarter im Geschmack. Die Schale ist dünner und verletzlicher. Birnen enthalten von allen Obstarten am wenigsten Fruchtsäure, ca. 0,29 g/100 g (im Vergleich: Äpfel ca. 0,65 g/100 g). Gekochte Birnen sind leichter verdaulich als rohe.

Quitten

Die Römer nannten die Quitte nach ihrem Herkunftsland „kretischer Apfel". Auf Umwegen über Portugal gelangte sie zu uns. Man unterscheidet zwischen der runden Apfel- und der länglichen Birnenquitte. Charakteristisch für Quitten ist ihr hoher Pektingehalt. Die Früchte sind erst nach dem Kochen genießbar. Als Konfitüren, Mus oder Kompott entfalten sie ihr intensives Aroma.

Williams Christbirne

Steinobst

Steinobstarten sind einsamige Schließfrüchte. Um einen harten Kern liegt eine fleischige, eßbare Hülle.

Pflaumen

Die große Sortenvielfalt und die großen Ähnlichkeiten untereinander machen eine Unterscheidung kaum möglich. Man unterteilt hauptsächlich vier Gruppen:

— Pflaumen sind rundlich mit längslaufender, ausgeprägter „Naht". Das stark wasserhaltige Fruchtfleisch haftet fest am Stein. Beim Kochen zerfallen sie sehr schnell und verlieren ihr Aroma.

— Zwetschen sind mehr länglich, ohne Fruchtnaht. Sie schmecken wegen des höheren Fructosegehaltes süßer. Ihr Fruchtfleisch läßt sich leicht vom Stein lösen.

— Reneclauden sind je nach Sorte grünlichgelb bis goldgelb. Sie schmecken schwach säuerlich und aromatisch. Sehr beliebt als Kompott.

— Mirabellen sind kirschgroße, gelbe Früchte, haben ein festes Fruchtfleisch und schmecken sehr süß. Sie werden besonders gern als Frischobst gegessen.

Pfirsiche

Sie werden vorwiegend in den Mittelmeerländern, in Australien, Südafrika und Amerika angebaut. Bei uns zählen sie wegen ihres feinen Aromas und zarten Fruchtfleisches zu den edelsten Steinfrüchten.

Aprikosen

Sie ähneln den Pfirsichen, sind aber kleiner und weniger saftig. Von allen Obstarten enthalten Aprikosen am meisten Karotin, ca. 1,8 mg pro 100 g. Sie sind sehr beliebt als Kompottfrucht.

Kirschen

Karl dem Großen ist es zu verdanken, daß der Kirschanbau in deutschen Landen schon sehr früh zu großer Bedeutung kam. Heute wachsen bei uns etwa 15 Millionen Kirschbäume, mehr als in jedem anderen Land der Erde. Man könnte Deutschland die Heimat der Kirsche nennen.

Beerenobst

Schon vor fast 2000 Jahren besangen die römischen Dichter Ovid und Vergil das köstliche Aroma der Walderdbeere. Sie wuchs damals, wie alle anderen Beerenarten auch, als Wildpflanze in den Wäldern.

Erst Ende des 16. Jahrhunderts werden zum erstenmal Kulturbeerenarten erwähnt. In seiner Kulturform ist Beerenobst also wesentlich jünger als z.B. das Kern- oder Steinobst.

Was sind Nektarinen?

Sie sind eine Kreuzung aus Pfirsich und Pflaume und haben die glatte Haut der Pflaume. Ihr Fruchtfleisch ist etwas fester als das des Pfirsichs.

Es gibt bei Kirschen zwei Grundsorten:

— **Süßkirschen** haben ein kräftiges Aroma und können hellgelb bis dunkelrot sein. Sie sind besonders reich an Vitaminen der B-Gruppe und an Vitamin C.

— **Sauerkirschen** können hell- bis dunkelrot sein, am bekanntesten: die Schattenmorelle. Sie enthalten weniger Fructose und mehr Säure als Süßkirschen. Wegen des Säuregehaltes sind sie nicht zum Verzehr als Frischobst geeignet, sondern werden zu Kompott, Konfitüren oder Saft verarbeitet.

Erdbeeren

Es gibt ca. 1000 verschiedene Kulturformen der Erdbeere. Eigentlich ist sie keine Beere, sondern ein Fruchtstand. Je nach Sorte unterscheiden sie sich in Geschmack, Form und Farbe. Sie sind besonders mineralstoffreich. Auch wenn es noch viele andere Verwendungsmöglichkeiten gibt, am besten schmecken Erdbeeren mit ihrem feinen Aroma als frische Frucht.

Erdbeeren

Himbeeren

Sie wachsen in allen gemäßigten Klimazonen, als Wildfrucht oder auch in privaten Gärten. Die hellroten Beeren schmecken süß bis süß-säuerlich und haben ein ganz charakteristisches Aroma. Sie werden meist als frisches Obst verzehrt, aber auch zu Konfitüre oder Sirup verarbeitet.

Johannisbeeren

Sie sind je nach Sorte weiß, rot oder tiefschwarz. Von allen Beerenarten haben Johannisbeeren den höchsten Säuregehalt.

Stachelbeeren

Ihre ursprüngliche Heimat ist der westliche Himalaya. Die länglichovalen bis rundlichen Früchte sind glatt oder behaart und je nach Sorte fein- oder festschalig. Man erntet Stachelbeeren reif oder auch unreif. Die unreifen Beeren sind roh nicht zu genießen und werden zu Kompott oder Konfitüren verarbeitet.

Brombeeren

Sie wachsen wild in Wäldern und an Wegrändern, werden aber auch kultiviert. Die kleinen Waldbrombeeren sind ganz besonders aromatisch und haben einen herrlichen fruchtig-süßen Geschmack. Am besten schmecken sie frisch vom Strauch gepflückt.

Heidelbeeren

Sie werden auch Blaubeeren, Schwarzbeeren oder Bickbeeren genannt. An kleinen Sträuchern wachsen sie vor allem in Nadelwäldern wild. Die tiefblauen Beeren schmecken süß-säuerlich und haben ein typisches Aroma.

Seit einigen Jahren werden Heidelbeeren in der Lüneburger Heide angebaut. Diese Beeren sind größer, haben eine festere Schale, aber ein weniger ausgeprägtes Aroma. Wie viele andere Beerenarten schmecken Heidelbeeren frisch am besten.

Preiselbeeren

Sie wachsen ebenfalls wild auf Heideböden, in Hochmooren und Kiefernwäldern. Der niedrige immergrüne Strauch trägt kleine feste, rote Beeren. Preiselbeeren haben einen herb-säuerlichen Geschmack und können roh nicht gegessen werden. Sie entfalten ihr Aroma erst beim Kochen. Sehr beliebt: Preiselbeeren zu Wildgerichten.

Johannisbeer-Sorten:

- **Rote Johannisbeeren** sind säuerlich-herb im Geschmack, hauptsächlich Verarbeitung zu Konfitüre oder Gelee.
- **Schwarze Johannisbeeren** sind säuerlich mit leicht bitterem Nachgeschmack, höchster Vitamin-C-Gehalt von allen Beerensorten, hauptsächlich Verarbeitung zu Konfitüren, Gelee und Süßmost.
- **Weiße Johannisbeeren** sind kaum im Handel. Ihr mild-säuerlicher Geschmack wird von Kennern geschätzt.

Johannisbeeren

Sonstige Obstarten

Es gibt noch eine Reihe süßschmeckender Obstarten, die sich nicht den vier Hauptgruppen zuordnen lassen.

Weintrauben

Sie wachsen wild und als Kulturpflanze veredelt fast überall auf der Erde. Im Handel sind vor allem Tafeltrauben. Es werden blaue, gelbe und grüne Sorten angeboten, fast ausschließlich Importware. In der ersten Jahreshälfte kommen sie aus Südafrika, Chile und Argentinien, danach aus Italien, Spanien, Frankreich und Griechenland. Weintrauben werden bis zur Reife mehrmals mit Pflanzenschutzmitteln behandelt; man sollte sie daher besonders gründlich waschen, möglichst mit warmem Wasser.

Hauptsorten von Rhabarber:

— grünstielig-grünfleischig
— rotstielig-rotfleischig
— rotstielig-grünfleischig

Rhabarber: ein Gemüse als Obst

Streng genommen ist Rhabarber ein Stielgemüse, das übrigens schon vor mehr als 4000 Jahren in China bekannt war. Bei uns wird Rhabarber wie Obst verarbeitet. Er wird wegen seines hohen Säuregehaltes nicht roh gegessen, sondern zu Kompott oder Konfitüre verarbeitet oder als Kuchenbelag verwendet.

Bananen

Die Bananenpflanze wächst zwar in tropischen und subtropischen Regionen, gehört aber inzwischen bei uns zum normalen Obstangebot.

Das Fruchtfleisch reifer Bananen ist weich und schmeckt leicht süß. Der Reifegrad einer Frucht ist an der Schale zu erkennen, je gelber, desto reifer. Kleine braune Punkte zeigen an, daß sie bereits vollreif ist. Bananen ißt man meist „pur", sie schmecken aber auch als Zutat in Obstsalat. Bananen sind sehr bekömmlich und werden bereits von Kleinstkindern (ab 3 bis 4 Monate) gut vertragen.

Ananas

Auch sie gehört bei uns inzwischen in die normale Angebotspalette von Obst. Das zartgelbe Fruchtfleisch der frischen Ananas schmeckt leicht süß. Reife Früchte haben einen intensiven aromatischen Duft. Eine Ananas ist reif, wenn sich die inneren Blätter des grünen Schopfes leicht herausziehen lassen.

Ananas wird als frische Frucht oder als Dosenobst verzehrt.

Zitrusfrüchte

Unter diesem Sammelbegriff werden Früchte zusammengefaßt, die zwar zum Teil sehr unterschiedlich schmecken, aber alle auf die gleiche Stammpflanze zurückzuführen sind, auf die Zedrat-Zitrone.

Orangen

Orangen kann man bei uns das ganze Jahr über kaufen. Von November bis Juni kommen sie aus Spanien, Israel und Marokko (Winterorangen), von März bis November aus Südafrika, Brasilien und Argentinien (Sommerorangen).

Orangen sind die reinsten „Gesundbrunnen", enthalten sie doch 14 verschiedene Vitamine und 13 verschiedene Mineralstoffe. Sie gehören damit zu den wirkstoffreichsten Obstarten.

Satsuma

Mandarinen

Sie sind kleiner als Orangen und haben ein zartes, süßaromatisches, allerdings oft sehr kernreiches Fruchtfleisch, dessen Schale sich leicht ablösen läßt. Mandarinen sind ein „Winterobst", und sie werden hauptsächlich von Oktober bis März bei uns angeboten.

Pomeranzen

Sie sind die einstigen „Bitterorangen" und nicht zum direkten Verzehr geeignet. Man verwendet sie als Geschmacksstoff für Liköre und Limonaden und verarbeitet sie zu Orangeat.

Clementinen

Sie sind eine Kreuzung aus Pomeranzen und Mandarinen. Die Früchte sind intensiv rot-orange gefärbt, enthalten nur wenig Kerne und schmecken angenehm süß.

Zitronen

Diese leuchtendgelbe Südfrucht hat ein saftiges, aber sehr saures Fruchtfleisch, das bis zu 7 % Zitronensäure enthält. Außerdem sind Zitronen besonders reich an Vitamin C. Sie werden wegen ihres sauren Geschmacks nicht direkt verzehrt, sondern man verwendet ihren Saft als mildes „Säuerungsmittel" bei der Zubereitung von Speisen.

Grapefruits

Sie sind eine Kreuzung von Orangen und Zitronen. Ihr Fruchtfleisch ist gelb bis rosa, sehr saftig und hat einen herben, leicht bitteren Geschmack. Man ißt die gezuckerte Frucht mit dem Löffel aus der Schale.

Satsumas und Tangerinen, Verwandte der Mandarine

– Satsumas sind frühreife Mandarinen mit einem süßen kernarmen Fruchtfleisch.
– Tangerinen sind die kleinsten Mandarinen. Ihr Fruchtfleisch ist ohne Kerne und säurearm, aber nur wenig saftig.

Clementine

Kiwi

Mango

Papaya

Passionsfrucht

Die Exoten kommen!

Noch vor wenigen Jahren waren sie, wenn überhaupt, nur in exklusiven Delikatessenläden oder Restaurants zu finden. Mittlerweile werden sie mehr und mehr auch im durchschnittlichen Obstsortiment zur Selbstverständlichkeit; gemeint sind die erlesenen, exotischen Früchte aus tropischen Ländern.

Kiwi

Diese Frucht ist bereits für viele keine Unbekannte mehr und wird heute schon relativ preiswert angeboten. Sie kommt ursprünglich aus Neuseeland und Kalifornien, wird neuerdings aber auch in Italien, Frankreich und Spanien gezüchtet.

Die länglich-ovale, mit einer braun-pelzigen Schale umgebene Frucht schmeckt fruchtig-süß. Man verzehrt sie vor allem als Frischfrucht. Die Kiwi wird in zwei Hälften geschnitten und ausgelöffelt.

Feigen

Ursprünglich aus Kleinasien stammend, kommen sie heute auch aus Südafrika und Kalifornien. Die rundlichen Früchte haben eine violette Schale und dunkelrotes, sehr süß schmeckendes Fruchtfleisch. Frische Feigen kann man wie Äpfel verzehren, geschält oder, gut gewaschen, mit der Schale.

Mango

Die große Mangofrucht hat ein bißchen die Form einer Birne und ist von roter bis gelbroter Farbe. Das goldgelbe Fruchtfleisch ist saftig und schmeckt zart-süß. Zum Verzehr der frischen Frucht halbiert man sie, zieht die Schale ab, schneidet das Fruchtfleisch vom innen liegenden Kern herunter und zerteilt sie in mundgerechte Stücke.

Papaya

Die grüngelben Papayas sehen wie übergroße Birnen aus. Das Fruchtfleisch ist orangefarben und schmeckt, weil es praktisch keine Fruchtsäure enthält, sehr süß. Für den Verzehr halbiert man die reifen Früchte, entfernt die Kerne, löst das Fruchtfleisch aus der Schale und schneidet es in mundgerechte Stücke. Am besten schmecken Papayas mit Zitronensaft beträufelt.

Passionsfrucht

Die fast kugelrunden Früchte haben eine dicke, rot oder gelb gefärbte Schale. Sie schmecken leicht säuerlich, ein bißchen wie Himbeeren. Die frische Frucht wird aufgeschnitten und das geleeartige Fruchtfleisch ausgelöffelt. Aus der Passionsfrucht wird auch Maracujasaft gewonnen.

Kaktusfeige

Die reife Frucht ist dunkelgelb bis rötlich. Das leicht körnige und sehr wasserhaltige Fruchtfleisch schmeckt „nach Birne". Man schneidet die Frucht längs auf und löffelt sie aus.

Schalenobst

Vom Schalenobst sind nur die in der harten Schale eingeschlossenen Kerne genießbar. Von den übrigen Obstarten unterscheiden sie sich durch ihren hohen Gehalt an Eiweiß und vor allem Fett; entsprechend hoch ist ihr Energiegehalt.

Erdnüsse

Die Erdnuß hat ihren Namen nicht von ungefähr; sie wächst tatsächlich unter der Erde. Eigentlich ist sie gar keine Nuß, sondern gehört zu den Hülsenfrüchten. Erdnüsse werden meist als Erdnußkerne angeboten (geröstet oder gesalzen). Sie haben einen besonders hohen Eiweißgehalt (24 bis 35 %). Energiegehalt: 2301 kJ pro 100 g.

Haselnüsse

Sie sind in unseren Breiten heimisch. Am besten schmecken Haselnüsse kurz nach der Reife. Typisch für sie ist der besonders hohe Fettgehalt (mindestens 60 %). Energiegehalt: 2720 kJ pro 100 g.

Haselnuß

Kokosnüsse

Die Kokospalme gedeiht in allen tropischen Gegenden, meist in den Küstenregionen. Die fast kopfgroßen Nüsse sind von einer äußerst festen Schale umgeben. Das Fruchtfleisch im Inneren ist weiß, fest und hat den typischen „Kokosgeschmack". Der Energiegehalt ist relativ gering: 1469 kJ pro 100 g.

Mandeln

Sie sind aus der Kuchenbäckerei nicht wegzudenken. Aus Asien stammend werden sie heute im gesamten Mittelmeerraum angebaut. Es gibt süße und bittere Mandeln. Energiegehalt: 2502 kJ pro 100 g.

Paranüsse

Sie sind in den Tropen zu Hause. Die einzelne Nuß hat eine charakteristische, dreikantige Form. Paranüsse enthalten von allen Nüssen die meisten Mineralstoffe. Energiegehalt: 2736 kJ pro 100 g.

Walnüsse

Der Walnußbaum stammt aus Asien. Die Walnuß ist eigentlich gar keine richtige Nuß, sondern der Kern einer Steinfrucht. Das grüne Fruchtfleisch wird bei der Ernte entfernt; zurück bleibt der Kern, die sogenannte Walnuß. Walnüsse enthalten wie Haselnüsse enorm viel Fett. Energiegehalt: 2724 kJ pro 100 g.

Achtung!!!

Bittere Mandeln enthalten das blausäurehaltige Amygdalin und müssen deshalb vor Kleinkindern verschlossen aufbewahrt werden. Es könnte sonst zu tödlichen Vergiftungen kommen.

2.4.1.2 Handelsklassen

Deutsches Obst muß nach Handelsklassen angeboten werden, die heute auch als „EG-Normen" verbindlich sind. Gesetzlich vorgeschrieben sind Handelsklassen für folgende Obstarten: Äpfel, Birnen, Kirschen, Pfirsiche, Pflaumen, Zwetschen, Reneclauden, Mirabellen, Erdbeeren und Tafeltrauben.

Daneben gibt es freiwillige Handelsklassen für Beerenobst. Bei der Zuordnung zu bestimmten Handelsklassen spielen Fruchtform, -farbe und -größe eine Rolle.

Klasse Extra

Sie bezeichnet Obst von Spitzenqualität. Es ist frei von Schmutz und Rückständen. Die Früchte sind rundum fehlerlos, typisch in Form, Farbe und Größe; sogar ein unverletzter Stiel ist vorgeschrieben.

Klasse I

Es gelten nahezu die gleichen Qualitätsnormen, lediglich leichte Schalenfehler sind zulässig. Die Früchte dürfen etwas kleiner und der Stiel leicht beschädigt sein. Das Fruchtfleisch jedoch muß völlig unverletzt sein.

Klasse II

Kleine Fehler in Form und Farbe sind zugelassen. Die Mindestgröße ist festgelegt.

Klasse III

Hier werden auch etwas größere Schalenfehler toleriert. Auch sind besonders kleine Früchte noch zugelassen, jedoch nur, wenn sie ansonsten den Anforderungen der Klasse II entsprechen.

Was bei frisch verpacktem Obst auf der Packung angegeben sein muß:

- Anschrift des Erzeugers, Abpackers oder Verkäufers
- Inhalt nach handelsüblicher Bezeichnung
- Handelsklasse
- Nettogewicht in g oder kg (ggf. die Stückzahl)

Saisonkalender Obst

Sorte	Jan.	Feb.	März	April	Mai	Juni	Juli	Aug.	Sept.	Okt.	Nov.	Dez.
Erdbeeren												
Himbeeren												
Brombeeren												
Johannisbeeren												
Johannisbeeren, schwarz												
Stachelbeeren												
Süßkirschen												
Sauerkirschen												
Pflaumen												
Zwetschgen												
Reineclauden												
Mirabellen												
Aprikosen												
Pfirsiche												
Äpfel												
Birnen												
Quitten												

Saisonkalender für Obst

2.4.1.3 Nährwert von Obst

Obst gilt seit jeher als wesentlicher Bestandteil einer gesunden und ausgewogenen Ernährung.

Die Bedeutung von Obst für die menschliche Ernährung liegt vor allem in seinem Gehalt an Vitaminen und Mineralstoffen. Es ist einer der Hauptlieferanten für diese beiden lebensnotwendigen Wirkstoffarten.

Als Energielieferant kommt Obst praktisch nicht in Betracht; zu gering ist der Gehalt an Kohlenhydraten, von Fetten ganz zu schweigen. Einzige Ausnahme: die Schalenfrüchte, sie enthalten reichlich von beidem.

Zu betonen ist noch das Vorkommen der unverdaulichen Kohlenhydrate, in erster Linie Cellulose und Hemicellulosen; sie wirken anregend auf die Darmtätigkeit.

Unübertroffen ist Obst in seinem Reichtum an erfrischenden und appetitanregenden Geruchs- und Geschmacksstoffen. Sie fördern die Bildung von Speichel und Verdauungssäften und tragen auf diese Weise zur besseren Ausnutzung der Nahrung bei.

Wovon die Nährwertzusammensetzung abhängt

Die Zusammensetzung von Obst ist keine feste Größe. Alle angegebenen Gehalte können daher nur als Durchschnittswerte angesehen werden, die selbst bei ein und derselben Obstart oft stark schwanken.
Ein Hauptfaktor dabei ist das Klima, je mehr Sonne, desto höher der Zucker-, um so niedriger der Fruchtsäuregehalt. Weitere Einflüsse sind: Standort, Bodenbeschaffenheit und Erntetermin.

Aufgaben

1. Erstellen Sie eine Tabelle, in der Sie die einzelnen Obstarten ihren jeweiligen Gruppen zuordnen. Beispiel: Äpfel gehören zu Kernobst.

2. Vergleichen Sie Haselnüsse und Kirschen hinsichtlich ihres Nährstoff- und Energiegehaltes. Welche der beiden Obstarten ist demzufolge besser geeignet,

   a) im Rahmen einer Schlankheitskur auf den Speiseplan gesetzt zu werden

   b) einem Eisenmangel vorzubeugen

   c) den Eiweißbedarf bei Vegetariern mit zu decken

   d) den Calciumbedarf eines Kindes zu decken

   e) den Durst zu löschen

   Erläutern Sie jeweils Ihre Entscheidung.

3. Begründen Sie, warum Obst als ernährungsphysiologisch besonders wertvolles Nahrungsmittel gilt. Vergleichen Sie Ihre Kriterien mit den Kriterien, die bei der Einteilung in Handelsklassen gelten.

2.4.1.4 Vitamine: die Unentbehrlichen

Woher kommt der Name Vitamine?

Man kann diesen Begriff in zwei Bestandteile zerlegen:
- „Vita" heißt Leben
- „Amin" steht für stickstoffhaltige (NH$_2$-Gruppe) Verbindung. Wir kennen diese Silbe bereits von den Aminosäuren.

Der Gesamtbegriff entstand, als man bereits wußte, daß Vitamine lebensnotwendige (essentielle) Nahrungsbestandteile sind, aber noch davon ausging, daß sie alle Stickstoff enthalten. Inzwischen weiß man, daß Stickstoff nur in einem Teil der Vitamine vorkommt.

Im Jahr 1496 schrieb Vasco da Gama, der Weltumsegler, in sein Bordbuch: „Bei den meisten von unseren Matrosen schwoll das Zahnfleisch im Ober- und Unterkiefer so sehr an, daß sie nicht mehr essen konnten und daran so schwer litten, daß neunzehn Mann starben. Zusätzlich zu denen, die zu Tode kamen, erkrankten fünfundzwanzig bis dreißig schwer. Nur wenige blieben gesund."

Die Besatzung des von ihm befehligten Schiffes war Opfer der rätselhaften Krankheit „Skorbut" geworden, die man damals auch als die „Armeekrankheit" oder „Geißel der Meere" bezeichnete.

Eine längere Schiffsreise bedeutete früher oft Gefahr für Leib und Leben der Seeleute, nicht allein wegen der Gefahren der See, sondern wegen des gefürchteten Skorbuts.

Was sind Vitamine?

Vitamine sind, wie manche Fett- oder Aminosäuren, essentielle Nahrungsbestandteile, die der Körper nicht selbst aufbauen kann.

Im Jahr 1747 behandelte dann der Wundarzt der englischen Flotte, James Lind, zwölf an Skorbut erkrankte Soldaten und verabreichte ihnen, nachdem er verschiedene andere, unwirksame Ernährungsarten ausprobiert hatte, täglich zwei Orangen und eine Zitrone. Nach einer Woche dieser Obstkur waren die Kranken so gut wie geheilt und konnten bald ihren Dienst wieder antreten.

Lind hatte durch seine Ernährungsversuche zwar herausgefunden, wie man Skorbut erfolgreich bekämpfen kann. Warum jedoch ausgerechnet Orangen und Zitronen als „Heilmittel" wirkten, die Frage blieb damals offen.

Der modernen Wissenschaft ist es später gelungen, die Zusammenhänge aufzuklären. Man fand heraus, daß Skorbut nicht durch

Krankheitserreger ausgelöst wird, wie z.B. Tuberkulose, Typhus oder Grippe. Auch spielen Giftstoffe oder verdorbene Nahrungsmittel keine Rolle dabei.

Ursache für diese Krankheit ist vielmehr: dem Körper fehlt ein Wirkstoff. Die „chemische Fabrik" des menschlichen Körpers funktioniert plötzlich nicht mehr reibungslos, denn an einigen Schaltstellen des Geschehens klappt die Steuerung nicht mehr.

Es kommt bald zu Störungen des gesamten Stoffwechsels, möglicherweise bis hin zum totalen Zusammenbruch aller Lebensfunktionen.

Bekämpfen bzw. verhindern kann man diese Krankheit ganz einfach durch eine gezielte Ernährung, die den eingetretenen Wirkstoffmangel ausgleicht bzw. gar nicht erst aufkommen läßt.

Als man diese Zusammenhänge begriffen hatte, verlor Skorbut schnell seine Schrecken. Die Forschung entdeckte im Laufe der Jahre noch eine ganze Reihe anderer Stoffe, deren Fehlen in der Nahrung ebenfalls schwere gesundheitliche Störungen zur Folge hat. Man faßte sie unter dem Namen Vitamine zusammen.

Einteilung der Vitamine

Es gibt verschiedene Möglichkeiten, die Gruppe der Vitamine systematisch aufzugliedern.

Im allgemeinen pflegt man die Einteilung nach den Löslichkeitseigenschaften vorzunehmen und die fettlöslichen von den wasserlöslichen Vitaminen zu unterscheiden. Dabei werden die chemischen Eigenschaften zwar überhaupt nicht berücksichtigt, dennoch ist diese Gruppierung von Nutzen. Mit der Fett- bzw. Wasserlöslichkeit sind nämlich einige wichtige Eigenschaften und Besonderheiten gekoppelt, wie z.B.:

— Vorkommen in den Nahrungsmitteln
— Art der Gewinnung aus Naturprodukten
— Geeignete Verarbeitungstechniken
— Speicherungsfähigkeit im Organismus
— Mögliche Wege der Ausscheidung.

Ernährungsphysiologische Bedeutung

Die Vitamine zählen zusammen mit den Hormonen und Enzymen zur Gruppe der Wirkstoffe und sind damit für einen geregelten Ablauf der Lebensvorgänge unentbehrlich. Von den Hormonen und Enzymen unterscheiden sie sich dadurch, daß sie vom menschlichen Organismus, von wenigen Ausnahmen abgesehen, nicht selbst synthetisiert werden können.

Verglichen mit der benötigten Zufuhr an Nährstoffen sind die erforderlichen Vitaminmengen sehr gering. Bei einer nicht bedarfsgerechten Versorgung mit Vitaminen kann es zu krankhaften Störungen des Organismus kommen.

Hypovitaminosen

Darunter versteht man die unzureichende Zufuhr eines oder mehrerer Vitamine. Die damit verbundenen Symptome sind meist nur wenig typisch und nur allgemeiner Art, wie die Beeinträchtigung der Leistungsfähigkeit und eine verringerte Widerstandsfähigkeit gegen Infektionskrankheiten.

Hypervitaminosen

So bezeichnet man Erkrankungen, die als Folge einer übermäßigen Vitaminzufuhr auftreten. Sie sind nur für die Vitamine A und D bekannt. Hypervitaminosen treten äußerst selten auf und kommen eigentlich nur im Zusammenhang mit einer falschen Dosierung von Vitaminpräparaten vor.

Fettlösliche Vitamine

Ihnen gemeinsam ist, wie der Name bereits sagt, die gute Löslichkeit in Fett, aber auch in organischen Lösungsmitteln. Chemisch gesehen bestehen dagegen große Unterschiede.

Vitamin A (Retinol)

Vitamin A kommt vor allem in Fischleberölen, Leber, Milch, Butter und Eigelb vor. Am meisten wird jedoch sein Provitamin, das gelbrote β-Carotin, in der Natur angetroffen. Es kann vom Organismus in der Darmschleimhaut in Retinol aufgespalten werden. β-Carotin kommt vor in Gemüsen (Karotten, Spinat, Kresse, Grünkohl, Tomaten, Paprika) und Früchten (Aprikosen, Bananen, Hagebutten, Orangen), sowie in Butter, Sahne und Innereien (Leber, Niere).

Funktion

Vitamin A hat im Körper verschiedene Aufgaben zu erfüllen. Es ist Bestandteil des Sehpurpurs und daher für die Leistungsfähigkeit der Augen von großer Bedeutung. Außerdem fördert es das Wachstum der Zellen und stärkt die Abwehrbereitschaft gegen bakterielle Infektionen.

Bedarf und Mangelerscheinungen

Der Mindestbedarf liegt bei ca. 950 µg pro Tag (1 µg gleich 1 Tausendstel Milligramm). Bei zu geringer Vitamin-A-Versorgung treten verschiedene Mangelsymptome auf:

— Nachtblindheit

— Wachstumshemmungen

— erhöhte Infektionsanfälligkeit.

Vitamin D

Vitamin D kommt reichlich vor in Fischleberölen, Leber, Rahm, Butter und Eigelb.

Provitamin D ist in Hefen, Eigelb, Butter und Kuhmilch zu finden. In der Nahrung enthaltenes Provitamin D lagert sich in der Haut ab und wird bei Einwirken von UV-Strahlen in das wirksame Vitamin umgewandelt. Das auf diese Weise gebildete Vitamin wird mit Leichtigkeit resorbiert und an die Orte des Bedarfs transportiert.

Funktion

Vitamin D spielt eine Rolle im Calcium- und Phosphatstoffwechsel. Es ist unentbehrlich für die Resorption von Calcium im Darm und regelt die Bildung von Knochensubstanz aus Calcium und Phosphat. Darüber hinaus fördert es möglicherweise die Resorption von Magnesium.

Bedarf und Mangelerscheinungen

Beim Erwachsenen ist die UV-bedingte Eigenproduktion meist ausreichend und deckt den Mindestbedarf von 5 µg pro Tag. Während des Wachstums, besonders im ersten Lebensjahr, der Schwangerschaft und Stillzeit steigt der Bedarf gleichzeitig mit einem erhöhten Calcium-Bedarf an. Vitamin-D-Mangel führt zu Schäden am Skelett. Bei Kindern kommt es in schweren Fällen zum Krankheitsbild der Rachitis; die Knochensubstanz enthält zu wenig Calcium, wird zu „weich". Es treten Verformungen der Knochen auf, Verkrümmung der Wirbelsäule, O-Beine, deformierte Beckenknochen. Bei Erwachsenen findet ein langsamer Knochenumbau statt, der letztlich auch zu einer calciumarmen Knochensubstanz führt.

Vitamin E (Tocopherol)

Es ist im Pflanzen- und Tierreich weit verbreitet. Besonders reichlich kommt es in Getreidekeimlingen bzw. in deren Ölen, verschiedenen Gemüsearten, Eiern und fetthaltigen Organen vor.

Funktion

Vitamin E schützt sauerstoffempfindliche Substanzen in den Zellen vor Oxidation. Man sagt auch: Es wirkt als Antioxidans.

Es schützt:
— ungesättigte Fettsäuren
— Vitamin A
— β-Carotin.

Bedarf und Mangelerscheinungen

Man rechnet mit einem täglichen Bedarf von ca. 10 bis 12 mg. Er wird beeinflußt vom Verzehr an ungesättigten Fettsäuren. Pro Gramm dieser Substanzen sollen ca. 0,6 mg Tocopherol zugeführt werden.

Stabilität —
Empfindlichkeit

— hitzestabil
— UV-stabil
— sauerstoffempfindlich.

Zuviel Vitamin D und die Folgen

Größere Dosen Vitamin D wirken toxisch. Die Calcium- und Phophorwerte steigen dann beträchtlich an. Es kommt zur Entkalkung des Knochens, zur Calciumphosphat-Ausscheidung der Niere und zu Kalkablagerungen in den einzelnen Organen.

Speicherung im Organismus

Vitamin D wird in kleinen Mengen in der Leber gespeichert, findet sich daneben noch in Nieren, Nebennieren und Knochen.

Stabilität —
Empfindlichkeit

— hitzestabil
— UV-empfindlich
— sauerstoffempfindlich.

Speicherung im Organismus

Vitamin E wird in der Leber und im Fettgewebe gespeichert.

Vitamin K (Phyllochinon)

Es kommt in Gemüse, Pflanzenölen und im Leberfett vor. Außerdem wird es von der Darmflora des Menschen synthetisiert. Auf diese Weise wird ein wesentlicher Teil des menschlichen Bedarfs gedeckt.

Funktion

Vitamin K ist an der Blutgerinnung beteiligt.

Bedarf und Mangelerscheinungen

Der Bedarf an Vitamin K ist nicht genau bekannt. Man geht davon aus, daß bei normaler Mischkost in Verbindung mit der Synthese im Darm eine Deckung des Bedarfs gesichert ist. Vitamin-K-Mangel kann bei Darmerkrankungen, z.B. als länger anhaltender Durchfall, oder als Folge längerer Antibiotikabehandlung (sie schädigt die Darmflora) auftreten. Symptome sind Blutungsneigung im Magen-Darm-Kanal, in der Muskulatur und im Bindegewebe.

Stabilität —
Empfindlichkeit

— *hitzestabil*
— *sauerstoffempfindlich*
— *UV-empfindlich*
— *wird durch Säuren und*
  Laugen zersetzt.

Speicherung im Organismus

Bei Aufnahme von Vitamin K in den Mengen, wie sie üblicherweise in der Nahrung enthalten sind, wird es nicht gespeichert.

Vermeidbare Vitamin B$_1$-Verluste

Thiamin kommt bei Getreide und Reis vor allem in den Randschichten vor.
Daher zu empfehlen:

— hoch ausgemahlene oder Vollkornmehle
— Vollreis oder Parboiled-Reis.

Stabilität —
Empfindlichkeit

— *hitzeempfindlich, vor*
  allem in alkalischer
  Lösung
— *sauerstoffempfindlich*
— *UV-stabil.*

Speicherung im Organismus

Sehr thiaminreich sind:
— Leber
— Gehirn
— Nieren.

Wasserlösliche Vitamine

Diese Gruppe enthält Substanzen, die in ihren chemischen Eigenschaften ein noch bunteres Bild bieten als die fettlöslichen Vitamine.

Vitamin B$_1$ (Thiamin)

Dieses Vitamin wurde durch die Arbeiten des holländischen Arztes C. Eijkman zum Ausgangspunkt der eigentlichen Vitaminforschung. Es ist insbesondere in Pflanzen weit verbreitet und reichlich in Getreide, Reis, Hefe und Kartoffeln enthalten. Tierische Nahrungsmittel, die reich an Thiamin sind: Schweine- und Rindfleisch, Leber, Niere, Kuhmilch und Milchprodukte.

Funktion

Vitamin B$_1$ ist an zahlreichen biochemischen Prozessen beteiligt.

— Es greift als Bestandteil von Enzymen in den Kohlenhydratabbau und andere biochemische Reaktionen ein. Bislang sind 24 Enzyme bekannt, an deren Aufbau Thiamin beteiligt ist.
— Es spielt eine Rolle bei der Reizleitung in den Nerven.

Bedarf und Mangelerscheinungen

Der Thiaminbedarf hängt in erster Linie von der Kohlenhydratzufuhr ab. Meistens bezieht man sich bei den Berechnungen der Einfachheit halber auf die Gesamtaufnahme an Energie. Bei gemischter Kost liegt die optimale Zufuhr für Erwachsene bei 1 bis 2 mg pro Tag, mindestens aber bei 0,9 mg. Die klassischen Thiamin-Mangel-Symptome sind: Müdigkeit, allgemeine Schwäche, Nervenstörungen, Depressionen, Gedächtnis- und Konzentrationsschwäche. Bei extremen Mangelzuständen stellt sich das Krankheitsbild der Beri-beri-Krankheit ein. Es kommt zu Krämpfen und Lähmungserscheinungen.

Vitamin B₂ (Riboflavin)

Die wichtigsten Vitamin B₂-Quellen sind Hefe, Fleisch und Innereien. Es wird auch von der Darmflora synthetisiert.

Funktion

Riboflavin ist am Aufbau von Enzymen beteiligt, die im Rahmen biologischer Oxidation eine Rolle spielen. Außerdem ist es zusammen mit Proteinen für die Heilung immer wieder auftretender, winziger Hautschäden, z.B. in den Mundwinkeln, verantwortlich.

Bedarf und Mangelerscheinungen

Der Bedarf wird wie bei Thiamin meist auf den Energieumsatz bezogen. Der durchschnittliche Tagesbedarf eines Erwachsenen liegt bei 1,5 bis 1,7 mg, erhöht sich aber während der Schwangerschaft und Stillzeit.

Symptome eines Riboflavin-Mangels:

— Entzündungen der Schleimhäute des Verdauungstraktes

— Entzündungen der Haut, z.B. der Gelenkfalten.

Die Mangelsymptome verschwinden gewöhnlich nach mehrtägiger Behandlung mit Riboflavin.

Stabilität —
Empfindlichkeit

— hitzestabil
— sauerstoffbeständig in saurer Lösung (bei neutralem oder alkalischem pH-Wert treten Verluste auf)
— UV-beständig.

Speicherung im Organismus

Riboflavin ist vor allem enthalten in:
— Leber
— Skelettmuskeln.

Vitamin B₆ (Pyridoxin)

Vitamin B₆ findet sich besonders in Eigelb, Bierhefe und Innereien (Leber, Niere). Gute Quellen sind auch die verschiedenen Getreidearten, Kartoffeln, Bohnen und einzelne Kohlarten.

Funktion

Vitamin B₆ ist an mehr als 40 enzymatischen Reaktionen beteiligt. Es spielt z.B. eine Rolle:

— im Aminosäurestoffwechsel

— für die Bildung von Antikörpern.

Bedarf und Mangelerscheinungen

Der Bedarf von Vitamin B₆ ist vor allem vom Proteinanteil der Nahrung abhängig. Er liegt für Erwachsene bei 2,0 bis 2,6 mg am Tag und erhöht sich während Schwangerschaft und Stillzeit. Vitamin-B₆-Mangelsymptome sind: Schädigungen an Haut und Schleimhäuten, Beeinträchtigung des Nervensystems (Reizbarkeit, Depressionen). Akute Mangelzustände treten beim Menschen allerdings nur selten auf.

Stabilität —
Empfindlichkeit

— außerordentlich UV-empfindlich
— hitzestabil
— sauerstoffbeständig.

Speicherung im Organismus

Vitamin B₆ ist enthalten in:
— Gehirn
— Leber
— Muskeln.

Vitamin B₁₂ (Cobalamin)

Seinen Namen erhielt dieses Vitamin, weil es in seinem Molekül ein Kobaltatom gebunden hat. Reich an Cobalamin sind Leber, Muskelfleisch und Fisch. Geringere Mengen finden sich in Eigelb und Milch. Pflanzliche Nahrungsmittel enthalten kaum Vitamin B₁₂, so daß bei extremem Vegetarismus (Veganer, s. S. 246) Mangelzustände vorkommen können.

Stabilität —
Empfindlichkeit

— *UV-empfindlich*
— *sauerstoffbeständig*
— *hitzestabil.*

Speicherung im Organismus

Vitamin B_{12} wird hauptsächlich in der Leber gespeichert. Die dort angelegten Reserven (ca. 0,8 mg) reichen aus, um das Auftreten von Mangelerscheinungen für ca. 3 bis 8 Jahre zu verhindern.

Im Dickdarm des Menschen werden täglich 10 bis 50 µg des Vitamin B_{12} synthetisiert. Ob davon etwas resorbiert wird, ist noch nicht geklärt.

Funktion

Vitamin B_{12} ist als Bestandteil von Enzymen an zahlreichen biochemischen Reaktionen beteiligt:

— im Aminosäurestoffwechsel

— im Kohlenhydratstoffwechsel

— im Fettstoffwechsel

— an der Bildung der Zellkernsubstanzen

— an der Bildung der roten Blutkörperchen.

Bedarf und Mangelerscheinungen

Die wünschenswerte tägliche Vitamin-B_{12}-Aufnahme liegt für den Erwachsenen bei ca. 3,0 µg. Wahrscheinlich ist der Bedarf während der Schwangerschaft und Stillzeit und bei Säuglingen erhöht.

Mangel an Vitamin B_{12} führt zu perniziöser Anämie; die roten Blutkörperchen werden bei dieser Erkrankung zwar gebildet, reifen aber nicht aus und bleiben daher ohne Wirkung.

Stabilität —
Empfindlichkeit

— *hitzeempfindlich*
  bei Anwesenheit von
  Säuren
— *UV-empfindlich*
— *sauerstoffbeständig.*

Speicherung im Organismus

Der Gesamtfolsäuregehalt (12 bis 15 mg) ist auf verschiedene Gewebe verteilt, 7 mg davon allein in der Leber.

Folsäure

Sie ist im Tier- und Pflanzenreich weit verbreitet, vor allem in Hefen, dunkelgrünen Gemüsen, Leber und Nieren. Außerdem wird sie von den Darmbakterien synthetisiert.

Funktion

Vorrangig ist die Bedeutung der Folsäure für die Synthese der Zellkernsubstanz. Sie spielt dadurch ganz allgemein eine große Rolle bei Zellteilungsvorgängen.

Bedarf und Mangelerscheinungen

Der Bedarf ist nicht genau bekannt. Die täglich benötigte Menge wird auf ca. 0,46 mg geschätzt.

Mangelerscheinungen treten beim Menschen normalerweise nur selten auf. Einzige Ausnahme: in der Schwangerschaft kann es zu Folsäuremangel kommen, weil sich der Bedarf dann verdoppelt. Die Folge ist dann eine Anämie. Auch während der Stillzeit ist der Bedarf erhöht.

Nicotinsäure (Niacin)

Sie ist ebenfalls sehr weit verbreitet und kommt reichlich in Hefen, Leber und Hülsenfrüchten vor. Wahrscheinlich wird Niacin auch von der Darmflora synthetisiert.

Funktion

Niacin spielt eine zentrale Rolle bei biologischen Oxidationen. Es wird zu diesem Zweck Bestandteil von Enzymen.

Stabilität —
Empfindlichkeit

— *hitzeempfindlich*
— *sauerstoffbeständig*
— *UV-beständig.*

Bedarf und Mangelerscheinungen

Der Bedarf ist an den Energieumsatz gekoppelt und liegt für den Erwachsenen bei 15 bis 20 mg pro Tag. Er erhöht sich während Schwangerschaft und Stillzeit geringfügig. Ein akuter Niacinmangel führt zum Erscheinungsbild der Pellagra. Hauptsächliche Symptome sind:

— trockene, rissige Stellen an der Haut
— chronische Entzündungen der Schleimhäute
— psychische Störungen.

Pantothensäure

Auch sie gehört zu den besonders weit verbreiteten Vitaminen und kommt reichlich in Hefe, Weizenkleie, praktisch allen Gemüsen, Leber und Nieren vor.

Funktion

Die Bedeutung von Pantothensäure liegt darin, daß sie besonders kleine Kohlenstoffbruchstücke überträgt. Das spielt eine Rolle bei:

— der Bildung von Fettsäuren
— der Bildung von Triglyceriden (Fetten)
— der Bildung von Phosphatiden.

Bedarf und Mangelerscheinungen

Der genaue Bedarf ist nicht bekannt. Bei Erwachsenen schätzt man ihn auf ca. 6 mg pro Tag, eine Menge, wie sie in normaler Mischkost auf jeden Fall vorhanden ist. Pantothensäure ist so weit verbreitet, daß ein Mangel praktisch nicht auftritt.

Vitamin C (Ascorbinsäure)

Obwohl Skorbut als Avitaminose bereits seit Jahrhunderten bekannt ist, hat man erst vor wenigen Jahrzehnten Eigenschaften und Wirkungsweise dieses Vitamins aufklären können. Gute Ascorbinsäurelieferanten sind Spinat, Zitrusfrüchte, Erdbeeren, Johannisbeeren, Kartoffeln und Leber.

Funktion

Ascorbinsäure spielt im biochemischen Geschehen eine Rolle für:
— die Bildung von Bindegewebe
— die Synthese von Hormonen
— den Einbau von Eisen in das Körpergewebe.

Außerdem übt Ascorbinsäure eine autioxidative Schutzwirkung gegenüber einer ganzen Reihe anderer Vitamine aus.

Bedarf und Mangelerscheinungen

Die Empfehlungen für die ausreichende Versorgung Erwachsener liegt bei ca. 107 mg pro Tag. Der Bedarf ist während Schwangerschaft und Stillzeit erhöht. Starke Raucher sollten 40 mg pro Tag zusätzlich aufnehmen.

Speicherung im Organismus

Niacin kommt in praktisch allen Geweben vor, hauptsächlich in der Leber.

Stabilität —
Empfindlichkeit

— *UV-stabil (in neutraler Lösung, in saurer oder alkalischer Lösung tritt Zerstörung ein)*
— *sauerstoffbeständig (in neutraler Lösung, in saurer oder alkalischer Lösung tritt Zerstörung ein)*
— *hitzeempfindlich.*

Speicherung im Organismus

Pantothensäure wird vor allem in der Leber gespeichert.

Stabilität —
Empfindlichkeit

Ascorbinsäure ist eines der empfindlichsten Vitamine:
— *hitzeempfindlich*
— *sauerstoffempfindlich (die Oxidation wird in Gegenwart von Kupferspuren beschleunigt. Man sollte daher kein Kupfergeschirr verwenden)*
— *UV-empfindlich.*

Speicherung im Organismus

Die einzelnen Gewebearten unterscheiden sich in ihrem Vitamin-C-Gehalt ganz erheblich.

— Nebenniere   400 mg
— Linse (Auge)   250 mg
— Gehirn   150 mg
— Leber   150 mg
— Niere   50 mg

Die hauptsächlichen Symptome bei hochgradigem Vitamin-C-Mangel sind:

— Starke Blutungsneigung mit zum Teil großflächigen Blutungen in der Haut, dem Zahnfleisch, Fettgewebe und den inneren Organen.
— Störungen der Bindegewebsbildung mit Veränderungen im Knochenaufbau.
— Öfters auch Störungen der Eisenresorption und damit verbundene Anämie.

Diese schweren Symptome sind bei der üblichen Ernährung in unserem Land praktisch nicht zu beobachten. Leichte Mangelzustände kommen jedoch gelegentlich vor. Die Symptome: Mattigkeit bzw. Nachlassen der allgemeinen Leistungsfähigkeit.

Aufgaben

1. Fassen Sie die Vitamine A, D, C und B_1 in einer Tabelle zusammen. Die einzelnen Spalten: Wasserlöslich/Fettlöslich, Aufgaben im Organismus, Empfindlichkeiten, Vorkommen.

2. Warum sollte man Kindern nur so viel von den wohlschmeckenden Vitaminpräparaten geben, wie auf der Flasche bzw. Packung empfohlen wird?

2.4.1.5 Mineralstoffe: die lebensnotwendigen Salze

Bislang haben wir als Nahrungsbestandteile die Kohlenhydrate, Fette, Eiweißstoffe und Vitamine kennengelernt. Ihnen allen gemeinsam ist: Sie sind ohne Ausnahme organische Verbindungen. Neben diesen Substanzen kommen in allen Nahrungsmitteln jedoch noch anorganische Verbindungen vor. Meistens handelt es sich dabei um Salze, also chemische Verbindungen, die aus Ionen zusammengesetzt sind. Sie werden in der Ernährungslehre unter der Bezeichnung Mineralstoffe zusammengefaßt und sind in vielen Fällen für den menschlichen Organismus essentiell, müssen also regelmäßig mit der Nahrung aufgenommen werden. Beim Auflösen in Wasser zerfallen Salze in Ionen. In dieser Form liegen die Mineralstoffe in allen Körperflüssigkeiten vor.

Auch wenn sie sich in ihren konkreten Aufgaben voneinander unterscheiden, kann man ihre Funktionen dennoch übergeordneten Aufgaben zuordnen.

Was ist der Unterschied zwischen organischen und anorganischen Verbindungen?

Am Aufbau organischer Verbindungen ist stets Kohlenstoff beteiligt. Anorganische Verbindungen enthalten bis auf wenige Ausnahmen keinen Kohlenstoff.

Beispiele für Salze:

— NaCl, Natriumchlorid (Kochsalz), zusammengesetzt aus:
$$Na^+ \text{ und } Cl^-$$

— $CaCO_3$, Calciumcarbonat, zusammengesetzt aus:
$$Ca^{2+} \text{ und } CO_3^{2-}$$

1. Sie dienen als Baustoff zur Bildung von Gerüst- und Stützsubstanzen. Allein das Knochengerüst enthält ca. 50% anorganisches Baumaterial. Es wird von organischen Substanzen, z.B. Kollagen, umhüllt.

2. Als Wirkstoffe sind sie an der Steuerung von Enzymreaktionen beteiligt. Manche Enzyme werden erst bei Anwesenheit bestimmter Ionen aktiv. So benötigt das Stärke spaltende Enzym Amylase beispielsweise Natrium-Ionen als „Starthilfe".

3. Sie regeln den Wasserhaushalt.

Durch ihr hohes Wasserbindevermögen halten z.B. Natrium- und Kalium-Ionen die Flüssigkeit innerhalb und außerhalb der Zellen fest. Gelöste Stoffe können daher in den Geweben leicht transportiert werden.

4. Sie beeinflussen die Nervenaktivität.
   Besonders Natrium- und Kalium-Ionen sind für die Reizleitung in den Nerven von Bedeutung.

Mengenelemente

Natrium (Na)
Natrium wird vorwiegend in Verbindung mit Chlor als Natriumchlorid (Kochsalz) aufgenommen. Andere Natriumsalze spielen keine große Rolle. Natrium ist in fast allen Nahrungsmitteln enthalten.

Funktion
Hauptaufgabe des Natriums ist es, den osmotischen Druck der Körperflüssigkeiten, z.B. des Blutes, zu erhalten. Rund die Hälfte des gesamten Natriums befindet sich im Körper daher auch außerhalb der Zellen (extrazellulär). Außerdem benötigt Amylase Natrium-Ionen, um wirksam zu werden.

Bedarf und Mangelerscheinungen
Der Bedarf von 550 mg pro Tag wird durch unsere Kost reichlich gedeckt. Mangelzustände sind sehr selten und stellen sich nur in extremen Lebenssituationen ein:

— bei starker Schweißabgabe durch schwere körperliche Arbeit bei großer Hitze

— bei anhaltenden Durchfällen.

Natriummangel äußert sich durch allgemeine Schwächezustände, Schwindel, starken Blutdruckabfall und Muskelkrämpfe.
Zu viel Natrium in der Nahrung wird mit dem Entstehen von Bluthochdruck in Verbindung gebracht (s. S. 289).

Chlor (Cl)
Es ist wie Natrium in sehr vielen Nahrungsmitteln enthalten und wird meist mit diesen gemeinsam als Natriumchlorid aufgenommen.

Funktion
Der Organismus benötigt Chlor hauptsächlich zur Bildung von Salzsäure im Magen. Die Anwesenheit von Säure ist dort nötig, damit das Eiweiß spaltende Enzym Pepsin überhaupt wirksam werden kann.

Darüber hinaus befindet sich Chlor außerhalb der Zellen in den extrazellulären Flüssigkeiten. Entgegen früherer Annahmen spielt es für die Aufrechterhaltung des Wasserhaushaltes keine Rolle.

Wie man die Mineralstoffe einteilt

Es gibt keine sinnvolle chemische Einteilung. Man richtet sich daher einfach danach, in welchen Konzentrationen die einzelnen Elemente im Organismus vorkommen.

Mengenelemente
Dazu gehören alle Mineralstoffe, deren Gesamtanteil an der Körpersubstanz mehr als 10 g beträgt und die in größeren Mengen (ca. 1 g pro Tag) benötigt werden (Na, Cl, K, Ca, P, Mg).

Spurenelemente
Sie sind nur in Spuren vorhanden und ihr täglicher Bedarf liegt unter 1 g (J, F, Fe, Co, Mn, Mo, Zn).

Was ist osmotischer Druck?

So bezeichnet man den Gleichgewichtsdruck von Flüssigkeit auf durchlässige Membranen. Solche Membranen sind auch die Wände der Körperzellen. Damit sie prall gefüllt bleiben, muß der Flüssigkeitsdruck von innen und außen gleich sein.

Der Minimalbedarf liegt bei 830 mg pro Tag und ist durch eine gemischte Kost reichlich gedeckt. Mangelerscheinungen sind daher praktisch nicht bekannt.

Kalium (K)

Kalium ist besonders reichlich in Obst, Gemüse, Fleisch, Fisch und Kartoffeln enthalten.

Funktion

Kalium ist als Ion (K^+) hauptsächlich innerhalb der Zellen zu finden (intrazellulär). Es hält dort den osmotischen Druck stabil und ist für die Erregbarkeit der Zellen verantwortlich. Außerdem werden zahlreiche Enzymsysteme der biologischen Oxidation durch Kalium aktiviert.

Bedarf und Mangelerscheinungen

Der Tagesbedarf liegt bei ca. 2 g und wird bei gemischter Kost ausreichend gedeckt.

Mangelzustände treten selten auf. Es kommt dabei zu allgemeinen Schwächezuständen, Muskelschwäche und Störungen der Herztätigkeit.

Was Calcium und Tschernobyl miteinander zu tun haben

Bei Atombombenversuchen oder Reaktorkatastrophen wie der in Tschernobyl entsteht neben anderen radioaktiven Substanzen das Strontium 90 (^{90}Sr), ein radioaktives Isotop. Es wird in großer Höhe über weite Strecken transportiert und lagert sich als radioaktiver ^{90}Sr-Staub („fall out") auf Pflanzen ab. Von dort gelangt es direkt (Obst, Gemüse) oder indirekt (Kuhmilch) in unsere Ernährung.

Strontium hat chemisch gesehen große Ähnlichkeit mit Calcium. Der Körper baut es daher wie dieses in die Knochensubstanz mit ein. Dort sitzt es dann für lange Zeit fest, ein zwar winzigster, aber „strahlender" Fremdkörper.

Calcium (Ca)

Die hauptsächlichen Calcium-Quellen sind Milch, Milchprodukte, Eier, Obst, sowie Sprossen- und Blattgemüse.

Funktion

Calcium steht unter den Mineralstoffen des menschlichen Organismus mengenmäßig weit an der Spitze. Calcium-Salze dienen fast überall im Körper als Bausteine der Stütz- und Gerüstsubstanzen. Der Hauptanteil (ca. 99 %) des gesamten Calciums befindet sich in den Knochen. Der Rest verteilt sich auf die weichen Gewebe, das Blut und die übrigen Körperflüssigkeiten. Es spielt außerdem eine Rolle bei der Blutgerinnung, ist von Bedeutung für die Durchlässigkeit der Zellwände zwecks Stofftransport und beeinflußt die Erregbarkeit der Muskeln.

Bedarf und Mangelerscheinungen

Wegen seiner vielfältigen Aufgaben ist Calcium ein ausgesprochen essentieller Nahrungsbestandteil. Insbesondere solange ein Organismus noch wächst, also verstärkt Knochensubstanz aufbauen muß, ist sein Bedarf sehr hoch. Aber auch der Erwachsene hat noch einen bestimmten Calciumbedarf; er liegt bei ca. 0,8 bis 1,2 g pro Tag und ist während der Schwangerschaft und Stillzeit erhöht.

Da die Mehrzahl unserer Nahrungsmittel relativ calciumarm ist, können bei nicht völlig ausgewogener Ernährung verhältnismäßig rasch Mangelzustände eintreten. Insgesamt gibt die Calcium-Versorgung bei nahezu allen Bevölkerungsgruppen, vor allem aber bei

Heranwachsenden und Frauen, Anlaß zur Besorgnis. Das ist wohl in erster Linie durch den niedrigen Milchverbrauch zu erklären. Die DGE empfiehlt daher eine Steigerung des Milchkonsums.

Ein Calcium-Mangel kann seine Ursache allerdings auch in einer zu geringen Vitamin-D-Zufuhr haben. In solchen Fällen wird das Calcium, selbst bei reichlichem Angebot, nicht oder nur ungenügend resorbiert werden. Oxalsäurereiche Nahrungsmittel, z.B. Spinat, Mangold oder Rhabarber, setzen die Calcium-Resorption ebenfalls herab. Sie binden das Ca^{2+} zu unlöslichem Oxalat.

$$Ca^{2+} + C_2O_4^{2-} \rightarrow CaC_2O_4$$

Calcium-Kation   Oxalat-Anoin   Calciumoxalat

Mangelerscheinungen treten vor allem in Form von Schädigungen der Knochensubstanz auf. In schweren Fällen kommt es zum Erscheinungsbild der Rachitis (Englische Krankheit, s. S. 143).

Phosphor (P)

Phosphor kommt vor allem in Milch, Milchprodukten, Eiern, Getreide und Fleisch vor.

Funktion

Phosphor dient in Form von Phosphat in erster Linie als Baustoff für den Aufbau von Knochen und Zähnen. Außerdem ist er Bestandteil der Gehirn- und Nervenzellen. Auch die Zellkernsubstanz benötigt Phosphor für den Aufbau. Eine zentrale Aufgabe hat Phosphor im Energiestoffwechsel. Es dient dort der Übertragung, Speicherung und Verwertung der Nahrungsenergie.

Bedarf und Mangelerscheinungen

Der Bedarf liegt bei 1,2 bis 1,6 g pro Tag und wird bei normaler Mischkost problemlos gedeckt. Mangelzustände sind nicht bekannt.

Magnesium (Mg)

Es kommt reichlich in Beerenobst und grünen Gemüsen vor.

Funktion

Magnesium aktiviert eine ganze Reihe von Enzymen und spielt vor allem im Phosphatstoffwechsel eine Rolle. Außerdem wird es in geringen Mengen mit in die Knochen eingebaut und reguliert die Erregbarkeit von Muskeln und Nerven.

Bedarf und Mangelerscheinungen

Der Bedarf von Erwachsenen liegt bei 300 bis 400 mg. In der letzten Zeit gibt es Hinweise darauf, daß bei manchen Bevölkerungsgruppen, vor allem Jugendlichen und älteren Menschen die Versorgung nicht immer ausreichend ist.

Mineralstoffzusammensetzung des menschlichen Knochens

Kationen	Anionen
36,7 % Ca^{2+}	50 % PO_4^{3-}
0,6 % Mg^{2+}	7,6 % CO_3^{2-}
0,8 % Na^+	0,04% Cl^-
0,15% K^+	0,05% F^-

Calcium im Organismus

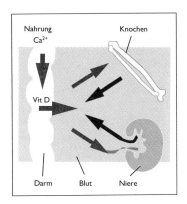

Vitamin D fördert die Ca-Resorption. Aus dem Blut wird Ca^{2+} in die Knochen transportiert und dort gelagert oder über die Niere ausgeschieden. Ist zu wenig Ca^{2+} im Blut vorhanden, wird der Ca-Speicher „Knochen" angezapft und weniger Ca^{2+} über die Niere ausgeschieden.

Aus der aktuellen Diskussion

Es wird zur Zeit diskutiert, daß möglicherweise die Kombination einer hohen Phosphatzufuhr und eines nicht voll gedeckten Calcium-Bedarfes die Ausbildung von Kalkarmut im Skelett (Osteoporose, s. S. 000) begünstigt.

Jodversorgung in Deutschland 1992

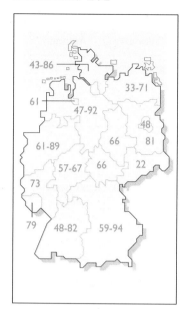

Quelle: R. Gutekunst

Wieviele Prozent vom Jodbedarf tatsächlich gedeckt werden, zeigt die obige Grafik. Die Zahlen basieren auf einer Untersuchung, die in 36 deutschen Städten durchgeführt wurden. Angegeben sind immer die höchsten und die niedrigsten gemessenen Werte in einem Bundesland. Beispiel: Nur 48% ihres Jodbedarfs deckten die Einwohner einer baden-württembergischen Stadt. Die am besten mit Jod versorgten Baden-Württemberger deckten ihren Bedarf aber auch nur zu 82%.

Spurenelemente

Die tägliche Aufnahme von Spurenelementen durch den Menschen schwankt innerhalb weiter Grenzen und ist für die einzelnen Elemente sehr verschieden. Dennoch gilt für sie alle: der Mensch benötigt sie nur in sehr geringen Mengen, eben nur in Spuren.

Eisen (Fe)

Gute Eisenlieferanten sind Leber, Eigelb, Fleisch und grüner Salat.

Funktion

Seine Hauptaufgabe ist die Mitwirkung am Aufbau des roten Blutfarbstoffes (Hämoglobin). Dessen Funktion im Körper wiederum ist der Transport von Sauerstoff überall dorthin, wo er für biologische Oxidationen benötigt wird. Das Blut von Männern hat einen höheren Eisengehalt als das von Frauen. Außerdem ist Eisen am Aufbau des Muskelfarbstoffes (Myoglobin) und verschiedener Enzyme beteiligt.

Bedarf und Mangelerscheinungen

Die wünschenswerte Zufuhr beträgt ca. 10 bis 15 mg pro Tag. Die Bedarfsdeckung wirft vor allem bei Frauen im gebärfähigen Alter, ganz besonders aber während der Schwangerschaft, Probleme auf. Die Empfehlungen für Schwangere liegen bei 30, die von Stillenden bei 20 mg pro Tag. Diese Bevölkerungsgruppe ist von einem versteckten Eisenmangel ständig bedroht. Symptome sind: allgemeine Schwäche und Abfall der körperlichen und geistigen Leistungsfähigkeit.
Ein hoher Eisenmangel mit deutlich krankhaftem Erscheinungsbild ist selten und tritt, wenn überhaupt, eigentlich nur während der Schwangerschaft auf. Symptome: Stark verringerte Bildung des roten Blutfarbstoffes (Anämie).

Jod (J)

Gute Jodquellen sind vor allem Seefische, aber auch Milch und Eier. In manchen Ländern ist ein Jodzusatz zu Speisesalz gesetzlich vorgeschrieben.

Funktion

Jod wird als Jodid (J^-) sehr rasch aus der Nahrung aufgenommen und praktisch vollständig zum Aufbau der Schilddrüsenhormone verwendet.

Bedarf und Mangelerscheinungen

Der Tagesbedarf liegt bei 180 bis 200 µg. Eine ausreichende Versorgung ist in der Bundesrepublik Deutschland vor allem in den südlichen Regionen problematisch. Neben Seefischen, als den wichtigsten Jodlieferanten, spielen Milch und Eier noch eine große Rolle; außerdem sollte ausschließlich jodiertes Speisesalz verwendet werden.

Typisches Symptom von Jod-Mangelzuständen ist eine Vergrößerung der Schilddrüse, die schließlich zu Kropfbildung führt.

Weitere Spurenelemente im Überblick

Fluor (F)

Vorkommen: Kuhmilch, Trinkwasser, Obst, Gemüse.

Funktion: Bestandteil von Knochen und Zähnen (Härtung des Zahnschmelzes).

Bedarf: ca. 1,5 bis 4,0 mg pro Tag.

Mangel: Neigung zu Karies (s. S. 280).

Kobalt (Co)

Vorkommen: Leber, Getreide, Hülsenfrüchte.

Funktion: Aktiviert verschiedene Enzyme.

Bedarf: ca. 5 µg pro Tag.

Mangel: Stoffwechselstörungen.

Mangan (Mn)

Vorkommen: Hauptsächlich pflanzliche Nahrungsmittel, Obst, Gemüse, Getreide.

Funktion: Aktiviert Enzymsysteme und wirkt bei der Knochenbildung mit.

Bedarf: ca. 2 bis 5 mg pro Tag.

Mangel: Allgemeine Stoffwechselstörungen.

Molybdän (Mo)

Vorkommen: Hülsenfrüchte, Getreide, Kartoffeln, Leber, Niere.

Funktion: Bestandteil von Enzymen.

Bedarf: ca. 200 µg pro Tag.

Mangel: Allgemeine Stoffwechselstörungen.

Zink (Zn)

Vorkommen: Rindfleisch, Leber, Hülsenfrüchte.

Funktion: Bestandteil des Blutplasmas, Bestandteil von Enzymen.

Bedarf: 12 bis 15 mg pro Tag.

Mangel: Allgemeine Stoffwechselstörungen.

Aufgaben

1. Erstellen Sie den Speiseplan für ein Abendessen, das ohne Milch und Milchprodukte $1/3$ des Tagesbedarfs an Calcium deckt. Wie leicht oder auch wie schwierig ist es, seinen Calciumbedarf ohne Milch und Milchprodukte zu decken?

2. Leistungssportler trainieren für die Olympiade im Hochgebirge. Sie sollen dadurch mehr rote Blutkörperchen bilden. Erläutern Sie, welchen Vorteil ein erhöhter Anteil an roten Blutkörperchen im Blut den Sportlern bringt und wie sich dieses Training auf den Eisenbedarf auswirkt.

3. Begründen Sie, daß Frauen einen höheren Eisenbedarf haben als Männer.

4. Informieren Sie sich auf Seite 280 über die Bedeutung und die Problematik der Fluoranwendung im Zusammenhang mit Karies.

2.4.2 Gemüse

Gemüsehändler im alten Rom

Gemüse ist im Unterschied zu Obst meist herzhafter im Geschmack und kräftiger im Aroma. Die Gewebestrukturen sind weniger zart, da Gemüse reicher an Ballaststoffen ist. In einer ausgewogenen Ernährung dient es gemeinsam mit Obst als Hauptlieferant von Vitaminen und Mineralstoffen.

2.4.2.1 Gemüsearten

Gemüse ist die allgemeine Bezeichnung für Pflanzen und Pflanzenteile, die roh oder gegart verzehrt werden können. Je nach botanischer Besonderheit und Herkunft unterscheidet man verschiedene Gruppen.

Fruchtgemüse (siehe Seite 127)

Hierzu zählen unreife Hülsenfrüchte und ausgereifte Früchte, wie Tomaten, Gurken und Paprika.

Bohnen
Je nach Anbau unterscheidet man drei Arten.

— **Buschbohnen** wachsen wie winzige „Büsche" auf kurzen Stielen. Es gibt grünfarbige (grüne Bohnen) und gelbfarbige (Wachsbohnen) Sorten.

— **Stangenbohnen** mit ihren langen dünnen Stengeln werden an Stangen gezogen. Ihre Hülsen sind meist breit und flach und eignen sich daher besonders gut zum Schnibbeln.

— **Ackerbohnen** werden auch Dicke, Große oder Puffbohnen genannt. In einer festen behaarten Hülse sind zarte grüne Kerne eingeschlossen. Sie werden jung und grün verzehrt; die Hülse ist ungenießbar.

Prinzeßbohnen

So heißen die zarten, frühreifen Buschbohnen. Sie werden unzerteilt als feines Gemüse zubereitet.

Delikateßbohnen

So nennt man die etwas größeren, immer noch zarten Buschbohnen.

Brechbohnen

So heißen gelbe oder grüne Buschbohnen, die so groß und fleischig sind, daß sie in mundgerechte Stücke gebrochen werden können.

Keimlinge — eine Bohnenbesonderheit

Von der Sojabohne und der grünen Mungobohne gibt es auch Keimlinge zu kaufen. Sie können als Salat oder als Gemüse zubereitet werden. Die Keimlinge sind besonders reich an Eiweiß und Vitamin C und haben einen frischen zarten Geschmack.

Erbsen
Erbsen werden entweder enthülst oder mitsamt der Schote gegessen. Als frisches Gemüse schmecken sie nur im Stadium der Vorreife. Man kennt auch hier verschiedene Arten.

— **Markererbsen** haben ein runzeliges, fas eckiges Aussehen. Sie sind sehr zart und leicht süßlich im Geschmack, da ihre Kohlenhydrate zum Teil als Zucker vorliegen.

— **Palerbsen** sind glatt und kugelig. Sie haben einen hohen Stärkegehalt und schmecken daher leicht mehlig.

— **Zuckererbsen** sind sehr klein und besonders zart. Wegen ihres hohen Zuckergehaltes haben sie einen ausgeprägt süßlichen Geschmack. Diese besonders edle Sorte kann mit Schote gegessen werden.

Fruchtgemüse

Tomaten

Dieses energiearme Gemüse ist besonders reich an Vitaminen, vor allem β-Carotin. Tomaten sind bei uns das ganze Jahr über im Angebot. Tomaten sind sehr druckempfindlich und faulen leicht, wenn ihre Schale verletzt wurde. Nach der Form unterscheidet man die einzelnen Sorten.

Die Hauptsorten:

— **Runde Tomaten** sind am vielseitigsten verwendbar und hauptsächlich auf dem Markt vertreten.

— **Fleischtomaten** haben ein stärker ausgebildetes Fruchtfleisch, aber weniger Saft.

— **Längliche Tomaten** werden bei uns weniger angeboten und sind vor allem auf den Märkten der Mittelmeerländer zu finden.

Paprika

Paprika wächst auf einjährigen buschigen Pflanzen. Er wird fast überall in Europa angebaut und ist das ganze Jahr über frisch zu haben. Ideale Früchte haben eine feste, glatte und glänzende Haut. Bei der Zubereitung müssen die Früchte aufgeschnitten und die weißen Samenkerne und Innenhäute herausgeschnitten werden. Die verschiedenen Farben von Paprika lassen auf den Reifegrad schließen.

— **Grüne Paprika** sind Schoten, die gerade erst die Reife erreicht haben, und schmecken besonders mild.

— **Rote Paprika** sind Früchte im vorgerückten Stadium der Reife und schmecken leicht süßlich.

Gurken

Gurken gehören zu den energieärmsten Gemüsen überhaupt. Im Winter werden sie in Treibhäusern gezogen und sind daher das ganze Jahr über zu haben. Bei uns sind hauptsächlich zwei Sorten im Handel:

— **Salatgurken** müssen Mindestgewichte haben: Freilandgurken mindestens 180 g, Treibhausgurken mindestens 250 g. Bei Gurken sitzt ein Großteil der Mineralstoffe direkt unter der Schale. Man sollte Salatgurken daher nicht schälen, sondern nur sorgfältig waschen.

— **Einlegegurken** sind meist Freilandgemüse und kommen vom Spätsommer bis zum Herbst auf den Markt. Sie werden mit verschiedenen Gewürzen als Cornichons, Salz-, Zucker- oder Dillgurken eingelegt.

Kirschtomaten: klein aber fein
Diese Mini-Tomaten sind wegen ihres intensiven Aromas bei Kennern sehr beliebt und besonders gut für Salate und Rohkost geeignet.

Gelbe Paprika
Sie sind bei manchen Pflanzenarten ein Zwischenstadium der frühen und späten Reife.

Tip zum Zubereiten
Salz entzieht der stark wasserhaltigen Gurke Flüssigkeit und gleichzeitig wasserlösliche Vitamine und Mineralstoffe. Gurken daher erst kurz vor der Verwendung salzen.

Aubergine

Zucchini

Sie stammen ursprünglich aus Mittelamerika, haben sich aber inzwischen auch bei uns eingebürgert. Sie werden klein gepflückt, weil sie dann am schmackhaftesten sind. Zucchini können sehr vielfältig zubereitet werden; man kann sie roh als Salat essen und gebraten, gedünstet oder geschmort.

Auberginen

Sie stammen aus Hinterindien, werden heute aber in allen Mittelmeerländern angebaut. Auberginen schmecken roh nicht; sie müssen gekocht, geschmort oder ausgebacken werden. Auberginen sind sehr mild im Geschmack und lassen sich daher mit vielen anderen Gemüsearten kombinieren.

Wurzelgemüse

Möhren sind das einzige Gemüse, das man bereits Säuglingen unter vier Monaten geben kann.

Was sind ätherische Öle?

Diese Substanzen kommen als Aroma- und Geschmacksstoffe in Pflanzen vor. Ihr chemischer Aufbau ist außerordentlich kompliziert.

Mohrrüben

Sie sind das Gemüse mit dem höchsten Gehalt an β-Carotin. Ihr Geschmack ist wegen des relativ hohen Fructose-Gehaltes leicht süßlich.

Nach der Form unterscheidet man zwei Sorten:

— **Möhren** heißen die länglichen, walzenförmigen Wurzeln.

— **Karotten** sind dagegen rundlich und gedrungen. Sie werden fast ausschließlich zu Konserven verarbeitet.

Beim Zubereiten sollte man stets etwas Fett zusetzen, damit das wertvolle Provitamin A besser vom Organismus ausgenutzt werden kann.

Sellerie

Auf dem Markt werden zwei Arten angeboten:

— **Knollensellerie** ist eine fleischige Wurzel, die einen eigentümlichen würzigen Geruch und leicht süßlichen Geschmack besitzt. Das ist auf ihren Gehalt an ätherischen Ölen und an Invertzucker zurückzuführen. Sie wird im Oktober und November geerntet und sowohl als Gemüse als auch zum Würzen (Suppengrün) verwendet. Die Knollen sollen eine glatte Oberfläche haben und dürfen innen nicht hohl und pelzig sein.

— **Staudensellerie** wächst in Büscheln, deren Stengel bis zu 50 cm hoch werden können. Die Stauden haben eine blasse Farbe, weil sie während des Wachsens abgedeckt werden. Sie enthalten reichlich ätherische Öle und schmecken daher sehr würzig. Staudensellerie eignet sich für Salate und die warme Küche. In England und Amerika knabbert man die würzigen Stangen am liebsten roh aus der Hand.

Schwarzwurzeln

Ihren Namen tragen sie wegen der schwarzbraun gefärbten Rindenschicht. Angeboten werden Schwarzwurzeln im Spätherbst und in den Wintermonaten. Ihrer leichten Verdaulichkeit wegen werden sie auch in der Krankenkost geschätzt. Beim Einkauf sollte man auf ganze, unverletzte Stangen achten. Sie werden geschält, und dann entweder gekocht und mit Soße angerichtet, oder paniert und ausgebacken.

Rote Bete
Die blutroten Wurzeln werden in ganz Europa angebaut. Angeboten werden sie den ganzen Winter über bis in den Frühling hinein. Besondere Bedeutung besitzen sie als Rohkost und Salat.

Kohlgemüse

Kohlgemüse ist nicht nur reich an wertvollen Inhaltsstoffen, sondern auch noch sehr preiswert und bestens lagerfähig.

Weißkohl
Er ist die bei uns am häufigsten angebaute Kohlart. Die weißlichgelben Köpfe müssen fest und geschlossen sein. Weißkohl wird als Rohkost oder Salat oder gekocht bzw. gedünstet zubereitet.

Rotkohl
Er hat wie Weißkohl feste, runde Köpfe und wird in gleicher Weise verarbeitet.

Wirsing
Seine Köpfe sind weniger fest als Weiß- und Rotkohl. Er eignet sich nicht zum Rohverzehr. Er hat einen sehr typischen, kräftig ausgeprägten Geschmack.

Grünkohl
Er ist ein typisches Wintergemüse, das ab Spätherbst auf den Markt kommt. Am schmackhaftesten und bekömmlichsten ist Grünkohl, wenn er ein paar Frostnächte mitgemacht hat. Das frische Gemüse hat kräftig grüne Blätter. Welke, gelbliche Blätter dürfen nicht mehr angeboten werden.

Rosenkohl
Er kommt ebenfalls erst im Spätherbst und in den Wintermonaten auf den Markt. Der Rosenkohl ist eine zweijährige Pflanze, die ihre Blattknospen in Form kleiner Röschen entwickelt. Diese Kohlart kann nicht lange gelagert werden. Die Blättchen werden rasch gelb und welk. Roh ist Rosenkohl nicht genießbar. Am besten wird er gedünstet.

Blumenkohl
Er ist wegen seines feinen Geschmacks und seiner guten Bekömmlichkeit eines unserer beliebtesten Feingemüse. Blumenkohl wird ab September/Oktober bis November angeboten. Bis zur neuen inländischen Ernte im Frühsommer wird dann Blumenkohl aus Italien und Frankreich importiert. Die Kopfgröße ist unterschiedlich. Neben großen, festen Köpfen werden kleinere angeboten, die sich für Suppen und Salate gut eignen und zudem noch preiswerter sind. Die sogenannte „Blume" muß bei frischem Kohl schneeweiß sein. Eine Gelbfärbung läßt auf längere Lagerzeit schließen.

Tip zum Zubereiten

Damit die Stangen nicht braun werden, nach dem Schälen sofort in Essigwasser legen.

Spitzkohl: exquisiter Weißkohl

Er ist eine hochwertige Weißkohlsorte mit spitz zulaufendem Kopf. Spitzkohl ist zarter, schmeckt feiner und riecht weniger stark „nach Kohl".

Tip zum Zubereiten

Kopfkohlarten wirken blähend. Diese Wirkung kann man durch Zugabe von Kümmel beim Garen mildern.

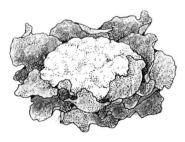

Tip zum Zubereiten

Blumenkohl vor dem Zubereiten mit dem Strunk nach oben ca. 30 Minuten in Salz- oder Essigwasser legen. Kleine Raupen und Insekten bleiben dann im Wasser zurück.

Kohlrabi

Dieses oft als Knolle bezeichnete Gemüse ist eigentlich ein verdickter Stengel. Kohlrabi wird bei uns fast das ganze Jahr über angeboten.

Man unterscheidet zwei Sorten:

— **Weiße Kohlrabi** haben eine weiße bis zartgrüne Schalenfarbe. Ihr Fleisch ist sehr zart und schmeckt mild-süß. Da sie beim Lagern leicht holzig werden, sollte man sie bald verbrauchen.

— **Blaue Kohlrabi** sind meist Freiland-Pflanzen und haben eine bläulich-violette Farbe. Sie werden weniger schnell holzig.

Brokkoli

Er ist ein naher Verwandter des Blumenkohls und zeichnet sich ebenfalls durch einen feinen Geschmack aus. Man verzehrt nicht nur die zarten grünen Köpfchen, sondern auch die fleischigen Strünke. Brokkoli ist empfindlich gegen Druck, Wärme und Licht; er kann daher nicht lange gelagert werden.

Brokkoli

Chinakohl

Er stammt, wie der Name schon vermuten läßt, ursprünglich aus Asien. Seine längliche Köpfe haben zartgelbe bis dunkelgrüne Blätter. Er wird fast das ganze Jahr über angeboten. Man kann ihn sehr gut als Salat zubereiten, aber auch gedünstet verzehren. Er ist zarter und bekömmlicher als alle anderen Kohlarten. Noch ein Vorteil: er läßt sich, in Folie verpackt, problemlos viele Tage im Kühlschrank lagern.

Blattgemüse

Salat

Unter Salat versteht man Gemüsepflanzen, die ausnahmslos roh verzehrt werden. Der hohe Wassergehalt macht diese Gemüse zu erfrischenden, appetitanregenden und dazu noch energiearmen Nahrungsmitteln. Dieser Wassergehalt hat aber auch seinen Nachteil; Salat welkt sehr rasch. Hauptsächlich werden bei uns folgende Salatsorten angeboten:

— **Kopfsalat** ist des Bundesdeutschen liebste Sorte. Pro Jahr werden bei uns ca. 500 Millionen Köpfe verzehrt. Kopfsalat muß ein Gewicht von mindestens 150 g haben.

— **Feldsalat** ist eine kultivierte Wildform. Die Blätter sind zu einer Rosette verwachsen. Er ist besonders würzig im Geschmack und hat den höchsten Eisengehalt von allen Blattsalaten.

— **Eisbergsalat** kommt aus Kalifornien. Seine Blätter enthalten besonders viel Wasser. Daher ist er sehr knackig und schmeckt kühl und frisch.

— **Endiviensalat** hat einen leichten Bittergeschmack. Endivien haben grüne, krause Köpfe, deren Inneres nur zartgelb getönt ist.

- **Radicchio** ist eine italienische Züchtung. Die Blätter der faust-
  großen, rot-weißen geäderten Köpfe schmecken leicht bitter
  und sind dadurch sehr erfrischend.

- **Eichblattsalat** ist ebenfalls eine Neuzüchtung mit grünen,
  bräunlich umrandeten Blättern. Er hat einen kräftigen, leicht
  bitteren Geschmack.

Spinat

Spinat ist ein Gemüse, das zu jeder Jahreszeit angeboten wird. Im
Frühjahr und Herbst sind seine Blätter zart und fein. Winterspinat
ist vergleichsweise grob. Junger Spinat ist leicht verdaulich und
wegen seines hohen Eisengehaltes sehr wertvoll.

Chicorée

Dieses Gemüse wird vor allem in den Wintermonaten angeboten.
Die länglich-ovalen Blattköpfe müssen von zartgelber Farbe sein.
Bräunliche Verfärbungen sind ein Zeichen mangelnder Frische.
Chicorée kann roh als Salat oder gedünstet als Gemüse zubereitet
werden.

Zwiebelgemüse

Zwiebeln

Die Heimat der Zwiebel ist Westasien. Sie findet sich schon auf den
Denkmälern der alten Ägypter. Zwiebeln dienen in erster Linie
zum Würzen von Speisen, werden aber auch als Gemüse genossen.
Es gibt verschiedene Sorten, die nach Größe sortiert und in drei
Güteklassen angeboten werden.

- **Küchenzwiebeln** werden auch Hauszwiebeln oder Sommer-
  zwiebeln genannt. Sie sind das untere, verdickte Stammende der
  Zwiebelpflanze. Küchenzwiebeln sind bei uns am gebräuch-
  lichsten und haben den schärfsten Geschmack.

- **Gemüsezwiebeln** sind besonders groß. Unter der hellbraunen
  Schale sitzt das gelbliche, saftige, mild schmeckende Fleisch. Sie
  werden als Gemüse zubereitet und können geschmort, gekocht
  oder auch gegrillt werden.

- **Lauchzwiebeln** sind am unteren Ende nur wenig verdickt. Sie
  kommen ab Frühsommer frisch auf den Markt und werden
  zusammen mit den grünen Röhrenblättern zum Würzen und als
  Gemüse verwendet. Sie sind milder im Geschmack als Küchenzwiebeln. Wegen ihres hohen Wassergehaltes sind sie nur
  begrenzt lagerfähig.

- **Schalotten** als Kulturform der Küchenzwiebel sind kleine, eiför-
  mige, in Büscheln wachsende Zwiebeln. Sie schmecken aromatischer und feiner.

Porree

Er liefert rundliche, wenig verdickte Zwiebeln, die mit Wurzeln besetzt sind. Aus der Zwiebel heraus wächst ein langer Schaft, der mitverwendet wird. Porree ist als Gewürz und als Gemüse gleich beliebt. Bei uns wird Porree das ganze Jahr über angeboten.

— **Sommerporree** ist zart und dünn, mit hellem Schaft und zart-grünem Laub. Man verwendet ihn als Gewürz für Suppen und Eintöpfe und auch für Rohkost.

— **Winterporree** ist dick und kräftig, mit kräftig-grünem Laub. Der Geschmack ist mild. Winterporree eignet sich daher besonders gut für die Zubereitung als Gemüse.

Stengelgemüse

Spargel

So werden die aus den Wurzeln treibenden Stengelsprossen der Spargelpflanze bezeichnet. Bereits in der Antike war Spargel als fei-nes Gemüse sehr beliebt. Die Erntezeit liegt zwischen April und Juni. Neben dem zarten weißen Spargel wird der geschmacklich herbere Grünspargel angeboten.

EG-Qualitätsnormen für Gemüse

Gemüseart	erlaubte Handels-klassen
Artischocken	Extra I II III
Auberginen	I II III
Stangen-sellerie	I II
Blumenkohl	Extra I II III
Chicorée	Extra I II III
Gemüse-paprika	I II
Prinzeß-bohnen	Extra I II
sonst. Bohnen	I II
Gurken	Extra I II III
Kopfkohl	I II
Kopfsalat	I II III
Endivie	I II III
Möhren	Extra I II
Erbsen	Extra I II
Porree	I II III
Rosenkohl	I II III
Spargel	Extra I II III
Spinat	I II
Tomaten	Extra I II III
Zucchini	I II III
Zwiebeln	I II III

2.4.2.2 Handelsklassen

Um dem Verbraucher die Orientierung beim Einkauf zu erleich-tern, sind im Rahmen der EG, wie bei anderen Nahungsmitteln auch, Handelsklassen festgelegt worden.

Die Definition der Handelsklassen für Gemüse stimmt mit denen für Obst überein.

Klasse Extra

— hervorragende Qualität

— keinerlei Mängel

Klasse I

— gute Qualität

— kleinste Fehler

Klasse II

— marktfähige Qualität

— kleinere Fehler in Farbe und Form

Klasse III

— marktfähige Qualität

— auch größere Abweichungen in Farbe und Form sind möglich.

Nicht alle Gemüsearten sind für die Klasse III zugelassen.

2.4.2.3 Nährwert von Gemüse

Gemüse hat in seiner Nährstoffzusammensetzung viel Ähnlichkeit mit Obst. Beide sind mit die wichtigsten Quellen zur Deckung des Vitamin- und Mineralstoffbedarfs des Menschen.

Gemüse sind ausgesprochen energiearme Nahrungsmittel. Bis auf grüne Erbsen und Schwarzwurzeln liegt der Brennwert bei allen Arten unter 200 kJ pro 100 g. Der Grund dafür: Sie erhalten zwar meßbare, aber dennoch sehr geringe Mengen an Fett und im Vergleich zu Obst deutlich weniger Kohlenhydrate. Ihr Eiweißanteil ist ebenfalls sehr gering. Wertvoll sind sie durch ihren Gehalt an Vitaminen und Mineralstoffen.

2.4.3 Küchentechnische Verarbeitung von Obst und Gemüse

Wie wir bereits wissen, sind alle Vitamine sehr empfindliche Stoffe und können bei unsachgemäßer Verarbeitung von Nahrungsmitteln mehr als nötig Schaden erleiden. Mineralstoffe sind zwar nicht empfindlich gegen Hitze, Sauerstoff und UV-Strahlen, sind aber wasserlöslich, d. h. mineralstoffreiche Nahrungsmittel können „auslaugen".

Wie man den Verlust hitzeempfindlicher Vitamine so gering wie möglich halten kann:

— Ankochzeiten so kurz wie möglich halten, entweder durch Garen mit wenig Flüssigkeit oder Zusetzen in wenig Wasser.

— Garzeit so kurz wie möglich halten durch Verwendung von geeignetem Kochgeschirr wie Töpfe mit gut schließendem Deckel oder Einsatz des Dampfdrucktopfes.

— Speisen nie warmhalten, sondern besser erkalten lassen und neu aufwärmen, wenn möglich, im Mikrowellengerät.

— Gemüse und Obst öfter roh verzehren.

Wie man den Verlust an sauerstoffempfindlichen Vitaminen so gering wie möglich halten kann:

— Nahrungsmittel erst unmittelbar vor der Zubereitung zerkleinern.

— Zerkleinerte Nahrungsmittel abdecken, damit Sauerstoff keinen Zutritt hat.

Wie man Obst und Gemüse am besten lagert:

— unter Luftabschluß
— Obst und Gemüse getrennt in einem dunklen Raum oder im Kühlschrank
— kühl lagern, für längere Lagerung einfrieren.

Wie man den Verlust an UV-empfindlichen Vitaminen so gering wie möglich halten kann:

— Nahrungsmittel lichtgeschützt lagern.

— Zerkleinerte Nahrungsmittel abdecken, damit kein Licht einwirken kann.

Wie man den Verlust an wasserlöslichen Vitaminen und Mineralstoffen so gering wie möglich halten kann:

— Nahrungsmittel unzerkleinert und zügig mit kaltem Wasser waschen.

— Nahrungsmittel nie im kalten Wasser liegenlassen.

— Möglichst wenig Flüssigkeit zum Garen verwenden.

— Kochwasser stets mitverwenden.

Aufgaben

1. Erstellen Sie eine Tabelle, in der Sie die einzelnen Gemüsearten ihren jeweiligen Gruppen zuordnen. Beispiel: Rotkohl zählt zum Kohlgemüse.

2. Unterscheiden Sie: wann wird ein Nahrungsmittel a) zum Gemüse, b) zum Obst, c) zum Getreide gezählt?

3. Sogenannte „grüne Diäten", bei denen nahezu ausschließlich Gemüse und Obst verzehrt wird, sind als Schlankheitsdiäten sehr beliebt. Überprüfen Sie, ob dabei der Bedarf an allen lebenswichtigen Stoffen in ausreichender Weise gedeckt wird.

4. Welche Zwiebeln verwenden Sie am besten

   a) zum Anbraten mit Gulasch, b) für einen Zwiebelkuchen, c) als Lagerzwiebeln für den Winter, d) zum Füllen mit Hackfleisch. Begründen Sie jeweils Ihre Entscheidung.

5. Beim Einkauf von Bohnen ist die Auswahl groß. Unterscheiden Sie die verschiedenen Bohnenarten und geben Sie jeweils ein Beispiel für ein geeignetes Gericht.

6. Wieviel Prozent des täglichen Vitamin-C-Bedarfes deckt ein bunter Paprikasalat aus 300 g Paprikaschoten?

7. Begründen Sie, warum Gemüse als ernährungsphysiologisch besonders wertvolles Nahrungsmittel gilt. Vergleichen Sie Ihre Kriterien mit den Kriterien, die bei der Einteilung in Handelsklassen gelten.

8. Erläutern Sie die Regeln, die bei der Zubereitung von Obst und Gemüse eingehalten werden sollten, um Qualitätseinbußen möglichst gering zu halten.

2.5 Genußmittel

Nahrungsbestandteile, die man ohne Berücksichtigung ihres Nährwertes nur aufgrund ihrer Annehmlichkeit aufnimmt — so könnte
man in etwa die Gruppe der Genußmittel umreißen.

2.5.1 Kaffee

„Bei den Türken hat man eine Art von Gewächsen, welche sie
abdörren und zu Pulver stoßen. Hernach in warmes Wasser tun,
damit ein Trank daraus werde. Hiervon gedenken sie einen Mut
und scharfe Sinne zu bekommen..."

Soweit ein Reisebericht aus dem beginnenden 17. Jahrhundert.
1630 legte in Venedig das erste Schiff an, das diesen Wundertrank
nach Europa brachte, und von da an war der Siegeszug des Kaffees
auch im Abendland nicht mehr aufzuhalten. Heute ist Kaffee das
Lieblingsgetränk Nr.1 des Bundesbürgers.

**Pro-Kopf-Verbrauch in
Deutschland: Rohkaffee (kg)**

Jahr		Verbrauch
1950		1,0
1960		3,4
1970		4,9
1980		7,1
1990		7,5

*Von seiner Urheimat Äthiopien
aus hat sich der Kaffeebaum
entlang des Äquators ausgebreitet.
Es geht die Legende, daß der französische Kapitän Clieu seine
schmale Wasserration mit einem
Kaffeebäumchen teilte und so die
erste Pflanze heil über den
Atlantik brachte.*

Was viele am Kaffee mögen

Für Duft und Geschmack sind unzählige Aromastoffe zuständig.
Schon einige hundert von ihnen hat man näher untersucht, und
doch ist es bis heute nicht gelungen, im Labor einen „künstlichen"
Kaffee herzustellen.

Als Muntermacher gilt Coffein. Dieser Stoff wirkt anregend auf
Gehirn, Herz und Kreislauf und erhöht somit die Leistungsfähigkeit. Außerdem regt er die Harnausscheidung an. Je nach Sorte enthält Kaffee um die 1,5% Coffein.

*Kaffee, der in Hochlagen
über 1200 m angebaut wird
(Hochlandkaffee), ist
besonders aromatisch und
gilt als Qualitätskaffee.*

**Wie Kaffeebohnen weiter-
verarbeitet werden:**

— Verschiedene Rohkaffee-
sorten von unterschiedli-
cher Herkunft und Qualität
werden gemischt

— Die rohen Bohnen werden
geröstet.

Ist Kaffee schädlich?

In normalen Mengen genossen
sicher nicht. Ein gesunder
Erwachsener kann drei bis
vier Tassen täglich trinken,
ohne Schaden.

Ein Zuviel an Coffein kann
dagegen zu Nervosität, Schlaf-
losigkeit und Übererregbarkeit
führen.

Besonders empfindlich reagieren Ungeborene und Säug-
linge. Schwangere und Stillende sollten das bedenken.

Einige Inhaltsstoffe von Kaffee
regen die Produktion von
Magensäure an. Manche
Magenkranke vertragen Kaffee daher nicht gut.

**Was beim Kaffeekochen
wichtig ist**

Die richtige Kaffeemenge
Für Filterkaffee: ein gestriche-
ner Kaffeelöffel (6 bis 8 g) pro
Tasse.
Für löslichen Kaffee: ein
gehäufter Kaffeelöffel (1,8 g)
pro Tasse.

Das richtige Wasser
Nicht zu hart sollte es sein und
sprudelnd kochend über den
Kaffee gegossen werden.

Das richtige Kaffeegefäß
Aus Porzellan, Keramik oder
Glas.

2.5.1.1 Vom Baum in die Tasse — ein weiter Weg

Warmes, feuchtes Klima braucht der Kaffeebaum, damit er gedeiht
und dunkelrote, kirschähnliche Früchte (s. Abb.) trägt, die zumeist
noch einzeln von Hand gepflückt werden müssen. Jede dieser
Früchte enthält zwei Samen, die gelbgrünen Kaffeebohnen. Diese
gelangen, nachdem sie aus der Umhüllung geschält worden sind,
per Schiff nach Europa.

Kaffeekirschen   *Kaffeeprobe*

2.5.1.2 Kaffee für Leute, die Kaffee nicht vertragen

Entcoffeinierter Kaffee
Den Kaffeebohnen wird mit Hilfe von Lösungsmitteln der weitaus
größte Teil ihres Coffeins entzogen. Höchstens 0,08 % Coffein darf
dieser Kaffee noch enthalten. Eine Alternative für Kranke und
Herzempfindliche. Der Kaffeegeschmack bleibt erhalten.

Reizstoffarmer Kaffee
Bei diesem Verfahren läßt man - unter erhöhtem Druck - Wasserdampf auf die Bohnen einwirken. Sogenannte Reiz- und Bitter-
stoffe, die bei Magen-, Leber- und Gallenempfindlichen Unverträglichkeiten verursachen können, werden auf diese Weise entfernt. Der Coffeingehalt wird dadurch aber nicht verändert.

Kaffee, ein empfindliches Gut: wie man mit ihm umgeht

Sauerstoff und Luftfeuchtigkeit bewirken einen schnellen Abbau
der Aromastoffe, deshalb:

— Nur so viel Kaffee kaufen, wie man in kurzer Zeit verbrauchen
kann. Je frischer der Kaffee, desto besser. Besonders gilt dies
natürlich für den Kauf von gemahlenem Kaffee.

— Zu Hause luftdicht und geschützt vor Licht und Fremdgerüchen
im Kühlschrank aufbewahren. Am besten in der gut verschlossenen Originalpackung.

2.5.1.3 Kaffee ohne Kaffeefilter: löslicher Kaffee

Nicht überall, wo man sich gerne eine Tasse Kaffee zubereiten möchte, hat man Kaffeefilter, Filterpapier oder gar eine Kaffeemaschine zur Verfügung. Nicht immer ist Zeit genug, auf Filterkaffee zu warten. Löslicher Kaffee schließt hier die „Versorgungslücke". Um ihn herzustellen, wird gerösteter Kaffee gemahlen und mit heißem Wasser daraus ein flüssiges Konzentrat hergestellt. Dieses wird dann getrocknet. Für diese Trocknung gibt es verschiedene Verfahren. Bei der Gefriertrocknung bleiben verhältnismäßig viele Aromastoffe erhalten.

> *Aberglaube ist, daß Kaffee einen schnelleren Abbau von Alkohol im Körper bewirkt. Man wird durch Kaffee vielleicht wach, aber nicht nüchtern.*

Aufgaben	
	1. Unterscheiden Sie: „Entcoffeinierter" Kaffee, „Reizstoffarmer" Kaffee, Kaffeemittel. 2. Diskutieren Sie: — Ein Kaffeebaum liefert pro Jahr etwa ein Pfund Kaffeebohnen. — Die Kaffee-Ernte ist Handarbeit. — Ein Pfund Kaffee kostet bei uns etwa 8,00 DM.

Was Kaffeemittel sind

Man nennt sie auch salopp Muckefuck (von franz. mocca faux = falscher Mokka). Sie haben mit echtem Bohnenkaffee nichts zu tun, sondern werden aus gemälztem Getreide, vor allem Gerste, Roggen oder Zichorie gewonnen.

2.5.2 Tee

„Tee weckt den guten Geist und die weisen Gedanken. Er erfrischt Deinen Körper und beruhigt Dein Gemüt. Bist Du niedergeschlagen, wird Tee Dich ermutigen."

Kaiser Tsching-Nung (2737-2697 v. Chr.)

Tee ist mit Sicherheit eines der ältesten Getränke der Menschheit. Wann, wo und wie man entdeckt hat, daß sich aus Blättern des Teestrauches ein wohlschmeckendes Getränk zubereiten läßt, weiß man heute nicht mehr. Eine chinesische Legende erzählt, der Kaiser Sheng-Nung habe im Jahre 2737 v. Chr. durch Zufall den Tee entdeckt: Er befand sich auf einer Reise und kochte, wie immer, aus hygienischen Gründen sein Trinkwasser ab. Einige Blätter fielen dabei ins Wasser, färbten es und verliehen ihm ein angenehmes Aroma.

Während er auch heute noch in China, Indien, Japan und in Rußland das beliebteste Getränk ist, hat Tee bei uns weit weniger Freunde gefunden als z.B. der etwa zur gleichen Zeit nach Europa gelangte Kaffee. Iren und Engländer weisen nicht nur in Europa, sondern weltweit den höchsten Pro-Kopf-Verbrauch an Tee auf. Leidenschaftliche Teetrinker sind aber auch die Ostfriesen. Mit einem Konsum von 2,5 kg Tee pro Person und Jahr stehen sie hinter den Iren und Engländern kaum zurück und gehören damit - was das Teetrinken anbelangt - zur absoluten Weltspitze. Mit bescheidenen 200 g Tee pro Kopf und Jahr begnügt sich dagegen der durchschnittliche Bundesbürger außerhalb Ostfrieslands.

Ostfriesische „Teekultur"

In Ostfriesland ist Tee keine reine Geschmackssache, sondern ein Stück Zivilisation. Jeder willkommene Gast bekommt zunächst einmal Tee angeboten. Als unhöflich gilt dabei, weniger als drei Tassen zu trinken. Damit würde der Gast nämlich andeuten, daß der Tee nicht gut schmeckt. Wenn man nicht mehr nachgeschenkt haben möchte, stellt man den Löffel in die leere Tasse.

2.5.2.1 Was ist drin im Tee?

Vergleicht man den Teekonsum der Bundesdeutschen mit dem anderer Europäer, so ist er zweifellos sehr niedrig. Vergleicht man ihn aber mit dem Verbrauch von vor 35 Jahren, so kann man eine Steigerung auf über das Doppelte feststellen. 1954 lag der Durchschnittsverbrauch an Tee nämlich noch bei 90 g pro Kopf und Jahr. Tee ist, so scheint es, vor allem bei jungen Leuten „in Mode". Eine positive Entwicklung? Schauen wir uns dazu zunächst an, was Tee zu bieten hat:

Geschmack und Aroma

Unzählige Aromastoffe sorgen für den speziellen Geschmack und ein unverwechselbares Aroma der einzelnen Teesorten.

Coffein und Gerbstoffe

1,4 bis 4% Coffeingehalt, das hört sich nach viel an, besonders, wenn man den als Coffeinträger viel bekannteren Kaffee zum Vergleich heranzieht. Neben dem Tee-Coffein — früher nannte man es Thein — gehen von den Teeblättern auch Gerbstoffe in den Aufguß über.

Was die „Zieh-Dauer" von Tee für Konsequenzen hat

— Anregend wirkt der Tee, wenn man ihn nur kurz auf den Blättern ziehen läßt, denn das belebende Coffein wird gleich in den ersten Minuten frei.

— Mit zunehmender Zieh-Dauer steigt der Anteil beruhigender Gerbstoffe im Tee.

Die sogenannten Gerbstoffe, von denen es im Tee rund 20 verschiedene gibt, wirken beruhigend auf den Magen-Darm-Trakt.

Spurenelemente und Kalium

Hier schließt Tee eine echte Versorgungslücke. Der „Mangel-Mineralstoff" Fluor, für die Festigkeit von Knochen und Zähnen unverzichtbar, ist in nennenswerten Mengen im Tee enthalten. Schon etwa fünf bis sechs Tassen Tee am Tag leisten einen beachtlichen Beitrag zu einer optimalen Versorgung mit Fluor. Außerdem sind Kalium und Mangan enthalten.

Theanin

Dieser Stoff puffert die anregende Wirkung des Coffeins noch zusätzlich ab. Er begünstigt damit eher die beruhigende Wirkung des Tees und hat sicherlich seinen Teil zu dem chinesischen Sprichwort beigetragen: „Wer Tee trinkt, vergißt den Lärm der Welt".

2.5.2.2 Aus Blättern ein Getränk

Je nach Anbaugebiet sind verschieden viele Ernten pro Jahr möglich. Die Erntezeit ist einer von vielen möglichen Einflüssen auf die Qualität des fertigen Tees.

Geerntet werden heute nahezu ausschließlich die beiden jüngsten Blätter und die Knospe eines Triebes. Sie ergeben den hochwertigsten Tee.

Erst durch Milch und/oder Zucker wird Tee zum Energieträger. Tee ohne Milch und Zucker liefert dem Körper keine Energie.

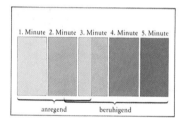

1. Minute 2. Minute 3. Minute 4. Minute 5. Minute

anregend   beruhigend

Wichtig:

Länger als fünf Minuten sollte man Tee nicht ziehen lassen, ein Zuviel an Gerbstoffen macht den Tee herb und kann zu Verstopfung führen.

Tee verringert die „Ausnutzung" des Nahrungseisens, deshalb sollte man ihn möglichst nicht in Verbindung mit dem Verzehr „eisenreicher" Nahrungsmittel trinken!

Teeanbaugebiet

Teeblätter mit Knospe

Die Verarbeitung des Ernteguts erfolgt in der Teefabrik vor Ort.

Arbeitsablauf:

1. Welken

Die Teeblätter werden auf großen Rosten ausgebreitet, wo sie in 12 bis 18 Stunden so weit welken, daß sie für die Weiterverarbeitung geschmeidig sind.

Welken

2. Rollen

Zwischen großen Metallplatten werden die Blätter nun gerollt. Dadurch brechen die Zellwände auf und der Zellsaft kommt mit dem Luftsauerstoff in Kontakt.

3. Fermentieren

Bei diesem Vorgang wird der Zellsaft oxidiert und vergoren. Das typische Teearoma entwickelt sich dadurch. Die vormals grünen Blätter werden kupferrot. Coffein wird aktiviert, der Anteil der herb schmeckenden Gerbstoffe dagegen verringert. Damit der fertige Tee das gewünschte Aroma aufweist, muß der Fermentationsprozeß zum richtigen Zeitpunkt unterbrochen werden.

Rollen

4. Trocknen

Dabei trocknet der Zellsaft am Teeblatt fest, um sich erst wieder beim Aufguß im kochenden Wasser zu lösen. Der Tee färbt sich während des Trockenvorgangs schwarz. Er ist danach über lange Zeit, mindestens aber vier Jahre lang, haltbar. Nach dem Trocknen ist der Tee praktisch „aufgußfertig".

5. Sortieren

Die beim Rollen entstandenen Blattbruchstücke werden nach ihrer Größe - man spricht auch von Blattgröße oder Blattgraden - ausgesiebt.

Fermentieren

Das CTC-Verfahren

Dies ist eine relativ neue, aber sehr erfolgreiche Art der Aufbereitung von Teeblättern. CTC bedeutet:

Crushing (Zerbrechen), **T**earing (Zerreißen), **C**urling (Rollen).

Nach dem Welken und Rollen wird das Blattgut zusätzlich zwischen Dornenwalzen zerrissen, so daß die Zellwände noch weiter aufbre-

167

Geschmack und Aroma von Tee werden beeinflußt von:

— Teesorte
— Erntezeit
— Herkunftsgebiet
— Blattgröße
— Zubereitung.

Blattgrößen von Tee

Blatt-Tee
Tee in ganzen Blättern kommt kaum noch in den Handel.

Broken-Tees
Bei diesen Tees liegen die Blätter in mehr oder weniger großen Bruchstücken vor. Ca. 98 % aller Tees kommen so in den Handel.

Herkunftsgebiete von Tee

Darjeeling
Von dort kommt besonders aromatischer Tee.

Assam
Von dort kommen dunklere, kräftig-würzige Sorten, die auch mit hartem Wasser bereitet werden können und gern für Mischungen verwendet werden.

Ceylon
Sri Lanka heißt als Anbauland für Tee noch immer Ceylon. Die Sorten von dort sind herb und liegen in der Farbe zwischen Darjeeling- und Assam-Tee.

chen und der Zellsaft noch besser mit dem Luftsauerstoff in Kontakt kommt. Stengel und Blattrippen werden bei diesem Verfahren weitgehend ausgesondert. Man erhält einen sehr ergiebigen, intensiv gefärbten Tee.

2.5.2.3 Tee-Vielfalt

Auf den ersten Blick muten sie wie eine Geheimsprache an, „Darjeeling, Orange Pekoe, Fannings" und andere Begriffe, die auf den Teepackungen erscheinen. Worüber geben sie Auskunft? Außer der Erntezeit, die mit „first flush", erste Ernte, „second flush", zweite Ernte usw. angegeben ist und der Tee-Sorte, sind auch Herkunftsgebiet und Blattgröße von entscheidender Bedeutung für Geschmack und Aroma des fertigen Tees.

Einige wichtige Broken-Tee-Sortierungen:

— Flowery Broken Orange Pekoe (FBOP), die feinsten und aromatischsten Broken-Tees

— Broken Orange Pekoe (BOP), kräftigeres Aroma, ebenfalls gute Qualität

— Broken Pekoe (BP), bei der herkömmlichen Produktion ein Tee mit vielen Stengeln und Blattrippen, daher dünn im Aufguß, bei der CTC-Produktion eine kräftige Qualität

— Fannings (F), sehr kleine Blatt-Teilchen

— Dust (D), nicht Staub, aber die kleinste Sortierung, die beim Sieben anfällt.

Fannings und Dust sind sehr ergiebig und ergeben einen kräftigen Geschmack. Sie werden vor allem als „Teebeutel-Tee" angeboten. Beim CTC-Verfahren entstehen hauptsächlich Fannings- und Dust-Qualitäten.

2.5.2.4 Keine Lust auf Tee?
Vielleicht liegt es an falscher Zubereitung?
So macht man's richtig

— Die Teekanne (sie wird nur für Tee benutzt!) mit heißem Wasser
ausspülen.

— 1 Teelöffel Tee oder einen Teebeutel pro Glas oder Tasse hinein-
geben.

— Frisches, sprudelnd kochendes Wasser auf den Tee gießen und
zugedeckt drei bis fünf Minuten ziehen lassen. Die meisten Tees
mögen kein zu hartes Wasser (s. S. 178).

— Kurz umrühren und durch ein Sieb in eine zweite Kanne gießen
bzw. den Teebeutel herausnehmen.

Aufgaben

1. Im Handel wird auch grüner Tee angeboten.
Er wird nahezu auf die gleiche Weise gewonnen. Der Unterschied: Bei der Aufbereitung
der Teeblätter fehlt ein Arbeitsgang. Welcher
Arbeitsgang ist das und wie wirkt sich dies auf Geschmack
und Verträglichkeit des Tees aus?

2. Teebeutel-Tees werden zumeist nach dem CTC-Verfahren hergestellt. Beurteilen Sie die Qualität dieser Tee-Variante.

**Was in der Bundesrepublik
an Tee verbraucht wird,
kommt**

— zu 30% aus Indien

— zu 15% aus Ceylon

— zu 15% aus China

— zu 10% aus Indonesien

— zu 7% aus Kenia

der Rest aus verschiedenen
anderen Ländern.

2.5.2.5 Früchte- und Kräutertees

Laut Lebensmittelgesetz sind sie eigentlich gar keine Tees, sondern
teeähnliche Erzeugnisse, die Aufgüsse aus Früchten, Blüten, Wurzeln und Blättern von Pflanzen. So lange es sie gibt, hat man sie
aber schon als Tee bezeichnet.

Seit Jahrhunderten nicht wegzudenkender Bestandteil jeder Haus-
apotheke, wurden sie erst Anfang dieses Jahrhunderts durch das
Aufkommen der modernen Medikamente verdrängt. Seit einigen
Jahren aber erinnert man sich gerne wieder an die Heilkräfte der
Pflanzen, und Arzneitees sind gefragt wie schon lange nicht mehr.

Wenn heute Kräuter- und Früchtetees schon die Hälfte des gesamten Teemarktes ausmachen, so dürfte dies aber kaum auf die stoff-
wechselanregende, magenberuhigende Wirkung der Pfefferminze
oder auf die krampflösende Funktion von Fenchel, auch nicht auf
die harn- und nierenleiden-lindernde Wirkung der Hagebutte
zurückzuführen sein. Vielmehr zeichnet ein von vielen Menschen
als angenehm empfundener Geschmack bei einer enormen Sortenvielfalt diese Produkte aus. Daß sie außerdem keine Energie liefern
und, im Gegenteil zu dem früher oft mühsamen und zeitraubenden
Sammeln und Aufbereiten, schnell und mühelos zuzubereiten sind,
trägt wohl zu ihrer Beliebtheit bei.

2.5.3 Kakao

Von ihren Eroberungszügen in Mittelamerika brachten die Spanier im 17. Jahrhundert auch die Kakaobohnen, die Samen des Kakaobaumes, mit nach Europa. Dort, im alten Mexiko, waren die Kakaobohnen schon seit über 1000 Jahren bekannt. Sie wurden als Zahlungsmittel verwendet - und auch damals schon dienten sie als Grundlage für ein Getränk. Das hatte allerdings mit dem, was wir heute unter „Kakao" verstehen, nur sehr wenig gemeinsam, denn es wurde nicht mit Zucker, sondern scharf gewürzt, z.B. mit rotem Pfeffer, zubereitet. So erhielt es wohl auch seinen Namen „xocoatl" (von xococ = sauer, herb, würzig und atl = Wasser), von dem unser Kakao abgeleitet wurde.

Der Kakaobaum nahm im Leben der Indianer Mittelamerikas eine bedeutende Stellung ein.
Hier: der Kakaobaum als eine der vier Jahreszeiten in einem Kalender aus dem 14. Jahrhundert.

Was man heute aus „xocoatl" macht

Der Kakaobaum wächst vor allem in Westafrika, in Süd- und Mittelamerika und in Indonesien. Wie längliche Honigmelonen sehen die 15 bis 25 cm langen Früchte aus. Sie enthalten die weißen Kakaobohnen, den Rohstoff, aus dem unser Kakao hergestellt wird.

Schon unmittelbar nach der Ernte der Kakaofrüchte beginnt die Verarbeitung.

Arbeitsablauf

1. Die dicken, fleischigen Fruchtschalen werden entfernt.

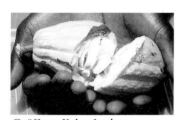

Geöffnete Kakaofrucht

2. Die rohen Kakaobohnen werden nun einer Fermentation unterworfen. Dieser Arbeitsgang ist uns schon von der Teeaufbereitung her bekannt.

3. Durch das Trocknen kommt die Fermentation zum Stillstand. Außerdem sind die Kakaobohnen nach dem Trocknen haltbarer und überstehen so unbeschadet den Transport in die europäischen Abnehmerländer.

4. Der endgültige Kakaogeschmack wird bei der Röstung ausgebildet.

5. Die gerösteten Bohnen werden dann gebrochen, die Schalen entfernt und in mehreren Arbeitsgängen immer feiner gemahlen, bis eine flüssige Kakaomasse entsteht.

Was die Fermentation bewirkt:

— Der Anteil der Gerbstoffe wird verringert, der Geschmack dadurch milder.

— Aromastoffe, die für den Kakaogeschmack typisch sind, beginnen sich zu bilden.

— Die Kakaobohnen färben sich braun.

6. Durch Pressen fließt die Kakaobutter aus. Als Rückstand bleibt der Kakaopresskuchen.

Bei Kakaopulver gibt es Unterschiede

— „Schwach entölter" Kakao enthält mindestens 20 % Fett. Er schmeckt mild und löst sich verhältnismäßig gut. Gerne wird er in Getränken verwendet.

— „Stark entölter" Kakao enthält mindestens 8 % Fett. Er ist herber im Geschmack und kann z.B. zum Backen sehr gut Verwendung finden.

— „Instant-Kakao-Getränkepulver" enthalten nur etwa 20 % Kakaopulver. Sie bestehen hauptsächlich, nämlich zu rund 80 %, aus Zucker. Daneben sind sie oft mit Vitaminen und Mineralstoffen angereichert.

Beim Kakao kommt nicht nur — wie bei Kaffee und Tee — ein Auszug aus dem Produkt zum Verzehr, sondern die gesamte Bohne. Kakao enthält daher Nährstoffe und ist als Energielieferant nicht zu unterschätzen.

Schokoladenbesonderheiten

Je nach Art und Menge der Zutaten teilt man Schokolade in verschiedene Qualitätsstufen ein.

Die Geschmacksrichtungen sind vielfältig und können hier nicht alle beschrieben werden. Auch sie werden durch Art und Menge der einzelnen Schokoladenbestandteile entscheidend geprägt. Allgemein gilt: Je mehr Kakaobestandteile eine Schokolade enthält, desto bitterer schmeckt sie.

Halbbitter- und Zartbitterschokolade
Sie enthält mindestens 50 % Kakaomasse. Da bei diesen Sorten auch der Kakaobuttergehalt relativ hoch ist (mindestens 18 %), sind sie teurer als andere Schokoladensorten.

Weiße Schokolade
In ihr ist kein Kakao enthalten. Sie muß stattdessen mit mindestens 20 % Kakaobutter hergestellt werden.

2.5.4 Alkoholische Getränke

2.5.4.1 Bier

Von keinem Getränk, außer Kaffee, wird in der Bundesrepublik so viel getrunken wie von Bier. Rund viertausend verschiedene Sorten bieten allein die deutschen Brauereien dem Bierfreund zur Auswahl.

Bier hat eine uralte Tradition. Schon vor sechstausend Jahren war seine Herstellung im Orient bekannt. Aber auch bei uns weiß man seit mehr als zweitausend Jahren, wie man Bier braut.

War Bierbrauen ganz zu Anfang noch eine Sache der Frauen, so wurden etwa ab 1000 n. Chr. die Klöster zu wichtigen Brauzentren. Daneben entwickelte sich das Bierbrauen in den Städten langsam zu einem selbständigen Handwerk. Aus dem Mittelalter stammt das sogenannte Reinheitsgebot. Es wurde von Herzog Wilhelm IV. von Bayern erlassen und besagte, daß Bier lediglich aus Gerste, Hopfen und Wasser hergestellt werden dürfe.

Für Weizenbier darf außer Gerste Weizen verwendet werden.

So wird Bier gebraut

Braumalz

Ausgangsstoff dafür ist die Gerste. Sie wird zunächst zum Keimen gebracht. Dabei beginnt aus dem Korn eine neue Pflanze zu wachsen. Um diese junge Pflanze zu ernähren, wird die Vorratskammer des Korns angegriffen: Die Stärke wird abgebaut. Malz enthält daher einen hohen Anteil an Maltose (Malzzucker!) und Glucose. Der Keimungsvorgang wird durch das sogenannte Darren unterbrochen. Man versteht darunter einen Trocknungsvorgang bei steigender Temperatur. Dabei färbt sich das Malz nach und nach dunkel.

> Je länger der Darr-Prozeß, desto dunkler das entstehende Braumalz, desto dunkler das daraus gebraute Bier.

Hefe

Sie ist ein unentbehrliches Hilfsmittel bei der Vergärung von Glucose und Maltose zu Alkohol. Je nach Heferasse entstehen „untergärige" oder „obergärige" Biere.

Untergärig, das bedeutet: Die Hefe setzt sich nach dem Gärvorgang am Bottichboden ab. Die weitaus meisten Biere (ca. 85 %) sind untergärig.

Bei obergärigen Bieren schwimmt die Hefe nach dem Gären an der Oberfläche und kann abgeschöpft werden.

$$C_6H_{12}O_6 \xrightarrow{\text{Hefe}} 2\,C_2H_5OH + 2\,CO_2$$

Bei der alkoholischen Gärung entstehen aus vergärbaren Kohlenhydraten Ethanol und Kohlendioxid.

Hopfen

Die zapfenartigen Früchte der Hopfenpflanze liefern die charakteristischen Bitter- und Aromastoffe und können Eiweiß ausfällen.

Wasser

Es ist mengenmäßig der Hauptbestandteil von Bier und muß selbstverständlich Trinkwasserqualität aufweisen. Auch die Wasserhärte ist für die jeweiligen Biersorten von großer Bedeutung.

Hopfen

> *Das Reinheitsgebot aus dem Jahre 1516 gilt nach wie vor. Nur Hefe, sie war im Mittelalter noch unbekannt, darf heute bei der Bierproduktion zusätzlich Verwendung finden. Seit 1987 kann in der Bundesrepublik auch ausländisches Bier verkauft werden, das zum Teil Zusätze wie Konservierungsstoffe enthält.*

Untergärige Biere:
— Pils
— Exportbiere.

Obergärige Biere:
— Altbier
— Kölsch
— Weißbier.

Der Brauprozeß

1. Braumalz wird mit Wasser erhitzt. Der bei der Keimung begonnene Abbau der Stärke zu Doppel- und Einfachzucker setzt sich weiter fort.

2. Alle unlöslichen Stoffe, z.B. die Ballaststoffe des Gerstenkorns oder große Eiweißmoleküle, werden abfiltriert. Das Wasser, in dem die wasserlöslichen Stoffe Glucose, Maltose und einige Eiweißstoffe noch vorliegen, heißt Bierwürze.

3. Zusammen mit Hopfen wird die Bierwürze nun gekocht. Dabei gibt Hopfen seine Bitter- und Aromastoffe frei und bewirkt, daß das Eiweiß ausfällt.

4. Das ausgefällte Eiweiß und die Hopfenrückstände werden abfiltriert, die Flüssigkeit abgekühlt.

5. Was jetzt noch an vergärbaren Teilchen in dem flüssigen „Gebräu" vorhanden ist, also im wesentlichen Glucose und Maltose, heißt Stammwürze. Etwa ein Viertel bis zu einem Drittel der Stammwürze wird jetzt zu Alkohol und Kohlensäure vergoren. Es entsteht das sogenannte Jungbier.

6. Nach einigen Wochen des Nachreifens wird das Bier durch eine nochmalige Filtration von noch vorhandenen Trübteilchen befreit, in Flaschen oder Fässer abgefüllt und gelangt zum Verkauf.

> *Eiweiß verdirbt schnell. Durch seine Ausfällung wird Bier länger haltbar.*

Je nach Stammwürzegehalt unterscheidet man verschiedene Biergattungen:

Einfachbier:	2 bis 5,5%
Schankbier:	7 bis 8 %
Vollbier:	11 bis 14 %
Starkbier:	über 16 %

98,9% der in der Bundesrepublik gebrauten Biere sind Vollbiere.

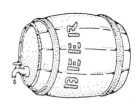

2.5.4.2 Wein

Als Lebenssymbol galt er vorgeschichtlichen Völkern, den alten Ägyptern war er heilig. Er fand Eingang in die altgriechische Dichtkunst und Medizin, und auch in der Bibel wird er erwähnt. Auch heute noch ist Wein für die meisten Menschen kein x-beliebiges Alltagsgetränk, sondern etwas Besonderes, ein Genußmittel eben im ursprünglichen Sinn des Wortes.

Wie das Lebensmittelgesetz Wein beschreibt:

„Ein Erzeugnis, das ausschließlich durch vollständige oder teilweise Gärung der frischen, auch gemaischten, Weintrauben oder aus Traubensaft gewonnen wird."

Vom Rebstock zur „Blume": die Weinbereitung

Im Prinzip ist die Bereitung aller Weine gleich. Sofort nach der Ernte wird zunächst das Mostgewicht festgestellt, der entsprechende Meßwert wird als Öchslegrad bezeichnet. Er entscheidet über die spätere Qualität.

Weißwein

Die Trauben werden samt Stiel und Stengel gepreßt und, um die Haltbarkeit zu verbessern, mit schwefliger Säure behandelt (geschwefelt) und der Saft anschließend vergoren.

Rotwein

Beim Rotwein wird nicht der Traubensaft (Most), sondern die zerquetschten Beeren (Maische) vergoren.

Roséwein

Er wird aus roten oder blauen Trauben nach Art des Weißweins gewonnen.

Weinsorten

Es gibt:
— Weißwein
— Rotwein
— Roséwein.

> *Blume heißt in der Fachsprache der Duft des Weines.*

Was sind Öchsle-Grade?

Die Einheit „Grad Öchsle" gibt an, wieviel Gramm ein Liter Saft (Most) mehr wiegt, als ein Liter Wasser.

Beispiel: Wiegt ein Liter Most 1065 g, so beträgt das Mostgewicht 65 Grad Öchsle.

Qualitätsstufen:

— Tafelwein
— Qualitätswein
— Qualitätswein mit Prädikat.

Prädikate:

Sie werden nach dem Most-gewicht vergeben:
— Kabinett
— Spätlese
— Auslese
— Beerenauslese
— Trockenbeerenauslese.

Geschmacksangaben

Sie richten sich nach dem Restzuckergehalt des Weines:
— trocken
— halbtrocken
— lieblich
— süß

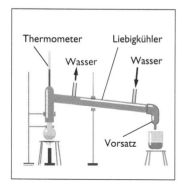

Grundstoff Wein:

Deutsche Weine: Weinbrand
Französische Weine, je nach Anbaugebiet: Cognac, Armagnac
Apfelweine: Calvados

Grundstoff Getreide:

z.B. „Weizenkorn"
   Whisky

Orientierung am Weinregal

Klima, Rebsorte, Lage des Weinbergs, Verarbeitung und andere Faktoren wirken sich ganz wesentlich auf die Eigenschaften eines Weines aus. Hinweise auf Qualität und Geschmack gibt das Wein-etikett.

Schaumwein

Dies ist der Oberbegriff für alle schäumenden Weine, die aus Trau-benwein hergestellt sein müssen. Es gibt drei Qualitätsstufen: Schaumwein, Qualitätsschaumwein oder Sekt und als edelsten: Qualitätsschaumwein bestimmter Anbaugebiete.

2.5.4.3 Spirituosen

Branntweine

Der „Geist in der Flasche" entsteht durch eine vergleichsweise ein-fache physikalische Reaktion, die Destillation:

Alkohol siedet bei 78 °C, Wasser aber erst bei 100 °C. Erhitzt man also ein Alkohol-Wasser-Gemisch, z.B. Wein, dann wird zuerst Alkohol verdampfen. Durch Abkühlen läßt sich der Alkoholdampf wieder verflüssigen und kann als alkoholreicheres „Destillat" ge-sammelt werden.

Die Vielfalt der angebotenen Spirituosen entsteht durch

— unterschiedliche Ausgangsstoffe. Bei der Destillation gehen nämlich Aromastoffe des Ausgangsproduktes in das Destillat über.

— unterschiedliche Behandlung der Ausgangsstoffe. So wird z.B. Getreidestärke vor der Destillation enzymatisch gespalten und vergoren.

— unterschiedliche Reifebedingungen

Branntweine lagern zumeist mehrere Monate, z.T. sogar Jahre in Fässern, bis sich das charakteristische Aroma voll ausgebildet hat.

— unterschiedliche Mischung verschiedener Destillate.

Liköre

Die Basis eines Likörs besteht entweder aus reinem Alkohol, der mit Wasser auf Trinkstärke verdünnt wird oder aus einem Branntwein. Unverwechselbar wird er jedoch erst durch die anderen Zutaten, z.B. Früchte, Kräuter und Aromastoffe. Der Mindestalkoholgehalt für deutsche Erzeugnisse beträgt je nach Likörsorte zwischen 20 und 30 Vol.-%.

2.5.4.4 Alkohol — ein Genuß wird zur Gewohnheit

Ein Bier in geselliger Runde, zu einem festlichen Essen ein Glas Wein. Neun von zehn Bundesbürgern trinken Alkohol mehr oder weniger häufig. Doch: Bleibt es im Normalfall bei einem Glas?

Der Alkoholkonsum ist in der Zeit von 1950 bis etwa 1980 auf das Vierfache gestiegen und bleibt seitdem in etwa konstant. Bei rund 178 Litern lag 1985 der durchschnittliche Pro-Kopf-Verbrauch an alkoholischen Getränken in der Bundesrepublik. Das Verhältnis zum Alkohol wird, so läßt sich daraus schließen, kaum noch vom Genußwert der jeweiligen Getränke bestimmt.

Getrunken wird überall und zu jeder Zeit: am Arbeitsplatz, in der Mittagspause, nach Feierabend, vor dem Fernseher, beim Stammtisch, zum Essen. Eine wohlbestückte Hausbar gehört zum guten Ton. Gästen bietet man eine Auswahl alkoholischer Getränke an — und man erwartet selbstverständlich, daß sie nicht ablehnen.

Was bei dem sorglosen Umgang mit Alkohol nicht zur Kenntnis genommen wird: Alkohol ist ein Gift und das auch schon in Mengen, in denen er von vielen Menschen täglich getrunken wird.

Alkohol schädigt den Körper

— Er zerstört Nerven- und Gehirnzellen. Bei Alkoholikern lassen sich nach mehreren Jahren ein Nachlassen der Intelligenz und Persönlichkeitsveränderungen beobachten.

— Er verursacht Entzündungen von Magenschleimhaut und Bauchspeicheldrüse.

— Er bewirkt schwere Schädigungen der Leber. Fettleber und Leberzirrhose sind bei Alkoholikern häufig.

— Er schädigt die Nieren.

— Er beeinträchtigt die Fruchtbarkeit bei Männern und Frauen und kann im Extremfall zu Sterilität führen.

— Er weitet die Blutgefäße und schädigt sie dadurch langfristig. Somit leistet er einen Beitrag zur Entstehung von Arteriosklerose.

Grundstoff Obst:

aus vergorenem Obst: Obstwasser, z.B. Kirschwasser

aus unvergorenem Obst: Obstgeist

Grundstoff Zuckerrohr:

vergorenes Zuckerrohr-Melasse-Gemisch: Rum

Energiebombe Alkohol

Am Zustandekommen des Übergewichts vieler Bundesbürger ist Alkohol wesentlich beteiligt, denn 1 g Alkohol liefert 30 kJ. 1 Flasche Bier: 1000 kJ 1 Flasche Wein (0,7 l): 3000 kJ

Wieviel darf man trinken?

Eine nicht zu beantwortende Frage, denn die Alkoholverträglichkeit jedes Menschen ist verschieden.

Körperliche Schäden treten mit hoher Wahrscheinlichkeit auf bei einem täglichen Alkoholkonsum ab 1 g/kg Körpergewicht bei Männern, ab 0,5 g/kg Körpergewicht bei Frauen.

Für eine 50 kg schwere Frau bedeutet das: 25 g Alkohol, die Menge, die etwa in 1 Flasche Bier oder in 0,25 l Wein enthalten ist, täglich getrunken, kann schon zuviel sein.

Alkohol schädigt auch die Seele: er kann süchtig machen

Alkoholismus ist eine unheilbare Suchtkrankheit, deren Ursache man bis heute nicht kennt und von der man immer noch nicht weiß, warum sie bei manchen Menschen entsteht, bei anderen nicht. Im Gegensatz zur landläufigen Meinung ist es nicht so, daß ein hoher Alkoholkonsum unbedingt zur Sucht führt, mäßiges Trinken von Alkohol aber keine Suchtgefahr in sich birgt.

Typischer Krankheitsverlauf:

1. Phase: „Erleichterungstrinken", um Probleme besser in den Griff zu bekommen. Dadurch langsame Ausbildung der Abhängigkeit von der Flasche.

2. Phase: Heimliches Trinken, die Befürchtung, als übermäßiger Trinker eingestuft zu werden. Ständiges Denken an Alkohol und Sammeln von Alkoholvorräten. Schuldgefühle, Vermeiden des Themas „Alkohol" und heftige Reaktion, wenn die Rede darauf kommt.

3. Phase: Der Kranke kann nicht mehr aufhören, zu trinken. Es gelingt ihm immer weniger, seine Sucht zu verheimlichen. Auf Vorhaltungen seiner Umgebung reagiert er aggressiv oder ausweichend. Er macht sich starke Selbstvorwürfe. Der soziale Abstieg beginnt: Der Kranke vernachlässigt frühere Interessen und Beziehungen. Am Arbeitsplatz und in der Familie wachsen die Probleme.

Die Alkoholkrankheit betrifft daher nicht nur den Erkrankten selbst, sondern auch seine Umgebung, insbesondere die Familie. Wirksame Hilfe zu leisten, damit sind die Angehörigen im Normalfall überfordert. Sie sollten sich, da der Kranke selbst erfahrungsgemäß erst sehr spät zu einer Behandlung bereit ist, über angebotene Hilfsmöglichkeiten informieren. Krankenkassen helfen weiter, auch die örtlichen Gruppen der Anonymen Alkoholiker. Mancherorts gibt es sogar schon Selbsthilfegruppen für Angehörige von Alkoholikern.

Dem Alkohol am hilflosesten ausgeliefert: Kinder und Jugendliche

Dies gilt gleich in mehrfacher Hinsicht:

— Alkoholmißbrauch bei Schwangeren führt häufig zu Frühgeburten, die Kinder sind untergewichtig, leiden unter Wachstumsstörungen. Ihre körperliche und geistige Entwicklung ist verlangsamt, die Gefahr einer Mißbildung erhöht.

— Alkoholismus bei einem oder gar bei beiden Elternteilen und das dadurch bedingte soziale Elend wirken sich in krasser Weise negativ auf die Entwicklung der Kinder aus.

— Eltern, die selbst sorglos mit Alkohol umgehen, sind oft Vorbild für Alkoholmißbrauch von Jugendlichen.

— Gleichgültigkeit der Eltern und die Verharmlosung durch die Umwelt erleichtern Kindern und Jugendlichen den Griff zur Flasche. Alkohol scheint bestens dazu geeignet, Ängste zu vertreiben, leichter Kontakte zu finden, sich als stark und erwachsen darzustellen.

Aber: Je früher mit dem Alkoholtrinken begonnen wird, desto größer ist die Gefahr, daß daraus die Suchtkrankheit Alkoholismus entsteht.

— Der kindliche und jugendliche Organismus befindet sich noch im Aufbau. Er ist daher besonders anfällig für die Schäden, die Alkohol anrichten kann.

> Kinder unter 14 Jahren sollten grundsätzlich keinen Alkohol trinken.
> Jugendliche sollten durch Gespräche mit den Eltern und deren gutes Beispiel den verantwortlichen Umgang mit Alkohol lernen.

Aufgaben

1. Erklären Sie die Begriffe: „Braumalz", „Bierwürze", „Stammwürze".
   Wie hoch ist in etwa der Alkoholgehalt eines Vollbieres (Stammwürzegehalt 12%)?
2. Bei der Herstellung einiger alkoholischer Getränke wird Stärke enzymatisch gespalten.
   Erläutern Sie die chemischen Reaktionen, die ablaufen a) bei der Stärkespaltung selber und b) bei der Vergärung der Spaltprodukte.
3. Nennen Sie Anlässe, bei denen oft und gerne Alkohol getrunken wird und begründen Sie, warum gerade in diesen Situationen so viel Alkohol konsumiert wird.
4. Eine Untersuchung ergab, daß 77% der männlichen Alkoholiker unter 25 Jahre alt sind.
   Suchen Sie nach einer Erklärung für diese Häufung der Alkoholkrankheit.
5. Alkohol sollte Genußmittel im eigentlichen Sinne des Wortes sein. Nennen Sie Beispiele für Situationen, in denen man deshalb besser keinen Alkohol trinken sollte und begründen Sie.

2.5.5 Tabak

Freiheit, Abenteuer, unbeschwerte Jugend und „Dazugehören" — die Werbung läßt uns glauben, Rauchen sei ein Genuß ohne Reue. Doch Vorsicht: Nikotin und die anderen Inhaltsstoffe des Zigarettenrauchs sind gefährlich. Nicht von ungefähr bezeichnet man sie als Genußgifte.

Nikotin verengt die Blutgefäße

— der Blutdruck steigt. Nikotin wirkt damit in geringen Dosierungen anregend. Müdigkeit und Unlustgefühle können überbrückt werden. Steigerung des Blutdruckes bedeutet aber auch erhöhte Belastung der Blutgefäße, also auch erhöhte Gefahr der Entstehung von Arteriosklerose, Herzinfarkt, Hirnschlag.

— die Organe werden nicht optimal mit Nährstoffen und Sauerstoff versorgt. Diese Durchblutungsstörungen können z.B. das gefürchtete „Raucherbein" verursachen.

Kohlenmonoxid blockiert die Sauerstoffversorgung

— auch hier als Folge: Ungenügende Versorgung der Organe.

Teer lähmt die Schutzfunktion der Flimmerhärchen in Luftröhre und Bronchien

— Schadstoffe können so in die Atemwege gelangen, sich ablagern und somit einen hervorragenden Nährboden für Bakterien bilden. Die Folgen: Raucherhusten, chronische Bronchitis und Krebs vor allem der betroffenen Organe: Lippen, Rachen, Zunge, Kehlkopf, Luftröhre und Lunge.

> Es stirbt alle 13 Sekunden irgendwo auf der Welt ein Mensch an den Folgen des Rauchens.

> Rauchen ist um so gefährlicher:
> — je mehr Zigaretten pro Tag geraucht werden
> — je länger schon geraucht wird
> — je tiefer inhaliert wird
> — je kürzer die Kippe ist, die man übrig läßt
> — je höher der Schadstoffgehalt im Rauch ist.

2.6 Wasser und Getränke: die flüssige Nahrung

Wenn es gar nicht anders geht, dann kann der menschliche Organismus schon mal auf feste Nahrung verzichten, ohne daß es zu einer akuten Bedrohung für Leib und Leben kommt. Es dauert schon einige Zeit, bis sämtliche Nährstoffreserven aufgebraucht sind. Schiffbrüchige haben bis zu mehreren Wochen in ihren Rettungsbooten verbracht und diese Notzeit überstanden, natürlich geschwächt, aber noch am Leben. Die gleiche Zeit ohne jede Flüssigkeitsaufnahme hätte für sie den sicheren Tod bedeutet, denn über Wasserreserven verfügt der Körper nun mal nicht. Kanister mit Trinkwasser gehören daher auch zur Grundausrüstung für Notfälle, wenn damit gerechnet werden muß, daß dieses kostbare Naß ausgehen könnte.

Wasser ist ein Hauptbestandteil aller lebenden Organismen. Es muß daher regelmäßig aufgenommen werden.

2.6.1 Trinkwasser: die einfachste Art, den Durst zu löschen

In Trinkwasser sind sehr geringe Mengen an Salzen gelöst, die in Form von Ionen vorliegen.

Manche Ionenarten dürfen jedoch in Wasser nicht vorkommen; ihr Auftreten ist ein Hinweis auf Verunreinigungen. So deuten Ammonium (NH_4^+), Nitrit (NO_2^-) und Phosphat (PO_4^{3-}) darauf hin, daß Trinkwasser mit Fäkalien in Berührung gekommen ist, was natürlich nicht sein darf.

Nitrat (NO_3^-)-haltiges Wasser kann Kleinkindern gefährlich werden. Es muß bei der Verwendung solchen Wassers mit einer Erkrankung an Cyanose gerechnet werden, die besonders leicht bei Säuglingen in den ersten drei Lebensmonaten auftritt.

Was ist Cyanose?

Es kommt bei dieser Krankheit zu einer teilweisen Blockierung des Hämoglobins und damit der Sauerstoffversorgung. Die Erkrankten laufen blau an (cyan = blau).

2.6.1.1 Wasserhärte

Außerordentlich wichtig für die Beurteilung eines Wassers ist seine Härte. Unter Wasserhärte versteht man die Konzentration der gelösten Calcium- und Magnesium-Ionen. Trinkwasser besitzt normalerweise Härtegrade von 8° bis 12°.

„Weiches" Wasser hat Härtegrade darunter. „Hartes" Wasser hat Härtegrade darüber.

Was das Lebensmittelgesetz von Trinkwasser fordert

Es soll sein:

— appetitlich
— klar
— farblos
— geruchlos
— frei von Stoffen, die es später trüben könnten (Eisen- und Mangansalze)
— hygienisch einwandfrei.

Temporäre Härte

Calcium und Magnesium sind in Wasser als sogenannte Hydrogencarbonate gelöst. Beim Erhitzen werden diese Salze unlöslich und setzen sich als Kesselstein ab. Das Wasser ist danach weniger hart. Diese Art Härte ist also nur vorübergehend.

Permanente Härte

Ein geringer Teil der Calcium- und Magnesium-Ionen ist an Sulfat oder Silikat gebunden. Diese Salze scheiden sich beim Erhitzen nicht ab. Sie verursachen eine ständige (permanente) Härte.

2.6.1.2 Ernährungsphysiologische Bedeutung des Wassers

Wie wir bereits wissen, gehört Wasser mengenmäßig zu den Hauptbestandteilen des menschlichen Organismus. Beim Erwachsenen liegt der Gehalt bei ca. 50 bis 60%. Dabei hat der Körper von Frauen, wegen des ausgeprägteren Fettgewebes, einen geringeren Wassergehalt als der von Männern. Bei Säuglingen ist der Wassergehalt mit ca. 70% am höchsten.

Verteilung im Organismus

Je nach Aufgabe ist das Wasser im Organismus unterschiedlich verteilt.

Intrazellulär
So bezeichnet man das Vorkommen von Wasser in den einzelnen Zellen des Körpers. Es hat hier verschiedene Funktionen:

— Es hält die Zellen „in Form"; durch den Innendruck des Wassers bleiben sie straff.

— Es löst Inhaltsstoffe wie z. B. Mineralstoffe.

— Es ermöglicht das Ablaufen chemischer Reaktionen.

Extrazellulär
So bezeichnet man das Vorkommen außerhalb der Zellen. Auch hier hat Wasser verschiedene Funktionen:

— Als Bestandteil der Blutflüssigkeit dient es dem „Ferntransport" von Stoffen, also dem Transport über längere Strecken.

— Als Bestandteil der Gewebsflüssigkeit; sie befindet sich in unmittelbarer Umgebung der Zellen und ist für den „Nahtransport" von Stoffen verantwortlich. Die Gewebsflüssigkeit übernimmt vom Blut frischen Nachschub an lebensnotwendigen Stoffen, reicht diese an die Zellen weiter und übernimmt von dort Abbauprodukte des Zellstoffwechsels.

Transzellulärer Raum
So nennt man das Vorkommen von Wasser im Verdauungstrakt. Aus Speichel, Magen, Bauchspeicheldrüse, Galle und Dünndarm ergießen sich täglich ca. 8 Liter Flüssigkeit in den Verdauungstrakt. Diese Flüssigkeit wird jedoch auf dem Wege eines körpereigenen „Recyclings" im unteren Dünndarm und im Dickdarm wieder in das Blut zurückgeführt.

Wie wir unseren Wasserbedarf decken

Der Mensch scheidet über Harn, Kot, Schweiß und Atemluft ca. 2,5 Liter Wasser täglich aus. Dieser Verlust muß wieder ersetzt werden. Der Flüssigkeitsbedarf eines gesunden Erwachsenen liegt daher auch bei ca. 2 bis 2,5 Liter pro Tag.

Wie man die Wasserhärte mißt

Einheit für die Wasserhärte ist die deutsche Härte (d.H.), angegeben in ° (Grad).

Wasser von 1° deutscher Härte enthält pro Liter:
— 10 mg CaO (Calciumoxid)
— 7,14 mg MgO (Magnesiumoxid)

Formeln von Hydrogencarbonaten

Calciumhydrogencarbonat
$Ca(HCO_3)_2$

Magnesiumhydrogencarbonat
$Mg(HCO_3)_2$

Was ist die Gesamthärte?

Die Gesamthärte ergibt sich aus der Summe von temporärer und permanenter Härte.

Aufgaben des Wassers im Überblick

— Wasser ist Baustoff als Zellflüssigkeit und Bestandteil der Körperflüssigkeiten.

— Wasser ist Lösungsmittel für wasserlösliche Nahrungsbestandteile und körpereigene Substanzen.

— Wasser ist Transportmittel für gelöste Nahrungsbestandteile und körpereigene Stoffe.

— Wasser regelt die Körpertemperatur; es verdunstet als Schweiß von der Haut und wirkt dadurch kühlend.

Woher der Körper Wasser bekommt

— Über Getränke: 1,3 Liter
— Über wasserhaltige Nahrungsmittel: 0,8 Liter
— Über Oxidationswasser: 0,3 Liter

Wassergehalt einiger Nahrungsmittel

Nahrungsmittel	Gehalt
Gemüse, Obst	90%
Milch	88%
Fisch	80%
Eier	74%
Rindfleisch, mager	66%
Brot	38%

Der Siedepunkt erhöht sich unter Überdruck; das nutzt man beim Dampfdrucktopf oder beim Sterilisieren im Autoklaven.

Der Siedepunkt sinkt bei Unterdruck (Vakuum); das nutzt man bei der industriellen Trocknung von Nahrungsmitteln. Die anzuwendenden Temperaturen sind niedriger, das Verfahren ist also schonender.

Extraktion

So nennt man auch das Herauslösen von Inhaltsstoffen aus Nahrungsmitteln. Je höher die Wassertemperatur dabei, desto höher die herausgelöste Stoffmenge.

Das bedeutet aber nicht, daß wir unbedingt diese Menge an Flüssigkeit trinken müssen. Viele Nahrungsmittel, z. B. Obst, sind sehr wasserhaltig und tragen mit zur Wasserversorgung des Körpers bei. Außerdem entsteht bei der Verbrennung der Nährstoffe im Körper sogenanntes Oxidationswasser als Reaktionsprodukt.

Der normale Wasserbedarf kann durch verschiedene Einflüsse erhöht werden:

— Trockenes, heißes Klima erhöht die Wasserabgabe durch die Haut und die Atemluft.
— Körperliche Arbeit erhöht in gleicher Weise die Wasserabgabe.
— Gesalzene Speisen erhöhen die Elektrolytkonzentration im Blut; das wiederum bedeutet einen erhöhten „Wasserbindebedarf".
— Hohe Proteinzufuhr, oder Krankheitszustände mit Fieber, Durchfall usw. erhöhen ebenfalls den Wasserbedarf.

2.6.1.3 Küchentechnische Bedeutung von Wasser

Aus dem Geschehen in der Küche ist Wasser nicht mehr wegzudenken. Viele küchentechnische Verfahren beruhen auf der Anwendung von Wasser.

Gefrierpunkt und Siedepunkt: Wasser als Garmedium

Wasser ist bei normaler Temperatur eine Flüssigkeit. Wie andere flüssige Stoffe auch kann es jedoch seinen Aggregatzustand ändern. Bei 0 °C erstarrt es zu Eis. Das gilt allerdings nur für reines Wasser. Der Gefrierpunkt wäßriger Lösungen von z. B. Zucker oder Salz liegt niedriger, je mehr Stoff gelöst ist, desto tiefer. Diese Gefrierpunktserniedrigung ist auch beim Einfrieren von Nahrungsmitteln zu beobachten. Wegen der enthaltenen gelösten Substanzen gefrieren sie in einem Temperaturbereich zwischen −2 °C und −7 °C. Wasser siedet bei 100 °C, wenn der Druck über der Wasseroberfläche dem normalen Atmosphärendruck entspricht (1 bar). Bei dieser Temperatur lassen sich viele Nahrungsmittel problemlos garen.

Wasser als Lösungsmittel

Wasser ist für viele Nahrungsmittel ein gutes Lösungsmittel. Das nutzt man gezielt aus, z. B. beim Herstellen oder beim Bereiten von Tee. Das Wasser löst dabei wunschgemäß Inhaltsstoffe aus dem Nahrungsmittel heraus. Unerwünscht dagegen ist, wenn es durch die Einwirkung von Wasser, z. B. beim Waschen, zu Verlusten von Vitaminen, Mineralstoffen oder Geschmacksstoffen kommt.

Wasser als Quellmittel

Makromoleküle wie Stärke oder Eiweiß sind zwar in Wasser nicht löslich, können aber Wassermoleküle einlagern und dadurch ihr Volumen vergrößern, ein Vorgang, den man als Quellung bezeichnet. Er ist temperaturabhängig und verläuft in der Wärme schneller. Quellen können alle Nahrungsmittel, die Stoffe wie Eiweiß oder Stärke enthalten, z. B. Hülsenfrüchte oder Teig.

2.6.2 Tafelwässer

Man bezeichnet sie auch als Mineralwässer. Unter das Lebensmittelgesetz fallen sie nur dann, wenn sie als Erfrischungsgetränke in den Handel gebracht werden.

Mineralwässer
Sie sind aus natürlichen Quellen gewonnene Wässer, die pro Liter mindestens 1 g gelöste Salze oder 250 mg freies Kohlendioxid enthalten müssen.

Mineralarme Wässer
Sie entstammen ebenfalls natürlichen Quellen. Abgesehen von einem Kohlensäurezusatz sind sie unverändert.

Künstliche Mineralwässer
Sie sind Gemische aus den oben beschriebenen Wässern mit Trinkwasser. Zuweilen werden ihnen auch Mineralsalze und Kohlensäure zugesetzt.

Was sind Säuerlinge?

Diese Wässer haben einen natürlichen Gehalt von mindestens 1 g freiem CO_2 pro Liter.

2.6.3 Limonaden

Die Bezeichnung Limonade stammt von der Limone oder Zitrone. Früher verstand man darunter nichts anderes als Zitronensaft, vermischt mit Zucker und Wasser. Heute kann Limonade auch andere Fruchtsäfte enthalten.

Tonic water
Es enthält Zitrusauszüge und einen Chininzusatz von höchstens 0,085 g pro Liter. Der Zusatz muß deklariert sein.

Coffeinhaltige Limonaden
Neben Frucht- und Pflanzenauszügen, meist von der Kola-Nuß (Cola-Getränke), enthalten sie Coffein (höchstens 25 mg pro Liter). Der Gehalt muß deklariert sein.

Brausen
Sie sind nachgemachte Fruchtsaftgetränke und enthalten statt natürlicher Fruchtauszüge künstliche Essenzen. Der Zucker ist oft durch Süßstoff ersetzt.

2.6.4 Fruchtsäfte

Fruchtsäfte sind flüssige Auszüge aus frischem Obst. Um Kosten für den Transport zu sparen, werden sie häufig im Erzeugerland konzentriert. Im Verbraucherland verdünnt man sie dann wieder durch Zusatz von Wasser. Vor oder beim Abfüllen werden sie pasteurisiert.

Nach der gültigen Fruchtsaftverordnung werden industriell zubereitete Säfte aus frischem oder tiefgefrorenem, erntereifem Obst gewonnen, meistens durch Auspressen.

Fruchtsaftsortiment

Was für alle Fruchterzeugnisse gilt

Jeglicher Zusatz von chemischen Konservierungsstoffen ist verboten.

Noch ein Wort zur Kennzeichnung

Bei einem Hinweis auf hohen Gehalt an Vitamin C müssen pro Liter mindestens 300 mg Ascorbinsäure enthalten sein, die allein nur aus den verwendeten Früchten stammen.

Gemüsesäfte: noch ein Vitamin-Cocktail

Sehr beliebt bei gesundheitsbewußten Zeitgenossen sind Säfte aus z. B. Möhren, Tomaten, Rote Bete, Sauerkraut.

— **Gemüsesaft** ist das unverdünnte Saftprodukt, lediglich Geschmackszutaten sind erlaubt.
— **Gemüse-Cocktail** ist eine Mischung verschiedener Gemüsesäfte.
— **Gemüsetrunk** ist ein aus Gemüsesaft und Trinkwasser gemischtes Getränk.

Aufgaben

1. Welches der folgenden Getränke würden Sie als Tischgetränk zu einem Mittagessen empfehlen, welche halten Sie für weniger geeignet? Begründen Sie.
   a) Mineralwasser
   b) Orangenfruchtsaftgetränk
   c) Orangensaft
   d) Zitronenlimonade

2. Vergleichen Sie Orangensaft und frische Orangen hinsichtlich ihres Gehaltes an lebenswichtigen Inhaltsstoffen.

Fruchtsaft

Er ist unter den verschiedenen Arten von „flüssigem Obst" das Spitzenprodukt. Alles, was unter dieser Bezeichnung in den Handel kommt, muß tatsächlich reiner Saft sein, also vollständig aus gepreßtem Obst bestehen. Bei Fruchtsäften aus Konzentrat ist es gesetzlich zugelassen, eventuellen Mangel an Fructose durch Zucker auszugleichen; bis zu 15 g pro Liter sind erlaubt.

Fruchtnektar

Nektar ist eine Mischung aus Fruchtsaft, eventuell auch Fruchtmark mit Wasser und Zucker. Dabei ist ein Mindestfruchtanteil von 25 % vorgeschrieben. Der tatsächliche Fruchtgehalt muß auf dem Etikett vermerkt sein. Bei Nektaren gibt es folgende Unterschiede:

— Nektare aus Früchten, deren Saft auch „pur" gut schmeckt, wie z. B. Orangen, Äpfel, Birnen, Aprikosen oder Pfirsiche. Auch bei ihnen muß der Fruchtsaftgehalt angegeben sein.

— Nektare aus Früchten mit saurem Saft, die ohne einen Zucker-Wasser-Zusatz nicht sehr schmackhaft wären. Die bekanntesten Sorten sind Sauerkirsch- und schwarzer Johannisbeernektar. Man bezeichnete sie früher als Süßmost, eine Bezeichnung, die sie auch heute noch tragen dürfen.

Fruchtsaftgetränke

Sie sind durststillende Erfrischungsgetränke, deren Grundlage ein Tafelwasser ist. Ihm werden Fruchtsaft, Fruchtsaftgemische oder Dicksäfte zugesetzt. Der Fruchtsaftgehalt muß auch hier vermerkt sein. Er ist sehr unterschiedlich. So benötigen Fruchtsaftgetränke aus Kernobst oder Weintrauben einen Saftanteil von 30 %, während der Orangensaft nur 6 % aufweisen muß.

2.7 Würzmittel

Erst Kräuter und Gewürze geben einer Speise den letzten Pfiff und die persönliche Geschmacksnote; kaum ein Gericht, das ohne sie auskommt. Wer sich in der Welt des aromatischen Grüns und der fernöstlichen Düfte erst einmal auskennt, wird schnell die Freude am Ausprobieren dieser vielen Würzmöglichkeiten für sich entdecken.

2.7.1 Kräuter

Getrocknete Kräuter gibt es das ganze Jahr über in einem breiten Angebot zu kaufen. Der Sommer ist die Zeit der frischen Kräuter. Wer auch in der übrigen Jahreszeit nicht völlig auf Frisches verzichten möchte, kann sich ein Mini-Beet auf der Fensterbank anlegen.

Basilikum

Frisch von Juli bis September. Leicht nelkenartiges, aber frischfruchtiges Aroma.
Für: Eintöpfe, Fisch, Kräutersauce, Salate, Tomatengerichte.

Bohnenkraut
Frisch von Juni bis Oktober. Stark aromatisch und pfeffrig.

Für: Bohnengerichte, Braten, Eintöpfe, Hülsenfrüchte, Pilze.

Dill
Frisch von Juni bis September. Angenehm würzig.

Für: Fisch, Kartoffelgerichte, Salate, Saucen.

Estragon
Frisch von Juni bis September. Würzig, leicht anisähnlich.

Für: Fisch, Fleisch, Geflügel, Marinaden, Saucen.

Kresse
Frisch das ganze Jahr über im Kästchen mit Nährboden. Angenehm scharfes Kraut.

Für: Eiergerichte, frische Salate, gedünsteten Fisch, Kräuterquark, Suppen.

Majoran
Frisch von Juni bis Oktober. Intensiv würziger Geschmack.

Für: Eintöpfe, Fleisch, Geflügel, Kartoffelgerichte.

Oregano (wilder Majoran)
Bevorzugtes Gericht der italienischen Küche und bei uns fast nur getrocknet zu haben. Geschmacksrichtung wie Majoran, aber noch wesentlich intensiver.

Für: Gemüse, kräftige Eintöpfe, Pizza, Tomatengerichte, Salate, Schmorfleisch.

Petersilie
Frisch das ganze Jahr über zu haben. Dieses Universalkraut mit seinem frisch-würzigen Geschmack paßt sich allen anderen Gewürzen und Kräutern gut an.

Für: Fisch, Gemüse, Kartoffeln, Pilzgerichte besonders gut geeignet. Paßt ansonsten zu fast allen Gerichten.

Rosmarin
Frisch von Juni bis Oktober. Sehr stark im Aroma, schmeckt würzig und leicht bitter.

Für: deftige Eintöpfe, Fleischgerichte von Hammel und Schwein.

Schnittlauch
Frisch das ganze Jahr über zu haben. Zwiebelähnliches Aroma.

Für: Eiergerichte, Eintöpfe, Kräuterquark, Salate, Saucen.

Thymian
Frisch von Juni bis September. Schmeckt herb-pikant, aber nicht scharf.

Für: Eintöpfe, Fleischgerichte vom Schwein und Hammel, Geflügel, Leber, Tomatengerichte, Wild.

Zitronenmelisse
Frisch von März bis September. Schmeckt und duftet stark nach Zitrone.

Für: Fisch, Fleisch, Kräutersuppen und -saucen, Marinaden, frische Salate (feingehackt in Obstsalat).

Warum gelungenes Würzen auch gut für den Organismus ist

Eine gut gewürzte, appetitlich duftende Mahlzeit regt die Tätigkeit der Verdauungsorgane an. Diese produzieren verstärkt enzymhaltige Verdauungssäfte. Die Nahrung wird dadurch leichter abgebaut und vom Körper besser verwertet.

Tips zur Verwendung von frischen Kräutern

— Kräftig schmeckende Kräuter wie Rosmarin, Majoran oder Thymian sparsam verwenden. Am besten gart man sie als komplette Stiele mit und nimmt sie vor dem Anrichten heraus.

— Feine Kräuter mit empfindlichem Aroma wie Dill kann man reichlich zugeben. Sie sollten aber erst kurz vor dem Anrichten zugesetzt werden, damit sich ihre Duft- und Geschmacksstoffe nicht verflüchtigen.

Tips zur Verwendung getrockneter Kräuter

— Getrocknete Kräuter müssen Flüssigkeit aufnehmen, um ihr volles Aroma entfalten zu können. Entweder vorher 10 bis 15 Minuten in etwas Wasser stehen lassen oder einige Zeit mitgaren.

— Weil sie weniger intensiv schmecken, reichlich verwenden als frische Kräuter.

Zwei weitere Würzhelfer

Zwiebeln

Sie zählen zwar eigentlich zu den Gemüsen, sind aber gleichzeitig eins der unentbehrlichen Würzmittel. Von den verschiedenen Zwiebelsorten kommt bei uns der scharfen Gewürzzwiebel die größte Bedeutung zu. Zwiebeln werden meist gehackt, gewürfelt oder zu Ringen geschnitten. Bei manchen Gerichten gart man sie im ganzen mit (oftmals mit Nelken oder Lorbeerblättern gespickt) und nimmt sie anschließend heraus.

Knoblauch

Er ist ein Verwandter der Zwiebel. Die Knoblauchzwiebeln setzen sich aus einer größeren Anzahl von Teilzwiebeln, den sogenannten Zehen zusammen. Man verwendet sie, je nach Gericht, im ganzen, zu Scheiben geschnitten oder gibt sie durch eine Knoblauchpresse. Gut geeignet für Fleischgerichte, Gemüse, Kräuterbutter, Quarkgerichte, Salate, Saucen.

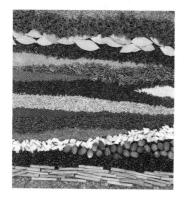

Tips zum Verwenden von Gewürzen

— Wenn möglich, Gewürze unzerkleinert aufbewahren und bei Bedarf frisch mahlen oder reiben, Geht problemlos bei Pfeffer und Muskatnuß.

— Wenn Gewürze wie Wacholderbeeren oder Piment besonders intensiv wirken sollen, leicht zerquetschen.

— Gewürze sind meist noch kräftiger im Aroma als Kräuter, deshalb vorsichtig würzen und sorgfältig abschmecken, damit die Speisen ihren Eigengeschmack behaupten können.

2.7.2 Gewürze

Nur wenige Gewürzpflanzen gedeihen in unseren Breiten. Die meisten kommen aus Übersee. So stammt z. B. Zimt aus Ceylon und China, Piment ist in Zentralamerika beheimatet, und Nelken werden auf Madagaskar und Sansibar angebaut. Als die Transportwege in diese Länder noch gefährlich waren und viele Monate dauerten, stellten Gewürze eine für die meisten unerreichbare Kostbarkeit dar. Uns sind sie inzwischen längst zur Selbstverständlichkeit geworden.

Anis

Intensiv würzig, verliert beim Mahlen seine Würzkraft.
Für: Brot, Backwaren, Pflaumenmus.

Cayenne-Pfeffer (Chilli)

Scharf-brennend im Geschmack, deshalb nur sparsam verwenden.
Für: Gulasch, Reisgerichte, Muscheln, Saucen.

Curry

Scharf-aromatisch, nur leicht brennend, ist ein Mischgewürz aus Kurkuma, Pfeffer, Paprika, Nelken, Muskat, Zimt.
Für: Fisch, helle Fleischgerichte, Reisgerichte, Saucen.

Kümmel

Herb-aromatisch, dabei leicht brennend. Macht schwer verdauliche Gemüse wie Weißkohl und Wirsing bekömmlicher.
Für: Eintöpfe, fette Fleischgerichte, Kohl- und Krautgerichte, Pellkartoffeln.

Lorbeer

Bitter-würziges Aroma.
Für: Eintöpfe, Sauerbraten, Sud für Kochfisch und zum Einlegen von Fleisch und Fisch.

Muskat

Stark-würziger Geschmack, ist frisch gemahlen am stärksten.
Für: Spinat, helle Saucen, Suppen.

Nelken

Sehr intensiv würzig, deshalb nur sparsam einsetzen. Können gemahlen oder ganz verwendet werden.

Für: Fleischgerichte, Kompott, Marinaden, Rot- und Grünkohl, Süßspeisen.

Paprika

Geschmack je nach Sorte mild bis brennend-feurig und scharf. Delikateß-Paprika ist mild, Edelsüß-Paprika ist mittelscharf, Rosen-Paprika ist scharf.

Für: Gulasch, Geflügel, pikanten Quark, Salate, Saucen.

Pfeffer

Kommt in drei Sorten in den Handel, die sich in ihrer Schärfe voneinander unterscheiden. Weißer Pfeffer ist mild, schwarzer Pfeffer ist kräftiger, grüner Pfeffer ist mild-aromatisch und wird stets als ganzes Korn verwendet.

Pfeffer ist ein Universalgewürz und für die meisten pikanten Gerichte geeignet.

Piment

Ähnliches Aroma wie Zimt und Nelken.

Für: Beizen, Eintöpfe, Fleischgerichte, Marinaden, Sud für Kochfisch, Wildgerichte.

Wacholderbeeren

Würziger, leicht bitterer, harziger Geschmack.

Für: Beizen, Marinaden, Sauerbraten, Sauerkraut, Sud für Kochfisch, Wildgerichte.

Zimt

Kräftig-würziges Aroma, etwas feurig-süßer Geschmack.

Für: Aufläufe, Backwaren, Kompott, Konfitüren.

Wer noch nicht ganz sicher im Umgang mit Gewürzen ist, für den gibt es fertige Gewürzmischungen, die bereits in sich abgerundet sind, z. B. Grillgewürz oder Gulaschgewürz.

Tips zum Lagern von Kräutern und Gewürzen

Sie verlieren durch Einwirkung von Luft, Licht oder Feuchtigkeit leicht ihr Aroma, deshalb:

— Nur kleine Mengen kaufen und lagern.
— In gut verschlossenen Behältern und vor Licht geschützt lagern.
— Für die längere Lagerung kann man frische Kräuter sehr gut einfrieren.

2.7.3 Sonstige Würzmittel

Außer den Kräutern und Gewürzen dienen noch andere Würzmittel dazu, Speisen schmackhaft und appetitlicher zu machen.

Essig

Er wird durch Vergären von Alkohol zu Essigsäure gewonnen.

Die wichtigsten Essigsorten

— **Weinessig** ist ausschließlich aus Wein hergestellt.
— **Kräuteressig** wird zusätzlich durch Kräuter wie Dill, Estragon oder Melisse aromatisiert.
— **Obstessig** wird aus Obst, meist Äpfeln, hergestellt.

Speisesalz (Kochsalz)

Kochsalz ist zwar in zahlreichen Nahrungsmitteln enthalten, ist aber dennoch ein unentbehrliches Würzmittel für das Zubereiten von Speisen. Es wird entweder in Salzstöcken bergmännisch abgebaut, aus Meerwasser gewonnen oder durch Auslaugen von Steinsalzlagern. Entsprechend ist das Angebot des Handels:

— **Steinsalz** gewinnt man durch Vermahlen und Sieben von Steinsalzbrocken. Es wird als grobes Salz gehandelt.

— **Meersalz** kristallisiert beim Verdampfen von Meerwasser in großen, flachen Becken aus. Es ist besonders reich an Spurenelementen.

— **Siede- oder Salinensalz** wird durch Eindampfen von Sole gewonnen, das ist die nach dem Auslaugen von Salzlagern entstandene Flüssigkeit.

Senf

Er wird aus Senfkörnern durch Vermahlen und Vermischen mit Essig, Salz und Gewürzen hergestellt. Senf verbessert die Bekömmlichkeit von Speisen. Er wird verwendet für Würstchen, Frikadellen, Fleischgerichte, Saucen.

Tabascosauce

Sie ist ein Konzentrat aus der scharfen Chillischote mit Zusatz von Essig und Salz. Nur tropfenweise verwenden; sie ist äußerst scharf! Sie wird verwendet für Fisch- und Fleischgerichte, scharfe Saucen und Suppen.

Sojasauce

Sie besteht aus gekochten, gemahlenen und dann vergorenen Sojabohnen mit verschiedenen Gewürzen vermischt.
Sojasauce ist besonders gut für Eintöpfe und Reisgerichte geeignet.

Worcestershire-Sauce

Sie ist eine englische Würzsauce aus Malzessig, Sojabohnen, Zukker, Tamarindenmus, Sirup, Salz, Chilli, Nelken, Sherry und vielem mehr. Das genaue Rezept ist ein streng gehütetes Geheimnis.
Sie wird (auch nur tröpfchenweise) für Ragout fin, Suppen, Saucen, Fisch- und Fleischgerichte verwendet.

Fleischextrakt

Dieses Produkt ist eingedickte Fleischbrühe und vielfach ein Grundbestandteil kochfertiger Suppen und Eintöpfe.

3. Verfahren der Haltbarmachung von Nahrungsmitteln

Nahezu alles, was wir verzehren, entstammt lebenden Organismen aus der Tier- und Pflanzenwelt. Bei der Verarbeitung von Nahrungsmitteln sterben diese Organismen zwar ab, sind danach aber nicht „tot" wie eine Steinmauer oder ein Stück Metall, sondern noch immer Schauplatz zahlreicher chemischer und auch physikalischer Prozesse.

3.1 Mögliche Veränderungen von Nahrungsmitteln während des Lagerns

Während des Lagerns von Nahrungsmitteln setzen nach und nach tiefgreifende Veränderungen ein, die oft eine Wertminderung bedeuten und bis zum totalen Verderb führen können. Ursachen und Erscheinungsformen der Verderbnisvorgänge können ganz unterschiedlicher Natur sein.

3.1.1 Physikalische Vorgänge

Physikalische Vorgänge beruhen meist auf einem Austausch von Stoffen zwischen dem Nahrungsmittel und seiner Umgebung. Am chemischen Charakter der Inhaltsstoffe ändert sich dadurch nichts.

Wasserverlust

Das Nahrungsmittel gibt Wasser an seine Umgebung ab, trocknet also aus. Dieser Vorgang macht sich bei den Nahrungsmitteln unterschiedlich bemerkbar:

— Obst und Gemüse werden welk
— Brot, Käse usw. werden hart.

Wasseraufnahme

Das Nahrungsmittel nimmt Wasser aus der Umgebung auf. Beispiele dafür sind:

— das Klumpen von Salz, Zucker und Mehl
— das Weichwerden von Kleingebäck.

Verlust von Aromastoffen

Die in Nahrungsmitteln enthaltenen Aromastoffe sind größtenteils leicht flüchtige Verbindungen. Sie werden insbesondere bei längerer Lagerung an die Umgebung abgegeben. Das bewirkt meist eine Beeinträchtigung der geschmacklichen Qualität.

Beispiele dafür sind:

— Aromaverlust bei Gewürzen und getrockneten Kräutern
— Aromaverlust bei Kaffee und Tee.

3.1.2 Chemische Vorgänge

Nahrungsmittel können auch chemisch mit ihrer Umgebung in Wechselwirkung treten. Insbesondere der Luftsauerstoff kann durch seine stark oxidierende Wirkung Schädigungen der Inhaltsstoffe hervorrufen. Die durch ihn bewirkten Veränderungen bedeuten in den meisten Fällen eine Verminderung des Nährwertes.

Beispiele dafür sind:

— Autoxidation der Fette
— Oxidation empfindlicher Vitamine.

3.1.3 Biochemische Vorgänge

Von den stoffwechselaktiven Substanzen der lebenden tierischen Zellen sind auch nach der Verarbeitung zu Nahrungsmitteln noch eine ganze Reihe vorhanden. Viele frische Nahrungsmittel wie Obst, Gemüse, Fleisch oder Eier enthalten noch ihre komplette von der Natur zusammengestellte stoffliche Ausstattung. Im Zusammenhang mit Verderbnisvorgängen sind aus dieser Substanz-Palette vor allem die Enzyme von Bedeutung.

Was sind Enzyme?

Enzyme sind Stoffe, die chemische Reaktionen in lebenden Zellen ablaufen lassen. Sie kommen in allen lebenden Organismen vor und steuern dort die Stoffwechselvorgänge. Man bezeichnet sie daher auch als Biokatalysatoren (s. auch S. 231).

Dabei ist noch wichtig zu wissen, daß nicht jedes beliebige Enzym jede beliebige chemische Reaktion im Körper „managen" kann. Die meisten von ihnen sind Spezialisten und nur für ganz bestimmte chemische Umsetzungen zuständig.

Beispiele für die Tätigkeit von Eigenenzymen in Nahrungsmitteln sind:

— Spaltung von Fetten in Glycerin und Fettsäuren durch Lipasen. Werden dabei kurzkettige Fettsäuren freigesetzt, wie z.B. beim Ranzigwerden von Butter, macht sich das durch einen unangenehmen Geruch bemerkbar.

— Eiweißveränderungen durch Proteasen. Dabei können giftige Eiweißabbauprodukte gebildet werden.

— Oxidation von Fetten durch Lipoxidasen. Dabei können gesundheitsschädliche Stoffe gebildet werden.

3.1.4 Mikrobiologische Vorgänge

Viele Lebensmittel sind ideale Nährböden für Mikroorganismen. Als „Lebensmittelschädlinge" sind vor allem Hefen, Schimmelpilze und Bakterien zu nennen.

Hefen

Sie entwickeln sich vor allem auf sauren und kohlenhydratreichen Nahrungsmitteln. In der Natur findet man sie hauptsächlich auf Obst, so daß daraus hergestellte Produkte besonders gefährdet sind. Charakteristisch für Hefen ist, daß sie auch ohne Luftsauerstoff wachsen können. Sie wachsen besonders schnell bei Temperaturen von 25 °C.

Schimmelpilze

Auch sie gedeihen bevorzugt auf kohlenhydrathaltigen Nahrungsmitteln, doch findet man sie auch auf eiweißhaltigen Medien. Sie sind weniger widerstandsfähig gegen Hitze und brauchen unbedingt Sauerstoff, um wachsen zu können. Manche von ihnen scheiden Gifte, z.B. Aflatoxine, aus und sind daher besonders gefährlich.

Aufgaben

1. Wodurch unterscheiden sich physikalische und chemische Vorgänge bei der Lebensmittellagerung?

2. Nennen Sie jeweils zwei Beispiele für physikalische, chemische und biochemische Vorgänge, die beim Lagern von Lebensmitteln ablaufen.

3. Welche Qualitätseinbußen (ggf. auch Nährstoffverluste) sind zu erwarten, wenn

   a) Butter offen mehrere Stunden auf dem Frühstückstisch stehenbleibt,

   b) Blumenkohl unverpackt auf einem Regal in der Küche aufbewahrt wird.

4. Warum nennt man Enzyme auch Biokatalysatoren? Informieren Sie sich auf Seite 231 genauer über die Wirkungsweise von Enzymen.

Bakterien

Sie vermehren sich besonders leicht im neutralen bis leicht alkalischen Milieu. Vielfach sind sie Verursacher von Fäulnisprozessen. Zu ihnen zählen so gefährliche Vertreter wie Salmonellen oder das Chlostridium botulinum (s. S. 222).

3.2 Die einzelnen Verfahren zur Konservierung von Nahrungsmitteln

Den verschiedenen Verderbnisformen von Nahrungsmitteln versucht man durch die einzelnen Konservierungsverfahren entgegenzuwirken. Ziel dabei ist natürlich zum einen, den Verderb aufzuhalten und zu verhindern; zum anderen aber auch, Nähr- und Genußwert weitgehend zu erhalten.

3.2.1 Physikalische Verfahren

Diese Verfahren sind besonders schonend, weil sie die Inhaltsstoffe der Nahrungsmittel nur relativ wenig oder gar nicht verändern.

3.2.1.1 Konservieren durch Kälte

Obwohl erst in den letzten Jahrzehnten zu technischer Perfektion entwickelt, ist diese Methode schon fast so alt wie die Geschichte der Menschheit. Bereits seit Jahrtausenden konservieren die Bewohner arktischer Gebiete ihre Fang- und Jagdbeute im ewigen Eis. Physikalisch gesehen bedeutet diese Art der Haltbarmachung einen Entzug von Wärmeenergie.

Auswirkung auf nahrungsmitteleigene Enzyme

Enzyme „organisieren" in den Zellen biochemische Reaktionen. Ihre Aktivität ist dabei temperaturabhängig; das gilt im übrigen ganz allgemein für chemische Prozesse, auch für solche, die in Bechergläsern oder Glaskolben ablaufen. Dabei gilt: je niedriger die Temperatur, desto langsamer die Reaktionsgeschwindigkeit. Bei −20 °C ist die Geschwindigkeit enzymatischer Reaktionen bereits derart herabgesetzt, daß so gelagerte Nahrungsmittel in puncto Qualität ohne weiteres mit Frischware mithalten können.

Auswirkungen auf Mikroorganismen

Kälte eignet sich auch zum Konservieren von Fertiggerichten.

Lebende Organismen, auch Mikroorganismen, überstehen einen „Kälteschock" meist nicht unbeschadet; sie „erfrieren", manche von ihnen schon bei wenigen Graden unter Null. Unterhalb von −10 °C entwickeln sich überhaupt keine Bakterien, Hefen oder Pilze mehr. Ihre Dauerformen jedoch, insbesondere die Sporen von Bakterien, sind erheblich widerstandsfähiger und werden nur zum Teil abgetötet. Ein kältekonserviertes Nahrungsmittel ist also keineswegs steril. Solange der „Kälteschlaf" andauert, können Sporen oder andere Dauerformen zwar nicht auskeimen, nach dem Auftauen allerdings werden sie wieder aktiv. Aufgetaute Nahrungsmittel sollten daher gleich verarbeitet werden.

Kühlen

Die Anwendung von Kälte bis hinab zum Gefrierpunkt des Zellsaftes, meist bei Temperaturen von −1 bis +4 °C, bezeichnet man als Kühl- oder Kaltlagerung.

Viele tierische und pflanzliche Nahrungsmittel setzen allerdings während der Kühllagerung ihre Stoffwechselvorgänge fort. Diese Prozesse laufen zwar verlangsamt ab, werden aber nicht unterbunden. Auch Mikroorganismen bleiben noch aktiv. Dazu kommt, daß die tiefen Temperaturen einigen physikalischen Veränderungen, z. B. dem Austrocknen, nicht entgegenwirken. Der Konservierung durch Kühlen sind also natürliche Grenzen gesetzt, je nach Verderblichkeit des Nahrungsmittels unterschiedlich eng.

Lagerdauer von Nahrungsmitteln im Haushaltskühlschrank (Temperatur +2 bis +6 °C)

Nahrungsmittel	Lagerdauer (Tage)	Nahrungsmittel	Lagerdauer (Tage)
Fleisch, roh	2 − 5	Weichkäse	4 − 10
Fleisch, gegart	2 − 6	Schnittkäse	10 − 14
Hackfleisch, roh	bis 1/2	Eier, roh	21 − 28
Brühwurst	1 − 4	Eier, gekocht	14 − 16
Schinken, gek.	3 − 5	Gemüse, roh	3 − 8
Schinken, geräuch.	4 − 10	Blattgemüse, roh	1 − 3
Fisch, roh	bis 1	Gemüse, gegart	1 − 3
Fisch, gegart	2 − 3	Beerenobst	2 − 10
Fisch, geräuchert	2 − 5	Steinobst	3 − 10
Milch, Sahne	4 − 5	Kompott	3 − 5
Joghurt	4 − 6	Teigwaren, gegart	2 − 4
		Reis, gegart	2 − 4

Tiefgefrieren

Das Tiefgefrieren unterscheidet sich vom Kühlen vor allem in zwei Punkten:

— Die im Nahrungsmittel enthaltene Flüssigkeit ist gefroren.

— Die Lagertemperaturen sind so tief gewählt, daß zahlreiche Mikroorganismen, auch in ihrer Dauerform, absterben und die meisten Enzyme blockiert sind.
Schon bei −20 °C beträgt die Geschwindigkeit enzymatischer Reaktionen nur noch 1% im Vergleich zu der bei Raumtemperatur. Um bei pflanzlichen Nahrungsmitteln jegliche Enzymaktivität auszuschalten, werden sie vor dem Einfrieren meistens noch blanchiert.

Anwendung des Kühlens im Haushalt:

Als kurzfristiger Vorrat werden vor allem kühl gelagert:
— Fleisch
— Fisch
— Milch, Milchprodukte
— Obst
— Gemüse
— Eier
— gegarte Speisen.

Tips zur Kühllagerung

— Nahrungsmittel gut verpackt lagern, so wird das Austrocknen verhindert.
— Besonders leicht verderbliche Nahrungsmittel, wie z.B. Fleisch, an der kühlsten Stelle des Kühlschranks lagern.
— Kühlschrank regelmäßig abtauen, damit er volle Leistung bringt.

Anwendung des Gefrierens im Haushalt:

Als langfristiger Vorrat werden im Gefriergerät vor allem gelagert:
— Fleisch
— Fisch
— Backwaren
— Gemüse
— Obst
— industriell vorgefertigte Tiefkühlkost
— gegarte Speisen.

Beim „schockartigen" Einfrieren entstehen kleine Eiskristalle, die das Gewebe schonen.

Tips zum Einfrieren:

- Nur ganz frische Rohware bester Qualität einfrieren.
- Nur „gefriertaugliche" Nahrungsmittel einfrieren.
- Fettarme Nahrungsmittel bevorzugen.
- Gemüse vor dem Einfrieren blanchieren.
- Vorbereitungsarbeiten wie Putzen, Zerkleinern, Blanchieren und Verpacken rasch und schonend erledigen; das schont empfindliche Inhaltsstoffe.
- Geeignete Verpackung verwenden.
- Verpackung mit Einfrierdatum versehen.

Das Tiefgefrieren hat den großen Vorteil, daß es den Frischzustand der Nahrungsmittel besonders gut erhält.

Einfrieren

In der Industrie wird das Gefriergut meist auf −2 °C heruntergekühlt und dann bei −40 bis −50 °C „schockgefroren", wobei die Gefriergeschwindigkeit mindestens 5 cm pro Stunde betragen soll. Das schnelle Herunterkühlen ist deshalb notwendig, weil sich so nur winzige Eiskristalle in den Geweben bilden. Auf diese Weise bleiben die Zellwände weitgehend geschont und das Nahrungsmittel behält seine ursprüngliche Beschaffenheit.

Beim langsamen Gefrieren würden die Eiskristalle sehr langsam zu großen Gebilden heranwachsen und die Zellstrukturen zerstören.

Für das Einfrieren im Haushalt sind solche Geräte zweckmäßig, die mit einem Vorfroster (−25 °C) oder einem Schockgefrierfach (−35 °C) ausgestattet sind.

Lagerdauer von Nahrungsmitteln bei Temperaturen von −18 °C bis −20 °C

Nahrungsmittel	Lagerdauer (Monate)	Nahrungsmittel	Lagerdauer (Monate)
Rindfleisch	9 − 12	Blumenkohl	8 − 10
Schweinefleisch, mager	5 − 7	Brechbohnen	9 − 12
		Erbsen, grün	9 − 12
Schweinefleisch, fett	4 − 5	Grünkohl	8 − 10
Hackfleisch, mager	4 − 6	Möhren	8 − 10
Hackfleisch, fett	2 − 3	Paprika	6 − 8
Hähnchen	8 − 12	Petersilie	6 − 8
Fisch, mager	4 − 8	Rosenkohl	10 − 12
Fisch, fett	1 − 4	Spinat	10 − 12
Butter	6 − 8	Pommes frites	6 − 8
Hartkäse	2 − 4		
Quark	10 − 12	Erdbeeren	10 − 12
Speiseeis	5 − 7	Himbeeren	10 − 12
Brot	4 − 6	Kirschen, süß	8 − 12
Torten	2 − 3	Kirschen, sauer	10 − 12
Mürbeteig	2 − 3	Zwetschen	10 − 12

3.2.1.2 Konservieren durch Hitze

Beim Konservieren durch Kälte wird dem Nahrungsmittel Wärmeenergie entzogen. Die Hitzekonservierung verfährt nach genau dem entgegengesetzten Prinzip; man führt Wärmeenergie zu.

Auswirkung auf nahrungsmitteleigene Enzyme

Enzyme zählen zu den hitzeempfindlichen Substanzen. Bei Anwendung höherer Temperaturen wird ihr Molekülverband verändert, und zwar so tiefgreifend, daß sie nicht mehr aktionsfähig sind, ihre Wirksamkeit also aufgehoben ist. Man sagt auch: Enzyme werden durch Hitzeeinwirkung inaktiviert.

Auswirkung auf Mikroorganismen

Wie alle Lebewesen sind auch Mikroorganismen temperaturempfindlich. Selbst die widerstandsfähigen unter ihnen erleiden bei Temperaturen zwischen 100 und 130 °C den Hitzetod. Je nachdem, welche Temperaturbereiche zur Anwendung kommen, unterscheidet man hauptsächlich zwei Verfahren.

Sterilisieren

Beim Sterilisieren rückt man Eigenenzymen und Mikroorganismen ganz besonders radikal zu Leibe. Die angewandten Temperaturen liegen zwischen 100 und 130 °C. Dieses Verfahren eignet sich ganz besonders für all diejenigen Nahrungsmittel, deren Konsistenz und Gefüge durch die hohen Temperaturen nicht sehr verändert wird; das sind insbesondere Gemüse, Obst und Fleisch.

Industrielles Sterilisieren

Die Nahrungsmittel werden entweder im strömenden Dampf oder im Autoklaven (geschlossener Druckkessel) erhitzt. Als Verpackung dienen entweder Dosen aus verzinntem Weißblech, eloxierte Alu-Dosen oder Gläser mit Schraubverschluß. Die Palette der industriell hergestellten Produkte umfaßt Obst und Gemüse, aber auch Fleisch und Fertiggerichte.

Sterilisieren im Haushalt

Man sterilisiert im Einkochkessel oder im Backofen. Als Behälter werden entweder Gläser mit Gummiring und Deckel verwendet oder Gläser mit Schraubverschluß (Twist off).
Seit die Haushalte mehr und mehr über Gefriergeräte verfügen, ist das Sterilisieren im Haushalt zurückgegangen und beschränkt sich vor allem auf Obstarten, die sich schlecht einfrieren lassen (z.B. Pfirsiche, Äpfel, Birnen). Gemüse werden nur noch selten „eingekocht".

Veränderungen von Inhaltsstoffen beim Sterilisieren:

— Verluste an hitzeempfindlichen Vitaminen wie Vitamin B_1, B_6, Folsäure und Vitamin C.

— Während des Lagers weitere Verluste an Vitamin C.

— Veränderung der Farbe bei Nahrungsmitteln, die zur Bräunung neigen (Kartoffeln, Äpfel, Birnen).

Zum Sterilisieren geeignet sind:
— Fleisch
— Gemüse
— Obst.

Fisch zerfällt wegen seines geringen Bindegewebsanteils sehr leicht und muß schonender als beim üblichen Sterilisieren, d.h. bei niedrigen Temperaturen und kürzerer Einwirkungszeit, konserviert werden. Er ist daher auch weniger haltbar.

Achtung beim Sterilisieren im Haushalt!

Beim erstmaligen Erhitzen werden die Dauerformen vieler Mikroorganismen, die Sporen, nicht mit abgetötet. Deshalb: Nach zwei Tagen ein zweites Mal erhitzen. Die Sporen haben sich in der Zwischenzeit zu hitzeempfindlichen Kleinstlebewesen entwickelt und sterben jetzt ab.

Haltbarkeit

Sachgemäß sterilisierte Nahrungsmittel sind praktisch keimfrei und daher besonders lange lagerfähig. Allerdings hat diese lange Haltbarkeit ihren Preis. Beim Sterilisieren werden hitzeempfindliche Inhaltsstoffe verändert, zum Teil sogar zerstört, und während der Lagerung treten weitere Verluste auf.

Sterilisierbedingungen für Obst und Gemüse

Tips zum Sterilisieren im Haushalt:

— Nur beste Rohware verwenden.
— Beim Sterilisieren von hellen und empfindlichen Früchten Gelierzucker verwenden; Farbe und Form bleiben so besser erhalten.
— Gemüse enthält Eiweiß und ist besonders anfällig gegen Mikroorganismen, deshalb sind hohe Temperaturen und lange Einkochzeiten notwendig.

Nahrungsmittel	Temperatur °C	Einkochzeit Min	
		Glas, 1 l	Dose, 850 ml
Blumenkohl	100	110	90
Bohnen	100	120	120
Erbsen	100	120	120
Gurken	75	25	25
Äpfel	100	20	—
Apfelmus	100	20	—
Birnen, hart	100	30	—
Birnen, weich	100	20	—
Pfirsiche	100	10	—
Rhabarber	80	25	25

Pasteurisieren

Dieses Verfahren arbeitet bei Temperaturen unter 100 °C und ist daher „milder" in seiner Wirkung. Man verwendet es für empfindliche Nahrungsmittel wie Obst- und Gemüsesäfte, die beim Sterilisieren farbliche Veränderungen oder geschmackliche Einbußen erleiden würden.

Die Nahrungsmittel werden in geeigneten Behältern auf 80 °C erhitzt, sofort wieder abgekühlt, in Kunststoff- oder Glasbehälter abgefüllt und luftdicht verschlossen.

Wirkung auf nahrungsmitteleigene Enzyme

Enzyme werden wie beim Sterilisieren inaktiviert.

Wirkung auf Mikroorganismen

Sehr hitzeempfindliche Mikroorganismen, vor allem Hefen und Schimmelpilze, werden abgetötet. Von den robusteren Mikroorganismen dagegen übersteht ein Teil die Hitzebehandlung; die „Überlebenden" können sich ungehindert wieder vermehren und führen schließlich doch zum Verderb.

Haltbarkeit

In der Haltbarkeit gibt es je nach Art des Nahrungsmittels große Unterschiede. Milch ist besonders empfindlich und hält sich auch bei Kühllagerung nur wenige Tage (Haltbarkeitsdatum beachten). Pasteurisierte Obst- und Gemüsesäfte halten sich dagegen bis zu einem Jahr.

3.2.1.3 Konservieren durch Trocknen

Alle Lebensvorgänge, aber auch viele andere chemische Reaktionen, sind an die Anwesenheit von Wasser gebunden, weil die beteiligten Stoffe nur in gelöster Form miteinander in Reaktion treten können. Verringert man die Wasserkonzentration, so verlaufen solche wasserabhängigen Prozesse zunächst langsamer und kommen schließlich, wenn ein gewisser Trocknungsgrad erreicht ist, ganz zum Stillstand.

Wie wir bereits wissen, sind Nahrungsmittel Schauplatz zahlreicher biochemischer Reaktionen und meist ideale Nährböden für Mikroorganismen. Beide Vorgänge sind nur bei einem Mindestgehalt an Feuchtigkeit (ab ca. 10 %) möglich. Das gilt ganz besonders für die Mikroorganismen; sie benötigen zum Wachsen Nährstoffe in gelöster Form.

Der Entzug von Wasser durch natürliche oder künstliche Trocknung ist also ein wirksamer Schutz von Nahrungsmitteln, vor allem gegen mikrobiellen Verderb.

Manche Nahrungsmittel sind bereits in ihrem natürlichen Zustand sehr wasserarm und deshalb gut haltbar, z.B. Mehl, Grieß, Teigwaren oder Reis. Andere werden nachträglich zur Verbesserung ihrer natürlichen Haltbarkeit getrocknet; hauptsächlich Milch, Eier, Obst, Gemüse, Kartoffeln und Fleisch. Daneben gibt es eine große Palette von getrockneten Halbfertig- und Fertigprodukten wie Kaffeepulver oder Trockensuppen.

Da Nahrungsmittel auf starke Erwärmung meist empfindlich reagieren, hat man zahlreiche Verfahren entwickelt, um das Wasser schonend, ohne übermäßige Hitzeeinwirkung, zu entziehen.

Im Haushalt spielt das Trocknen als Verfahren zur Haltbarmachung praktisch keine Rolle mehr. Dagegen sind industriell getrocknete Nahrungsmittel nach wie vor von großer Bedeutung.

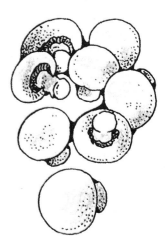

Walzentrocknung

Sie wird vor allem für flüssige und breiige Nahrungsmittel verwendet. Man trägt das Trockengut in dünner Schicht auf große, leicht beheizte Walzen auf. Es trocknet während eines Umlaufs nach und nach und wird anschließend durch einen Schaber abgenommen.

Haltbarkeit

Wasser- und luftdicht verpackt sind die so getrockneten Nahrungsmittel bis zu etwa einem Jahr haltbar. Wichtig dabei: es darf keine Feuchtigkeit eindringen. Enzyme und Mikroorganismen könnten sonst wieder aktiv werden.

Nachteile der Walzen- und Sprühtrocknung:

— Aussehen und Beschaffenheit verändern sich.
— Farbveränderungen durch teilweisen Abbau von Chlorophyll sind möglich.
— Bräunungsreaktionen können eintreten.
— Ungesättigte Fettsäuren können oxidiert werden.
— Die Vitamin-C-Verluste können bis zu 50% betragen.

Definition zum Verdampfen von Eis:

Den direkten Übergang eines Stoffes vom festen in den gasförmigen Zustand bezeichnet man als Sublimation.

Geeignete Verpackungen für gefriergetrocknete Nahrungsmittel:

— Dosen aus Weißblech oder Aluminium
— Becher aus Alufolie
— Mehrschichtfolien
— mit Polyethylen beschichtete Behälter.

*

Besonders empfindliche Nahrungsmittel werden im Vakuum oder unter Inertgas verpackt.

Was sind Inertgase?

Man versteht darunter gasförmige Stoffe, die so reaktionsträge sind, daß sie als „Schutzgase" für empfindliche Nahrungsmittel verwendet werden können.

Sprühtrocknung

Dieses Verfahren empfiehlt sich bei flüssigen Nahrungsmitteln, deren Eiweiß geschont werden soll, z. B. Eier, Milch oder Gelatine. Das Trockengut wird durch eine Düse zu feinsten Tröpfchen zerstäubt. Durch diesen Flüssigkeitsnebel schickt man nun einen heißen Luft- oder Gasstrom, der die Feuchtigkeit mit sich fortführt.

Haltbarkeit

Die Haltbarkeit entspricht der von walzengetrockneten Produkten.

Gefriertrocknung

Dieses Verfahren unterscheidet sich in einem grundsätzlichen Punkt von den bisher beschriebenen. Das Wasser im Trockengut ist nicht flüssig, sondern gefroren. Das gefrorene Nahrungsmittel wird dann einem hohen Unterdruck ausgesetzt; der übt nun auf die gefrorene Flüssigkeit, auf das Eis also, eine enorme Saugwirkung aus. So stark, daß das feste Eis, ohne zwischendurch flüssig zu werden, direkt in den dampfförmigen Zustand übergeht. Um das Verdampfen zu beschleunigen, wird etwas Wasser zugeführt, aber nur so viel, daß die Eiskristalle nicht zum Schmelzen gebracht werden.

Prozeßablauf im Überblick:

1. Tiefgefrieren des Nahrungsmittels.
2. Anlegen eines Unterdrucks (Vakuum) und Zufuhr von Wärme.
3. „Absaugen" des Eises; das Eis verdampft (Sublimation).

Rein äußerlich sieht man den Nahrungsmitteln während dieses Vorgangs keine Veränderung an; sie behalten ihre Form. Dabei geht der „Eiskern" immer weiter zurück. Gleichzeitig überwiegt der eisfreie trockene Kern immer mehr. Zurück bleibt ein poröses, wasserarmes Trockengut.

Haltbarkeit

Die Gefriertrocknung ist ein besonders schonendes Verfahren. Geschmacks-, Duft-, Farb- und Aromastoffe bleiben weitgehend erhalten. Wegen des hohen Unterdrucks ist außerdem die Sauerstoffkonzentration relativ gering, so daß oxidationsempfindliche Stoffe, z. B. Vitamin C, sehr gut erhalten bleiben.
Hohe Anforderungen stellen gefriergetrocknete Nahrungsmittel an ihre Verpackung. Wegen ihrer lockeren Struktur sind sie empfindlich gegen mechanische Einflüsse. Außerdem können Luftsauerstoff und Feuchtigkeit leicht eindringen.

3.2.1.4 Bestrahlung von Nahrungsmitteln

Für die Bestrahlung von Nahrungsmitteln kommen UV-Strahlen oder ionisierende Strahlen in Frage.

UV-Strahlen

Mikroorganismen sind besonders empfindlich gegen UV-Strahlen der Wellenlängen im Bereich von 240 bis 300 nm. Man kann solche Strahlen mit Quecksilberdampflampen erzeugen.

UV-Strahlen dringen nicht sehr weit in das Innere der Nahrungsmittel vor; d. h., es wird vor allem die Oberfläche entkeimt.

In der Bundesrepublik Deutschland ist das Bestrahlen von Nahrungsmitteln mit ultraviolettem Licht mit wenigen Ausnahmen verboten. Der Grund: UV-Strahlen verursachen chemische Veränderungen im Nahrungsmittel. Deren gesundheitliche Bedenklichkeit wird noch diskutiert.

Ionisierende Strahlen

Die Anwendung dieser Strahlenart ist bei uns grundsätzlich für alle Nahrungsmittel ohne Ausnahme verboten. Der Hauptgrund: die zur Sterilisierung erforderlichen Strahlendosen liegen außerordentlich hoch. Dazu kommt, daß sie unerwünschte Veränderungen von Geschmack, Aussehen und Konsistenz hervorrufen können.

> **Was versteht man unter UV-Strahlen?**
>
> UV ist die Abkürzung für ultraviolett. UV-Strahlen kommen im nicht sichtbaren Teil des Lichtspektrums vor. Sie sind sehr energiereich.

> **Was sind ionisierende Strahlen?**
>
> Zu den ionisierenden Strahlen zählen:
> — Elektronenstrahlen
> — Gammastrahlen
> — Röntgenstrahlen

Aufgaben

1. Frau P. hat im Gefrierfach ihres Kühlschrankes Schnitzelfleisch eingefroren. Beim Auftauen wird aus dem Fleisch sehr viel Fleischsaft frei. Die gegarten Schnitzel sind trocken und zäh. Erläutern Sie, was Frau P. falsch gemacht hat.

2. Vergleichen Sie Nährstofferhalt, Genußwert und Haltbarkeit bei sterilisierten, pasteurisierten und getrockneten (Walzentrocknung) Nahrungsmitteln.

3.2.2 Chemische Verfahren

Diese Verfahren der Haltbarmachung von Nahrungsmitteln haben Tradition. Bereits seit alters her wurde eingesalzen, gepökelt, gesäuert, geräuchert oder in Alkohol eingelegt.

Die chemische Konservierung bedeutet im Unterschied zu den physikalischen Methoden gleichzeitig eine Zubereitung der betreffenden pflanzlichen oder tierischen Nahrungsmittel. Die damit verbundenen Veränderungen von Geschmack, Aroma und Struktur sind in den meisten Fällen erwünscht. So sind geräucherter Schin-

Geräucherter Fisch

ken, gepökeltes Fleisch oder zu Sauerkraut verarbeiteter Weißkohl keine „Notlösungen", sondern schmackhafte Nahrungsmittel, die außerdem noch den großen Vorteil haben, besser haltbar zu sein als die Rohware.

Um die Haltbarkeit noch weiter zu verbessern, kombiniert man oftmals zwei oder auch mehrere Verfahren.

3.2.2.1 Salzen und Pökeln

Bei diesen Verfahren nutzt man die konservierende Wirkung von Salzen. Je nachdem, welche Art Salze man verwendet, wird zwischen Salzen und Pökeln unterschieden.

Salzen

Nach der offiziellen Definition bedeutet Salzen: Einreiben von Nahrungsmitteln mit Kochsalz oder Einlegen in eine 15 %ige Kochsalzlösung.
Kochsalz ist stark hygroskopisch. Es entzieht daher den Nahrungsmitteln Wasser und nimmt den Mikroorganismen damit eine wichtige Lebensgrundlage. Ihr Wachstum ist nun gehemmt. Abgetötet werden sie jedoch nicht. Gleichzeitig kommt es zu typischen Geruchs- und Geschmacksveränderungen.

Haltbarkeit
Gesalzene Nahrungsmittel sind nur begrenzt haltbar. Sie werden daher in den meisten Fällen anschließend noch geräuchert.

Pökeln

Nach der offiziellen Definition bedeutet Pökeln: Einlegen von Fleisch in eine 15 %ige Kochsalzlösung oder schichtweises Überstreuen mit Kochsalz unter gleichzeitigem Zusatz von Salpeter. Oftmals wird zum Pökeln auch Pökelsalz verwendet.

Pökeln mit Kochsalz und Salpeter
Das Fleisch wird in eine 15%ige Kochsalzlösung eingelegt. Außerdem werden 1 bis 2% Salpeter (bezogen auf die Kochsalzmenge) und etwas Zucker zugesetzt.
Die Wirkung des Kochsalzes wurde beim Salzen schon besprochen. Der wirksame Bestandteil des Salpeters ist das Nitrat (NO_3^-). Es wird durch Einwirkung von Enzymen zu Nitrit (NO_2^-) umgewandelt. Dieses nun reagiert mit dem Fleischfarbstoff zu einer intensiv rot gefärbten, kochbeständigen Verbindung. Daher rührt die für Pökelwaren typische Farbe. Das Nitrat des Salpeters wirkt also nicht nur konservierend, sondern auch farberhaltend.
Zucker wird aus mehreren Gründen zugesetzt. Er mildert den leicht bitteren Geschmack des Salpeters, erleichtert den Kochsalzeintritt in das Gewebe und fördert die Bildung des Pökelrots.

Was heißt hygroskopisch?

So bezeichnet man Substanzen, die Wasser anziehen.

Welche Nahrungsmittel werden heute noch eingesalzen?

Im Haushalt wird praktisch nicht mehr eingesalzen. Industriell wendet man dieses Verfahren noch an bei:
— Fleisch
— Fisch.

Was ist Salpeter?

Salpeter ist das Kaliumsalz der Salpetersäure (HNO_3) und hat die Formel KNO_3.

Was ist Natriumnitrit?

Es ist das Natriumsalz der Salpetrigen Säure (HNO_2) und hat die Formel $NaNO_2$.

Pökeln mit Pökelsalz

Als Pökelsalz dient Kochsalz, das 0,5 bis 0,6 % Natriumnitrit enthält. Pökelsalz wirkt schneller, denn das Nitrit muß nicht erst aus Salpeter gebildet werden, sondern wird direkt zugesetzt. Nitrite gehören zu den gesundheitsschädlichen Stoffen. Pökelsalz darf daher nicht in beliebigen Mengen zugesetzt werden. Es muß stets so dosiert sein, daß während der Bildung des Pökelfarbstoffes das gesamte Nitrit verbraucht wird; nichts davon darf übrig bleiben.

Wegen der Gefährlichkeit von Nitrit ist die Verwendung von Pökelsalz im Nitritgesetz genauestens geregelt.

Haltbarkeit

Wird das Pökeln nicht mit anderen Verfahren kombiniert, ist die Haltbarkeit gepökelter Nahrungsmittel nur gering.

3.2.2.2 Räuchern

Beim Räuchern hängt man die Nahrungsmittel in den Rauch eines Feuers aus Buchen-, Eichen- oder Erlenholzspänen. Erlaubt ist dabei auch der Zusatz von Gewürzen. Dieses Verfahren wird meist mit der Haltbarmachung durch Salzen und Pökeln kombiniert.

Man unterscheidet vor allem zwei Arten der Räucherung.

Kalträuchern

Dabei wirkt Rauch mit einer Temperatur von 12 bis 28 °C ein. Die Räucherdauer ist je nach Art des Nahrungsmittels unterschiedlich. Ganze Schinken benötigen bis zu vier Wochen, Fische räuchert man in ein bis zwei Tagen.

Kaltgeräuchert werden vor allem: Pökelfleisch, Speck, Schinken, Rohwurst und Fisch.

Heißräuchern

Der Rauch hat Temperaturen von 70 bis 100 °C. Die Räucherdauer beträgt daher auch nur wenige Stunden.

Heißgeräuchert werden vor allem: Brüh- und Kochwurst, sowie Fisch.

Haltbarkeit

Kaltgeräucherte Nahrungsmittel wurden meistens vorher gesalzen und gepökelt. Sie sind dann als Dauerwaren anzusehen, die bis zu zwei Monaten lagerfähig sind.

Heißgeräucherte Nahrungsmittel sind auch kühl gelagert nur kurze Zeit haltbar (ca. eine Woche).

3.2.2.3 Zuckern

Zucker gehört wie Salz zu den hygroskopischen Stoffen. Er setzt den Wassergehalt in Nahrungsmitteln so weit herab, daß Mikroorganismen sich nicht mehr entwickeln können.

Die Anwesenheit von Säuren steigert noch die konservierende Wirkung von Zucker.

Bewertung von gesalzenen und gepökelten Nahrungsmitteln

Salzen und Pökeln sind keine nährstoffschonenden Konservierungsverfahren. Die Veränderungen im einzelnen:

— Wasserverluste bis zu 50 % können auftreten.

— Beim Auslaugen gehen wertvolle Inhaltsstoffe zum Teil verloren.

Was das Räuchern im Nahrungsmittel bewirkt

— Der Wassergehalt sinkt um 10 bis 40 %; besonders die Oberflächenschicht trocknet aus.

— Mit dem Rauch werden keimtötende Stoffe entwickelt, die in das Räuchergut eindringen (Methanol, Aceton, Phenole, Kresole).

— Bis auf Vitamin-B-Verluste (max. 25 %) treten keine Wertminderungen auf.

Verursachen geräucherte Nahrungsmittel Krebs?

Beim sachgemäßen Räuchern entstehen krebserregende Substanzen nur in Spuren; eine Gesundheitsgefährdung ist damit nicht verbunden.

Wie Obsterzeugnisse heute bezeichnet werden

Konfitüre
bezeichnet Obsterzeugnisse, die aus einer oder mehreren Fruchtarten hergestellt werden.

Marmelade
wird nur noch als Bezeichnung für Obsterzeugnisse aus Zitrusfrüchten verwendet.

Gelee
bereitet man aus dem Saft einer oder mehrerer Fruchtsorten.

Konfitüren, Marmeladen, Gelees

Zerkleinertes Obst, Obstmus oder -saft werden mit Zucker und einem Verdickungsmittel gekocht, in Gläser abgefüllt und sofort verschlossen.

Auf diese Weise können nahezu alle Obstsorten zu wohlschmeckenden, haltbaren Erzeugnissen verarbeitet werden.

Die dabei auftretenden Nährstoffverluste sind vor allem von der Kochdauer abhängig, je kürzer, desto geringer. Mit den heutigen Geliermitteln sind Obsterzeugnisse in wenigen Minuten, also sehr vitaminschonend, zubereitet.

Tips zum Bereiten von Konfitüren, Marmeladen und Gelees:

— Nur einwandfreies, reifes Obst verwenden.

— Nur so viel Obst kaufen oder ernten, wie man noch am selben Tag verarbeiten kann.

— Obst erst kurz vor dem Zubereiten zerkleinern; das schont die Nährstoffe.

— Nicht zu große Mengen auf einmal verarbeiten (maximal 1 kg); das ermöglicht kurze Garzeiten und optimale Nährstoffschonung.

Im Handel werden Obsterzeugnisse in reicher Auswahl angeboten. Aber auch das Selbstbereiten im Haushalt spielt nach wie vor eine große Rolle.

Arbeitsplatz zum Bereiten von Konfitüre

Haltbarkeit
Konfitüren, Marmeladen und Gelees sind bis zu zwei Jahren haltbar.

Kandierte Früchte

Besonders schöne reife Früchte legt man nach und nach in immer höher konzentrierte Zuckerlösungen ein (bis 50%ig). Das Fruchtfleisch wird durch und durch vom Zucker durchdrungen und verfestigt sich.

Kandierte Früchte werden ausschließlich industriell hergestellt.

3.2.2.4 Säuern

Die meisten auf Nahrungsmitteln unerwünschten Mikroorganismen lieben neutrales oder alkalisches Milieu. In saurer Lösung entwickeln sie sich entweder nur langsam oder sind in ihrem Wachstum gehemmt. Ansäuern wirkt also dem mikrobiellen Verderb entgegen.

Es gibt zwei Möglichkeiten des Säuerns.

Zusatz von Genußsäuren

Man setzt dem Nahrungsmittel eine „körperverträgliche" Genußsäure zu, meistens Essigsäure. Geeignet sind aber auch Wein- oder Zitronensäure. Geschmack und Aroma werden in erster Linie durch die zugesetzte Säure bestimmt und je nach Rezeptur durch Gewürze abgerundet.

Auf diese Art gesäuert werden: Essiggemüse (Mixed Pickles), Essigfrüchte (Essigpflaumen) und Fisch (in Marinaden).

Natürliche Säuerung

Dabei bilden spezielle Bakterienarten im Nahrungsmittel selbst die konservierende Säure. Die größte Bedeutung unter den Säurebildnern kommt in diesem Zusammenhang den Milchsäurebakterien zu. Sie sind entweder als natürliche Bakterien bereits auf dem Nahrungsmittel vorhanden oder man beimpft mit extra zu diesem Zweck gezüchteten Bakterienkulturen.

Milchsäurebakterien vergären Zucker zu Milchsäure. Die auf biologischem Weg gebildete Milchsäure spielt eine Rolle bei der Zubereitung z. B. von: Sauerkraut, sauren Gurken, Dillgurken, Perlzwiebeln oder Salzbohnen, die alle gleichzeitig auch gesalzen werden.

Während der Säuerung verändern sich durch die biochemische Aktivität der Bakterien Struktur und Zusammensetzung des Kohlenhydrat- und Proteinanteils ganz erheblich. Das Gesamtgefüge wird dadurch lockerer, und das wiederum bedeutet eine bessere Bekömmlichkeit.

Die Vitamine bleiben bei natürlich gesäuerten Nahrungsmitteln weitgehend erhalten, auch das empfindliche Vitamin C. Außerdem bilden sich typische Geschmacks- und Geruchsstoffe.

Haltbarkeit

Die Haltbarkeit ist bei beiden Säuerungsarten in etwa gleich. Die Säuerung bewirkt keine vollkommene Sterilisierung. Ohne Zusatzbehandlung sind gesäuerte Nahrungsmittel daher nur ca. 6 Monate haltbar, auch bei kühler Lagerung. Eine längere Lagerfähigkeit von bis zu 2 Jahren läßt sich nur durch zusätzliches Sterilisieren erreichen.

3.2.2.5 Einlegen in Alkohol

Auch wenn Alkohol in den Ernährungsgewohnheiten unserer Gesellschaft als Genußmittel seinen festen Platz hat, physiologisch gesehen handelt es sich bei dieser Substanz um ein Gift; insbesondere hochprozentiger Alkohol wirkt schädlich auf lebende Organismen. Auch Mikroorganismen sind empfindlich gegen seine toxische Wirkung. Alkoholhaltige Flüssigkeiten mit einem Gehalt über 14 Vol.-% wirken keimtötend, verhindern also den mikrobiellen Verderb.

Das Einlegen in Alkohol ist daher auch eine Möglichkeit, Nahrungsmittel haltbar zu machen. Diese Methode wird hauptsächlich zur Konservierung von Früchten angewendet. Man übergießt sie mit hochprozentigen alkoholischen Getränken, wie z.B. Rum, Arrak, Weinbrand oder Armagnac. Die Früchte werden dabei allerdings stark verändert. Sie werden durch die wasserentziehende Wirkung von Alkohol fester im Fleisch und nehmen außerdem eine dunklere Farbtönung an.

> *Achtung!*
>
> *Die Früchte weisen einen hohen Alkoholgehalt auf.*

Haltbarkeit

In Alkohol eingelegte Früchte sind, bei kühler Lagerung, bis zu zwei Jahren haltbar.

Aufgaben

1. Informieren Sie sich über Nitrit und seine Wirkungen (S. 214) und nehmen Sie dann Stellung zu der Frage: wie notwendig, wie empfehlenswert ist das Konservierungsverfahren ‚Pökeln'?

2. Salz und Zucker wirken nach dem gleichen Prinzip konservierend. Erläutern Sie dieses Prinzip, und fertigen Sie eine Schemazeichnung an, aus der die konservierende Wirkung von Kochsalz (Na^+Cl^-) ersichtlich wird. Welche Nährstoffe können bei diesen Verfahren verloren gehen?

3. Begründen Sie, warum man durch Räuchern eine konservierende Wirkung erzielt.

4. Begründen Sie die Empfehlung: „Nur so viel Obst kaufen oder ernten, wie man noch am selben Tag verarbeiten kann.

5. Unterscheiden Sie die zwei Möglichkeiten des Säuerns. Wie verändern sich die Nährstoffe bei dieser Art des Konservierens. Suchen Sie weitere Beispiele für Lebensmittel, die gesäuert werden.

4. Zusatzstoffe in Nahrungsmitteln

Bunte Süßigkeiten, Kartoffelfertiggerichte, Mayonnaise, viele der Nahrungsmittel, die wir heute schnell und preiswert im Supermarkt kaufen können, waren früher noch unbekannt oder mußten zeit- und arbeitsaufwendig zum sofortigen Gebrauch hergestellt werden.

Daß Lebensmittel in großen Mengen, mit ausreichender Haltbarkeit und zugleich ansprechendem Aussehen und Geschmack, in großer Auswahl angeboten werden können, ist erst durch entsprechende Hilfsstoffe, die sogenannten Zusatzstoffe, möglich geworden.

Die Vielfalt fremder, oft synthetisch hergestellter Zusatzstoffe hinterläßt bei den meisten von uns ein eher ungutes Gefühl. Besonders eine Frage stellen sich dabei sicher viele:

Wie sicher kann man sein, daß die verwendeten Stoffe tatsächlich unschädlich sind?

Nachdem es noch bis in unser Jahrhundert hinein üblich war, daß Zusatzstoffe erst dann verboten wurden, wenn ihre Giftigkeit erwiesen, ein Schaden also bereits eingetreten war, hat der Gesetzgeber später den Spieß umgedreht: Will ein Hersteller einen neuen Zusatzstoff auf den Markt bringen, so muß er zunächst beweisen, daß sein neues Produkt besser geeignet ist als die bereits vorhandenen und daß es in den verwendeten Mengen unschädlich ist.

Hat sich ein neuer Stoff als unschädlich und seine Einführung als sinnvoll erwiesen, so wird er zugelassen. Die nach gründlicher Prüfung erlaubten Zusatzstoffe werden in der sogenannten Positivliste aufgeführt.

Wie das Lebensmittelgesetz Zusatzstoffe definiert

Im Sinne des Gesetzes sind es Stoffe, die dazu bestimmt sind, Lebensmitteln zur Beeinflussung ihrer Beschaffenheit oder zur Erzielung bestimmter Eigenschaften oder Wirkungen zugesetzt zu werden, ausgenommen sind Stoffe, die natürlicher Herkunft oder den natürlichen chemisch gleich sind.

> *Nur die in der Positivliste aufgeführten Zusatzstoffe sind erlaubt, alle anderen sind verboten.*

4.1 Konservierungsstoffe

Natürliche Stoffe mit konservierender Wirkung, z.B. Zucker, Salz, Milchsäure, sind schon seit Menschengedenken bekannt. Jahrhunderte lang hatte man sich mit den beschränkten Möglichkeiten der „natürlichen" Lebensmittelkonservierung begnügt. Man lebte mehr schlecht als recht damit: Einbußen in Aussehen und Geschmack der Nahrungsmittel mußten in Kauf genommen werden; der Verlust wichtiger Inhaltsstoffe während der Konservierung ließ Mangelkrankheiten zu einem alltäglichen Problem werden.

Mit dem Beginn der Industrialisierung, etwa ab Mitte des vorigen Jahrhunderts, reichten diese Methoden zur Lebensmittelhaltbarmachung erst recht nicht mehr aus. Viel mehr Menschen lebten nun in den Städten, auf engem Raum, ohne die Möglichkeit, selbst Nahrungsmittel anzupflanzen.

Trotz weltweiten Einsatzes von Konservierungsstoffen gehen schätzungsweise 20 % der erzeugten Nahrungsmittel durch Verderb oder Schädlingsbefall verloren.

Die Versorgung mit Lebensmitteln mußte von zum Teil weit entfernten landwirtschaftlichen Betrieben her erfolgen. Eine ausreichende Haltbarkeit der Lebensmittel war daher Voraussetzung für den Transport. Neue Konservierungsmethoden waren gefragt. Ein schier unerschöpfliches Tätigkeitsgebiet für die Lebensmittelchemie.

Tatsächlich fand man innerhalb von wenigen Jahrzehnten eine Vielzahl von Stoffen, die die Haltbarkeit von Lebensmitteln verbesserten: Salzsäure und Chlorate, Flußsäure und Fluoride, Formaldehyd... in diesen Pioniertagen war man mit der Auswahl möglicher Konservierungsstoffe nicht zimperlich. Die Folgen waren so verheerend, daß auf dem Internationalen Hygiene-Kongreß 1900 in Paris kurzerhand die Forderung nach einem völligen Verbot sämtlicher Konservierungsstoffe erhoben wurde.

Wie chemische Konservierungsstoffe auf Mikroorganismen wirken:

— Sie greifen die Zellmembranen der Mikroben an, die sie zerstören oder abdichten.

— Sie blockieren deren Enzyme.

Es kam zu keinem Verbot, und es dauerte noch bis 1959, bis in der Bundesrepublik Deutschland die Verwendung von Konservierungsstoffen gesetzlich geregelt wurde. Seitdem ist nur noch eine begrenzte Anzahl dieser Substanzen auf genau festgelegten Anwendungsgebieten gestattet.

Schweflige Säure

Obwohl die konservierende Wirkung von schwefliger Säure schon lange bekannt ist, wurde das „Schwefeln" von Wein erst im Mittelalter allgemein üblich. Sie wurde damals oft in viel zu hohen Dosierungen eingesetzt, weshalb man im Köln des 15. Jahrhunderts die Weinschwefelung sogar verbot. Schweflige Säure kann schon in relativ geringen Mengen gesundheitsschädlich wirken. Mit einem Glas Wein ist die zulässige Höchstmenge pro Tag zuweilen bereits überschritten. Dennoch gehört diese Substanz immer noch zu den meistgenutzten Konservierungsstoffen. Der Grund: man hat bis heute keinen vollwertigen Ersatz gefunden. Schweflige Säure wirkt nicht nur gegen Mikroorganismen, sondern verhindert das unerwünschte Bräunen verschiedener Nahrungsmittel, wie z.B. von geschälten Äpfeln und Kartoffeln oder von Trockenobst. Ein relativ hoher Gehalt ist daher außer im Wein in Trockenfrüchten, Trockengemüsen, zerkleinertem Meerrettich oder in Kartoffelerzeugnissen erlaubt.

Sorbinsäure

Sie ist unter den zur Konservierung zugelassenen Säuren, der 'letzte Schrei'. Ihre Wirkung wurde nämlich erst sehr spät, 1939, entdeckt. Und sie ist tatsächlich ein Gewinn für die Lebensmittelkonservierung, denn:

— Sie kann im Organismus wie eine normale ungesättigte Fettsäure abgebaut werden und ist deshalb unschädlich.

— Sie ist außerordentlich vielseitig in ihrer Anwendung, weil sie auch weniger saure Lebensmittel zuverlässig konserviert. Sie ist für die Konservierung fast aller Nahrungsmittel zugelassen.

Man geht jetzt immer mehr dazu über, Konservierungsstoffe, die man als schädlicher einstuft, wo immer möglich, durch Sorbinsäure zu ersetzen.

Benzoesäure

Benzoesäure gehört zu den zuvor erwähnten Zusatzstoffen, die im Tierversuch bei sehr hohen Dosierungen Hinweise auf mögliche schädliche Wirkungen im Organismus gegeben haben. Benzoesäure ist wasserunlöslich und muß, um ausgeschieden werden zu können, in der Leber erst wasserlöslich, d.h. ungiftig gemacht werden. Sie wird z.B. bei Fleischsalat und sauren Rohkostsalaten eingesetzt.
Asthmatiker und Menschen, die auf Aspirin allergisch reagieren, sind oft auch gegen Benzoesäure allergisch.

In welcher Form Schweflige Säure eingesetzt wird:

— In Form ihrer Na-, K- oder Ca-Salze

— In Form von Schwefeldioxid

$$SO_2 + H_2O = H_2SO_3$$

Schwefel-   Wasser   Schweflige
dioxid   Säure

Wie Schweflige Säure im Organismus wirken kann:

— Sie schädigt das Nervensystem und innere Organe.

— Sie hemmt Enzyme.

— Sie verursacht Wachstumsstörungen.

Wie Schweflige Säure im Nahrungsmittel wirkt:

— Sie hemmt das Wachstum von Mikroorganismen.

— Sie zerstört Vitamin B_1.

— Sie stabilisiert die Vitamine A und C.

Strukturformel der Sorbinsäure

Strukturformel der Benzoesäure

Biphenyl und Ortho-Phenylphenol

Um Schimmelbildung während des Transportes und der Lagerung zu vermeiden, dürfen die Oberflächen von Zitrusfrüchten mit diesen beiden Substanzen behandelt werden. Obwohl dabei nur die Fruchtoberfläche behandelt wird, dringen geringe Mengen auch in das Fruchtfleisch ein. Daher sind für beide Stoffe Höchstmengen festgesetzt worden.

Beide Substanzen sind praktisch wasserunlöslich und müssen über die Leber entgiftet werden. Im Tierversuch, allerdings bei weit überhöhten Konzentrationen, wurden Nieren- und Leberschäden beobachtet. Es empfiehlt sich also dringend, die Schalen behandelter Zitrusfrüchte nicht zu verwenden.

4.2 Antioxidantien

Konservierungsstoffe sind sie im weitesten Sinne auch, die Antioxidantien. Sie hemmen jedoch nicht das Wachstum von Mikroorganismen, sondern verhindern die Reaktion oxidationsempfindlicher Inhaltsstoffe mit Luftsauerstoff.

4.2.1 Natürliche Antioxidantien

Viele Nahrungsmittel enthalten natürlicherweise Antioxidantien, die sie eine gewisse Zeit vor der Oxidation schützen. Was liegt näher, als deren Konzentration zu erhöhen, um auf diese Weise den natürlichen Schutz zu verbessern.

Vitamin E (Tocopherole)

Unter dem Begriff Vitamin E faßt man eine ganze Gruppe fettlöslicher Substanzen zusammen, die Vitaminwirkung aufweisen. Diese Stoffe werden zur Haltbarmachung von Fetten eingesetzt. Sehr viele Margarinesorten und Öle sind mit Vitamin E angereichert.

In außergewöhnlich hohen Mengen genossen, wie z.B. bei einer Zufuhr über Medikamente, läßt sich zwar eine Hypervitaminose nicht ausschließen (s. S. 143), die normalerweise verwendeten Mengen liegen aber weit unter der kritischen Dosis.

Kartoffeltrockenprodukte wie Püree oder Kroketten werden durch Antioxidantien gegen Autoxidation geschützt.

Vitamin C (Ascorbinsäure)

Vitamin C wirkt hauptsächlich in der Weise, daß es vorhandene Antioxidantien verstärkt bzw. auffrischt. Es ist unschädlich und hat außerdem die Vorteile,

Antioxidantien verhindern:

— die Autoxidation von Fetten oder Fettsäuren

— die Oxidation von Vitamin C.

— daß die als bedenklich geltenden Stoffe Schwefeldioxid und Nitrit nur in geringeren Mengen eingesetzt zu werden brauchen,

— daß es die krebserregende Wirkung der Nitrosamine abschwächt.

4.2.2 Synthetische Antioxidantien

Butylhydroxianisol (BHA) und Butylhydroxitoluol (BHT)

Diese beiden Stoffe haben ähnliche Eigenschaften und werden auch in ähnlicher Weise eingesetzt. Sie sind fettlöslich und können daher vom menschlichen Organismus nur sehr langsam ausgeschieden werden. Bei hohen Konzentrationen im Tierfutter konnten Organveränderungen und Stoffwechselstörungen beobachtet werden. Die höchstzulässige Menge liegt deshalb sehr niedrig.

4.3 Farbstoffe

Lebensmittel, die von ihrem eigenen Farbstoff, z. B. bei der Sterilisierung, verloren haben oder solche, die von sich aus nicht farbig sind, werden durch Farbstoffe für das Auge des Verbrauchers attraktiv gemacht.

Farbstoffe: Zusatzstoffe mit langer und zum Teil wenig rühmlicher Vergangenheit.

400 v. Chr.	Weißfärbung von Mehl in Griechenland.
300 n. Chr.	Grünes Gemüse in Rom durch Kupferverbindungen.
1537	Kornblumenblau, Veilchenblau und Safran (gelb) gab es in der Apotheke zu kaufen.
1700	Erste Berichte über Vergiftungen durch Lebensmittelfärbung mit Hilfe giftiger Pflanzenteile.
1742	Erster Erlaß in Frankreich, der die Lebensmittelfärbung nur mit ,als ungiftig erkannten Pflanzenteilen' erlaubte.
1860	Entdeckung, daß gewisse Metallverbindungen gut färben, z. B. Kupferarsenat für grünen Pudding, Bleichromat für Zuckerwaren.
1887	Farbengesetz in Deutschland. Farbstoffe kamen auf eine Negativliste. Verboten wurden z. B. blei- und arsenhaltige Stoffe und Quecksilbersulfit, das für die Färbung von Käse verwendet worden war.
1937	Erster synthetischer Farbstoff: Buttergelb, heute als krebserzeugend verboten.

Zum Darüber-Nachdenken

— 1957 waren bei uns noch 47 synthetische Farbstoffe erlaubt, heute nur noch 13.

— In anderen Ländern sind einige dieser Farbstoffe verboten.

— Eine Färbung verbessert nicht die Qualität.

Natürliche Farbstoffe

Relativ häufig verwendet man zum Färben von Nahrungsmitteln natürliche Farbstoffe. Die heute angewendeten sind fast alle bis hin zu hohen Konzentrationen unschädlich.

Farbstoffe, die im Zusammenhang mit Allergien häufig genannt werden:

— Tartrazin (E 102), gelb
— Chinolingelb (E 104)
— Gelborange S (E 110)
— Azorubin (E 122), rot
— Amaranth (E 123), rot
— Cochenille (E 124), rot
— Cochenille (E 120), rot
— Erythrosin (E 127), rosa
— Brillantschwarz (E 151)

Wie schafft man es, Kirschen so zu färben, daß sie im Obstsalat nicht gleich abfärben?

Es gibt nur einen Farbstoff, dem das gelingt. Er heißt Erythrosin.

Einige natürliche Farbstoffe:

— Rote-Bete-Saft (Betanin)
— Kirschsaft
— Heidelbeersaft
— Curry-Farbstoff (Curcuma)
— Safran-Farbstoff (Crocetin)
— β-Carotin
— Paprika-Farbstoff (Capsanthin).

Eine Allergie ist eine übersteigerte Abwehrreaktion des Körpers, die sich gegen körperfremde Stoffe richtet.

Um genau festzustellen, welcher Bestandteil der Nahrung als Allergen wirkt, führt der Hautarzt spezielle Tests durch.

Es gibt für Allergiker spezielle Lebensmitteltabellen und Kochbücher.

Eine der wenigen Ausnahmen: Der grüne Pflanzenfarbstoff Chlorophyll ist in reiner Form sehr unbeständig und wird daher als Kupferverbindung eingesetzt. Das Schwermetall Kupfer aber schadet dem Organismus in zu hohen Konzentrationen.

Synthetische Farbstoffe

Synthetische Farbstoffe sind einfach und billig herzustellen und garantieren bei jedem neuen Produktionsprozeß und auch nach längerer Lagerung immer gleichbleibende Farbintensität.
Allerdings sind sie nicht unumstritten, denn einige von ihnen können Allergien hervorrufen oder stehen im Verdacht, den Organismus auf andere Weise zu schädigen. Nicht bewiesen, aber auch nicht widerlegt ist die Vermutung, daß synthetische Farbstoffe bei Kindern Überaktivität, Nervosität und aggressives Verhalten verursachen können.

Azofarbstoffe

Sie sind im Hinblick auf mögliche gesundheitliche Schädigungen besonders verrufen. Kennzeichnend für sie ist die Azogruppe —N=N— im Molekül.

Tartrazin: Diese Substanz gilt als der häufigste Allergieauslöser unter allen Farbstoffen. Menschen, die gegen Aspirin empfindlich sind, sind oft auch gegen Tartrazin allergisch.

Gelborange S: Mit Gelborange S ließen sich im Tierversuch Nierentumore erzeugen. Möglicherweise wird dadurch eine neue Beurteilung dieses Farbstoffes notwendig.

Erythrosin

Erythrosin besteht zu über der Hälfte seines Molekulargewichtes aus Jod. Eine Jod-Überversorgung ist deshalb möglich und im Tierversuch auch schon nachgewiesen. Über eine Neubeurteilung auch dieses Farbstoffes wird seit einiger Zeit diskutiert.

Zusatzstoffe im Zwielicht — Pseudoallergische Reaktionen (PAR)

Allergische Reaktionen im Zusammenhang mit Nahrungsmitteln haben in den letzten 20 Jahren sprunghaft zugenommen. Lebensmittelzusatzstoffe gelten dabei als eine der Substanzgruppen, die in der Lage sind, sogenannte pseudoallergische Reaktionen auszulösen. Eine pseudoallergische Reaktion unterscheidet sich nur im medizinischen Entstehungsprozeß, nicht aber im Erscheinungsbild von einer echten Allergie. Häufige Symptome sind dabei das Anschwellen von Lippen und Augenlidern, manchmal treten auch Hautekzeme auf.
Eine Heilung dieser Überempfindlichkeit ist bislang noch kaum möglich. Das oberste Prinzip heißt daher: Weglassen des Allergens, also des Stoffes, der die Allergie auslöst.

Es empfiehlt sich:

— die Zutatenliste auf verpackten Lebensmitteln zu beachten. Zusatzstoffe müssen dort mit ihrer E-Nummer aufgeführt sein.
— auf vorgefertigte Gerichte lieber zu verzichten, die Speisen möglichst selber zuzubereiten.
— Beim Auswärts-Essen nur Speisen wählen, die das Allergen mit großer Sicherheit nicht enthalten.

4.4 Geschmacksstoffe

Mindestens genauso wichtig wie eine vorbildliche Nährstoffzusammensetzung oder hochwertige Qualität der Zutaten ist den meisten Menschen der Geschmack ihrer Speisen.

4.4.1 Zuckerersatzstoffe

Naschereien sind heiß begehrt, und so manches Pölsterchen zeugt von der übermäßigen Leidenschaft seines Besitzers für Zuckersüßes. Genuß ohne Reue versprechen da verschiedene Zuckerersatzstoffe.

4.4.1.1 Zuckeraustauschstoffe

Der bekannteste Vertreter dieser Gruppe ist die Fructose. Wir kennen sie bereits als Monosaccharid, dessen chemische Struktur sich kaum von der der Glucose unterscheidet. Zu ihren Verwandten gehören auch die Zuckeralkohole: Sorbit, Mannit und Xylit sind beliebte Süßungsmittel z.B. für Kaugummis.
Diabetikern sind Zuckeraustauschstoffe schon seit Jahrzehnten eine wertvolle Hilfe bei der Erhaltung ihrer Diät, denn Fructose und Zuckeralkohole sind weitgehend insulinunabhängig abbaubar. Der Organismus kann sie also auch verwerten, ohne daß Insulin in ausreichender Menge vorhanden sein müßte.

Wie wir schmecken

Mit der Zunge „erkennt" man nur vier Geschmacksrichtungen:

— **süß** auf der Zungenspitze

— **sauer** an den hinteren Zungenrändern

— **salzig** an den vorderen Zungenrändern

— **bitter** auf dem Zungengrund.

Alles, was wir sonst als „Geschmack" empfinden, wird in Wirklichkeit über die Nase, also den Geruchssinn, wahrgenommen.

Süßkraft einiger Zuckeraustauschstoffe.	
Vergleichssubstanz: Saccharose mit dem Wert 100.	
Fructose	173
Sorbit	50
Mannit	40
Xylit	110

Resorptionsgeschwindigkeit von Zuckeraustauschstoffen.	
Vergleichssubstanz: Glucose mit dem Wert 100.	
Fructose	50
Sorbit	7
Mannit	5
Xylit	10

Aber auch im Darm wirken die Zuckeraustauschstoffe hygroskopisch (wasseranziehend). Da sie zudem relativ langsam resorbiert werden, kann es bei höheren Verzehrsmengen zu Durchfall, dem sogenannten osmotischen Durchfall, kommen.

Um osmotischen Durchfällen vorzubeugen:

— *nicht mehr als 60 g Fructose am Tag*

— *nicht mehr als 20 g Zuckeralkohol am Tag.*

Was man von Zuckeraustauschstoffen nicht erwarten darf:

Zuckeraustauschstoffe werden, genau wie Glucose, über den Citronensäurecyclus abgebaut, wobei Kohlendioxid, Wasser und Energie in vergleichbaren Mengen wie beim Glucoseabbau frei werden. Übergewichtige, die sich von Zuckeraustauschstoffen eine Energieeinsparung erhoffen, irren sich leider.

Zuckeraustauschstoffe:

Für Diabetiker ja, für die Schlankheitskur kaum besser als Zucker.

Aufgaben

1. Vergleichen Sie chemische und natürliche Lebensmittelkonservierung, z.B. im Hinblick auf: Erhaltung des Nährwertes, mögliche schädliche Stoffe, Auswirkungen auf das Lebensmittel.

2. Was versteht man unter Positivliste? Warum wurde sie erstellt?

3. Beurteilen Sie jeweils die Eignung folgender Antioxidantien für die Haltbarmachung des Fettanteils in einem Erdnußerzeugnis: Vitamin E, Vitamin C, BHT, BHA.

4. Wie wichtig ist der Einsatz von Farbstoffen in Nahrungsmitteln? Nennen Sie Argumente für und gegen die Lebensmittelfärbung und kommen Sie zu einer Empfehlung für den Verbraucher.

4.4.1.2 Süßstoffe

Süßstoffe sind synthetisch hergestellte Substanzen mit völlig anderer chemischer Struktur und anderen Eigenschaften als Zuckeraustauschstoffe.

Saccharin

Saccharin schmeckt etwa 400 bis 450 mal süßer als Saccharose. Seine Nachteile: in höheren Konzentrationen hat es einen unangenehm metallischen Beigeschmack und es ist weder hitze- noch säurebeständig. Saccharin steht im Verdacht, bei starker Überdosierung Krebs erzeugen zu können.

Cyclamat

Cyclamat hat eine 45 mal höhere Süßkraft als Saccharose. In den USA wurde es schon 1970 verboten, nachdem bei sehr hohen Konzentrationen im Tierversuch Blasenkrebs beobachtet worden war. Die Aussagekraft dieser Versuche ist mittlerweile aber sehr umstritten. In der Bundesrepublik ist es — in entsprechend geringen Anwendungsmengen — zugelassen.

Aspartam (Nutra Sweet)

Dieser neue, erst 1965 entdeckte Süßstoff, der **nicht** koch- und backfest ist, besteht aus zwei Aminosäuren, ist also ein Dipeptid. Im Organismus wird er in seine Bestandteile gespalten. Dabei entstehen geringe (und deshalb ungefährliche) Mengen an Methanol. Nach langjährigen Tierversuchen geht man heute davon aus, daß Aspartam in den üblicherweise eingesetzten Mengen unschädlich ist. Aspartam ist etwa 180 mal süßer als Saccharose und liefert pro Gramm 16,8 kJ.

Die Suche nach dem „perfekten" Süßstoff geht weiter:

Acesulfam K ist ein sehr stabiler Süßstoff, der unverändert vom Organismus wieder ausgeschieden wird und nach bisherigen Erkenntnissen keine gesundheitlichen Risiken birgt. Acesulfam K kann auch zum Kochen und Backen verwendet werden und ist 130 bis 200 mal süßer als Saccharose.

4.4.2 Kochsalz-Ersatzstoffe

Bei Bluthochdruck, Ödemen und bestimmten Nierenerkrankungen wird eine natriumarme Kost verordnet. Um die häufig als fade empfundene Kost geschmacklich aufzuwerten, können ähnlich schmeckende Salze, die kein Natrium enthalten, eingesetzt werden: Kalium-, Calcium- und Magnesiumsalze z.B. von Kohlensäure, Milchsäure, Weinsäure u.a.

5. Schadstoffe in Nahrungsmitteln

Gefahr für die Gesundheit durch unsere Nahrung. Kaum ein Thema verunsichert und ängstigt die Bundesbürger in der letzten Zeit so sehr wie dieses. Eier-, Geflügel- und Fleischskandale, radioaktive Belastung und Umweltgifte; sind unsere Nahrungsmittel wirklich so viel schlechter als sie es früher waren? Mit dem Wissen, woher Belastungen durch Schadstoffe drohen und wie groß die Gefahr ist, die von ihnen ausgeht, läßt sich das Problem leichter beurteilen.

„PER" in der Wurst
Rückstände entdeckt

Eine Reihe von Wurstwaren wurde land-Pfal: zogen, we gen des chungsar Werte c serstoffe wiesen. ! ren nach Umwelt worden. mischer te Stoff teln vo

Salmonellen in Nudeln
Wieder verdorbene Teigwaren

● Stuttgart. – Wieder einmal gera-
...deln in die Schlagzeilen. Der Wirt-

Vor Salami wird gewarnt
STUTTGA...

Chemie-Wein
Gut klagt gegen US-Firma

Die Besitzer des Weingutes Château Phelan-Segur in Saint-Estephe bei Bordeaux fordern vor einem US-Gericht 57 Millionen Dollar Schadenersatz von dem amerikanischen Chemieunternehmen Chevron Chemical. Ein Insektenvertilgungsmittel der Firma ist nach ihrer Ansicht dafür verantwortlich, daß die Jahrgänge 1983, 1884 und 1985 des als „Cru Bourgeois" klassifizierten Weines verdorben sind und aus dem Handel genommen werden mußten. Die Beweisführung in dem Verfahren gilt aber als schwierig; die US-Firma meint, die Geschmacksveränderungen seien nicht auf ihr Mittel „Orthene 50", sondern auf bakterielle Veränderungen bei der Fermentation zurückzuführen.

baden-
ltmini-
1 vor
nigter
iropa
mit
„Ia
ind-
'ten
alt-
:w.
ch
ert.

Wann ist ein Stoff ein Schadstoff?

Ganz spontan ist man versucht zu sagen: Natürlich dann, wenn er dem Organismus Schaden zufügen kann.

Dem könnte man entgegenhalten:

— Kochsalz ist lebenswichtig und wir nehmen es täglich auf. Ein Pfund Kochsalz auf einmal gegessen ist dagegen tödlich. Ist Salz deswegen ein Schadstoff?

— Der Kariesverursacher Zucker, ist er etwa ein Schadstoff?

— Essigsäure kann in hoher Konzentration ätzen und so erheblichen Schaden anrichten. Ist Essig ein Schadstoff?

Die Liste dieser Beispiele ließe sich noch weiter verlängern, denn jeder, auch der harmloseste Stoff, wird dann zum Schadstoff, wenn er im Übermaß genossen wird.

Wenn also im folgenden über Schadstoffe gesprochen wird, dann geht es ausschließlich um Substanzen, die dem Menschen schon in geringen Mengen schaden können.

POISON

„Alle ding sind gifft und nichts ist ohn gifft. Allein die dosis macht das ein ding kein gifft ist. Als ein Exempel: ein jetliche speiß und ein jetlich getranck so es über sein dosis eingenommen wirdt so ist es gifft."

Paracelsus (1493-1541).

5.1 Pflanzenschutzmittel

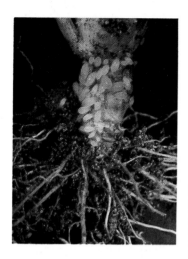

Wer ab und zu schon in einem Garten gearbeitet hat, kennt die alljährlich wiederkehrende Misere: Läuse im Salat, Schnecken im Blumenkohl, Käfer an den Kartoffelpflanzen, Unkraut wuchert, wo es nicht sofort entfernt wird und nimmt den Nutzpflanzen Licht und Nährstoffe. Was für den Kleingärtner vor allem lästig ist, kann für den Großlandwirt, der auf einen möglichst hohen Ertrag an Nahrungsmitteln hinarbeiten muß, einen Riesenverlust bedeuten. Um das zu verhindern, setzt die Landwirtschaft Pflanzenschutzmittel ein.

Die Höchstmengenverordnung

Alle bei uns zugelassenen Pflanzenschutzmittel sind selbstverständlich auf ihre Zumutbarkeit für den Menschen überprüft. In welchen Konzentrationen die einzelnen Chemikalien in Nahrungsmitteln enthalten sein dürfen, ist in der Höchstmengenverordnung festgelegt. Die Lebensmittelüberwachung untersucht stichprobenartig den Gehalt an Schadstoffen und zieht Nahrungsmittel mit zu hohen Werten aus dem Verkehr.

Pflanzenschutzmittel werden auch als Pestizide bezeichnet.

Bei den verwendeten Pflanzenschutzmitteln handelt es sich durchweg um außerordentlich giftige Substanzen.

Die gefürchtete Kombinationswirkung

Auch wenn die festgelegte Höchstmenge im einzelnen nicht überschritten wird, problematisch kann es werden, wenn verschiedene Pestizide im Organismus zusammentreffen. Es gibt Hinweise dafür, daß solche Kombinationen das Immunsystem des Menschen schwächen können.

Ein Problem in Sachen Pflanzenschutzmittel

Erst 1987(!) wurde in der Pflanzenschutzverordnung der Bundesrepublik Deutschland festgelegt, daß Personen, die beruflich mit Pflanzenschutzmitteln umgehen, Kenntnisse über deren Giftigkeit und die korrekte Anwendung besitzen und nachweisen müssen. In vielen anderen Ländern gibt es eine solche Verordnung noch nicht. So ist die Aufklärung der im Pflanzenschutz eingesetzten Mitarbeiter gerade in Ländern der Dritten Welt oft so miserabel, daß sie sogar ohne ausreichenden Atemschutz ihre Arbeit verrichten. Dutzende von tödlichen Vergiftungen und eine ungeheure Zahl schleichender Vergiftungen, die sich meist untypisch als Kopf- und Gliederschmerzen, körperliche Schwäche usw. äußern, sind als traurige Folgen schon bekannt geworden. Daß bei einem derart schlechten Informationsstand der Arbeiter die empfohlene Giftmenge auch mal nicht eingehalten, daß „sicherheitshalber" die Dosis öfter mal erhöht wird, nimmt nicht Wunder.

Organische Phosphorsäureverbindungen

Chemisch gesehen handelt es sich bei diesen Stoffen um Ester der Phosphorsäure, die allerdings sehr kompliziert aufgebaut sind. Ihr bekanntester und zugleich giftigster Vertreter ist Parathion, unter der Bezeichnung E 605 im Handel. Man setzt sie vor allem im Gemüse- und Obstanbau ein. Die Verbindungen werden von den

Pflanzenblättern aufgenommen und wirken von dort aus auf die Schädlinge.

Sie werden innerhalb relativ kurzer Zeit abgebaut. Es ist gesetzlich vorgeschrieben, daß zwischen dem Besprühen der Pflanzen und der Ernte mindestens dieser Abbau-Zeitraum vergangen sein muß, damit keine Rückstände mehr vorhanden sind.

Für den Menschen sind diese Substanzen starke Gifte; bereits 0,1 g E 605 können tödlich sein. Beim Umgang mit organischen Phosphorsäureestern ist daher große Vorsicht geboten; sie können dem Menschen auch über Haut und Lunge, z.B. beim Ausbringen auf dem Feld, gefährlich werden.

> *Noch ungeklärt ist, ob die Abbauprodukte von Phosphorsäure-Verbindungen für den Menschen schädlich sind.*

> *Organische Phosphorverbindungen schädigen das Nervensystem, indem sie wichtige Enzyme hemmen.*

Chlorierte Kohlenwasserstoffe

Chemisch gesehen handelt es sich bei ihnen um ringförmige Kohlenwasserstoffe, in denen Wasserstoff durch Chlor ersetzt ist. Die erste Verbindung dieser Art war DDT. Sein Erfinder bekam dafür sogar den Nobelpreis für Medizin. Wohl deshalb, weil mit Hilfe des DDT erstmals ein wirksames Mittel gegen die Malaria übertragenden Moskito-Arten gefunden worden war. Inzwischen sind Moskitos und auch viele andere Schädlinge widerstandsfähig gegen DDT.

Warum DDT und seine Verwandten als Pflanzenschutzmittel problematisch sind, oder: die Geister, die ich rief...

Halogenierte Kohlenwasserstoffe werden im Unterschied zu den Phophorsäureestern biologisch nicht abgebaut. Dazu kommt, daß sie sehr gut fettlöslich sind. Einmal in den menschlichen Körper gelangt, wandern sie in das Körperfett (Depotfett) und bleiben dort, denn auch der Mensch kann solche Verbindungen nicht abbauen. Die Konzentration steigt mehr und mehr an. Im Laufe der Zeit wird so ein beträchtliches „Schadstoffkonto" im Organismus „angespart".

> *Weil sie biologisch nicht abgebaut werden und bei uns über lange Zeit in riesigen Mengen eingesetzt wurden, sind chlorierte Kohlenwasserstoffe praktisch überall in der Umwelt zu finden.*

Die Wege, auf denen chlorierte Kohlenwasserstoffe den menschlichen Organismus erreichen können, sind unterschiedlich:

— Über den Verzehr pestizidhaltiger, pflanzlicher Nahrungsmittel.

— Über den Verzehr pestizidhaltiger, tierischer Nahrungsmittel. Ein solcher Gehalt kommt dadurch zustande, daß das Futter von Schlachttieren pestizidhaltig ist.

Die aktuelle Situation

Die Anwendung der meisten chlorierten Kohlenwasserstoffe ist in der Bundesrepublik Deutschland, wie in fast allen westlichen Industrienationen, inzwischen verboten. Die Produktion wurde jedoch bei uns bislang nicht eingestellt. Die chemische Industrie stellt diese umweltschädlichen Stoffe noch immer her und verkauft sie in Tau-

Gift wird blockiert
Aktion von „Greenpeace"

Die Umweltschutz-Organisation „Greenpeace" hat angekündigt, mit giftigen Pflanzenschutz-Mitteln beladene Schiffe beim Auslaufen von Häfen in Europa zu blockieren. Die Organisation will damit gegen den Mißbrauch von hochgiftigen Insektenvernichtungsmitteln und besonders gegen den Export von Pestiziden aus Industrieländern in die Dritte Welt protestieren. Viele dieser Chemikalien sind in ihren Hersteller-Ländern seit langem verboten oder nur stark eingeschränkt. „In der Dritten Welt aber sind sie frei erhältlich", sagte „Greenpeace"-Sprecher Pallemaerts zur Begründung der weltweiten Kampagne seiner Organisation in Nairobi (Kenia).

senden von Tonnen an die Länder der Dritten Welt. Das bedeutet: Auch für uns ist das Problem dieser Stoffe noch immer nicht vom Tisch. Die in diesen Ländern eingesetzten Chemikalien verbreiten sich von dort über die ganze Erde und erreichen irgendwann auch wieder uns. Abhilfe könnte nur ein weltweites Verbot dieser Stoffe schaffen.

Ein wirtschaftlicher Anbau ohne jede Düngung ist nicht möglich. Wichtig aber, nicht zu viel des Guten tun.

5.2 Düngemittel

Während ihres Wachstums entziehen Pflanzen dem Boden ständig wertvolle Mineralstoffe. Nach der Ernte ist er dann ärmer an diesen so lebenswichtigen Substanzen. Eine Möglichkeit, diesen Verlust auszugleichen, ist die Düngung. Bei uns wird zu diesem Zweck hauptsächlich Kunstdünger eingesetzt.

Künstliche Düngemittel, die sehr preisgünstig sind, können zur „Überdüngung" des Bodens genauso beitragen, wie die natürlicherweise in der Massentierhaltung anfallende Gülle, wenn sie überreichlich auf Grünflächen aufgebracht wird. Insbesondere die auf diese Weise entstandenen hohen Nitratgehalte machen Sorge, weil sie durch Auswaschen des Bodens in das Grundwasser gelangen.

Was hohe Nitratgehalte in Nahrungsmitteln und Trinkwasser bedenklich macht.

In die Nahrung gelangt, kann Nitrat dem Organismus auf zweierlei Weise schaden.

Reduktion zu Nitrit
Nitrate können zu Nitrit reduziert werden. Eine solche Umwandlung kann entweder in nitrathaltigen Nahrungsmitteln oder im Körper selbst stattfinden.

— Die Umwandlung in nitrathaltigen Nahrungsmitteln ist vor allem im Zusammenhang mit Spinat von Bedeutung. In bereits zubereitetem Spinat können sich bestimmte Mikroorganismen entwickeln, deren Enzyme das Nitrat zu Nitrit reduzieren. Beim Verzehr von nitrithaltigem Spinat kann das giftige Nitrit dann seine schädliche Wirkung entfalten. Es beeinträchtigt das Bindevermögen des roten Blutfarbstoffes für Sauerstoff. Die Folge ist ein akuter Sauerstoffmangel. Besonders gefährdet sind Säuglinge in den ersten Lebensmonaten, aber auch Erwachsene können zu Schaden kommen. Deshalb sollte man einmal zubereiteten Spinat gleich verzehren und nicht wieder aufwärmen.

— Aber auch im Körper selbst kann es zu einer Reduktion von Nitrat zu Nitrit kommen. Auch hier sind wiederum die Kleinsten der größten Gefahr ausgesetzt. So kann Säuglingsnahrung, die mit nitrathaltigem Trinkwasser zubereitet wurde, zu akuten Vergiftungserscheinungen führen.

Bildung von Nitrosaminen
Die aus den Nitraten gebildeten Nitrite können mit Aminogruppen, wie wir sie von den Aminosäuren her kennen, zu den

Nitrosamine sind stark krebserregend.

Die geltenden Bestimmungen:

Seit 1985 ist als zulässiger Nitrat-Höchstwert im Trinkwasser 50 mg pro Liter festgelegt.
Vergiftungsgefahr für Säuglinge besteht bereits ab 45 mg pro Liter. Mineralwasser, das den Vermerk: „für Säuglinge geeignet" trägt, darf höchstens 25 mg pro Liter enthalten.

außerordentlich giftigen Nitrosaminen reagieren, die zum Teil schon in geringen Konzentrationen Krebs erzeugen. Auch sie können entweder in Nahrungsmitteln oder im Organismus entstehen.

— Die Gefahr der Nitrosaminbildung ist besonders groß bei gepökelten Fleisch- und Wurstwaren.

— Wesentlich größer scheint die Gefahr der Nitrosaminbildung im Verdauungstrakt zu sein.

Gülle: Nitrat-Verseucher des Trinkwassers

Eine Errungenschaft moderner Viehställe neueren Datums: die Tiere stehen nun nicht mehr, wie schon seit Jahrhunderten, auf Einstreu, sondern auf leicht zu reinigenden, durchlässigen Lattenrosten, durch die Urin und Kot auf ein darunter befindliches Transportsystem gelangen und leicht weggebracht werden können. Statt wie früher mit Stallmist, wird nun also vermehrt diese flüssige Gülle als Düngemittel ausgebracht. Sie kann besonders leicht ins Erdreich einsickern und ins Grundwasser gelangen. Übermäßige Düngung mit Gülle gilt deshalb auch als Hauptverursacher des mancherorts bedenklich hohen Nitratgehaltes im Trinkwasser.

5.3 Industriegifte

„Die Bösen Drei", so nennt man sie auch: die Schwermetalle Quecksilber, Blei und Cadmium. Da sie hauptsächlich bei technischen Prozessen freigesetzt werden, kann man sie als typische Zivilisationsgifte bezeichnen. Gemeinsam ist ihnen, daß sie sich in der Nahrungsmittelkette anreichern.

> Anfang der fünfziger Jahre trat in einem kleinen japanischen Fischerdorf eine geheimnisvolle Nervenkrankheit auf. Die Kranken konnten nicht mehr richtig hören, sehen, sprechen und fühlen. Die Gliedmaßen zitterten, verkrampften und versteiften sich.
>
> Der Schuldige war schnell gefunden. Eine benachbarte Chemiefabrik hatte quecksilberhaltige Abfälle in die Bucht eingeleitet, aus der die Fischer ihren Fang nach Hause brachten.

Schwermetallvergiftungen in diesem katastrophalen Ausmaß sind jedoch außerordentlich selten. Mehr Anlaß zur Besorgnis gibt dagegen die jahrzehntelange Anreicherung der Gifte im Organismus. Neben schweren Nerven- und Nierenschädigungen werden insbesondere Auswirkungen auf das ungeborene Leben befürchtet.

Nitratgehalt in pflanzlichen Lebensmitteln

Hohe Nitratgehalte (durchschnittlich über ca. 1000 mg/kg)

Feldsalat	Radieschen
Kohlrabi	Rettich
Kopfsalat	Rhabarber
Kresse	Rote Bete
Mangold	Spinat

Mittlere Nitratgehalte (durchschnittlich 500—1000 mg/kg)

Chinakohl	Grünkohl
Eisbergsalat	Sellerie
Endivie	Weißkohl
Fenchel	Wirsing
Frisée	Zucchini

Niedrige Nitratgehalte (durchschnittlich unter 500 mg/kg)

Auberginen
Bohnen
Blumenkohl
Broccoli
Chicorée
Erbsen
Gurken
Kartoffeln
Keimlinge
Möhren
Paprika
Pilze
Porree/Lauch
Rosenkohl
Rotkohl
Schwarzwurzeln
Spargel
Tomaten
Zwiebeln

Quelle: Verbraucherzentrale NRW e.V.
Stand: Mai 1992

Beispiel für die Anreicherung von Schwermetallen in der Nahrungskette.

Schwermetalle aus dem Schornstein einer Fabrik lagern sich auf dem Gras einer Weide ab.

Das Gras ist nun schadstoffbelastet.

Kühe weiden den Sommer über und ernähren sich von dem Gras. Schwermetalle können aber vom tierischen Organismus nicht ausgeschieden werden und lagern sich in Leber und Niere ab.

Leber und Nieren der Tiere sind stark schadstoffbelastet.

Zum Mittagessen gibt's saure Nieren. Auch der Mensch scheidet Schwermetalle nicht aus. Sie lagern sich bei ihm ebenfalls in Leber und Nieren ein.

Mit den Jahren sammelt sich immer mehr Gift an; Gesundheitsschäden können die Folge sein.

Blei und Cadmium: so verringern sich die Mengen in unserer Nahrung

Gemüse sorgfältig waschen. Immerhin $2/3$ des Bleis und $1/5$ des Cadmiums lassen sich auf diese Weise entfernen.

So wurden wiederholt verminderte Intelligenz und Verhaltensstörungen bei Tieren beobachtet, deren Müttern während der Schwangerschaft schwermetallhaltiges Futter zugeführt worden war. Als mögliche Folgen einer langjährigen Schwermetallvergiftung sind diese Symptome auch beim Menschen nicht auszuschließen.

Quecksilber

Von allen dreien scheint dieses Schwermetall das in der Praxis für den Menschen am wenigsten gefährliche zu sein, da es von Pflanzen nur im geringen Ausmaß aus dem Boden aufgenommen wird. Eine Ausnahme hiervon sind Pilze, die Quecksilber in größeren Mengen speichern können. In stark quecksilberhaltigen Gewässern, also bevorzugt in der Nähe entsprechender Industrieanlagen, hat man jedoch auch in Fischen erhöhte Quecksilbergehalte gefunden. Besonders dem Thunfisch sagt man eine relativ hohe Quecksilberbelastung nach.

Blei

Blei aus dem Auspuff von Millionen von Autos ist sehr ins Gerede gekommen. Aber nicht nur Autos, auch Industriebetriebe wie Kohlekraftwerke und Bleihütten setzen beträchtliche Mengen dieses Schadstoffes frei. Nahrungsmittel, die in der Nähe stark befahrener Straßen oder in der Umgebung von Industrieanlagen angebaut werden, sind deshalb stärker belastet.
Blei wird zum größten Teil aus der Luft aufgenommen; es setzt sich daher vor allem an der Oberfläche der Pflanze fest. So erklärt sich, daß Pflanzen mit großer Oberfläche, z.B Blattsalat oder Spinat, mehr Blei enthalten als unterirdisch wachsende oder von der Hülle geschützte, wie etwa Möhren oder Hülsenfrüchte. Durch gründliche Reinigung können bis zu 70% des Bleigehaltes von diesen Nahrungsmitteln entfernt werden.

Cadmium

Cadmium ist sowohl im Vorkommen als auch in der Wirkung dem Blei sehr ähnlich. Es fällt z.B. bei der Gewinnung von Blei als Nebenprodukt an. Entsprechend sind auch die in der Umgebung von Bleihütten und Autobahnen angebauten Pflanzen stark belastet. Im Gegensatz zu Blei wird Cadmium aber stärker aus dem Erdboden aufgenommen. Deshalb sind unterirdisch wachsende Nahrungspflanzen hier stärker betroffen. Auch Pilze enthalten, besonders in den Lamellen, hohe Cadmiumgehalte. Da Flüsse vom Cadmium aus der Industrie nicht verschont bleiben, gelangt es auch mit Fischen und Trinkwasser in unseren Organismus.
Vorsicht auch bei getöpferten Mitbringseln aus südlichen Urlaubsländern. Die zum Gelb-Färben verwendeten Cadmiummengen sind nicht selten höher als es — beim Benutzen als Eßgeschirr — der Gesundheit zuträglich ist.

5.4 Medikamente im Tierstall

Ein idyllisches Bild. Leider entspricht es der Wirklichkeit nur in den allerwenigsten Fällen. Die Erzeugung tierischer Nahrungsmittel hat sich in den letzten Jahrzehnten zu einer umsatzstarken und hart umkämpften Industrie entwickelt.

Platz ist Geld — und zwar gleich in mehrfacher Hinsicht: Ein größerer Stall kostet nicht nur mehr, die durch ihn ermöglichte größere Bewegungsfreiheit der Tiere verlangsamt auch deren gewünschte Gewichtszunahme. Die Fütterungszeit und damit die Produktionskosten sind vergleichsweise hoch.

Die Lösung heißt: Intensivhaltung. Das bedeutet, daß so viele Tiere wie möglich auf begrenztem Platz gehalten werden. Andere, auch für den Produzenten unliebsame Folgen bleiben dabei aber nicht aus:

— Die Tiere sind anfälliger für Krankheiten. Seuchen können sich in Windeseile ausbreiten.

— Die Tiere stehen unter Streß; sie werden aggressiv und verhaltensgestört. So wurde wiederholt von Kannibalismus, z.B. bei Schweinen, berichtet, d.h. die Tiere knabbern einander Ohren oder Schwänze an.

Um diese wenig erfreulichen Auswirkungen der Intensivhaltung zu unterbinden, werden Medikamente eingesetzt.

800 Puten starben vor Schreck auf der Straße

VERDEN (dpa). Vor Schreck sind gestern bis zu 800 Puten nach einem Verkehrsunfall auf der Autobahn zwischen Bremen und Walsrode gestorben: Die überzüchteten Tiere verendeten sofort, als der Lastwagen, der sie ins Schlachthaus bringen sollte, nach rechts von der Fahrbahn abkam und ein Teil der Ladung aus Puten-Gitterboxen mit insgesamt 2000 Tieren auf die Fahrbahn rutschte.

Antibiotika

Antibiotika sind, sowohl für den Menschen als auch für Tiere, hochwirksame, nicht selten lebensrettende Medikamente, weil sie schon in kleinsten Mengen das Wachstum schädlicher Mikroorganismen verhindern. In der Tierhaltung werden diese Stoffe nicht nur zur Heilung bereits aufgetretener Krankheiten, sondern auch — in kleinen Mengen — zur Vorbeugung eingesetzt.

Das erste Antibiotikum, Penicillin, wurde 1928 von Fleming entdeckt.

Daneben bringen sie dem Fleischproduzenten noch weitere Vorteile. Sie erhöhen nämlich die Ausnutzung des Futters und fördern das Wachstum der Tiere. Stoffe mit solcher Wirkung nennt man auch Masthilfsmittel.

Nahrungsmittel, in denen Antibiotika nachgewiesen werden, dürfen nicht zum Verkauf kommen. Das bedeutet in der Praxis z.B.:

— Eine entsprechende Behandlung muß so rechtzeitig abgeschlossen sein, daß die gespritzten oder verfütterten Antibiotika bis zur Schlachtung des Tieres wieder abgebaut sind.

— Eier von antibiotikabehandelten Hühnern dürfen, je nach Art des verwendeten Mittels und der Behandlung, bis zu 60 Tagen nach der Anwendung nicht verkauft werden.

Derart rigorose Anordnungen des Gesetzgebers kommen nicht von ungefähr:

— Antibiotika lösen bei vielen Menschen gefährliche Allergien aus.

— Viele, früher noch unheilbare Erkrankungen, werden heute erfolgreich mit Antibiotika bekämpft. Diese unersetzliche Funktion gerät in Gefahr: Viele Mikroorganismen werden durch den ständigen Kontakt mit Antibiotika in geringen Dosierungen immun gegen diese Medikamente. Das gilt z.B. schon für einige Salmonellenarten.

— Die körpereigenen, nützlichen Mikroorganismen können durch Antibiotika geschädigt werden.

Beruhigungsmittel

Schnelle Gewichtszunahme der Tiere und damit Schlachtreife innerhalb möglichst kurzer Zeit ist das Ziel eines jeden Mastbetriebes. Machtkämpfe, Aggressivität, Rangeleien, ja jede Art von Bewegung, wie normalerweise bei Tieren üblich, kann dabei nur unerwünscht sein. Für die Ruhigstellung der Masttiere sorgen spezielle Medikamente, die in kleinen, schnell abbaubaren Dosierungen dem Futter zugesetzt werden.

Diese Mittel eignen sich aber auch hervorragend dazu, die Tiere für den Weg zum Schlachthof und vor der Schlachtung zu beruhigen. Tierliebe ist dabei nicht unbedingt das Motiv.

Man will damit verhindern, daß die Energiereserve „Glykogen" im tierischen Organismus abgebaut wird. Ein Glykogenabbau würde die Fleischqualität beeinträchtigen. Die Gabe von Beruhigungsmitteln kann in diesem Fall aber für den Verbraucher gefährlich sein. Wird das Tier nämlich unmittelbar danach geschlachtet, so kann das Medikament im Organismus nicht mehr abgebaut werden und gelangt so nahezu unverändert mit der Fleischmahlzeit auf den Tisch. Deshalb sind auch bei diesen Mitteln Wartezeiten von einigen Stunden vorgeschrieben.

5.5 Radioaktivität in Nahrungsmitteln

Radioaktive Strahlung gibt es in der Natur sehr häufig. Daß sie, wenn sie in größerer Dosis auftritt, die Zellen von lebenden Organismen schädigen kann, ist seit langem von der Röntgenstrahlung her bekannt. Die Gefahr für Leib und Leben der Bevölkerung gibt denn auch der Diskussion über die sogenannte friedliche Nutzung der Kernenergie immer neue Nahrung. Dabei hat man lange Zeit vor allem an die Verseuchung der Atmosphäre und damit der Atemluft nach einer befürchteten Atomkatastrophe gedacht.

Daß auch durch Nahrungsmittel, die aus belasteter Atmosphäre und verstrahltem Erdreich kommen, eine massive Gefahr für die Gesundheit droht, ist den meisten von uns in dieser Deutlichkeit jedoch erst nach dem Reaktorunglück von Tschernobyl im April 1986 bewußt geworden.

Ob über Atemluft, Trinkwasser oder Nahrung, der Körper nimmt Radioaktivität auf und speichert sie in den Organen. Die in großen Mengen angesammelten radioaktiven Teilchen bestrahlen auf diese Weise direkt Organe und Gewebe. Art und Ausmaß des dabei verursachten Schadens sind von verschiedenen Faktoren abhängig.

1. Alter und Belastbarkeit des betroffenen Organismus. So sind Kinder, insbesondere kleinere Kinder, wesentlich stärker gefährdet als Erwachsene. Schwangere und stillende Frauen zählen ebenfalls zu den Risikogruppen.

2. Art des bestrahlten Organs bzw. Gewebes.

3. Art des strahlenden Isotops. Bei dem Reaktorunglück in Tschernobyl wurde zunächst sehr viel Jod freigesetzt, das aber mittlerweile wegen seiner kurzen Halbwertzeit praktisch vollkommen zerfallen sein dürfte. Cäsium-Isotope und Strontium mit der Halbwertzeit von jeweils mehreren Jahren wird man aber noch sehr lange nachweisen können.

4. Die Gefahr des Auftretens typischer Strahlenschäden steigt mit der aufgenommenen Strahlendosis.

Eine ungefährliche Strahlendosis gibt es nicht. Jedes Bequerel mehr ist ein Bequerel zuviel. Eine unnatürlich erhöhte Strahlenbelastung aus unserer Nahrung ist jedoch nun nicht mehr rückgängig zu machen. Da es zudem keine Kennzeichnungspflicht für besonders belastete Nahrungsmittel im Handel gibt, empfiehlt es sich, Hinweise und aktuelle Warnungen, die von Zeit zu Zeit von Instituten und Gesundheitsbehörden erarbeitet und in der Tagespresse veröffentlicht werden, zu beachten.

Die verschiedenen Arten radioaktiver Strahlung:

— α-Strahlen sind Heliumkerne, bestehend aus zwei Protonen und zwei Neutronen.

— β-Strahlen sind Elektronen.

— γ-Strahlen sind elektromagnetische Wellen, vergleichbar den Röntgenstrahlen.

Schädigung des Organismus durch radioaktive Isotope:

— Plutonium 239 (HWZ: $2,44 \times 10^4$ Jahre) verursacht Lungenkrebs und Leberschäden.

— Jod 131 (HWZ: 8,05 Tage) verursacht Schilddrüsenkrebs.

— Caesium 137 (HWZ: 30,1 Jahre) verursacht Leberschäden.

— Strontium 90 (HWZ: 27,7 Jahre) verursacht Erbschäden und Leukämie.

Maßeinheiten im Zusammenhang mit Radioaktivität:

Bequerel (Bq): Maß für Radioaktivität: 1 Zerfall pro Sekunde.

Sievert (Sv): Einheit für die Äquivalentdosis; sie ist ein Maß für die biologischen Schäden, die von den verschiedenen Strahlen im Organismus hervorgerufen werden (veraltete Bezeichnung: Rem).

Halbwertzeit (HWZ): Die Zeit, in der die Hälfte der vorhandenen radioaktiven Atome zerfallen ist.

5.6 Schadstoffe, die beim Zubereiten von Nahrungsmitteln entstehen

5.6.1 Polycyclische Kohlenwasserstoffe

Beim Grillen von fetten Fleisch- oder Wurstwaren auf dem Holzkohlegrill ist es nahezu unvermeidlich, daß ab und zu Fett in die Glut tropft. Bei der hohen Hitze und unter Mitwirkung einiger Bestandteile des Brennmaterials entstehen dann aus den Fettmolekülen stark krebserregende Gifte, die sogenannten polycyclischen Kohlenwasserstoffe. Sie können sich am Grillgut festsetzen. Das geschieht allerdings nur, wenn dieses in oder sehr dicht an der Glut gegart wird.

Die Art des verwendeten Brennmaterials spielt bei der Entstehung dieser Substanzen eine wesentliche Rolle: Zeitungspapier, Kiefernzapfen oder gar alte Autoreifen begünstigen die Bildung polycyclischer Kohlenwasserstoffe.

Auch beim Räuchern von Wurst und Schinken entstehen zum Teil beachtliche Mengen der Giftstoffe. Wird geräucherte Wurst über offener Glut gegrillt, so ist die Aufnahme an polycyclischen Kohlenwasserstoffen deshalb besonders hoch.

5.6.2 Acrolein

Wird Fett überhitzt, so färbt es sich zunächst braun, dann schwarz und verbreitet einen unangenehm stechenden Geruch. Der Grund: in der Hitze spaltet sich das Fettmolekül in seine Bestandteile Glycerin und Fettsäuren. Von Glycerin wiederum wird Wasser abgespalten, es entsteht Acrolein. Acrolein ist ein starkes Gift. Es reizt die Schleimhäute und kann so bleibende Schädigungen vor allem der Atmungsorgane verursachen.

5.7 Natürliche Gifte in Nahrungsmitteln

Schadstoffe in Nahrungsmitteln, wer denkt dabei nicht an Umweltschädigung als Ursache? Lebensmittel ohne chemische Zusätze sind nicht zuletzt aus diesem Grund heiß begehrt. Darüber gerät leicht in Vergessenheit, daß auch sie Schadstoffe enthalten können, die keinesfalls harmloser als die synthetischen Gifte sind.

5.7.1 Gifte, die in Nahrungsmitteln natürlicherweise vorhanden sind

Giftstoffe in rohen Bohnen

Viele Bohnenarten enthalten Eiweißstoffe, die schon in kleinen Mengen das Zusammenklumpen der roten Blutkörperchen bewir-

---

Ein abendliches Grillfest im Sommer auf der Terrasse oder im Garten.

Wer mag sich die Stimmung schon durch düstere Gedanken an krebserregende Stoffe vermiesen lassen.

Die Beachtung einiger weniger Regeln sorgt für ein Fest ohne schlechtes Gewissen:

— Mageres, ungeräuchertes und ungepökeltes Grillgut bevorzugen.

— Als Brennmaterial nur gut durchgeglühte Holzkohle verwenden.

— Möglichst in Alufolie grillen oder auf großen Abstand zwischen Glut und Grillgut achten. Besser noch: Grillgeräte verwenden, bei denen das Grillgut seitlich zur Glut angebracht wird.

— Schwarz verbrannte Stellen nicht mehr essen.

— Ölhaltige Marinaden abtupfen.

— Obst- und Frischkostsalate als Beilage verzehren; Vitamin C verringert die Nitrosaminbildung.

ken und den Organismus auf diese Weise schwer schädigen. Phasin ist der bekannteste Vertreter dieser Substanzen. Sie zeigen überdies alle verschieden starke Giftwirkungen, die sich als Darmschleimhautentzündung, Krämpfe oder Kaliummangel im Blut äußern können. Durch fünfzehnminütiges Kochen werden diese Stoffe zerstört. Gegarte Bohnen können also in dieser Hinsicht bedenkenlos verzehrt werden.

Schon fünf bis sechs rohe, grüne Bohnen können unter Umständen tödlich sein.

Solanin

Bohnen sind kein Rohkostgemüse.

Als Friedrich der Große im 18. Jh. die Kartoffel als Nahrungsmittel einführte, stieß er dabei auf großes Mißtrauen bei seinem Volk. Das lag nicht nur an dem oft gehörten „Was der Bauer nicht kennt, ißt er nicht", sondern auch an schlechten Erfahrungen aus vorherigen Jahrzehnten: Als Zierpflanze in Botanischen Gärten gab es die Kartoffel nämlich schon im 16.Jh. und man hatte durchaus schon ausprobiert, ob die Früchte dieser Pflanze eßbar seien. Leider starben aber die Leute, die von den Früchten gegessen hatten. Schuld daran war das Gift Solanin.

Grüne Teile von Kartoffeln und Tomaten immer wegschneiden.

Heute kommt niemand mehr auf die Idee, die grünen Früchte der Kartoffelpflanze zu essen. Solanin gibt es aber auch in kleineren Mengen in den grünen Teilen unreifer und keimender Kartoffeln, und zwar hauptsächlich direkt unter der Schale. Auch grüne Tomaten enthalten sehr viel Solanin. Für Erwachsene ist Solanin erst in sehr hohen Mengen tödlich. Zu Vergiftungserscheinungen wie Kopfschmerzen und Übelkeit kann es aber leicht kommen. Solanin ist hitzestabil. Beim Garen von Kartoffeln bzw. beim Erhitzen von Tomaten wird es daher nicht zerstört.

5.7.2 Giftstoffe, die auf Nahrungsmitteln „wachsen" können

Schimmelpilzgifte (Aflatoxine)

Im Jahre 1960 starben auf einer englischen Hühnerfarm plötzlich 100 000 Truthühner, ohne daß man zunächst eine Ursache hätte erkennen können. Bei einer Untersuchung des Falles stellte sich heraus, daß die Tiere mit verschimmeltem Futter gefüttert worden waren. In diesem Futter fand man daraufhin einen Pilz, der Giftstoffe produzierte. Nach diesem Pilz: aspergillus flavus wurden die neu entdeckten Gifte Aflatoxine (Toxin = Gift) genannt. Die hitzebeständigen Aflatoxine zählen zu den stärksten Krebsgiften, die man in der Natur entdeckt hat. Man findet sie im Schimmelbelag auf Nüssen, Erdnüssen, Mandeln, aber auch auf Getreide, Obst und Gemüse.

Aufgrund ihrer guten Wasserlöslichkeit sitzen sie jedoch nicht auf dem sichtbaren Schimmelbelag fest, sondern breiten sich, sozusagen auf dem Wasserweg, für das Auge unsichtbar, im ganzen Lebensmittel aus. Besonders betroffen sind hier naturgemäß Nahrungsmittel mit hohem Wassergehalt, also z.B. Brot, Gemüse oder Obst.

Der Giftpilz benötigt für sein Wachstum vor allem Wärme und Feuchtigkeit. Er kommt daher häufig auf Nahrungsmitteln aus wär-

Was „aspergillus flavus" am Wachsen hindert:

— chemische Konservierungsstoffe

— Wasserentzug durch Zugabe von Salz oder Zucker (Marmelade, mit einem Zuckergehalt von über 50 %, kann nach großzügigem Entfernen des Schimmels noch verzehrt werden).

Aflatoxine verursachen:

— Krebs

— Leberschäden

— Erbschäden

— Schädigungen des Kindes im Mutterleib.

Verschimmelte wasserhaltige Nahrungsmittel auch nach dem Entfernen des Schimmels nicht mehr essen.

Salmonellenvergiftung: nicht immer, aber doch oft vermeidbar.

— Nicht nur das Geflügel selbst, sondern auch den Arbeitsplatz und die zur Vorbereitung verwendeten Geräte und sonstigen Hilfsmittel, die mit dem Fleisch oder dem Fleischsaft in Berührung kamen, gründlichst mit heißem Spülwasser waschen.

— Fleisch und Wurst, besonders in zerkleinerter Form, also z.B. Hackfleisch oder Wurstsalat, nur möglichst kurze Zeit und dann sehr kühl aufbewahren.

— Vorsicht Dauerausscheider: auf größtmögliche Sauberkeit in Gemeinschaftstoiletten achten. Keine Gemeinschaftshandtücher benutzen.

Schon Spuren von Botulinustoxin können tödlich sein. Es ist das stärkste bekannte natürliche Gift.

Konserven, die eine Gasentwicklung zeigen, immer wegwerfen.

meren Ländern vor, z.B auf Getreide, das als Viehfutter bei uns importiert wird. Über Fleisch, Milch, Butter und sonstige tierische Nahrung gelangen die Stoffe dann in unseren Körper.

Salmonellen

Eine der häufigsten Nahrungsmittelvergiftungen ist auf den Befall mit Salmonellen zurückzuführen. Salmonellen sind Bakterien und kommen in einigen wenigen Nahrungsmitteln, wie z.B. Enteneiern, natürlicherweise vor. Sie können aber auch im Dickdarm verschiedener Tierarten leben, von wo sie ins Muskelfleisch bzw. bei Geflügel in die Eier gelangen können. Geflügel, Hackfleisch und Wurstwaren sind besonders häufig von Salmonellen befallen. Wärme (ca. 37 °C) begünstigt das Wachstum.

Die Bakterien sind beständig gegenüber Tiefkühlung, können aber durch längeres Kochen zerstört werden.

Sechs bis zwölf Stunden nach dem Verzehr der infizierten Nahrungsmittel treten die ersten Vergiftungserscheinungen auf: Erbrechen, Durchfall, Übelkeit, Kopfschmerzen und Fieber sind Hinweise auf eine mögliche Salmonellenvergiftung.

Im Stuhl können Salmonellen dann auch nachgewiesen werden. Eine Salmonellenvergiftung kann — allerdings in seltenen Fällen — tödlich sein.

Da diese Bakterien auch im menschlichen Dickdarm über längere Zeit leben können, besteht bei Vergiftungen die Gefahr, daß die Betroffenen zu sogenannten Dauerausscheidern werden. In ihrem Stuhl lassen sich dann über lange Zeit Salmonellen nachweisen. Um jede Möglichkeit einer Weiterübertragung auszuschließen, dürfen Dauerausscheider nicht in der Lebensmittelherstellung und in Küchen arbeiten. Aus dem gleichen Grund ist der Arzt verpflichtet, eine erkannte Salmonellenvergiftung dem zuständigen Gesundheitsamt zu melden.

Botulinustoxin

Die gefährlichste, weil oft tödlich verlaufende Lebensmittelvergiftung wird vom Botulinustoxin hervorgerufen. Es gehört zu den stärksten Giften überhaupt und wird von einer in vielen Nahrungsmitteln wachsenden Bakterienart, dem „chlostridium botulinum" als Stoffwechselprodukt abgesondert.

Durch verbesserte Sterilisationsmethoden und die zunehmende Anwendung chemischer Konservierungsmittel ist diese Vergiftung glücklicherweise selten geworden. Konserven, vor allem hausgemachte eiweißreiche Konserven aus Fleisch und Hülsenfrüchten, enthielten früher oft das tödliche Gift. Von Gas aufgeblähte Deckel bei Konservendosen und zischendes Entweichen von Gas beim Öffnen von Glaskonserven deuten auf einen möglichen Befall mit Botulinustoxin hin.

Vergiftungssymptome treten nach etwa acht bis zwölf Stunden auf. Kopfschmerzen und Übelkeit sind die ersten Zeichen, gefolgt von Lähmungserscheinungen. Atemlähmung kann dann auch zum Tod führen.

Aufgaben

1. Zwischen der Anwendung von Pflanzenschutzmitteln und dem Einbringen der Ernte muß eine bestimmte Zeit verstreichen, damit die giftige Substanz wieder abgebaut werden kann.
Zeigen Sie für die verschiedenen Gruppen von Pflanzenschutzmitteln jeweils auf, warum dennoch Rückstände von Pestiziden in Nahrungsmitteln gefunden werden können.

2. Beim sogenannten alternativen Anbau verzichtet man weitgehend auf chemischen Pflanzenschutz. Stattdessen versucht man mit Hilfe natürlicher Methoden, z. B. Anbau bestimmter Kombinationen von Pflanzenarten oder auch Jäten von Unkraut, tierischer und pflanzlicher Schädlinge Herr zu werden. Gedüngt wird nur mit organischem Material, also z. B. mit Gülle oder mit Klärschlamm. Beurteilen Sie diese Anbauart, z. B. unter Berücksichtigung

— des Arbeits- und Kostenaufwandes

— des Schadstoffgehaltes (für jede Schadstoffgruppe)

und formulieren Sie eine Empfehlung für den Verbraucher.

3. Diskutieren Sie die Notwendigkeit bzw. die Berechtigung des Einsatzes von Medikamenten in der Viehmast unter möglichst verschiedenen Gesichtspunkten, z.B.

— wirtschaftliche und moralische Aspekte

— Kontrollmöglichkeiten bei einzelnen Nahrungsmitteln und deren mengenmäßiger Verbrauch

— daraus sich eventuell ergebende Gefahren für die Gesundheit

— die tatsächliche Marktsituation (Eßverhalten) oder: wie könnte der Einzelne langfristig zu einer Änderung beitragen.

4. Eine Spezialität: Tomatenkonfitüre
Zutaten: 750 g grüne Tomaten, 750 g Gelierzucker, Zimt, Senfpulver und Ingwer als Gewürze.
Beurteilen Sie dieses Rezept vom ernährungsphysiologischen Standpunkt her.

5. Wenn Toastbrot in noch warmem Zustand geschnitten und luftdicht verpackt wird, beginnt es oft schon kurz nach dem Kauf zu schimmeln. Frau M. wirft dann die Scheibe mit dem Schimmelbelag und zur Vorsicht auch noch die beiden angrenzenden Toastscheiben weg. Das übrige Brot, meint Frau M. ist noch einwandfrei und kann ohne Bedenken gegessen werden. Erklären Sie Frau M., warum ihre Ansicht falsch ist.

6. Frau K. geht auf dem Heimweg von der Arbeit noch schnell in der Metzgerei vorbei und kauft 250 g Hackfleisch fürs Abendessen. Zu Hause erwartet sie jedoch eine Überraschung: ihr Mann lädt sie zum Essen ins Restaurant ein. Frau K. stellt den Einkaufskorb schnell in die Küche und genießt mit ihrem Mann einen gemütlichen Abend.

Am nächsten Morgen entdeckt sie, daß sie vergessen hat, das Fleisch in den Kühlschrank zu legen. Sie beschließt, das Hackfleisch gleich zum Mittagessen zuzubereiten. Dazu gibt es Feldsalat mit Tomaten und gekochten Eiern. Leider verspätet sich ihr Mann, so daß das Fleisch noch etwa eine halbe Stunde auf kleiner Flamme warmgehalten werden muß.

a) Nennen Sie Situationen, die hier zur Entwicklung von Salmonellen beigetragen haben könnten. Begründen Sie jeweils.

b) Wie hätte Frau K. jeweils vorbeugen können?

7. Zu Anfang dieses Kapitels wurde die Frage aufgeworfen: Sind unsere Nahrungsmittel schlechter als sie es früher waren?
Versuchen Sie nun eine Beantwortung dieser Frage, indem Sie jede einzelne Schadstoffgruppe auf ihre Gefährlichkeit früher und heute überprüfen. Fassen Sie Ihre Egebnisse in einigen Sätzen zusammen.

6. Das Lebensmittelgesetz: Schutz des Verbrauchers

In der zweiten Hälfte des vorigen Jahrhunderts war es zur Versorgung der damals rasch wachsenden Bevölkerung erforderlich, Lebensmittel in immer größeren Mengen zu erzeugen, zu verarbeiten und in den Handel zu bringen. Diese Entwicklung machte es bald dringend nötig, den Verkehr mit Lebensmitteln rechtlich zu regeln.

Was damals als Fremdstoff definiert wurde:

„Stoffe, die Lebensmittel zugesetzt werden und keinen Gehalt an verdaulichen Kohlenhydraten, Fett oder Eiweiß besitzen und keinen natürlichen Gehalt an Vitaminen, Provitaminen, Geruchs- oder Geschmacksstoffen haben."

Danach gehörten zu den Fremdstoffen z. B.: Konservierungsstoffe, Antioxidantien, Farbstoffe.

Was ist das Verbotsprinzip?

Es besagt, daß zunächst einmal grundsätzlich der Zusatz von fremden Stoffen verboten ist. Erst mit spezieller Ausnahmegenehmigung dürfen sie zugesetzt werden. Die betreffenden Stoffe wurden ab 1958 in bestimmten Verordnungen ausdrücklich zugelassen, z. B.: Konservierungsstoff VO, Farbstoff VO etc.

Chronik der Lebensmittelgesetzgebung

1876	Gründung des kaiserlichen Gesundheitsamtes
1879	Verkündung des ersten deutschen Lebensmittelgesetzes
	Es führte erstmals zu einem vorbeugenden Verbraucherschutz hinsichtlich des Verkehrs mit Lebensmitteln und Gebrauchsgegenständen
1894	Erlaß einer speziellen Prüfungsordnung für Lebensmittelchemiker
1927	Neufassung des alten Lebensmittelgesetzes
1958	Verabschiedung eines Gesetzes zur Änderung und Ergänzung des bestehenden Lebensmittelrechtes. Erstmals wurde der Begriff der Fremdstoffe geprägt und auf derartige Substanzen das Verbotsprinzip angewendet
1974	Verkündung des neuen und noch jetzt geltenden Gesetzes über den Verkehr mit Lebensmitteln, Tabakerzeugnissen, kosmetischen Mitteln und Bedarfsgegenständen (LMBG). Der internationalen Entwicklung folgend wurde der Begriff Fremdstoff durch „Zusatzstoff" (food additive) ersetzt. Das Verbotsprinzip gilt nach wie vor.

6.1 Aufbau des Lebensmittelrechtes

Das LMBG bildet die allgemeine Rechtsgrundlage der Lebensmittelgesetzgebung. Darauf aufbauend wurden Folgeverordnungen erlassen, in denen Angaben z.B. über Qualitätsanforderungen oder Kennzeichnung der Zusatzstoffe genau definiert sind.

Das LMBG-Rahmengesetz

Die darin enthaltenen Bestimmungen bilden den gesetzlichen Rahmen für das gesamte Lebensmittelrecht. Es enthält die Ermächtigung für bestimmte ergänzende Vorschriften.

Allgemeine Verordnungen und Gesetze

Sie enthalten Vorschriften allgemeiner Art, die sich nicht auf bestimmte Produktgruppen, sondern den allgemeinen Umgang mit Lebensmitteln beziehen. Beispiele sind:

— Zusatzstoff-Zulassungsverordnung
— Höchstmengenverordnung für Rückstände in Lebensmitteln
— Lebensmittelkennzeichnungsverordnung.

Spezielle Verordnungen und Gesetze

Sie enthalten Richtlinien zu einzelnen Produktgruppen oder Lebensmitteln. Beispiele sind:
— Hackfleischverordnung
— Butterverordnung
— Verordnung über Teigwaren.

6.2 Wichtige Bestimmungen des LMBG

§ 1 Wie das LMBG Lebensmittel definiert
Lebensmittel im Sinne des Gesetzes sind Stoffe, die dazu bestimmt sind, in unverändertem, zubereitetem oder verarbeitetem Zustand vom Menschen verzehrt zu werden. Ausgenommen sind Stoffe, die überwiegend dazu bestimmt sind, zu anderen Zwecken als zur Ernährung oder zum Genuß verzehrt zu werden.

§ 2 Wie das LMBG Zusatzstoffe definiert
Zusatzstoffe im Sinne des Gesetzes sind Stoffe, die dazu bestimmt sind, Lebensmitteln zur Beeinflussung ihrer Beschaffenheit oder zur Erzielung bestimmter Eigenschaften oder Wirkungen zugesetzt zu werden; ausgenommen sind Stoffe, die natürlicher Herkunft oder den natürlichen gleich sind und überwiegend wegen ihres Nähr-, Geruchs- oder Geschmackswertes oder als Genußmittel verwendet werden, sowie Trink- und Tafelwasser.

§ 8 Verbote zum Schutz der Gesundheit

Es ist verboten:

1. Lebensmittel für andere derart herzustellen oder zu behandeln, daß ihr Verzehr geeignet ist, die Gesundheit zu schädigen.

2. Stoffe, deren Verzehr geeignet ist, die Gesundheit zu schädigen, als Lebensmittel in Verkehr zu bringen.

Kommentar:

Damit werden Lebensmittel gegenüber Arznei- und Futtermitteln deutlich abgegrenzt. Eingeschlossen in die Begriffsbestimmung sind jedoch Rohstoffe und Zwischenprodukte der Nahrungsmittelproduktion.

§ 17 Verbote zum Schutz vor Täuschung

Es ist verboten:

1. Zum Verzehr nicht geeignete Lebensmittel in den Verkehr zu bringen.

2. Nachgemachte Lebensmittel, d. h.:

   — Lebensmittel, die in ihrer Beschaffenheit von der Verkehrsauffassung abweichen und dadurch in ihrem Wert oder in ihrer Beschaffenheit nicht unerheblich gemindert sind.

   — Lebensmittel, die geeignet sind, den Anschein einer besseren als der tatsächlichen Beschaffenheit zu erwecken,

   ohne ausreichende Kenntlichmachung in den Verkehr zu bringen.

   Ein nachgemachtes Lebensmittel ist z. B. Kunsthonig. Er wird aus Haushaltszucker hergestellt und darf unter der Bezeichnung „Invertzuckercreme" in den Handel gebracht werden.

3. Zugelassene Zusatzstoffe oder zugelassene Bestrahlungen auch bei Kenntlichmachung so anzuwenden, daß sie geeignet sind, den Verbraucher über den geminderten Wert oder die geminderte Brauchbarkeit eines Lebensmittels zu täuschen.

   Nudeln mit hohem Eigehalt sind schön gelb. Den gleichen Effekt erreicht man viel billiger mit dem Zusatz eines gelben Farbstoffs. Dem Verbraucher wird damit jedoch der — falsche — Eindruck einer besonders guten Nudelqualität vermittelt.

4. Lebensmittel unter irreführender Bezeichnung, Angabe oder Aufmachung gewerbsmäßig in den Verkehr zu bringen oder für Lebensmittel allgemein oder im Einzelfall mit irreführenden Darstellungen oder sonstigen Aussagen zu werben.

   Eine groß abgebildete Honigbiene auf dem Etikett des Kunsthonig-Behälters könnte beim Verbraucher den Eindruck erwecken, es handle sich um echten Bienenhonig — eine irreführende Aufmachung, deshalb verboten.

6.3 Wichtige allgemeine Verordnungen

Lebensmittelkennzeichnungs-VO

Diese Verordnung ist eine der wichtigsten Ausführungsverordnungen zum LMBG und wurde 1981 in Kraft gesetzt. Sie stellt sicher, daß der Verbraucher beim Kauf von Lebensmitteln in Fertigpackungen alle notwendigen Informationen erhält.

Im einzelnen sind folgende Angaben auf den Packungen vorgeschrieben:

— Name oder Firma und Anschrift des Herstellers, Verpackers oder eines in der Europäischen Gemeinschaft niedergelassenen Verkäufers

— Verkehrsbezeichnung über Art des Lebensmittels

— Verzeichnis der Zutaten, aufgezählt in absteigender Reihenfolge ihres Gewichtsanteils zum Zeitpunkt ihrer Verwendung bei der Herstellung des Lebensmittels

— Mindesthaltbarkeitsdatum

— Menge des Inhalts.

Handelsklassengesetz

Dieses Gesetz wurde mit dem Ziel erlassen, dem Verbraucher die Marktübersicht zu erleichtern. Durch Rechtsverordnung nach § 1 des Handelsklassengesetzes werden jeweils diejenigen Merkmale festgelegt, die eine mit Handelsklassen-Angabe gekennzeichnete Ware aufweisen muß. Bisher wurden Handelsklassen-Verordnungen erlassen für Schlachtgeflügel, Schweinehälften, Rindfleisch, Schaffleisch, Kartoffeln und einige Arten von frischem Obst und Gemüse.

Zusatzstoff-Zulassungsverordnung

Sie regelt das Inverkehrbringen von Zusatzstoffen und einzelnen wie Zusatzstoffe verwendeten Lebensmitteln. Als Anlage enthält sie eine Liste der zugelassenen Lebensmittelzusatzstoffe mit den entsprechenden E-Nummern.

6.4 Lebensmittelüberwachung

Um dem LMBG und den entsprechenden Ausführungsbestimmungen Geltung zu verschaffen, hat der Gesetzgeber den Apparat der Lebensmittelüberwachung geschaffen. Zuständig für die Lebensmittelüberwachung sind die einzelnen Bundesländer. Sie haben zentrale Lebensmittelüberwachungs-Ämter eingerichtet. Deren Arbeit wird durch die staatlichen und städtischen Gesundheitsämter unterstützt.

Hauptmaßnahmen der Lebensmittelüberwachung sind:

— Regelmäßige Betriebskontrolle in Herstellungs- und Handelsbetrieben, ebenso in Gaststätten und Großküchen

— Regelmäßige Entnahme von Lebensmittelproben in den entsprechenden Betrieben. Außerdem unterliegen importierte Lebensmittel der stichprobenartigen Kontrolle.

Die **Verkehrsbezeichnung** beschreibt unmißverständlich, was in der Packung enthalten ist, also z. B. Eintopf aus Kartoffeln, Möhren, Bohnen...

Phantasienamen wie z. B. „Indianersalat" oder „Kunterbuntes Allerlei" dürfen nur zusätzlich verwendet werden.

Phantasienamen, die in den allgemeinen Sprachgebrauch eingegangen sind, wie „Berliner" dürfen auch ohne zusätzliche Beschreibung verwendet werden.

Anmerkung zur Zutatenliste:

— Zusatzstoffe werden darin mit ihrer chemischen Bezeichnung oder ihrer E-Nummer genannt.

— Mengenangaben von Zutaten sind nur dann vorgeschrieben, wenn auf einen besonders hohen oder niedrigen Gehalt hingewiesen wird.

Was ist das Mindesthaltbarkeitsdatum?

Es ist der Termin, bis zu dem ein Lebensmittel seine typischen Eigenschaften behält. Voraussetzung dabei sind angemessene Lagerbedingungen. Es ist also nicht gleichzusetzen mit einem Verfallsdatum.

Nach Ablauf des Mindesthaltbarkeitsdatums liegt die Verantwortung für die Qualität der Ware beim Händler; er muß sich regelmäßig davon überzeugen, daß sie noch einwandfrei ist.

Die Stationen einer Lebensmittelprobe

1. Entnahme der Probe
2. Untersuchung der Probe durch beamtete Lebensmittelchemiker im Lebensmitteluntersuchungsamt (ggf. auch durch Veterinäre oder Mikrobiologen)
3. Abfassen eines Gutachtens durch den Untersuchenden
4. Weiterleiten des Gutachtens an das zuständige Ordnungsamt, wo es bearbeitet wird:

Der Verbraucher kann sich mit zu beanstandenden Lebensmitteln auch direkt an die Polizei wenden.

Liegt eine Beanstandung vor, werden die vom Gesetz vorgeschriebenen juristischen Schritte, z. B. ein Bußgeldverfahren, eingeleitet.

Aufgaben

1. Warum hat man das sogenannte „Verbots-Prinzip" eingeführt?
2. Welche der folgenden Stoffe sind Zusatzstoffe im Sinne des Lebensmittelgesetzes? Begründen Sie jeweils:
   — Vitamin B_1, das Gurkenkonserven vor Oxidation schützt.
   — Calciumcarbonat, das anstelle von Kochsalz in natriumarmen Lebensmitteln eingesetzt wird.
   — Zucker, der den Geschmack eines Kuchens ganz wesentlich mitbestimmt.
   — Banane, die im Obstsalat geschmacklich und farblich zu Erdbeere und Kiwi paßt.
   — Tartrazin, das die appetitliche Farbe des Vanillepudding bewirkt.
3. Welche der folgenden Substanzen gehören laut LMBG zu den Lebensmitteln? Begründen Sie jeweils. Weizenkörner, Gießwasser, Schlachtrind, ranzige Butter, Trockenhefe, Apfelmus, Hundekuchen, Studentenfutter, Pfefferminztee, Hustenbonbons, Walnußschalen.
4. Ein Schutz des Verbrauchers vor gesundheitlichen Schädigungen kann z. B. mit Hinweisen auf der Packung verwirklicht werden. Suchen Sie auf Lebensmittelpackungen z. B. bei Halbfettmargarine nach entsprechenden Hinweisen.
5. Die „Maus in der Marmelade" ist glücklicherweise nicht die Regel. Wäre die Marmelade zum Verzehr geeignet gewesen, wenn
   — die Maus nur an den Erdbeeren geknabbert hätte?
   — die Marmelade in einem total verschmutzten Behälter gekocht worden wäre?
   — ein Schimmelrasen auf der Marmelade sichtbar wäre?
   Begründen Sie jeweils.
6. Auf einer Packung mit gefrorenen Fleischportionen zum Selber-Fritieren klebt folgendes Etikett:

2 HAMBURGER	
Zutaten: Knoblauchsalz, Eipulver, Gewürze, Rindfleisch, Verdickungsmittel	Verfallsdatum: 15. 8. 96 Fa. Pomodoro Buenos Aires, Argentinien

7. Überprüfen Sie die Vollständigkeit und Zulässigkeit der einzelnen Angaben.
   Die Zutatenliste eines verpackten Lebensmittels lautet folgendermaßen:
   Pflanzenöl, Eigelb, Säuerungsmittel E330, Senf, Zucker, Salz.
   Entwerfen Sie eine vollständige Packungsaufschrift für dieses Lebensmittel.

7. Aufnahme und Verwertung der Nahrung im Organismus

Vielfältig, kompliziert und perfekt durchorganisiert:
unser Organismus, ein vorbildliches Unternehmen

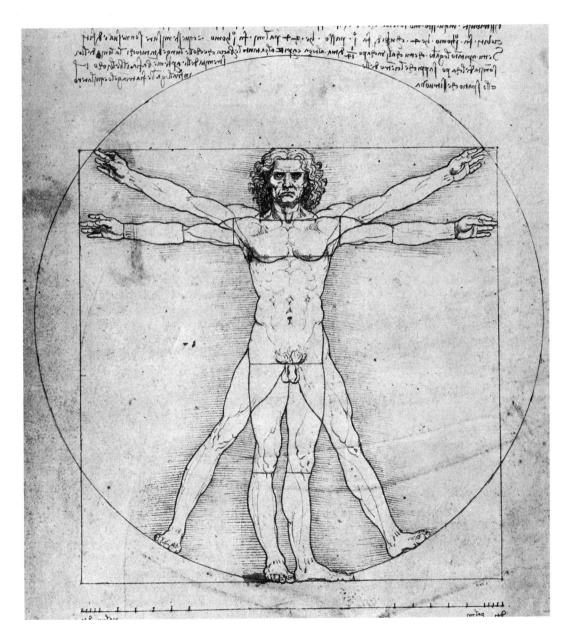

Eine Proportionsstudie des menschlichen Körpers von Leonardo da Vinci

7.1 Gehirn und Rückenmark: die Unternehmensleitung

Wichtige Aufgaben, die der Körper zu erfüllen hat:

— Ab- und Umbau von Nährstoffen

— Bereitstellen von Energie

— Neuaufbau und Ersatz von Körperzellen

— Abtransport von Stoffwechselendprodukten

In keinem größeren, gut durchorganisierten Betrieb macht jeder alles. Es gibt vielmehr einzelne Abteilungen mit ganz unterschiedlichen Aufgaben. Sie sind mit jeweils speziell geschulten Arbeitskräften, mit Spezialisten für ein bestimmtes Arbeitsgebiet besetzt. Genauso ist es auch bei einem lebenden Organismus. Die einzelnen Mitarbeiter, die Körperzellen, sind ebenfalls weitgehend spezialisiert und meist nur für ganz bestimmte Aufgaben zuständig. Damit nun die Zusammenarbeit zwischen ihnen reibungslos klappt und das Unternehmen Organismus erfolgreich und gewinnbringend arbeiten kann, ist eine Gesamtübersicht und -organisation, kurz: eine Betriebsleitung, notwendig.

Beim Menschen nehmen die verschiedenen Abschnitte des Gehirns, zusammen mit dem Rückenmark, die Aufgaben der Betriebsleitung wahr: sie organisieren, beurteilen und regulieren alle Abläufe, die für den Bestand ihres Betriebes, des Organismus, nötig sind.

7.2 Nerven und Hormone: innerbetriebliche Informanten und Kontrolleure

Damit die Anweisung von Gehirn und Rückenmark zuverlässig die jeweiligen Zielorte erreichen und die Ausführung der Arbeit kontrolliert und notfalls korrigiert werden kann, verfügt der Organismus über zwei Informationssysteme.

Die Nervenleitungen

Die Nervenleitungen übermitteln, wie ein Telefon, vor allem solche Anordnungen, die schnell und nicht allzu häufig ausgeführt werden müssen. Beispiel: Man verbrennt sich den Finger an der Herdplatte, eine nicht alltägliche Situation, die schnelle Reaktion erfordert. Der Befehl: ,Hand zurückziehen' kommt über die Nerven.

Die Hormone

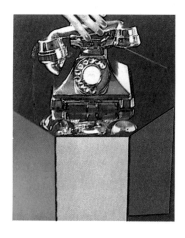

Für Routineaufgaben und für die Anordnung von länger andauernden Arbeiten, wie z.B das Konstanthalten der Blutzuckerkonzentration, gibt es daneben ein, man könnte sagen ,drahtloses' Verständigungssystem: die Hormone. Sie werden auf Befehl des Gehirns oder des Rückenmarks in bestimmten Zellen freigesetzt und gelangen über das Blut zu den Körperzellen, wo sie die jeweils gewünschte Reaktion veranlassen. Auch sie sind Spezialisten, nämlich für die Weitergabe ganz bestimmter Befehle. Je nach ihrem Arbeitsbereich unterscheiden sie sich in ihrer chemischen Struktur. Alle Hormone werden vom Körper selbst hergestellt. Hormone und Nerven sind nicht nur für die Weitergabe von Befehlen verantwortlich, sondern auch für die ,Erfolgsmeldungen'. Das heißt, sie berichten der Betriebsleitung, ob und wie ihre Anordnungen befolgt worden und welche Ergebnisse dabei herausgekommen sind. Nerven und Hormone sind deshalb an allen Reaktionen im Körper beteiligt.

7.3 Die Enzyme: unentbehrliche Werkzeuge

Nach der von der Unternehmensleitung erhaltenen Anweisung kann nun der eigentliche Arbeitsvorgang anlaufen. Dazu ist der Einsatz von Arbeitskraft, also von Energie, notwendig. Um nicht mit Verlust zu arbeiten, muß es das Ziel eines jeden Unternehmens sein, den Einsatz von Energie und somit von Kapital möglichst gering zu halten.

Viele Arbeiten lassen sich leichter erledigen, wenn man geeignete Werkzeuge einsetzt. Auch im Organismus gibt es für die meisten Arbeitsgänge das genau passende Werkzeug. Arbeitsgänge, das sind in diesem Zusammenhang chemische Reaktionen, z.B. die Spaltung von Nährstoffen bei der Verdauung. Diese und die meisten anderen chemischen Reaktionen im Organismus würden mit der zur Verfügung stehenden Energie unmeßbar langsam ablaufen, gäbe es da nicht Werkzeuge, die Energie einsparen und dadurch eine höhere Reaktionsgeschwindigkeit ermöglichen.

Aus der Chemie kennen wir sie bereits unter dem Begriff Katalysatoren. Katalysatoren im lebenden Organismus, sogenannte Biokatalysatoren (bio = lebendig), heißen Enzyme. Sie verringern die Aktivierungsenergie, also die ‚Anlaufenergie‘, die notwendig ist, damit eine Reaktion überhaupt erst starten kann. Enzyme sind kompliziert aufgebaute Eiweißmoleküle. Jedes von ihnen ist auf eine ganz bestimmte, auf seine chemische Reaktion spezialisiert. Es beschleunigt dabei die Umsetzung eines Stoffes, den man allgemein als Substrat bezeichnet.

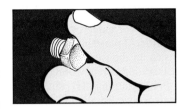

Das Öffnen einer Schraube von Hand: im Prinzip kein Problem. Warum es trotzdem niemand tut?

Man braucht dazu:

— sehr viel Kraft, sprich: Energie

— sehr viel Zeit.

Mit einem genau passenden Schraubenschlüssel ist der ganze Arbeitsgang im Hinblick auf Zeit und Kraft kaum noch der Rede wert.

Will man ein Streichholz abbrennen, so muß man es zunächst durch Reibung entzünden.

Der gleiche Vorgang in ‚Chemiesprache‘: Will man Energie freisetzen, so muß man zunächst einen bestimmten Energiebetrag zuführen: die Aktivierungsenergie.

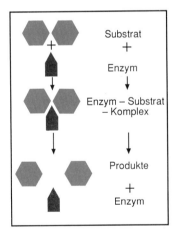

Substrat
+
Enzym

↓

Enzym – Substrat – Komplex

↓

Produkte
+
Enzym

Wirkungsweise von Enzymen am Beispiel einer Spaltungsreaktion

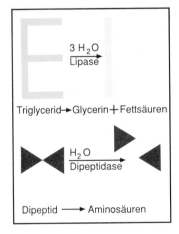

$$\text{Triglycerid} \xrightarrow[\text{Lipase}]{3\,H_2O} \text{Glycerin} + \text{Fettsäuren}$$

$$\text{Dipeptid} \xrightarrow[\text{Dipeptidase}]{H_2O} \text{Aminosäuren}$$

Hydrolytische Spaltung, eine wichtige Reaktion z. B. beim Verdauungsvorgang.

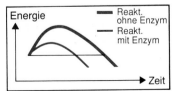

Enzyme sparen Aktivierungsenergie.

Wie man Enzyme benennt

Für einige Enzyme, die schon vor längerer Zeit entdeckt wurden, hat man sich an die Benutzung von Trivialnamen gewöhnt, z.B. bei Pepsin und Trypsin, zwei eiweißspaltenden Enzymen.

Man geht bei der Benennung nach einem einfachen Verfahren vor. Das Enzym erhält den Namensstamm von der Reaktion, die es katalysiert, und die Endung -ase.

Beispiele:

Eine Oxidation wird von einer Oxidase katalysiert.
Eine Reduktion wird von einer Reduktase katalysiert.
Eine Hydrolyse wird von einer Hydrolase katalysiert.

Genauer kann man ein Enzym bezeichnen, indem man zusätzlich den Namen der Substanz, auf die das Enzym einwirkt, angibt. Wird also z.B. Glucose oxidiert, so heißt das entsprechende Enzym genau: Glucoseoxidase.

Hydrolasen, wie wir sie z.B. bei der Verdauung finden, werden oft nur mit dem Namensstamm des Substrats und der Endung -ase benannt.

Beispiele:

Die Maltase spaltet die Maltose.
Eine Lipase spaltet Fette (Lipide).
Eine Protease spaltet Proteine.

Die Wirkungsweise von Endo- und Exoenzymen

Sehr große Moleküle, wie z.B. Stärke oder Proteine, können sowohl vom Molekülende her als auch mitten im Molekül gespalten werden. Dementsprechend nennt man die Enzyme, die Moleküle von außen her spalten, Exoenzyme (exo = außen). Enzyme, die innerhalb des Moleküls spalten, heißen Endoenzyme (endo = innen).

Damit Enzyme ihre volle Wirksamkeit entfalten können, müssen die Arbeitsbedingungen stimmen. Dazu gehören unter anderem Temperatur, Säuregrad, verfügbares Wasser, die richtige Enzymkonzentration und das Fehlen von hemmenden Stoffen.

7.4 Arbeitsort: Verdauungskanal

Arbeitsaufgabe: Zerkleinern der aufgenommenen Nahrung — die Verdauung

Unter Verdauung versteht man die Zerkleinerung der Nahrung in Bestandteile, die so klein sind, daß sie über die Darmwand ins Blut gelangen können.

Wohl ist man sich dessen während einer Mahlzeit meist nicht bewußt, aber die Nahrungsaufnahme dient doch letztlich dazu, dem Körper notwendige Bau- und Betriebsstoffe und auch Energie zu liefern, um so seine Entwicklung und Erhaltung zu sichern. Die eigentliche Verwertung der Nährstoffe erfolgt dabei in den mikroskopisch kleinen Körperzellen. Der erste Schritt auf dem Wege dorthin ist die gründliche Zerkleinerung im Mund. Im weiteren Verlauf des Verdauungskanals wird die Nahrung nach und nach in so kleine Teilchen gespalten, daß sie durch die Darmwand ins Blut und von dort in die Körperzellen gelangen kann.

7.4.1 Mechanische Verdauung

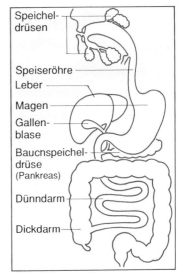

„Gut gekaut ist halb verdaut". Nun, „halb" mag wohl etwas übertrieben sein. Dennoch macht dieser altbekannte Spruch die Bedeutung gründlichen Kauens für die Verdauung von Speisen sehr gut deutlich. Diese erste grobe Zerkleinerung der Nahrung ist in zweifacher Hinsicht von Bedeutung:

— Die Nahrungsbrocken können nach dem Kauen leichter die Speiseröhre passieren.

— Die Gesamtoberfläche der Nahrung wird enorm vergrößert. Die für die „chemische Zerkleinerung" zuständigen Verdauungsenzyme können daher besser angreifen; je gründlicher und länger gekaut wird, desto leichter ihre Arbeit.

Über die Speiseröhre gelangt dann der geschluckte Nahrungsbrei in den Magen und von dort in den Dünndarm. Die Muskeln von Speiseröhren-, Magen- und Darmwand ziehen sich regelmäßig zusammen und erschlaffen dann wieder. Durch diesen Vorgang, die sogenannte Peristaltik, wird der Speisebrei weitertransportiert und mit den Verdauungssäften gründlich durchmischt. Die Verdauungsenzyme gelangen so ganz nahe an ihre Substrate und können sie leicht spalten.

Schema des menschlichen Verdauungsweges

Der Beitrag der Muskeln zur Verdauung in Mund, Speiseröhre, Magen und Dünndarm wird als mechanische Verdauung bezeichnet.

7.4.2 Verdauung durch Enzyme (enzymatische Verdauung)

Kohlenhydratverdauung

Wie sehr ausgiebiges Kauen die Arbeit der Verdauungsenzyme erleichtert, kann man selbst schnell und einfach ausprobieren: Kaut man einen Bissen Brot etwas länger als sonst, so wird man schon nach kurzer Zeit einen süßlichen Geschmack im Mund bemerken. Die Ursache: ein im Speichel vorhandenes Enzym, die Speichelamylase, hat die Stärke des Brotes schon teilweise zu Di- und Monosacchariden abgebaut. Je länger stärkehaltige Nahrungsmittel gekaut werden, desto intensiver kann schon im Mund eine Stärkeverdauung stattfinden.

Im Magen ist es zu sauer, als daß die Speichelamylase noch arbeiten könnte. Beim Durchmischen des Speisebreis mit dem sauren Magensaft verliert sie ihre Wirksamkeit. Erst im Dünndarm, genau: im oberen Teil des Dünndarms, dem Zwölffingerdarm, werden die noch vorhandenen Poly- und Disaccharide bis zu den entsprechenden Monosacchariden gespalten. Die Bauchspeicheldrüse liefert dazu eine weitere Amylase, die Pankreasamylase. Sie spaltet, zusammen mit einer von der Dünndarmwand abgegebenen Amylase, die restliche Stärke in Doppelzucker. Disaccharidasen aus der Dünndarmwand spalten danach alle Disaccharide zu Monosacchariden. Cellulose wird im menschlichen Organismus nicht verdaut.

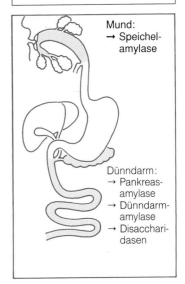

Die Endprodukte der Kohlenhydratverdauung sind Monosaccharide.

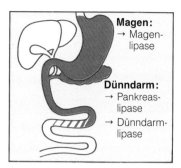

Magen:
→ Magen-
lipase

Dünndarm:
→ Pankreas-
lipase
→ Dünndarm-
lipase

*Orte und Enzyme
der Fettverdauung*

---

*Die Endprodukte der Fett-
verdauung sind: Glycerin,
freie Fettsäuren, Mono-
und Diglyceride.*

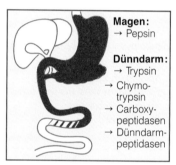

Magen:
→ Pepsin

Dünndarm:
→ Trypsin
→ Chymo-
trypsin
→ Carboxy-
peptidasen
→ Dünndarm-
peptidasen

*Orte und Enzyme
der Eiweißverdauung*

---

*Die Endprodukte der
Eiweißverdauung sind
Aminosäuren.*

---

*Eiweiß ist der wichtigste
Aufbaustoff im Organis-
mus. Alle Zellen, auch die
des Verdauungskanals,
bestehen aus Eiweiß.
Damit die Proteasen statt
Nahrungseiweiß nicht
Körpereiweiß verdauen,
liegen sie allesamt als
unwirksame Vorstufen vor
und werden erst bei Bedarf
aktiviert.*

Fettverdauung

Es gibt zwar in Magen und Dünndarm fettspaltende Enzyme; ihre Bedeutung für die Fettverdauung ist jedoch gering. Die Hauptarbeit leistet hier wieder die Bauchspeicheldrüse, die ihr Enzym Pankreaslipase in den Zwölffingerdarm ausschüttet. Dort spaltet es dann die Nahrungsfette in Glycerin, freie Fettsäuren, Mono- und Diglyceride.

Gallensaft wird in der Leber gebildet, in den Gallenblasen gespeichert und bei Bedarf in den Zwölffingerdarm abgegeben. Er erleichtert die Spaltung der Fettmoleküle.

Eiweißverdauung

Erschwert die Magensäure die Verdauung von Kohlenhydraten und Fetten mehr als sie zu fördern, so ist dies bei dem Nährstoff Eiweiß gerade umgekehrt. Unter Einwirkung der Salzsäure klumpt das Eiweiß zusammen, es gerinnt. In der Fachsprache sagt man: es denaturiert. Das im Normalzustand verknäulte Molekül rollt sich dabei bis zur Primärstruktur auf und bietet den spaltenden Verdauungsenzymen eine riesengroße Angriffsfläche. Die Magensäure wirkt außerdem mit bei der Aktivierung des eiweißspaltenden Enzyms im Magen, des Pepsins. Zugleich schafft sie die optimalen Arbeitsbedingungen für seine Tätigkeit, denn Pepsin arbeitet in saurer Umgebung am besten. Pepsin ist eine Endopeptidase, das heißt, es spaltet die Eiweißmoleküle von innen her. Im Magen entstehen so aus den großen Molekülen kleinere Eiweißbruchstücke, die Polypeptide. Im Dünndarm wird Eiweiß dann vollständig bis zu seinen Bausteinen, den Aminosäuren, gespalten. Die Bauchspeicheldrüse liefert auch zur Eiweißverdauung wichtige Peptidasen: z. B. Trypsin und Chymotrypsin, ebenfalls Endoenzyme. Auch die Dünndarmwand bildet einige peptidspaltende Enzyme.

„Da läuft mir ja das Wasser im Mund zusammen...“

Nicht nur das ‚Wasser‘ im Mund, der gesamte Verdauungstrakt produziert ein Mehr an Verdauungssäften, wenn wir etwas Appetitliches sehen, riechen oder schmecken. Der Organismus bereitet sich so schon ganz früh auf die Aufnahme dieser als angenehm empfundenen Speisen vor.

„Dieser Ärger (Kummer, Streß) schlägt mir auf den Magen...“

Das ist die Kehrseite der Medaille: Die gute Anbindung des Verdauungstraktes an das Informationssystem des Organismus macht ihn anfällig für nervliche und hormonelle Störungen. So wird z.B. bei Streß oder Ärger mehr Magensaft produziert, der dann die Magenschleimhaut schädigen und die Ursache für Magengeschwüre sein kann.

7.5 Arbeitsort: Dünndarmwand

Arbeitsaufgabe: Einschleusen der bei der Verdauung entstandenen Stoffe ins Blut — die Resorption

Die meisten Resorptionsvorgänge finden im oberen und mittleren Dünndarm statt. Damit in verhältnismäßig kurzer Zeit möglichst viele Nährstoffbausteine resorbiert werden können, finden wir hier wieder das schon von den Verdauungsvorgängen her bekannte Prinzip der Oberflächenvergrößerung: Durch Faltenbildung im Innern des Darmrohres, durch Ausstülpung und einem Härchensaum auf der Darmwandinnenseite vergrößert sich die resorbierende Fläche um etwa das 600fache auf etwa 200 qm bei einem Erwachsenen; das entspricht der Größe eines Tennisplatzes. Wie jede Membran im menschlichen Organismus besteht auch die Darmwand aus ‚fettliebenden' und ‚wasserliebenden' Anteilen. Die wasserliebenden Anteile sind dabei nach außen hin orientiert, die fettliebenden zeigen zur Mitte der Membran. Proteine durchsetzen in unregelmäßigen Abständen die Wand. Sie bilden die Kanäle, durch die Stoffe geschleust werden können.

Die wasserlöslichen Spaltprodukte der Verdauung, also Monosaccharide, kurzkettige Fettsäuren, Glycerin und Aminosäuren können leicht an die Darmwand herantreten und sie durchqueren. Die wasserunlöslichen langen Fettsäuren, die Mono- und Diglyceride aus der Fettverdauung und die fettähnlichen Stoffe, haben es wesentlich schwerer, resorbiert zu werden. Die wässerige Außenschicht der Darmwand stößt sie zunächst einmal ab und läßt sie nicht durch. Um die Darmwand passieren zu können, müssen sie deshalb in eine wasserlösliche Form gebracht werden.

Die bei der Verdauung entstandenen Nährstoffteilchen werden über die Darmwand ins Blut transportiert. Dieser Einschleusungsprozeß heißt Resorption.

Wäre der Darm ein glattes Rohr, so betrüge die Fläche, über die resorbiert werden kann, ca. 0,3 qm.

Durch Faltenbildung der inneren Darmwand vergrößert sich die Oberfläche auf ca. 1 qm.

Zusätzliche Ausstülpungen auf den Falten (Darmzotten) ergeben eine Oberfläche von 10 qm.

Härchen auf den Darmzotten vergrößern die Oberfläche auf ca. 200 qm.

7.5.1 Fettresorption

Gallensäuren, in der Leber gebildet und mit dem Gallensaft in den Dünndarm ausgeschüttet, ähneln in ihrem Aufbau dem Lecithin. Sie bestehen ebenfalls aus einem wasserlöslichen und einem fettlöslichen Anteil und sind deshalb ideale Emulgatoren für die Fettbruchstücke im Dünndarm. Sie lagern sich mit diesen zusammen und bilden die sogenannten Micellen.

Aufbau einer Micelle

Die wasserlöslichen Anteile der Moleküle, also z.B. die OH-Gruppe von Mono- und Diglyceriden oder die polare Säuregruppe der freien Fettsäuren, zeigen nach außen, die wasserunlöslichen Anteile sind nach innen angeordnet.

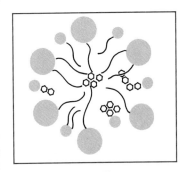

Aufbau einer Micelle

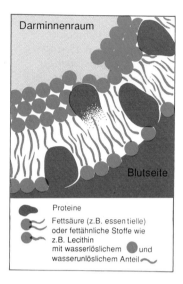

Proteine

Fettsäure (z.B. essen tielle)
oder fettähnliche Stoffe wie
z.B. Lecithin
mit wasserlöslichem ● und
wasserunlöslichem Anteil ∿

Aufbau einer Membran

Der Weg durch die Darmwand

In diesem Verbund können die vordem wasserunlöslichen Substanzen die wasserliebende Außenschicht der Membran durchdringen und in die Darmwandzelle eintreten. In der Darmwandzelle werden dann die Bruchstücke wieder zu Triglyceriden aufgebaut. Das zuvor abgespaltene Glycerin, das ohne Emulgierung die Darmwand schnell durchschritten hat, wird dabei durch in der Zelle neugebildetes ersetzt. Mit diesem Wiederaufbau von Triglyceriden wird jedoch die weitere Resorption, der Weg von der Zelle ins Blut, nicht gerade leichter, denn auch auf der Gegenseite der Membran ist noch eine wasserliebende Schicht zu überqueren. Erneut muß also eine wasserlösliche Transportform gebildet werden. Die Triglyceride lagern sich zu diesem Zweck mit speziellen Proteinen zusammen. Diese Lipoproteine, sie heißen Chylomikronen, enthalten, neben Proteinen und Triglyceriden, auch Cholesterinester und Phospholipide. Sie gelangen in die Lymphbahn und von dort ins Blut.

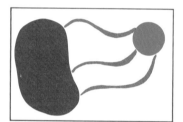

Chylomikronen sind Lipoproteine, die Transportform der Fette im Blut nach der Resorption

7.5.2 Resorption von Vitaminen und Mineralstoffen

Die Moleküle von Vitaminen und Mineralstoffen sind so klein, daß sie ohne vorherige Verdauung im Dünndarm resorbiert werden können. Fettlösliche Vitamine werden dabei wie die fettlöslichen Mono- und Diglyceride und die langkettigen Fettsäuren resorbiert.

7.6 Arbeitsorte: Dickdarm und Mastdarm

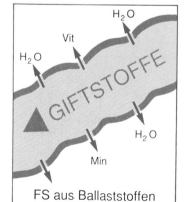

Die Arbeitsgänge im Dickdarm

Arbeitsaufgaben: „Resteverwertung und Müllabfuhr"

Im Dünndarm noch unverdaute und unverdauliche Bestandteile des Speisebreies werden nicht resorbiert, sondern bleiben zurück. Mit Hilfe der Darmperistaltik gelangen sie in den Dickdarm. Dort werden ihnen Wasser und, in geringerem Umfang, auch Mineralstoffe und wasserlösliche Vitamine entzogen und resorbiert. Die übrigen Stoffe werden von den Dickdarmbakterien, der sogenannten Darmflora, abgebaut. Ein kleiner Teil der Ballaststoffe kann dabei zu Fettsäuren umgewandelt und noch resorbiert werden. Was an verdaulichen Kohlenhydraten noch da ist, vergärt. Eiweiß „fault". Die so entstehenden Zersetzungsprodukte sind teilweise giftig. Sie müssen, um keinen Schaden im Organismus anzurichten, möglichst schnell ausgeschieden werden. Ein hoher Ballaststoffgehalt der Nahrung verstärkt die Darmperistaltik und sorgt auf diese Weise für den schnellen Abtransport über den Mastdarm.

7.7 Arbeitsort: Nahezu jede Körperzelle

Arbeitsaufgabe: Die Verwertung der Nahrung — der Zellstoffwechsel

Wiewohl jede Körperzelle ein Spezialist auf ihrem Arbeitsgebiet ist, gibt es doch einige Reaktionen, die, sozusagen als Grundlage für die speziellen Aufgaben, von jeder Zelle beherrscht werden müssen. Vom Grundprinzip her sind deshalb alle Körperzellen gleich aufgebaut. Die Spezialisierung der einzelnen Zellen kommt dann vor allem durch die unterschiedliche Gewichtung der einzelnen Bausteine zustande. So verfügen Zellen, die besonders auf Energieerzeugung spezialisiert sind, über sehr viele Mitochondrien. Zellen, deren Hauptaufgabe in der Eiweißsynthese liegt, werden dafür mehr Ribosomen enthalten.

Alle Reaktionen, die innerhalb der Körperzelle ablaufen, faßt man unter dem Begriff Zellstoffwechsel zusammen.

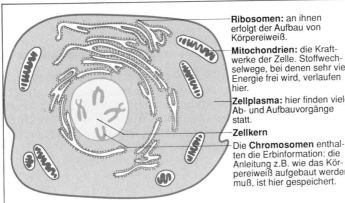

Ribosomen: an ihnen erfolgt der Aufbau von Körpereiweiß.

Mitochondrien: die Kraftwerke der Zelle. Stoffwechselwege, bei denen sehr viel Energie frei wird, verlaufen hier.

Zellplasma: hier finden viele Ab- und Aufbauvorgänge statt.

Zellkern

Die **Chromosomen** enthalten die Erbinformation: die Anleitung z.B. wie das Körpereiweiß aufgebaut werden muß, ist hier gespeichert.

Vereinfachtes Schema einer Körperzelle

7.7.1 Energie für den laufenden Bedarf

Wenn schnelle Energie vonnöten ist, vor einer sportlichen Leistung etwa, dann hat sich ein Energiespender besonders bewährt: Traubenzucker, besser: Glucose.
Kein Wunder, die Glucose gelangt, ohne vorher verdaut werden zu müssen, leicht und schnell über die Darmwand ins Blut, dann in die Zelle und kann dort abgebaut werden.
Deutlich langsamer geht es bei den anderen Energielieferanten: Polysaccharide müssen erst zu Monosacchariden, Fette zu Glycerin und Fettsäuren gespalten sein, bevor sie in der Zelle abgebaut werden können.

Der Abbau erfolgt durch eine Reihe chemischer Reaktionen. Alle Abbauprodukte münden in einen Stoffwechselweg, der Citronensäurecyclus heißt. Hier ist der Haupt-Entstehungsort von:

— Kohlendioxid. Es wird über die Lunge ausgeschieden

— Wasserstoff.

Er wird auf den Luftsauerstoff übertragen. Dabei entsteht Energie und Oxidationswasser. Der Stoffwechselweg heißt Atmungskette.

Die Reaktion: Wasserstoff mit Sauerstoff ist aus der Chemie als Nachweisreaktion für Wasserstoff schon bekannt; es ist die Knallgasprobe. Die Energie, die im chemischen Labor, als Knall freigesetzt wird, setzt der Organismus schrittweise und daher langsamer und lautlos als chemische oder als Wärmeenergie frei.

Die Endprodukte beim Kohlenhydrat- und Fettabbau sind Kohlendioxid, Wasser und Energie.

Auf einen Blick: Was aus Brot, Butter, Eiern und anderen Nahrungsmitteln nach der Verarbeitung in der Körperzelle alles werden kann. Wie die Straßen in einer Stadt, so sorgen im Organismus die Stoffwechselwege für Transport und Austausch von lebenswichtigen Stoffen. Die Pfeile bedeuten: „vorgeschriebene Fahrtrichtung".

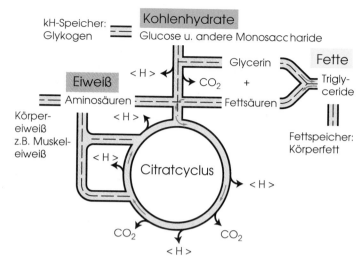

7.7.2 Energie auf dem Sparkonto

Kein Zweifel, wir hier in der Bundesrepublik Deutschland essen im Durchschnitt zu viel und bewegen uns zu wenig. In der Stoffwechselsprache heißt das: wir produzieren mehr Energie als wir für die Arbeit unseres Organismus brauchen. Wohin mit dem Überschuß? Energie ist Kapital für den Organismus. Da liegt es doch nahe, eine Rücklage für schlechte Zeiten anzulegen.

Das Kohlenhydratkonto

Frau M. ist Sekretärin in einer großen Anwaltskanzlei. Sie hat eine verantwortungsvolle Tätigkeit: Telefonate entgegennehmen, Termine organisieren, die gesamte Korrespondenz erledigen. Diese Aufgaben bringen es mit sich, daß sie einen Großteil ihrer Arbeitszeit im Sitzen verbringt. Sie übt also eine körperlich leichte Tätigkeit aus. Ihr Stoffwechsel hat sich darauf eingestellt und setzt nur so viel Energie frei, wie Frau M. gerade braucht.

Heute ist es spät geworden. Eine dringende Angelegenheit mußte unbedingt noch termingerecht erledigt werden. Will Frau M. jetzt noch ihren Bus bekommen, muß sie sich beeilen. Nachdem sie die Schreibmaschine ausgeschaltet hat, greift sie hastig ihre Jacke und die Tasche und läuft los.

Zum Laufen braucht sie nun aber wesentlich mehr Energie als vorher beim Sitzen an der Maschine. Theoretisch hätte Frau M. kurz vor ihrem überstürzten Aufbruch noch schnell ein Stück Traubenzucker essen müssen, um über genügend Energie zu verfügen. Daß dies aber nicht notwendig ist, verdankt sie einem Energiespeicher in den Muskeln und in der Leber. Dort nämlich wird Glucose in Form von Glykogen gespeichert und kann bei Bedarf in Sekundenschnelle freigesetzt werden.

Das Fettkonto

Auch diese Rücklage ist für den Organismus durchaus nicht überflüssig. Denken wir nur an die Wärmeschutzfunktion des Unterhautfettgewebes oder an die Fettschicht um die Organe, die vor Schäden durch Stoß und Druck bewahrt. Essen wir aber nicht nur ein bißchen mehr als das, was der Organismus gerade verbrauchen kann, sondern viel mehr, so wird ein Luxus-Sparkonto aus der zunächst sinnvollen Rücklage für Notfälle: Fettpolster.

Wann immer mehr Nährstoffe aufgenommen werden, als im Citronensäurecyclus zu Energie für den sofortigen Verbrauch abgebaut werden können, werden Fettspeicher angelegt: Körperfett gebildet und in den Fettzellen eingelagert.

7.7.3 Energie aus Eiweiß: möglich, aber...

Auch die Aminosäuren können so weit abgebaut werden, daß sie in den Citronensäurecyclus einmünden und so Energie liefern können. Das ist aber nicht die Regel. Nur wenn zu viel Eiweiß oder zu wenig Kohlenhydrate und Fette zugeführt werden, greift der Stoffwechsel auf die Möglichkeit zurück, aus Proteinen Energie zu gewinnen.

Haben wir den Organismus zu Anfang unseres Kapitels mit einem Unternehmen verglichen, so zeigt sich hier einmal mehr, wie gut organisiert und durchdacht sämtliche Arbeitsabläufe in diesem Unternehmen sind:

— Beim Abbau von Aminosäuren wird Stickstoff frei. Er muß als Harnstoff über die Niere ausgeschieden werden. Eine Mehrbelastung der Niere, deshalb auf Notfälle beschränkt.

— Nur Aminosäuren können als Baumaterial Verwendung finden. Sie als Energiespender zu benutzen, wäre Verschwendung.

7.7.4 Baumaterial Aminosäuren

Zellen, Transportstoffe, Enzyme, viele Hormone, sie alle bestehen ganz oder zu einem großen Teil aus Eiweiß. Die bei der Verdauung des Nahrungseiweißes entstehenden Aminosäuren werden in der Zelle nach einem von der Erbinformation vorgegebenen Muster (s. S. 78) zusammengesetzt.

Die Synthese von Eiweiß findet an den Ribosomen statt. Dorthin werden die Aminosäuren nach ihrem Eintritt in die Zelle und nach ihrer Aktivierung gebracht. Die einzuhaltende Reihenfolge der Aminosäuren ist in den Chromosomen des Zellkerns gespeichert. Dort wird eine Negativkopie, ein Stempelabdruck dieser Erbinformation, hergestellt. Sie wird dann ebenfalls zu den Ribosomen gebracht und dient dort als Muster für das Aneinanderreihen der Aminosäuren zu dem für jeden Menschen typischen Körpereiweiß.

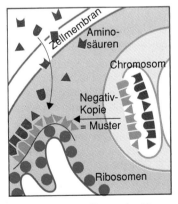

Der Aufbau von Körpereiweiß in der Körperzelle

Aufgaben

1. Ordnen Sie jeweils einen Begriff aus Spalte I einem passenden Begriff aus Spalte II zu und erläutern Sie die Zusammenhänge.

I		II	
Hormone	Gehirn	Werkzeuge	Telefon
Enzyme	Nerven	Kontrolleure	Betriebsleitung

2. Benennen Sie das Enzym Pepsin nach dem auf Seite 231 (siehe auch Seite 233) erklärten Verfahren systematisch (drei Möglichkeiten) und erläutern Sie die Funktion dieses Enzyms.

3. Wo im Organismus beginnt die Verdauung, wo endet sie? Welcher Vorgang schließt sich dann an?

4. Unterscheiden Sie die Begriffe „Dünndarm" und „Zwölffingerdarm".

5. Was versteht man unter mechanischer, was unter enzymatischer Verdauung? Geben Sie dazu jeweils drei Beispiele an.

6. Wo ist der Wirkort der Bauchspeicheldrüsenenzyme?

7. Beschreiben Sie die Aufgabe des Gallensaftes. Wo wird er gebildet?

8. Gallenkranken empfiehlt man statt Öl und Kokosfett Butter zu verwenden. Begründen Sie diese Empfehlung.

9. Oberflächenvergrößerung ist ein wichtiges Prinzip bei Verdauung und Resorption.
Erläutern Sie dies an den Beispielen: a) Eiweißverdauung im Magen und
b) Aufbau der Dünndarmwand.

10. In der Krankenkost setzt man gern Zwieback ein. Der Grund: Durch die lange Backzeit werden die Stärkemoleküle zu kleineren Polysacchariden gespalten.
a) Wie heißen diese entstehenden Polysaccharide?
b) Warum sind sie leichter verdaulich als Stärke?

11. Nennen Sie drei Aufgaben der Magensalzsäure.

12. Erstellen Sie eine Tabelle zum Thema Verdauungsvorgänge. Die Spalten:

Organ	Art d. Verdauung (mechan./enzymat)	gespaltener Nährstoff	beteiligte Enzyme	entstehende Spaltprodukte

13. Nennen Sie Entstehungsort, Entstehungszweck und Bestandteile von Micellen und von Chylomikronen.

14. Jede Körperzelle enthält unter anderem Ribosomen, Mitochondrien und Chromosomen.
In welchem der drei Zellabschnitte findet der Citronensäurecyclus statt? Begründen Sie.

15. Nennen Sie zwei mögliche Ursachen dafür, daß aus Körpereiweiß Aminosäuren werden.

16. Begründen Sie, daß der Organismus nur im Notfall Energie aus Eiweiß gewinnt.

17. Wer viel Süßes ißt, wird dick. Verfolgen Sie den Weg eines Traubenzuckerbonbons vom Mund bis zum Fettpölsterchen.
Was könnte aus dem Traubenzuckerbonbon außerdem noch werden? Nennen Sie zwei weitere Möglichkeiten. Bei welcher Versorgungslage entscheidet sich der Organismus jeweils für eine dieser Möglichkeiten?

18. Beim Fettabbau werden zunächst Fette in der Zelle zu Glycerin und freien Fettsäuren gespalten. Zeigen Sie, auf welchem Weg Glycerin abgebaut wird. Nennen Sie die Endprodukte des Glycerinabbaus.

19. Beim Aufbau von Körperfett werden freie Fettsäuren mit Glycerin verestert. Woher kann das dazu notwendige Glycerin stammen?

Ein Tip: Orientieren Sie sich bei der Beantwortung der Fragen 18 und 19 an der Übersicht auf S. 238.

8. Richtige Ernährung

Gefüllte Tiefkühltruhen, übervolle Regale: heimische und exotische Nahrungsmittel, Hausmannskost und Spezialitäten. Das alles in nahezu gleichbleibender Qualität zu jeder Jahreszeit. Im Hinblick auf das Lebensmittelangebot bleibt in unseren Supermärkten kein Wunsch offen. Noch nie, so scheint es, war es so einfach, sich gesund zu ernähren.

Fast nicht mehr zu überschauen: das Sortiment eines Supermarktes

8.1 Ohne grundlegende Informationen fehlt das Fundament

— Wie sich gesunde Ernährung zusammensetzt —

Der gesundheitsbewußte Verbraucher steht vor der angebotenen Vielfalt und hat die Qual der Wahl: Wieviel und wovon sollte er, wieviel und wovon darf er essen? Die hohe Zahl ernährungsunabhängiger Krankheiten in unserem ‚Schlaraffenland' deutet darauf hin, daß die Entscheidung schwerer ist, als man es gemeinhin annimmt.

8.1.1 Wieviel sollte man essen?

Die benötigte Nahrungsmenge ist abhängig vom Grundumsatz und der Arbeitsleistung. Wie man den Grundumsatz und den Gesamtenergiebedarf berechnen kann, haben wir schon erklärt (s. S. 11).

Darüber hinaus hat jeder Nährstoff im Organismus seine ganz speziellen Aufgaben zu erfüllen. Es ist deshalb nicht gleichgültig, wieviel der benötigten Energie von Kohlenhydraten, von Fett oder von Eiweißstoffen geliefert wird. Die sogenannte Nährwertrelation gibt Auskunft darüber, wie hoch der Beitrag der einzelnen Nährstoffe zur Deckung des Energiebedarfs sein sollte:

— 55 bis 60% der benötigten Energie sollten in Form von Kohlenhydraten gegessen werden.

— 25 bis 30% des Energiebedarfs sollte durch Fett gedeckt sein.

— 10 bis 15% der zugeführten Energie sollen Eiweißstoffe liefern.

Wie hoch die Zufuhr an Vitaminen und Mineralstoffe sein sollte, kann jeweils in den entsprechenden Kapiteln nachgelesen werden. Diese Angaben findet man auch in vielen Nährwerttabellen.

8.1.2 Qualität ist gefragt

Kohlenhydrate — als Dickmacher verschrien

Anita ist achtzehn und arbeitet als Lehrling in einem Büro. Sie findet, sie sei einfach zu dick. Deshalb hat sie sich heute vorgenommen, auf Brot und Kartoffeln in Zukunft zu verzichten, denn Kohlenhydrate, das hat sie irgendwo mal gehört, machen dick.

In einem hat Anita recht: es gibt tatsächlich kohlenhydrathaltige Nahrungsmittel, die nur Energie, sonst aber nichts liefern. Süßigkeiten oder Weißmehlprodukte liefern im Verhältnis zu ihrem Energiegehalt, nur wenig lebensnotwendige Nährstoffe.

Sie sind aber auch nicht gemeint, wenn empfohlen wird, 60% des Energiebedarfs in Form von Kohlenhydraten zu decken. Zu empfehlen sind Nahrungsmittel, die außer Kohlenhydraten noch Vitamine, Mineralstoffe und Ballaststoffe liefern. Dazu gehören Obst, Hülsenfrüchte, Vollkornbrot bzw. andere Vollkornprodukte, und auch die von Anita so verkannten Kartoffeln. Nahrungsmittel dieser Art werden in der Bundesrepublik eher zu wenig als zu viel gegessen. Daher gilt:

> Mehr wertvolle Kohlenhydratträger auf Kosten der eigentlich überflüssigen Süßwaren verzehren.

Fette — nicht nur Energiespender

Essentielle Fettsäuren und fettlösliche Vitamine sind für unseren Organismus unentbehrlich und müssen in ausreichender Menge mit fetthaltigen Nahrungsmitteln aufgenommen werden. Für uns in der Bundesrepublik kein Problem; wir verzehren etwa doppelt so viele essentielle Fettsäuren wie wir brauchen. Aber auch von den weniger wertvollen Fetten, die vorwiegend ungesättigte, langkettige Fettsäuren enthalten, nehmen wir zuviel auf. Die Empfehlung muß daher lauten:

> Bei insgesamt stark verringerter Fettzufuhr auf die bevorzugte Verwendung hochwertiger Fette achten.

Für die Praxis heißt das z. B.:

— Kurzbraten statt mit Plattenfett mit Öl.
— Fritiertes nur noch selten auf den Tisch bringen.
— Für Salatsaucen am besten kaltgepreßtes Pflanzenöl verwenden.
— Versteckte Fette sind oft minderwertig, deshalb schon beim Einkauf fettarme Lebensmittel wählen.

Was sind versteckte Fette?

Außer den sichtbaren Fetträndern und -adern enthält Fleisch auch Fett, das man nicht sieht: sogenanntes unsichtbares oder verstecktes Fett.

Auch andere Nahrungsmittel enthalten z. T. recht hohe Mengen an verstecktem Fett, z. B.: Wurst, Käse, Nüsse.

Eiweiß — auf die richtige Kombination kommt es an

Im Zusammenhang mit Proteinen gibt der Begriff „hochwertig" Auskunft darüber, wie gut das jeweilige Nahrungseiweiß vom Körper verwertet werden kann.

Tierische Eiweißstoffe sind im allgemeinen höherwertig als pflanzliche. Die entsprechenden Nahrungsmittel, also Fleisch, Eier, Käse usw. haben aber auch Nachteile, denkt man nur an den relativ hohen Cholesterin- und Fettgehalt und den geringen Ballaststoffanteil. Deshalb empfiehlt man:

> Es sollte mehr pflanzliches als tierisches Eiweiß gegessen werden.

Zur Erinnerung:

Die Biologische Wertigkeit gibt an, wieviel Gramm Körpereiweiß aus 100 g Nahrungseiweiß gebildet werden kann. Sie wird normalerweise für ein einzelnes Nahrungseiweiß angegeben.

Der Ergänzungswert ist die Biologische Wertigkeit eines Gemisches mehrerer Nahrungseiweiße. Er läßt sich aus der Biologischen Wertigkeit der einzelnen Komponenten nicht herleiten.

Die Wertigkeit eines Eiweißgemisches bezeichnet man als Ergänzungswert.

Nahrungsmittel mit hohem Ergänzungswert

Kartoffeln mit:

- Ei
- Milch/Milchprodukten
- Fleisch
- Fisch.

Getreideerzeugnisse mit:

- Milch/Milchprodukten
- Milch und Ei
- Fleisch
- Fisch
- Hülsenfrüchten.

Hülsenfrüchte mit:

- Milch/Milchprodukten
- Fleisch und Getreideerzeugnissen
- Ei und Getreideerzeugnissen
- Mais.

Der Grundumsatz beträgt: 5680 kJ

Der Leistungsumsatz beträgt: 2989 kJ

Der Gesamtumsatz beträgt: 8669 kJ

Einige pflanzliche Eiweißstoffe können in puncto Wertigkeit mühelos mit tierischen Proteinen mithalten. Dazu gehören vor allem Kartoffeln, Getreide (als ganzes Korn!) und Soja.

Tatsächlich kommt es aber nur sehr selten vor, daß man einen Eiweißträger, z. B. Fleisch oder Käse, allein verzehrt. Man ißt Fleisch mit Kartoffeln oder Brot mit Käse, kombiniert also immer verschiedene Eiweißstoffe miteinander. Durch eine geschickte Kombination können dabei die einzelnen Eiweiße einander noch zusätzlich aufwerten.

Ein Beispiel:

Kartoffeleiweiß allein hat die Wertigkeit 90—100. Eiereiweiß allein hat die Wertigkeit 100. Beide zusammen aber kommen, als Gemisch von 35% Vollei und 65% Kartoffel, auf eine biologische Wertigkeit von 137.

Ein Anwendungsbeispiel

Selbstverständlich ist es nicht notwendig, jeden Tag einen Speisenplan mit genauer Berechnung von Nährstoff- und Energiemengen zu erstellen, wenn man sich gesund ernähren will. Sich ein paarmal diese Mühe zu machen, lohnt aber trotzdem, denn es erleichtert die Einschätzung von Mengen und Lebensmittelzusammenstellungen bei der normalen, alltäglichen Mahlzeitenplanung.

So geht man vor bei der Erstellung eines Tageskostplans:

Beispiel: Anita K. ist 23 Jahre alt und arbeitet als Büroangestellte. Sie wiegt 58 kg bei einer Körpergröße von 1,62 m.

1. Berechnung ihres Grundumsatzes (siehe Seite 11):
   Körperoberfläche: 1,61 m^2
   Standardgrundumsatz für 23jährige Frauen: 147 kJ/m^2/Std.
   1,61 m^2 x 147 kJ/m^2/Std entspricht 236,67 kJ/Std
   In 24 Stunden beträgt der Grundumsatz: 5680 kJ.
2. Berechnung ihres Leistungsumsatzes (siehe Seite 13):

   Ein typischer Tagesablauf:

Tätigkeit	Leistungsumsatz (kJ) pro Std. und kg	Leistungsumsatz (kJ) insgesamt
7 Stunden Schlaf	—	—
3 Stunden leichte Hausarbeit (Kochen, Spülen...)	5	870
8 Std. sitzende Tätigkeit	2,6	1206
3 Std. Essen, Pausen usw.	1,5	261
1 Std. Fahrzeit (Pkw)	7	406
$^3/_4$ Stunde Einkaufen	5	217
$1^1/_4$ Stunde Fernsehen	0,4	29
		2989

Grundumsatz + Leistungsumsatz = Gesamtumsatz

Erstes Frühstück	Energie (kJ)	Eiweiß (g)	Fett (g)	Kohlen-hydrate (g)
2 Scheiben Vollkornbrot	723	6	1	33
15 g Butter	475	—	12,5	—
2 Scheiben Schnittkäse (30% F.i.Tr.)	592	14	8,5	—
1 Glas (0,2l) Orangensaft	410	1,5	0,5	22
Insgesamt	2200	21,5	22	55

Zweites Frühstück				
1 Becher Joghurt (1,5%)	303	6	2,5	7
1 EL Weizenkleie	110	2,5	0,5	1,5
1 kleiner Apfel	286	0,5	0,5	15,5
Insgesamt	699	9	3,5	24

Mittagessen				
Hackfleischsoße mit Tomaten, Paprika u. Zwiebeln	930	12	15	8
1 Portion Reis (70 g)	1032	5	2	53
Salat (mit saurer Sahne)	135	0,5	2	2
Obstsalat aus einer Banane und Erdbeeren	657	2	—	30
Insgesamt	2754	19,5	19	93

Nachmittagsmahlzeit				
1 Stück Obstkuchen	800	5	2,5	41
1 Tasse Kaffee	—	—	—	—
Insgesamt	800	5	2,5	41

Abendessen				
Nudelsalat mit Erbsen, Karotten, Sellerie	1092	5	7	35
2 Scheiben Vollkornbrot	723	6	1	33
50 g Frischkäse (20% F.i.Tr.)	231	6	2,5	—
Früchtetee mit 10g Zucker	168	—	—	10
Insgesamt	2214	17	10,5	78

Gesamtzufuhr eines Tages	8667	72	57,5	291

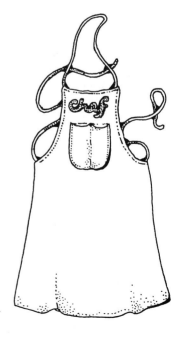

Vitamin B_{12} ist nur in tierischen Nahrungsmitteln und in Hefe enthalten, fehlt also praktisch in der strengen Vegetarierkost. Daß eine Vitamin-B_{12}-Hypovitaminose dennoch auch bei Vegetariern relativ selten ist, erklärt man sich damit, daß der Organismus möglicherweise in der Lage ist selbst Vitamin B_{12} zu bilden.

Ovolactovegetarier essen außer Pflanzenkost auch Eier, Milch und Milchprodukte

Lactovegetarier essen außer Pflanzenkost auch Milch und Milchprodukte

Veganer ernähren sich ausschließlich von pflanzlicher Kost.

8.1.3 Kostformen, über die man spricht

8.1.3.1 Vegetarismus

„Nicht auf Kosten von Tieren leben." Meist sind es religiöse oder weltanschauliche Gründe, die Menschen dazu veranlassen, tierische Lebensmittel abzulehnen. Nach dem lateinischen ,vegelia' (Pflanzenreich) nennt man diese Kostform Vegetarismus, ihre Anhänger heißen Vegetarier.

Gemäßigte Formen von Vegetarismus

Die meisten Vegetarier verzehren außer pflanzlichen Nahrungsmitteln auch Eier, Milch und Milchprodukte. Sie werden deshalb Ovolactovegetarier (lat. ovum = Ei, lac = Milch) genannt. Andere Vegetarier streichen auch noch Eier von ihrem Speiseplan. Sie heißen entsprechend Lactovegetarier.

Ovolactovegetarier und Lactovegetarier sind im allgemeinen mühelos in der Lage, ihren Bedarf an lebensnotwendigen Nahrungsinhaltsstoffen zu decken. Fleischeiweiß läßt sich durch geeignete Kombinationen anderer Nahrungseiweiße leicht ersetzen. Aufgepaßt heißt es aber, wenn es um die Eisenbedarfsdeckung geht. Eisen wird aus pflanzlichen Nahrungsmitteln weniger gut resorbiert als aus tierischen. Deshalb muß besonders auf eisenhaltige Nahrungsmittel geachtet werden, z. B. Vollkornprodukte, Soja oder Nüsse, bei denen man, durch gleichzeitige Vitamin-C-Zufuhr, die Eisenverfügbarkeit erhöhen kann.

Die strenge Form des Vegetarismus

Strenge Vegetarier, sie nennen sich auch Veganer, lehnen ohne Ausnahme alle tierischen Nahrungsmittel ab, also auch Eier und Milch. Um aber nur aus pflanzlichen Lebensmitteln alle lebensnotwendigen Stoffe zu erhalten, sind besonders sorgfältig ausgetüftelte Eiweißkombinationen und auch im Hinblick auf Vitamine und Mineralstoffe sehr bewußte Nahrungsmittelzusammenstellungen nötig. Vor allem Hülsenfrüchte, Soja, Nüsse und Getreide sind wichtige Bestandteile einer streng vegetarischen Kost.

Wer nicht vegetarisch leben sollte

Eiweiß, Eisen, Calcium und eine Reihe von Vitaminen. Wer braucht diese — bei vegetarischen Kostformen eher kritischen — Stoffe besonders notwendig? Es sind Säuglinge und Kinder, die man besser nicht vegetarisch, keinesfalls aber streng vegetarisch ernähren sollte. Ein paar Untersuchungsergebnisse dazu:

— Körpergewicht und Körpergröße vegetarisch ernährter Kinder liegen in den ersten beiden Lebensjahren deutlich unter dem Durchschnitt. Das gilt übrigens auch für Säuglinge streng vegetarisch lebender Mütter, die ausschließlich mit Muttermilch ernährt werden.

— Schätzungsweise ein Viertel aller vegetarisch ernährten Kinder leidet unter ausgeprägtem Eisenmangel.

— Säuglinge, die nicht mit Zubereitungen aus Kuhmilch, sondern mit Mandelmilch ernährt werden, erhalten meist zu wenig Eiweiß, Calcium und Eisen; auch der Bedarf an fast allen Vitaminen ist nicht gedeckt.

Vegetarismus — für Erwachsene die gesündere Kostform

Bei Untersuchungen, die in vegetarisch lebenden Bevölkerungsgruppen durchgeführt wurden, fiel auf, daß die sogenannten Zivilisationskrankheiten hier viel seltener zu beobachten waren.

Die Kost dieser Bevölkerungsgruppen erhielt im Vergleich zur herkömmlichen fleischhaltigen Kost:	Selten zu beobachten waren deshalb:
— insgesamt weniger Energie	Übergewicht
— insgesamt weniger Fett, besonders wenig Cholesterin und gesättigte Fettsäuren, dafür aber einen relativ hohen Anteil an essentiellen Fettsäuren	erhöhte Blutfettwerte Gallensteine Herzinfarkte Arteriosklerose
— viel Kalium, wenig Natrium	Bluthochdruck
— viele Ballaststoffe	Darmerkrankungen

8.1.3.2 Vollwertkost

Die Vollwertkost-Theorie nach dem Gießener Modell (von Koerler, Männle, Leitzmann) unterscheidet sich nicht wesentlich von den herkömmlichen Ernährungsempfehlungen. Sie wird als eine „ovolakto-vegetabile" Ernährungsweise definiert. Das bedeutet: Ihre Basis bilden pflanzliche Lebensmittel, vor allem Vollkornprodukte, Gemüse, Kartoffeln und Hülsenfrüchte, Obst, Ölfrüchte, Pflanzensamen, Nüsse sowie Milch und Milchprodukte. Fleisch, Fisch und Eier sind, entgegen der weit verbreiteten Meinung, nicht tabu, sollen aber in Maßen verzehrt werden. Konkret heißt das: Bis zu zwei Fleischmahlzeiten, einmal Fisch und höchstens zwei Eier pro Woche.

Große Bedeutung mißt die Vollwertkost frischen und möglichst wenig bearbeiteten Lebensmitteln bei, weil in ihnen alle wertvollen Inhaltsstoffe am besten erhalten bleiben. Wie die einzelnen Lebensmittel in dieser Hinsicht zu beurteilen sind, gibt die „Wertstufen-Tabelle" wieder, das Herzstück der Vollwertkost. Die Lebensmittel sind darin in fünf Wertstufen eingeteilt. — Als „besonders empfehlenswert" sind unveränderte Lebensmittel einzustufen, bei denen, außer z. B. einem notwendigen Schälen (Südfrüchte, Nüsse) keine Bearbeitung stattgefunden hat.

— Als „sehr empfehlenswert" gelten nur wenig bearbeitete Lebensmittel. Unter geringer Bearbeitung sind Behandlungen wie Schneiden, Mahlen, Pressen aber auch die Milchsäuregarung zu verstehen.

Bei Kindern einer streng vegetarisch lebenden Sekte in Israel fand man vermehrt:

— Ödeme (Wasseransammlungen im Gewebe)

— Anämie („Blutarmut", genauer: Mangel an roten Blutkörperchen)

— Osteoporose (Knochenbrüchigkeit)

— Vergrößerung des Herzmuskels.

Was sind Vitalstoffe?

Im Zusammenhang mit Vollwertkost und anderen ‚alternativen' Ernährungsformen findet man häufig den Begriff: Vitalstoffe. Er klingt gut, ist aber sehr wenig aussagekräftig, denn Vitalstoffe sind eine wissenschaftlich nicht einzugrenzende Substanzgruppe. Vollwertköstler bezeichnen alle Stoffe so, die zum Leben notwendig sind und die Zelle lebensfähig, leistungsfähig und gesund erhalten, mit Ausnahme von Kohlenhydraten und Fetten.

Was Erhalt von Inhaltsstoffen nach Auffassung der Vollwertkost bedeutet:

— so wenig wie möglich erhitzen

— wenig wässern

— keine Isolierung einzelner Bestandteile aus Nahrungsmitteln (raffinierter Zucker, Auszugsmehle).

Die Empfehlung für einen nur knappen Verzehr von Fleisch wird übrigens nicht nur ernährungsphysiologisch begründet. Es gilt einfach als bodenlose Verschwendung, hochwertige pflanzliche Produkte wie Getreide oder Kartoffeln zwecks Mästung an Tiere zu verfüttern. Riesige Futtermittelimporte sind zur Zeit aus den Entwicklungsländern nötig, um den Fleischhunger der Europäer zu stillen. Das geht auf Kosten der dort lebenden Menschen.

1978/79 wurde in der Bundesrepublik eine Untersuchung über die Stilldauer von Säuglingen durchgeführt. Ergebnis: Fast alle Mütter begannen nach der Geburt, ihr Kind, zumindest teilweise, zu stillen. Zu Anfang des dritten Lebensmonats wurden jedoch nur noch 40% der Kinder ganz oder teilweise gestillt. Von den Müttern, die nach der Geburt noch voll gestillt hatten, taten dies nach einem Monat noch weniger als ein Drittel.

— Unter „empfehlenswert" rangieren Lebensmittel, die erhitzt oder tiefgefroren wurden. Auch sie gehören täglich auf den Speiseplan.

— „Weniger empfehlenswert sind stärker verarbeitete Produkte wie Auszugsmehle, polierter Reis, gepökeltes Fleisch, H-Milch und alkoholische Getränke. Sie sollten nur gelegentlich verzehrt werden.

— „Nicht empfehlenswert" und daher zu meiden sind alle isolierten Lebensmittelinhaltstoffe wie Lezithin oder Zucker und viele Fertigprodukte wie Spirituosen, Süßwaren, Cola-Getränke oder Fertigsaucen.

Bei der täglichen Speiseplangestaltung sollten praktisch nur Lebensmittel der ersten drei Wertstufen verwendet werden, dabei sollte etwa die Hälfte aus den ersten zwei Wertstufen (Frischkost) stammen.

8.1.4 Die richtige Ernährung bestimmter Personengruppen

8.1.4.1 Säuglingsernährung

Der Säugling, mit seinen noch unausgereiften Organfunktionen, benötigt eine Kost, die an seinen speziellen „Bedürfnissen" ausgerichtet ist.

1. Im Magen gibt es erst wenig Salzsäure, im Darm nur wenige und auch nur schwach wirksame Verdauungsenzyme. Die Darmperistaltik ist noch kaum ausgeprägt.

Die Kost muß sehr leicht verdaulich, zu Anfang sogar völlig ballaststofffrei sein, da Ballaststoffe die empfindliche Darmwand noch schädigen können.

2. Der Darm ist bei der Geburt noch bakterienfrei. Die zur richtigen Verwertung der Nahrung benötigten Bakterien, die sogenannte Darmflora, werden erst allmählich durch die aufgenommene Nahrung gebildet.

Das für Säuglingskost geeignete Kohlenhydrat ist Lactose. Sie hilft beim Aufbau der Darmflora und schützt andererseits vor schädlichen Bakterien.

3. Die Leber kann ihre vielfältigen Aufgaben noch nicht sehr gut erfüllen.

Der Anteil an Giftstoffen in der Nahrung, z. B. auch an Rückständen von Pflanzenschutzmitteln, muß in der Säuglingsnahrung so niedrig wie möglich gehalten werden.

4. Im erwachsenen Organismus baut die Leber das Eiweiß zu Harnstoff ab und scheidet sie über die Niere aus. Beim Säugling ist dies nur eingeschränkt möglich, denn der Abbau zu Harnstoff und die Ausscheidung von Harnstoff über die Niere finden erst in geringem Ausmaß statt.

Der Eiweißgehalt der Säuglingsnahrung darf nicht zu hoch sein.

5. Der Körper des Säuglings enthält viel Wasser bei einer vergleichsweise großen Körperoberfläche (s. S. 178). Über die Haut kann deshalb viel Flüssigkeit verdunsten. Der Wasserbedarf ist entsprechend hoch.

Die Kost muß reich sein an Wasser: In den ersten vier Lebensmonaten 140 und danach 110 ml pro Kilogramm Körpergewicht und Tag sind notwendig.

6. Nicht nur Wasser, auch Wärme kann über die große Körperoberfläche verlorengehen. Säuglinge wachsen außerdem sehr schnell.

Die Säuglingsnahrung muß relativ viel Energie liefern: Bis zum vierten Lebensmonat 470, anschließend 400 kJ pro Kilogramm Körpergewicht (vgl. Erwachsene: rund 150 kJ pro Kilogramm Körpergewicht).

Erstes Lebenshalbjahr

Die natürliche Ernährung

Den speziellen Bedürfnissen des Säuglings ist die Muttermilch in idealer Weise angepaßt. Vergleicht man die Inhaltsstoffe von Frauenmilch und Kuhmilch, so fallen zunächst vor allem die unterschiedlichen Mengenanteile von Eiweiß, Lactose und Mineralstoffen ins Auge.

Diese Werte auszugleichen, indem man etwa verdünnt und einzelne Stoffe wieder zusetzt, wäre jedoch kein Problem. Vorteile bringt die Frauenmilch aber aufgrund der Qualität ihrer Bestandteile, des Schutzes vor Infektionen, und weil durch das Stillen die gefühlsmäßige Bindung zwischen Mutter und Kind und die Rückbildung der mütterlichen Geburtsorgane gefördert wird.

Die Zusammensetzung von Frauenmilch und Kuhmilch im Vergleich (in g/100 ml)

Inhalts- stoff	Kuh- milch	Reife Frauen- milch
Eiweiß	3,3	1,2
Fett	3,5	3,5
Lactose	4,8	7,0
Mineral- stoffe	0,72	0,21
Energie	277 kJ/ 100 ml	281 kJ/ 100 ml

Die Schadstoffbelastung — ein leidiges Thema:

Muttermilch ist im Durchschnitt so hoch belastet, daß sie als käufliches Lebensmittel gar nicht auf den Markt kommen dürfte. Besonders Chlorierte Kohlenwasserstoffe (s. S. 213), die sich über Jahre hinweg im Fettgewebe ansammeln, gelangen über die Milch in den kindlichen Organismus.
Dennoch: in den ersten Monaten überwiegen eindeutig die Vorteile der natürlichen Ernährung. Es wird aber empfohlen, die Stilldauer nicht allzu lang auszudehnen: mindestens vier bis höchstens sechs Monate sollte voll gestillt werden. Danach bringt eine ausschließliche Ernährung mit Muttermilch keine Vorteile mehr. Mütter, die sich über den Schadstoffgehalt ihrer Milch informieren möchten, können sie bei den örtlichen Lebensmittel-Untersuchungsämtern untersuchen lassen.

Es ist nicht empfehlenswert, ein so kleines Kind mit einer selbst hergestellten Säuglingsmilch zu ernähren.

Einige gesundheitliche Vorteile für das Kind

— Bei einer „ad libitum"-Fütterung (d. h. Füttern „nach Bedarf") des Säuglings mit Muttermilch, ist das Risiko einer Überfütterung für ihn sehr gering.

— Frauenmilch enthält mehr essentielle Fettsäuren als Kuhmilch.

— Albumin, der Hauptbestandteil des Frauenmilch-Eiweißes, gerinnt feinflockiger als Globulin, das den Löwenanteil des Kuhmilch-Eiweißes darstellt. Albumin ist damit besser verdaulich.

— Frauenmilch enthält Enzyme, die die Fett- und Proteinverdauung erleichtern.

— Das Eisen der Frauenmilch kann vom Säuglingsorganismus besser resorbiert werden, als das Eisen aus der Kuhmilch.

— Frauenmilch enthält Stoffe, die das Kind vor Infektionen schützen, und die man bis heute nicht künstlich zusetzen kann.

— Frauenmilch schützt vor Allergien.

Vorteile für die Mutter

— Sie erreicht schneller wieder ihr früheres Gewicht. Durch das Stillen wird die Rückbildung der Gebärmutter gefördert.

— Sie spart Zeit, Geld und Arbeit. Stillen kostet nicht mehr als die gesunde Ernährung der Mutter.

— Frauenmilch ist frei von schädlichen Keimen. Sterilisieren von Fläschchen und Saugern erübrigt sich. Die Milch hat bereits die richtige Temperatur und Zusammensetzung. Aufwendiges Zubereiten der Babynahrung erübrigt sich.

Industriell hergestellte Säuglingsmilch

Kann heute eine junge Mutter nicht stillen, so braucht sie sich um die Gesundheit ihres Babys dennoch keine Sorgen zu machen: Man weiß heute so viel über die notwendige Zusammensetzung der Säuglingskost, daß es die ernährungsbedingte Sterblichkeit bei Säuglingen praktisch nicht mehr gibt. Das Angebot an industriell hergestellter Babykost ist außerordentlich vielfältig. Für Kinder im ersten Lebenshalbjahr kommen die sogenannten Säuglingsanfangsnahrungen (frühere Bezeichnung: „adaptiert" bzw. „teiladaptiert") in Frage. Adaptieren heißt anpassen. Die Nahrung ist also so weit wie möglich der Muttermilch angepaßt. Eine vollständige Anpassung ist nicht möglich.

Zieht man in Betracht, Babykost zu Hause selbst herzustellen, sollte man folgendes bedenken:

— Für industriell hergestellte Babykost gelten besonders strenge Schadstoffgrenzwerte. Lebensmittel, die im Geschäft gekauft werden, unterliegen weniger strengen Bestimmungen.

— Durch unsachgemäße Zubereitung, z. B. zu langes Kochen oder Wässern, können mehr wertvolle Inhaltsstoffe verlorengehen, als dies bei gekaufter Säuglingsnahrung der Fall ist.

— Industriell hergestellte Babykost ist sehr keimarm. Das läßt sich im Haushalt kaum erreichen.

Das ist wichtig:

— Die Vielzahl von Allergien schon bei Kindern führt man unter anderem auch darauf zurück, daß zu früh mit dem Zufüttern von Nicht-Milch-Nahrung begonnen wird. Die Angaben „ab 6. Woche", „ab 3. Monat" usw. bedeuten nicht, daß man spätestens zu diesem Zeitpunkt damit beginnen sollte, sondern sind eher als „allerfrühestens ab" zu verstehen.

— Keinesfalls dürfen dem Säugling vor dem vierten Lebensmonat Nahrungsmittel gegeben werden, die Klebereiweiß (Gluten) enthalten. Es kann zu einer lebenslangen Gluten-Unverträglichkeit, der sogenannten Zöliakie, führen. Deshalb: im ersten Vierteljahr keinen Grieß, keinen Schleim.

— Bei der Flaschenmilchzubereitung müssen die auf der Verpackung angegebenen Rezeptvorschriften genau eingehalten werden, da ansonsten die Milchnahrung zu hoch konzentriert sein kann und somit zur Überfütterung des Kindes beiträgt.

— Wird ein Baby mit sogenannter adaptierter Säuglingsmilch ernährt, sollte es, wie das gestillte Kind auch, seine Nahrungsmenge selbst bestimmen („ad-libitum"-Fütterung); es darf durchaus ein Rest in der Flasche übrigbleiben!

Nicht geeignet zur Zubereitung von Säuglingskost sind:

— Rohmilch
— Vorzugsmilch
— Sterilmilch
— Entrahmte oder teilentrahmte Milch

Frühestens nach dem 4. Monat kann damit begonnen werden, das Kind an Mahlzeiten ohne Milch zu gewöhnen. Am besten teelöffelweise mit Karottenmus beginnen; bis zu einer vollen Gemüsemahlzeit steigern.

Der Ernährungsplan für das erste Lebensjahr

Monat

Im Haushalt zubereitete Mittagsmahlzeit ab fünftem Lebensmonat:

Sechsmal pro Woche:

90 g Karotten ⎱ fein püriert
40 g Kartoffeln ⎰
30 g Orangensaft
    oder Wasser
20 g Fleisch (fein passiert)
10 g Fett (3 x Butter,
    3 x Sojaöl pro Woche)

Einmal pro Woche:

100 g Karotten ⎱ fein püriert
50 g Kartoffeln ⎰
30 g Orangensaft
    oder Wasser
10 g Butter

▶ 1. bis 4. Monat: Muttermilch oder Säuglingsmilch
▶ 5. Monat: Einführung des Gemüse-Kartoffel-Fleisch-Breis
▶ 6. Monat: Einführung des Vollmilch-Getreide-Breis
▶ 7. Monat: Einführung des Getreide-Obst-Breis
▶ ab dem 10. Monat: Einführung der Familienkost

Quelle: Forschungsinstitut für Kinderernährung Dortmund

251

Alle Kinder sollten während des gesamten 1. Lebensjahres ein Vitamin-D-Präparat (zur Rachitisverhütung) evtl. kombiniert mit Fluorid (zur Kariesvorbeugung) erhalten.

Das wird oft falsch gemacht:

— Viele Mütter hören zu früh mit dem Stillen auf, oft schon nach wenigen Tagen oder Wochen.

— Häufig werden bei der Zubereitung der Säuglingsmilchnahrung Fehler gemacht.

— Oft werden zu früh Zusätze (Obst, Karotten, Saft usw.) in die Milchflasche gegeben.

— Viele Kinder erhalten auch heute immer noch gesüßten Tee aus der Flasche.

— Manche Mütter wechseln zu häufig und in unangepaßter Weise die Säuglingsmilchpräparate.

— Mit der Beikostfütterung wird sehr oft zu früh begonnen.

— Häufig werden zu viel verschiedene Beikostkomponenten oder Breie gleichzeitig gefüttert.

— Viele Mütter bereiten die Breie, nach ihrem eigenen Geschmack, zu süß bzw. zu salzig zu.

8.1.4.2 Die Ernährung von Kindern und Jugendlichen

Auch innerhalb gleicher Altersgruppen benötigen Heranwachsende aufgrund von z.B. verschiedener körperlicher Aktivität, verschiedener Größe oder individueller Wachstumsphasen eine unterschiedliche Menge an Energie und Nährstoffen. Allgemein gültige und doch genaue Empfehlungen für die Nährstoff- und Energiezufuhr sind daher nur schwer möglich.

Empfohlene Energie- und Eiweißzufuhr pro Tag für Kinder und Jugendliche

Alter Jahre	Energie MJ[1]		Eiweiß g/kg	
	m[2]	w[3]	m[2]	w[3]
1—3	5,4		1,2	
4—6	7,5		1,1	
7—9	8,4		1,0	
10—12	9,4	9,0	1,0	
13—14	10,5	9,6	1,0	
15—18	12,5	10,0	0,9	0,8

[1] Richtwerte, 1 MJ $\cong$ 1000 kJ

[2] männlich

[3] weiblich

Quelle: DG-E (1991)

Die für Kinder und Jugendliche empfohlene Ernährung unterscheidet sich nur wenig von der gesunden Erwachsenenkost. Mit einem abwechslungsreichen, gemischten Speisezettel ist also auch ihr Bedarf schon wesentlich gedeckt.

Da sich der kindliche und jugendliche Organismus jedoch noch im Aufbau befindet, gelten einige Besonderheiten.

Mehr hochwertiges Eiweiß

Der gesunde Säugling verdoppelt etwa nach fünf Monaten seines Lebens sein Körpergewicht und ist im Alter von einem Jahr etwa anderthalbmal so groß wie bei seiner Geburt. Dieses rasante Entwicklungstempo läßt in den nächsten Jahren natürlich immer mehr nach. Deshalb nimmt der Bedarf an Energie und Baustoffen (pro kg Körpergewicht) mit zunehmendem Alter ab.

Während des Wachstums ist hochwertiges Eiweiß wichtig; eiweißreiche Lebensmittel sind vor allem fettarmes Fleisch, Fisch, Milch und Milchprodukte, Ei und Hülsenfrüchte.

Wertvolle pflanzliche Eiweißträger wie Kartoffeln, Hülsenfrüchte und Getreide helfen ebenfalls, den erhöhten Bedarf zu decken.

Salatöl statt Fritierfett: Essentielle Fettsäuren sind wichtig

Essentielle Fettsäuren und Cholesterin sind Bestandteile jeder Zellwand. Außer der Funktion als Energiespender hat das Nahrungsfett auch die Aufgabe, diese Baustoffe für die neu zu bildenden Körperzellen zu liefern. Der Beitrag des Fettes zu der Gesamtenergiezufuhr soll deshalb etwa 35 % betragen, wobei die gesättigten Fettsäuren nicht mehr als ein Drittel des gesamten Nahrungsfettes ausmachen sollten.

Kohlenhydrate — viel weniger Naschzeug, dafür mehr in Form von Obst und Gemüse

Etwa die Hälfte ihrer Kohlenhydrate bekommen die Kinder in der Bundesrepublik aus Zucker und Weißmehlprodukten. Energie ohne Vitamine, ohne Ballaststoffe. Vor allem an Karies leiden immer noch viel zu viele Kinder, aber auch untypische Vitaminmangelsymptome wie Unkonzentriertheit, ständige Müdigkeit und andere können die Folge einer derart einseitigen Ernährung sein. In Form von Zucker sollten höchstens 10 % der gesamten Energiemenge, dem Körper zugeführt werden. Bei einem Anteil der Kohlenhydrate an der Gesamtenergiezufuhr von etwas über 50 % müssen hochwertige Kohlenhydratträger wieder stärker berücksichtigt werden.

Calcium — wichtig für den Aufbau von Knochen und Zähnen

Aufbau und Festigung von Knochen und Zähnen erfordern eine Calciumzufuhr von etwa 1 g pro Tag, so viel, wie auch Erwachsene brauchen. Eine Mischkost, wie sie bei uns üblich ist, würde ohne Milch und Milchprodukte nur etwa 200 bis 300 mg an Calcium liefern. Die Kinder, die keine Milch trinken und auch keine Milchprodukte verzehren, bekommen deshalb, allein durch ihre Ernährung zu wenig Calcium.

„Schlechte Esser" — Sorgenkinder?

Auch wenn ein Kind viel mehr oder viel weniger ißt, als es die Eltern für richtig halten:

Über einen längeren Zeitraum hinweg ißt es normalerweise genausoviel, wie es braucht. Deshalb:

— „Schlechte Esser" nicht zum Essen zwingen. Die Erziehung zum Teller-Leer-Essen kann zur Überversorgung und so zu bleibendem Übergewicht führen.

— Kinder, die auf Dauer deutlich zu viel oder zu wenig essen, müssen ärztlich auf organische oder psychische Leiden untersucht werden.

Von klein auf sollte man Kinder an den Verzehr von Gemüse und Obst gewöhnen.

Empfohlene Calciumzufuhr pro Tag für Kinder und Jugendliche

Alter	Calcium mg
1— 3	600
4— 6	700
7— 9	800
10—12	900
13—14	1000
15—18	1200

Quelle: DGE (1991)

Zeit und Ruhe für ein ausgiebiges Frühstück und ein nahrhaftes Pausenbrot sind wichtige Bestandteile der Ernährung von Kindern und Jugendlichen.

An Eisen hapert's oft

Eisenmangel ist bei Kindern und Jugendlichen keine Seltenheit. Innereien, Fleisch, Vollkornbrot und sonstige eisenhaltige Nahrungsmittel dürfen deshalb auf dem Speisenplan nicht fehlen. Nicht vergessen: Aus tierischen Nahrungsmitteln und zusammen mit Vitamin C wird Eisen besser resorbiert.

Schwachstelle Frühstück

Ist es für die meisten Kinder und Jugendlichen selbstverständlich, zu Mittag und zu Abend ausreichende Mahlzeiten zu sich zu nehmen, so wird beim Start in den Tag oft bedenkenlos gesündigt.

Da schläft man schon lieber zehn Minuten länger, als sich ein Frühstück zuzubereiten, zumal man ja sowieso ‚keinen Hunger' hat. Für die Pause gibt die Mutter Geld mit, damit sich die Kinder etwas zu essen kaufen können. Der Kiosk ist, wenn nicht in der Schule selbst, so doch nicht weit von ihr entfernt, und er hat eine Riesenauswahl: Schokoriegel, Waffeln, Limonade, Bonbons...

Ein miserabler Start, denn: Von nichts kommt nichts. Im Klartext: Auf Dauer leistungsfähig kann nur der sein, der sich richtig ernährt. Etwa ein Drittel des täglichen Nährstoff- und Energiebedarfs sollte mit Frühstück zu Hause und Pausenfrühstück bereits gedeckt sein.

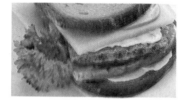 

Folgende tägliche Mengenverteilung sollte angestrebt werden:

Alter (Jahre)		1	2—3	4—6	7—9
Milch/-produkte*	ml/Tag	300	330	350	400
Fleisch/-waren, Wurst	g/Tag	40	50	60	70
Fisch	g/1 × /Woche	50	70	100	150
Eier	Stück/Woche	1—2	1—2	2	2
Margarine, Butter, Öl	g/Tag	10	15	20	25
Brot, Getreideflocken	g/Tag	80	120	170	200
Kartoffeln	g/Tag	80	100	120	140
Gemüse	g/Tag	100	120	180	200
Obst	g/Tag	100	120	180	200
Getränke	ml/Tag	450	600	700	1000

* 100 ml Milch entsprechen ca. 15 g Schnittkäse

Quelle: Forschungsinstitut für Kinderernährung, Dortmund

8.1.4.3 Die Ernährung schwangerer und stillender Frauen

Frauen, die sich auch schon vor der Schwangerschaft gesund ernährt haben, brauchen ihre bisherige Ernährung nur wenig zu verändern, um dem Kind eine normale Entwicklung zu ermöglichen.

Die Ernährung schwangerer Frauen

„Essen für zwei", diese Empfehlung wurde unseren Müttern und Großmüttern noch gegeben, wobei man selbstverständlich „Essen für zwei Erwachsene" meinte. Das war ein schlechter Rat, denn er verursachte so manches auch nach der Schwangerschaft hartnäckig bleibende Übergewicht. Der Grundumsatz einer schwangeren Frau steigt etwa ab der 15. Schwangerschaftswoche langsam an. In der zweiten Schwangerschaftshälfte sollten täglich nur ca. 840 kJ zusätzlich verzehrt werden. Dieser Energiemenge entspricht z. B. eine Scheibe Vollkornbrot mit wenig Streichfett und einer kleinen Scheibe Käse.

Das Richtige essen

Die Empfehlungen für die Ernährung Schwangerer unterscheiden sich in einigen Punkten von denen für andere gesunde Erwachsene:

— Der Eiweißbedarf ist ab dem vierten Schwangerschaftsmonat um etwa 10 g auf ca. 58 g pro Tag erhöht.

— Der Darm wird träger; ausreichende Ballaststoffzufuhr beugt Verstopfung und Hämorrhoiden vor.

— Zu viel Zucker kann bei entsprechender Veranlagung zur sogenannten Schwangerschaftsdiabetes führen. Sie verschwindet zwar meist nach der Schwangerschaft wieder, kann jedoch das Ungeborene gefährden. Daher regelmäßig den Zuckergehalt des Urins überprüfen lassen.

— Schwangere sollten mindestens 1 bis 1,5 l täglich trinken; dazu eignen sich besonders gut Trink- oder Mineralwasser und ungesüßter Früchte- oder Kräutertee. Bei Neigung zu Ödemen (Wassereinlagerungen) sollten die ärztlichen Ratschläge bezüglich der Trinkmenge befolgt werden.

— Damit Knochen und Zähne des Kindes ausreichend gefestigt werden, muß die zukünftige Mutter mehr Calcium aufnehmen. Gegen Ende der Schwangerschaft beträgt die wünschenswerte Höhe der Zufuhr 1,2 g pro Tag.

— Auch der Eisenbedarf ist mit etwa 30 mg pro Tag stark erhöht und wird bei vielen Schwangeren nicht gedeckt. Frauen, die sich vegetarisch ernähren, müssen in dieser Zeit ganz besonders auf eine ausreichende Bedarfsdeckung achten, da ohne Fleisch und Fleischprodukte sehr leicht Eisenmangel auftreten kann.

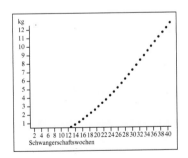

Gewichtszunahme während der Schwangerschaft

255

Die Ernährung stillender Frauen

Stillende haben gegenüber nicht stillenden Frauen einen erhöhten Bedarf an allen Nährstoffen. Außerdem sollte eine stillende Mutter bis zu 2700 kJ pro Tag zusätzlich verzehren.

Eine sinnvolle Lebensmittelauswahl für die Speiseplangestaltung einer Stillenden zeigt die folgende Tabelle.

Empfehlenswerte Verzehrsmengen für die Stillende

Lebensmittel-gruppen	Basis für die nicht stillende Frau (Menge pro Tag)	Zulagen für die stillende Frau (Menge pro Tag)	Mengenbeispiele
empfohlen			
Milch, Milchprodukte*	450 ml	+250 ml	1 Tasse Milch: 150 ml 1 Scheibe Schnittkäse: 30 g
Fleisch, Fleisch-waren, Wurst	90 g	+40 g (zur Hälfte mage-res Schweine-fleisch)	1 kl. Schnitzel: 100 g 1 mittelgr. Frikadelle: 100 g 1 Scheibe Wurst: 20—30 g
Fisch magerer Seefisch fetter Seefisch	1 mal/Woche 1 mal/Woche	— —	1 Portion: etwa 200 g 1 Portion: etwa 100g
Eier	2—3 p. Woche	—	—
Margarine, Öl, Butter	30 g	—	1 gestr. EL Butter/Margarine: 12 g; 1 EL Öl: 12 g
Brot, Getreideflocken	280 g	+60 g	1 Scheibe Brot/1 Brötchen: 40—50 g 1 EL Getreideflocken: 10 g
Kartoffeln, Reis, Nudeln	200 g	+40 g	1 kl. Kartoffel: 40—50 g 1 EL Reis/Nudeln (gekocht): 20 g
Gemüse, Salat	250 g	+150 g	1 EL Gemüse: 30 g
Obst	250 g	—	1 kl. (gr.) Apfel: 100 g (200 g) 1 Banane ohne Schale: 100g 1 mittelgr. Pfirsich: 100 g
Flüssigkeit	1,5 l	insgesamt mind. 2 l	—
geduldet			
Kuchen, Süßigkeiten	1 mal/Tag	—	1 kleines Stück Obstkuchen **oder** 4 Vollkornkekse **oder** 2 Riegel Schokolade **oder** 4 Kugeln Eiscreme

* 100 ml Milch entsprechen ca. 15 g Schnittkäse   EL = Eßlöffel   TL = Teelöffel
Quelle: Forschungsinstitut für Kinderernährung, Dortmund

Für Schwangere und Stillende selbstverständlich:

Dem Kind zuliebe

— keinen Alkohol

— kein Nikotin

— nicht übermäßig viel an Coffein

— keine Medikamente, die der Arzt nicht ausdrücklich für die Zeit während der Schwangerschaft verordnet hat. Also z. B. auch keine Abführmittel gegen die Verstopfung.

8.1.4.4 Die Ernährung älterer Menschen

Die Funktion der Organe und alle Stoffwechselvorgänge sind im Alter verlangsamt. Ältere Menschen sollten das bedenken und ihre Ernährung danach ausrichten.

Immer mehr Menschen in unserer Gesellschaft werden immer älter. War ein typischer Siebzigjähriger um die Jahrhundertwende eher ein gebrechlicher Greis, so sind die Senioren heutzutage oft bis ins hohe Alter geistig und körperlich aktiv. Die erste Voraussetzung dafür ist Gesundheit. Die meisten Zivilisationskrankheiten, Altersdiabetes z. B. oder Arteriosklerose, treten aber hauptsächlich in der zweiten Lebenshälfte auf. Bewußte Ernährung als wirksame Vorbeugung darf deswegen nicht erst im Rentenalter beginnen, sondern sollte so früh wie möglich einsetzen.

Alte Menschen lebten früher viel zurückgezogener als heute und nahmen kaum noch am öffentlichen Leben teil.

Mit den Jahren wird einiges anders; das hat Konsequenzen für die Ernährung

1. Der Grundumsatz sinkt, d. h. bei gleichbleibender körperlicher Arbeit verringert sind der Energiebedarf. Da alte Ernährungsgewohnheiten gern beibehalten werden, entsteht leicht Übergewicht.

Die Energiezufuhr muß gesenkt werden. Fett ist Hauptenergielieferant, daher sind auch bei verringertem Energiebedarf nur 25—30% der Gesamtenergiezufuhr in Form von Fett empfehlenswert.

2. Wie in jedem lebenden Oganismus sterben Zellen ab und werden neu gebildet. Die Zellenerneuerung findet im alternden Organismus jedoch nur langsam statt.

Eiweiß unterstützt als Baustoff den Neubau von Zellen. Pro kg Körpergewicht sollte der ältere Mensch deshalb dabei hochwertige pflanzliche Eiweißträger bevorzugen (die Zufuhr von Fett, Cholesterin und Purinen kann somit reduziert werden).

3. Die Belastbarkeit der Verdauungsorgane wird geringer.

Regelmäßige, häufigere, kleine Mahlzeiten entlasten den Verdauungstrakt und erhalten seine Funktionsfähigkeit länger.

4. Die Resorption der Nahrungsbestandteile wird allgemein schlechter. Ältere Menschen brauchen genauso viele Vitamine und Mineralstoffe wie jüngere.

Auf eine ausreichende Nährstoffdichte der ausgewählten Lebensmittel achten.

„Faustregel"!: Ab dem 25sten, 50sten und 65sten Lebensjahr sollte die Gesamtenergiezufuhr jeweils um ca. 10% reduziert werden.

Beispiel: Ein 20 Jahre alter Mann hatte mit einer täglichen Zufuhr von 11 000 kJ eine ausgeglichene Energiebilanz. Ab dem 25sten Lebensjahr benötigt er noch ca. 10 000, ab dem 50sten noch 9000 und ab dem 65sten noch ca. 8000 kJ pro Tag.

5. Die Leistungsfähigkeit der Verdauungsorgane läßt nach:
— Schlechte Zähne zerkleinern die Nahrung weniger fein und bereiten sie so ungenügend auf die enzymatische Verdauung vor.
— Verdauungsenzyme werden oft nicht mehr in ausreichenden Mengen oder nicht mehr schnell genug produziert, das führt zu Unverträglichkeiten bestimmter Nahrungsmittel.
— Die Darmperistaltik wird schwächer. Verstopfung ist ein häufiges Altersleiden.

Ermöglichen schlechte Zähne kein gründliches Zerkleinern der Nahrung, muß diese schon entsprechend zerkleinert angerichtet werden. Schwer verdauliche, vor allem Fette und blähende Speisen, sollte man meiden. Leicht verdaulich bedeutet nicht unbedingt ballaststoffarm. Ballaststoffe in geeigneter Form dürfen auf dem Speiseplan nicht fehlen.

6. Das Durstgefühl nimmt ab.
Unbedingt auf ausreichende Flüssigkeitszufuhr achten.

Persönliche Umstände erschweren älteren Menschen oft eine gesunde Ernährung

Seit Jahrzehnten eingefahrene Ernährungsgewohnheiten lassen sich nicht von einem auf den anderen Tag aufgeben. Mahlzeiten nach gewohnter Art enthalten aber oft zu viel und weniger wertvolles Fett. Dunkles Mehl galt bis vor nicht allzu langer Zeit als Arme-Leute-Mehl, so daß über Jahre hinweg eine Gewöhnung an Weißmehlprodukte stattgefunden hat.

Mögliche Auswege:

— Kleine, geschmacklich kaum merkbare Veränderungen verbessern die Qualität einer Mahlzeit oft schon beachtlich, z. B. beim Kochen und Anbraten weniger Fett nehmen als man es bisher gewohnt war, und statt Schmalz und Kokosfett besser hochwertige Margarine und Pflanzenöle verwenden.

— Mag man kein Vollkornbrot, so doch statt heller Brötchen und Weißbrot möglichst dunkles Mischbrot essen.

Viele alte Menschen leben allein. Das Kochen vollständiger Mahlzeiten für eine Person scheint sehr aufwendig. Die Verführung, sich stattdessen mit einem Wurstbrot zu begnügen, ist groß. Auch ein hübsches Anrichten der Mahlzeit, so meinen viele, lohnt nicht.

Mögliche Auswege:

— In den meisten Städten wird auch ein preiswertes, vollständiges Essen auf Bestellung ins Haus gebracht.

— Vorgefertigte Gerichte, z. B. Spinat aus der Tiefkühltruhe oder Knödel aus dem Beutel, ersparen lange Zubereitungszeiten und sind auch in kleinen Portionen zu haben.

— Verfügt man über einen Gefrierschrank, so kann man gut mehrere Portionen auf einmal zubereiten und einfrieren. Beim nächsten Mal ist dann schnell ‚gekocht‘.

Ein Beispiel:

Frau B. ist 72 Jahre alt. Sie lebt allein. Sie bekommt nur wenig Rente und meint auch, für sie allein lohne es gar nicht, stundenlang in der Küche zu stehen. Ihr Energiebedarf beträgt 6300 kJ.

Erstes Frühstück

	Energie (kJ)	Eiweiß (g)	Fett (g)	Kohlen-hydrate (g)
2 Scheiben Roggenbrot	940	6	—	46
15 g Butter	480	—	12	—
30 g Camembert (30% F.i.Tr.)	300	7	4,5	—
20 g Marmelade	115	—	—	14
1 Tomate	70	1	—	3,5
1 Tasse Kaffee	—	—	—	—
Insgesamt	1905	14	16,5	63,5

Zweites Frühstück

1 Becher Joghurt	303	6	2,5	7
Insgesamt	303	6	2,5	7

Mittagessen

Eintopf aus Hühner-fleisch und Reis	1743	20	10	50
1 Portion Kopfsalat (mit saurer Sahne)	135	0,5	2	2
2 Mandarinen	190	0,5	—	10
Insgesamt	2068	21,5	12	62

Nachmittagsmahlzeit

1 Tasse Tee	—	—	—	—
Kräcker (50 g)	945	5,5	7	35
Insgesamt	945	5,5	7	35

Abendessen

1 Scheibe Roggenbrot	470	3	—	23
50 g Quark (20% F.i.Tr.)	250	7,5	2,5	—
Karottensalat (mit Öl)	320	1,0	5	7
Insgesamt	1040	11,5	7,5	30

Gesamtzufuhr am Tag	6261	58,5	45,5	190,5

Joghurt: das Geheimnis der Hundertjährigen

8.1.4.5 Ernährung von Sportlern

Fitneß ist ‚in‘. Die Radtour mit der Familie, Fußball am Sonntagnachmittag, Training im Fitneßstudio oder Schwimmen im Verein. Die Möglichkeiten, sich sportlich zu betätigen, sind nahezu unbegrenzt und werden ausgiebig genutzt. Über 20 Millionen Mitglieder zählen die deutschen Sportvereine; man schätzt, daß in Deutschland etwa 30 Millionen Menschen mehr oder weniger regelmäßig Sport treiben.

Ob und in welcher Weise man seine Ernährung deshalb umstellen sollte, ist abhängig von verschiedenen Faktoren:

Wie intensiv wird Sport betrieben?

Der Mehrbedarf an Energie und Nährstoffen durch sportliche Betätigung wird oft gewaltig überschätzt. Nimmt man nur die zusätzlich benötigte Energie auf und beachtet man dabei die empfohlene Nährwertrelation für gesunde Erwachsene, dann ist damit auch der veränderte Nährstoffbedarf voll gedeckt. Zusätzliche Mineralstoff-, Vitamin- oder Eiweißpräparate, wie sie für Sportler angeboten werden, sind fast immer überflüssig.

Für Leistungs- und Hochleistungssportler, Leute also, die mehrmals in der Woche intensiv trainieren, sind über diese Empfehlungen hinaus noch andere Aspekte zu berücksichtigen:

Welche Sportart wird betrieben?

Kraftsportler, wie z. B. Gewichtheber oder Bodybuilder, brauchen zur Ausübung ihrer Sportart besonders kräftige Muskeln. Die Eiweißmenge, die diese Sportler zum Aufbau von mehr Muskelmasse benötigen, erhalten sie mühelos durch ihre allgemein höhere Nahrungszufuhr. Außerdem verzehrt der „Durchschnittsbürger“ heute ohnehin — mit 1,6 g pro kg Körpergewicht ca. doppelt so viel Eiweiß wie wünschenswert wäre.

Ausdauersportler, wie z. B. Langstreckenläufer oder Tourenradfahrer hingegen brauchen einen besonders großen Energievorrat, um ihre Leistungen erbringen zu können. Um schnell verfügbare Energiespeicher, also Glykogen, aufbauen zu können, sollte ihre Ernährung kohlenhydratreich sein.

Sportarten, bei denen sowohl Kraft als auch Ausdauer benötigt werden, wie z. B. Fußball oder Tennis, erfordern auch eine entsprechend kombinierte Ernährung.

	zusätzl. Energieumsatz pro 30 min (o. Grundumsatz)
Morgengymnastik	293
Radfahren 10 km/h	352
Gehen 5 km/h	393
Gymnastik	628
Tanzen, Foxtrott	653
Tennis, Einzel	942
Fußballspielen	971
Skilanglauf 4 km	1005
Ski-Alpin	1130
Laufen, 10 km	1381
Laufen, 15 km	1633
Schwimmen, Brust 50 m/min	1381

Energieumsatz bei sportlicher Tätigkeit

Klever, U.: Klevers Kalorien-Joule-Kompaß 1988/19.......fe und Unzer Verlag)

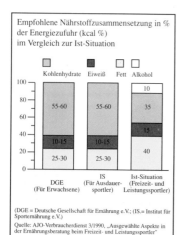

In welcher Leistungsphase befindet sich der Leistungssportler bzw. die Leistungssportlerin?

In der **Vorwettkampf- und Trainingsphase** sollen schnell verfügbare Energiespeicher gebildet werden. Eine kohlenhydratreiche Ernährung füllt die Glykogenspeicher. Damit bei kraftbetonten Sportarten genügend Muskeleiweiß gebildet wird, nehmen die Sportler in dieser Phase bis zu 2 g Eiweiß pro kg Körpergewicht auf.

Am **Wettkampftag** darf die aufgenommene Nahrung den Organismus nicht belasten. Die Kost soll leicht verdaulich sein, die letzte Mahlzeit 2 bis 3 Stunden vor dem Wettkampf eingenommen werden. Um Wasser- und Mineralstoffverluste durch Schwitzen auszugleichen, muß auf eine ausreichende Flüssigkeitszufuhr geachtet werden.

Nach dem Wettkampf ist es wichtig, daß die leeren Energiespeicher möglichst schnell und vollständig wieder aufgefüllt werden. Auch in dieser Phase liegt der Schwerpunkt daher auf ausreichender Kohlenhydratzufuhr.

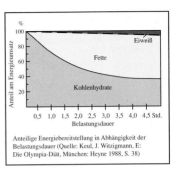

Anteilige Energiebereitstellung in Abhängigkeit der Belastungsdauer (Quelle: Keul, J. Witzigmann, E: Die Olympia-Diät, München: Heyne 1988, S. 38)

Der Weg zur Medaille führt über den Glykogenspeicher

Von den drei Energielieferanten Glykogen, Fettsäuren und Muskeleiweiß wird Glykogen nicht nur am schnellsten abgebaut, es braucht auch für diesen Abbau den wenigsten Sauerstoff. Den ‚längeren Atem‘ und damit die größere Leistungsfähigkeit, hat deshalb, wer über den größten Glykogenspeicher verfügt. Allerdings sind es nicht Schokoriegel oder Traubenzuckertabletten, die den Glykogenspeicher besonders gut auffüllen, sondern stärkereiche Nahrungsmittel wie Brot, Kartoffeln, Reis und Nudeln. Mono- und Disaccharide dagegen steigern den Blutzuckerspiegel zunächst rasch, was eine starke Gegenreaktion in Form einer erhöhten Insulinausschüttung bewirkt. Auf diese Weise kann es leicht sogar zu einer Unterzuckerung des Blutes kommen. Dieser sogenannte Hungerast bewirkt Schwindelgefühl, Schweißausbrüche und Kraftlosigkeit, kurz: das Gegenteil von dem, was eigentlich erreicht werden soll.

Ohne Schweiß kein Preis

Bis zu drei Litern Schweiß können bei intensiven Belastungen pro Stunde verloren gehen. Schon bei einem Flüssigkeitsverlust von 2 % des Körpergewichts ist jedoch die Ausdauerleistungsfähigkeit um rund 20 % verringert. Neben Wasser, werden über den Schweiß dabei auch Mineralstoffe ausgeschieden. Ein empfehlenswertes Getränk während und nach dem Sport stellt ein calcium- und magnesiumreiches Mineralwasser dar, das im Verhältnis 1:3 bis 1:5 (Saft zu Wasser) mit ungezuckertem Obst- oder Gemüsesaft versetzt ist.

Zusammensetzung des Schweißes

Elektrolyte		durchschnittliche Menge pro Liter
Natrium	Mann	1190 mg
	Frau	840 mg
Kalium	Mann	294 mg
	Frau	391 mg
Calcium		56 mg
Magnesium		20 mg
Phosphat		14 mg
Chlorid		105 mg
Eisen	Mann	1 mg
	Frau	1,2 mg
Jod		10 µg

Besondere Sorgfalt sollten Sportler ihrer Eisenversorgung widmen. Eisen geht über den Schweiß verloren, ist jedoch in Mineralwasser meist nicht enthalten.

8.1.4.6 Die Ernährung in der Gemeinschaftsverpflegung

Wer sich nicht selbst versorgen kann, wer schnell und ohne großen Aufwand eine preisgünstige Mahlzeit möchte, findet in der Gemeinschaftsverpflegung ein breites Angebot. Man unterscheidet drei Verpflegungsbereiche:

Verpflegung im Bildungs- und Ausbildungsbereich	Anstaltsverpflegung	Betriebsverpflegung
z. B.: Schulen Jugendherbergen Fortbildungsstätten	z. B.: Seniorenheime Kinderheime Krankenhäuser Kur- und Erholungseinrichtungen	z. B.: Kantinen Betriebsrestaurants
Teil- oder Vollverpflegung	meist Vollverpflegung	meist Teilverpflegung

Gesundheitsbewußtsein ist „in" bei den Teilnehmern an der Gemeinschaftsverpflegung. Diese Speisen und Getränke haben den größten Beliebtheitszuwachs:

Salat

Gemüse

Teigwaren, Pasta

Gratins/Aufläufe

Geflügelgerichte

Asiatische Küche

Seafood

Italienische Küche

Fleischlose Menüs

Obstdesserts

Frisch gepreßte Säfte

Mineralwasser mit Kohlensäure

Alkoholfreies Bier

Light-Getränke

Kaffee-Spezialitäten

Convenience-Grade (Fertigungsgrade)

Rohware z. B. Eier, rohe, ungeschälte Kartoffeln

Halbfertigprodukte z. B. Suppenpulver, Backmischung

Küchenfertigprodukte z. B. Ravioli, tiefgefrorene Pizza

Tischfertigprodukte z. B. Speiseeis, Joghurt

Keine einfache Aufgabe

Fällt es schon im Privathaushalt zuweilen schwer, den verschiedenen Wünschen und Bedürfnissen aller Familienmitglieder gerecht zu werden, so ist doch die Aufgabe, einen Speiseplan für eine viel größere Anzahl von Personen zu erstellen, eine ungleich kompliziertere Angelegenheit:

— Energie- und Nährstoffbedarf der Essensteilnehmer können, z. B. in Betrieben oder in Krankenhäuser extrem unterschiedlich sein.

— Jeder Essensteilnehmer bringt seine Gewohnheiten und Vorlieben mit.

Dabei steigt seit einigen Jahren die Beliebtheit von Salaten und Gemüse, von frisch zubereiteter Kost anstelle konservierter Menübestandteile. Wenngleich auch vegetarische Gerichte immer beliebter werden: Fleischmahlzeiten sind nach wie vor begehrt.

— Salat putzen, Kartoffeln schälen, Fleisch schneiden, individuell würzen und abschmecken: um Mahlzeiten frisch zuzubereiten, braucht man viel Personal und auch geeignete Räumlichkeiten sowie die entsprechende Küchenausstattung. Die Speisenplanung muß daher die finanziellen, personellen und räumlichen Gegebenheiten der jeweiligen Verpflegungseinrichtung berücksichtigen.

Ganz oder teilweise vorgefertigte Produkte, sogenannte Convenience-Produkte (engl. convenience = Bequemlichkeit) sparen Personal, Investitionen, Hygienerisiken und sind gut zu transportieren. Auch die enorme Angebotsvielfalt trägt dazu bei, daß Convenience-Produkte immer häufiger eingesetzt werden.

Die Versorgungssituation

In den vergangenen Jahren wurden einige großangelegte Untersuchungen zur Gemeinschaftsverpflegung durchgeführt. Es gab nicht nur gute Noten. Die Ergebnisse einer Studic in bayerischen Seniorenheimen zeigen die am häufigsten bemängelten Schwachpunkte:

— zu große Portionen
— zu viel Fett
— zu viel Eiweiß
— häufig zu wenig Calcium

Nährstoff/Energie	Küchenangebot pro Tag/Ration	Aufnahme pro Tag	
		Frauen	Männer
kJ	10731	8368	8963
Energie E/F/KH (%)	14/43/43	14/42/43	14/43/39
Calcium (mG)	892	746	597
Vitamin A (mg-Äq.)	1,2	0,8	0,8
Vitamin B$_1$ (mg)	1,2	1,0	1,0
Vitamin C (mg)	106	88	81

Quelle: Ernährungsumschau 4/92

Das wäre wichtig:

— Energie- und Nährstoffgehalt der Mahlzeiten sollten angegeben sein, so daß sich die Essensteilnehmer danach richten können. Gut wäre es, wenn alle ihre Portionengröße selber bestimmen könnten.

— Fleischmahlzeiten nur ein- bis zweimal pro Woche.
Es hat sich gezeigt, daß die Einbeziehung eiweißreicher Komponenten wie Fleisch, Fisch oder auch nur Hülsenfrüchte in die Mahlzeitenplanung die Einhaltung der empfohlenen Nährwertrelation: 55—60 KH, 25—30% F, 10—15% Eiweiß nahezu unmöglich macht

— Convenience-Produkte können mit frischen Nahrungsmitteln ergänzt werden.

— Ballaststoffreiche Nahrungsmittel z.B. Vollkornprodukte müssen in viel größerem Maß eingesetzt werden.

— Das Angebot an Zwischenmahlzeiten, hier vor allem auch an Calciumträgern wie Milch und Milchprodukten, sollte noch erweitert werden.

— Aktionstage bzw. Aktionswochen bringen Abwechslung auf den Speiseplan.

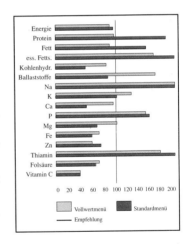

Beim Vergleich von Standard- und Vollwertmenüs für die Gemeinschaftsverpflegung konnten Vollwertmenüs deutliche Vorteile im Hinblick auf die Nährstoffversorgung verbuchen. (Vollwertkost s. S. 247).

Quelle: Ernährungsumschau 4/92

263

8.2 Auch die Seele redet mit — ein Ausflug in die Psychologie der Ernährung

Wer sich richtig ernähren will, muß selbstverständlich auch wissen, wieviel und welche Nährstoffe auf seinem Speisenzettel erscheinen sollen. Ernährung ist aber noch viel mehr als bloßes Versorgen des Körpers mit lebenswichtigen Stoffen. Angenehme und unangenehme Ereignisse, positive und negative Gefühle, Situationen, die auf den ersten Blick mit Ernährung gar nichts zu tun haben, beeinflussen das Eßverhalten oft viel stärker als die Vernunft.

8.2.1 Geselligkeit — Essen und Trinken gehören dazu

In Gesellschaft schmeckt es besser

Das Bedürfnis, Freundschaften zu schließen, Kontakte zu pflegen, gemütlich zusammenzusitzen, ist so alt wie die Menschheit selbst. Essen wirkt dabei wie eine Brücke zwischen den einzelnen und hilft, das Erlebnis Gemeinschaft noch mehr zu genießen.

Man lädt deshalb gute Freunde gerne zum Essen ein, bietet Gästen etwas zu trinken an, geht zum Stammtisch oder zum Kaffeeklatsch.

Umgekehrt macht es wenig Spaß, allein zu essen. Ist niemand da, mit dem zusammen man essen könnte, dann kommt es schon mal vor, daß man eine ganze Mahlzeit ausfallen läßt. Und das „Für mich allein lohnt es sich ja nicht" vieler Alleinstehender deutet auch darauf hin, daß Essen für viel weniger wichtig gehalten wird, wenn man dabei allein ist.

8.2.2 Essen als Ausdruck von: „Ich bin wer"

Essen oder Trinken läßt sich vorzüglich dazu benutzen, zu zeigen, wer man ist oder wie man von anderen gerne gesehen werden möchte.

Beispiele dafür:

Falsche Eßgewohnheiten stecken an

— In vielen (nicht nur Jugendlichen-) Gruppen ist es üblich, sich von Hamburgern und Cola zu ernähren oder seine Trinkfestigkeit mit alkoholischen Getränken unter Beweis zu stellen. Die einzelnen Mitglieder derartiger Gruppen zeigen mit ihrem Eßverhalten, daß sie zu dieser, von ihnen als vorbildlich empfundenen Gruppe dazugehören.

— Aber auch bei Einladungen seine Koch- und Backkünste vorzuführen (Ich kann etwas!) oder besonders teure Spezialitäten anzubieten (Wir können uns das leisten!), dient nicht selten dem Zweck der Selbstdarstellung.

8.2.3 Essen als Trostpflaster

Für den Säugling und das Kleinkind ist Nahrungsaufnahme gleichbedeutend mit Sicherheit und Geborgenheit. Unbewußt bleibt dieser Zusammenhang bis ins Erwachsenenalter erhalten. Die Angst, nicht geliebt zu werden, allein zu sein, wird mit Hunger- und Durstgefühlen verwechselt. Im Volksmund bezeichnet man die auf diese Weise angefutterten Polster als „Kummerspeck".

8.2.4 Der Mensch ist ein Gewohnheitstier

Das gilt ganz besonders für die Ernährung. Wie oft probiert man in der Küche schon Neues aus? Die meisten Hausfrauen — das hat eine Umfrage ergeben — kochen im Alltag so, wie sie es in ihrem Elternhaus gelernt haben, und die Familie ißt am liebsten das, was sie schon seit Jahren kennt.

Der Haken dabei: Während früher die meisten Menschen Schwer- oder Schwerstarbeiter waren, verrichten heute die weitaus meisten Leute nur noch körperliche Leichtarbeit. Das bedeutet: Man ißt wie ein Schwerarbeiter, arbeitet aber körperlich nicht hart. Die Folgen sind im wahrsten Sinne des Wortes „gewichtig".

> **Auch Geschmack ist Gewohnheitssache**
>
> Daß z.B. ein Gericht erst dann „nach etwas schmeckt", wenn man es gesalzen hat, ist letztlich reine Gewohnheit.

> **Gewohnheiten sind auch:**
>
> — Knabbereien und Bier vor dem Fernseher
>
> — Naschen aus Langeweile
>
> — daß gefärbte Lebensmittel als besonders appetitlich empfunden werden.

8.3 Richtige Ernährung: ein Hindernislauf — auch über äußere Umstände

Weite Arbeitswege und kurze Mittagspausen.

Sie machen es vielen Berufstätigen unmöglich, zu Hause zu essen. Die Verpflegung in der Kantine oder im Restaurant aber entspricht oft nicht dem, was man sich unter einer gesunden Mittagskost vorstellt. Zu viel Fleisch, zu viel Fett, zu viel Alkohol, zu viel Zucker, so lassen sich in etwa die häufigsten Mängel umschreiben.

Geld- und/oder Zeitmangel.

Die Folge ist dann nur die Currywurst mit einer Dose Cola am Imbißstand. Derartige „Mahlzeiten" sind auch noch vielfach am Schulkiosk zu bekommen. Denn unregelmäßige Unterrichtszeiten sorgen dafür, daß Schüler zu Hause das Mittagessen ‚verpassen'. Bestenfalls wartet daheim dann noch eine aufgewärmte Mahlzeit. Oft aber ist es nicht zu umgehen, daß man in der Schule ißt: Bratwurst und Pommes oder einen Schokoriegel vom Kiosk. In manchen Schulen wird auch eine vollständige Mahlzeit gereicht: im überfüllten, lauten Speisesaal, der eine gemütliche Essensatmosphäre erst gar nicht aufkommen läßt.

> Noch immer sind alkoholische Getränke in den meisten Gaststätten billiger als alkoholfreie.

Morgendliche Hektik und entsprechend hastiges Frühstück sind ein schlechter Start für den Tag.

Aufgaben:

1. Beurteilen Sie nach Menge und Qualität folgende Speisenzusammenstellung für einen 43jährigen Mann, 1,80 m groß, 82 kg schwer, der mittelschwere Arbeit verrichtet:

1. Frühstück

Lebensmittel	Eiweiß (g)	Fett (g)	Kohlenhydrate (g)	Energie (kJ)
1 Scheibe Vollkornbrot	3,5	0,5	23	505
20 g Halbfettmargarine	1,2	8	—	333
30 g gek. Schinken	5,7	6	—	343
1 Vollmilchjoghurt	7	6	7	452
	17,4	20,5	30	1633
2. Frühstück				
1 Apfel	0,5	—	20	350
Mittagessen				
Schweinefleisch, 150 g	30	10	—	900
Soße	—	10	5	480
Kartoffeln, 200 g	4	—	38	710
Blumenkohl, 150 g	3	—	3	105
Vanillepudding, 100 g	3,5	3,5	19	505
	40,5	23,5	65	2700
Abendessen				
1 Scheibe Roggenbrot	3	0,5	25	510
20 g Butter	—	17	—	648
50 g Camembert	11	7,5	1	470
1 Bier 0,5 l	—	—	18	1000
	13	25	44	2628
gesamt:	72,5	69	159	7311

2. Überlegen Sie, welche Gründe eine junge Mutter dazu bewegen könnte, ihr Kind innerhalb eines Monats nach der Geburt abzustillen, obwohl keine gesundheitliche Notwendigkeit vorliegt.

3. Beurteilen Sie die Qualität folgender Mittagsmahlzeit für einen 10 Wochen alten Säugling:
   — Kuhmilch, mit Wasser verdünnt (Milch mit 1,5 % Fett)
   — 4 % Haushaltszucker
   — 1 % Vollkornflocken
   — 1 Kokosfett
   Begründen Sie jeweils.

4. Begründen Sie die Notwendigkeit eines vollwertigen Frühstücks und geben Sie zwei Beispiele dafür, wie ein vollwertiges Pausenbrot beschaffen sein müßte.

5. Feizeitsportler versprechen sich von der Einahme spezieller Nährstoffpräparate nicht selten eine höhere Leistungsfähigkeit. Überprüfen Sie, inwieweit diese Ansicht berechtigt ist bei einer 22jährigen Langläuferin (2 x pro Woche je 5 km) im Hinblick auf
   a) ein Eiweißpräparat
   b) ein Mineralstoffpräparat (verschiedene Mineralstoffe)
   c) ein Eisenpräparat
   Könnten sich derartige Präparate auch schädigend auswirken? Begründung.

6. Außer dem Geschmack sind auch psychische, soziale, wirtschaftliche und andere Faktoren mit entscheidend für die Menge und die Qualität der aufgenommenen Nahrung.
   Erstellen Sie eine Liste von Problemen, die eine richtige Ernährung erschweren oder verhindern können und suchen Sie jeweils nach Lösungsmöglichkeiten für diese Probleme.

9. Die Nahrung: Lebensspender, Krankmacher, Heilmittel

Was bei der Versorgung des Organismus mit Nährstoffen unter anderem schieflaufen kann und wie entsprechende Ernährung so einiges wieder geradebiegt.

„Wenn Elschen ihre Suppe nicht essen will, wird sie niemals so dick wie ihre Mama.“ Karikatur von Bruno Paul.

9.1.1 Die Welternährung — Hunger auf breiter Front

So schätzt man die zahlenmäßige Entwicklung der Weltbevölkerung:

1992 ca. 5,5 Mrd Menschen

1998 ca. 6   Mrd Menschen

2025 ca. 8   Mrd Menschen

2050 ca. 10   Mrd Menschen

2150 ca. 11,6 Mrd Menschen

Der Hauptanteil des Zuwachses entfällt dabei auf Afrika, Asien, Lateinamerika.

In den beiden vorangegangenen Kapiteln haben wir uns damit beschäftigt, wie die ideale, die bestmögliche Ernährung für den Menschen aussieht. Vielseitig, in Menge und Qualität genau auf den jeweiligen Bedarf abgestimmt, so sollte sie sein. Wie aber sieht die Wirklichkeit aus?

	Nordafrika	Afrika südl. der Sahara	Asien (ohne VR China)	Lateinamerika
1969/70	28 Mio ≙ 15,7%	63 Mio 23,5%	190 Mio 19,5%	35 Mio 12,7%
1983/85	15 Mio ≙ 5,6%	105 Mio 26,0%	191 Mio 14,3%	37 Mio 9,5%
2000	18 Mio ≙ 4,6%	137 Mio 20,3%	155 Mio 8,7%	43 Mio 8,0%

Anteil der ernsthaft mangelernährten Menschen, wobei als Mindestenergiebedarf aber nur der 1,2fache Grundumsatz angenommen wurde. Die Zahlen für das Jahr 2000 sind geschätzt.
(Quelle: FAO)

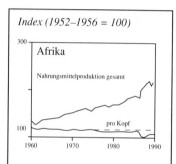

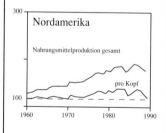

Index (1952–1956 = 100)

Welt-Nahrungsmittelproduktion. Vergleich zwischen Afrika, Lateinamerika und Nordamerika (aus: Meadows et al. 1992)

Während bei uns in den Industrieländern der Tisch so reich gedeckt ist, wie noch nie zuvor, leiden in weniger glücklichen Gegenden der Erde über 700 Millionen Menschen, nach verschiedenen Schätzungen also zwischen 10 und 15 % der Weltbevölkerung an ständiger Unternährung. Täglich sterben etwa 40 000 Kleinkinder an Mangelernährung und deren Folgen.

Die rasante Bevölkerungszunahme gerade in den ärmeren Ländern der Welt verschärft diese Problematik, ist jedoch längst nicht die einzige Erklärung für die Katastrophe, denn:

Rein theoretisch gibt es genügend Nahrung, um die gesamte Weltbevölkerung zu versorgen. Warum leiden dann aber immer mehr Menschen an Hunger?

Die Erklärung liegt in einem Wirrwar von sozialen und wirtschaftlichen Teufelskreisen. Der Hunger in der Welt ist nicht unvermeidbar, schicksalshaft, gottgewollt — er ist eine Folge miserabler Politik.

Warum werden z. B. häufig weniger Nahrungsmittel produziert, als es von den landwirtschaftlichen Voraussetzungen her möglich wäre?

— die politischen Systeme der meisten Entwicklungsländer sind nicht gerade vorbildlich: die Verwaltungen arbeiten nicht effektiv; es gibt Fehlplanungen, Korruption, Mißwirtschaft. Die Ernte, sofern eingebracht, kann nicht sachgemäß gelagert werden und verdirbt. Es fehlen das ‚Know-how' und geeignete Verkehrswege, um die Produkte zu vermarkten.

— Sozialkonflikte, Kriege, auch Bürgerkriege hindern die Menschen daran, Land zu bebauen. Die Vertreibung der Bevölkerung oder ihr Aushungern durch Zerstörung der Ernte hat schon so manchen Krieg entschieden.

— die breite Masse der Bevölkerung in den Entwicklungsländern ist weitgehend rechtlos, ohne politischen Einfluß, arm. Damit diejenigen, die ihre Lebensmittel nicht selber produzieren können überhaupt noch in der Lage sind, sich zu ernähren, werden die Preise für Agrarprodukte von den Regierungen künstlich niedriggehalten. Das geht einfach

- mit Hilfe billiger Nahrungsmittelimporte aus den Industrieländern.
- mit kostenloser Nahrungsmittelhilfe aus den Industrieländern und
- indem die einheimischen Bauern nur minimale Preise für ihre Produkte erhalten. Der Anreiz, zu produzieren, fällt für sie dann weg. Diese Politik hat man auch die ‚Antiagrarpolitik‘ der Entwicklungsländer genannt.

— durch falsche Nutzung wurden und werden Anbauflächen zerstört.

- Künstliche Bewässerung ohne Drainage (d. h. ohne Durchspülung) führt nach und nach zu einer Versumpfung und Versalzung der Böden. Pakistan z. B. verliert durch Versumpfung jährlich mehr Anbaufläche als durch neue Bewässerungsprojekte gewonnen wird.
- Das Abholzen der Wälder, etwa weil neues Ackerland erschlossen werden soll oder weil Brennholz gebraucht wird, führt zu Erosion: starke tropische Regenfälle schwemmen den fruchtbaren Boden weg. Dadurch können z. B. in den angrenzenden Tälern Überschwemmungskatastrophen auftreten.

Warum kommen die angebauten Lebensmittel nicht der Bevölkerung im eigenen Land zugute, sondern werden exportiert?

— wer verkauft schon an jemanden, der kein Geld hat? Es gibt auf der Welt etwa 1 Milliarde Menschen, die so arm sind, daß sie nicht einmal ihre einfachsten Bedürfnisse decken können. Sie sind keine willkommenen Käufer für die landwirtschaftlichen Produkte, wohl aber die einheimische Oberschicht und die Industrieländer. Für sie und ihre Bedürfnisse wird deshalb auch vorrangig produziert.

— Um Nahrungsmittel anzubauen, braucht man Land, Wasser, Saatgut usw. Der Zugang zu diesen Ressourcen ist jedoch sehr ungleich verteilt. Besitzen die Klein- und Kleinstbauern in Asien immerhin noch ca. 1/5 der Anbaufläche, so müssen sich die lateinamerikanischen Campesinos mit 1/25 der landwirtschaftlich nutzbaren Fläche ihres Landes begnügen. Was angebaut wird, bestimmt also meist die Oberschicht, und die erzielt durch Exportwirtschaft ungleich größere Gewinne als durch den Verkauf von Grundnahrungsmitteln an hungernde Landsleute.

Die weiteren Aussichten: deprimierend

Ohne grundlegende Änderung der Entwicklungs- und Umweltpolitik aber auch unserer eigenen bequemen, luxuriösen Lebensgewohnheiten wird sich die Ernährungssituation in der Welt unaufhaltsam weiter verschlimmern. Die Bevölkerungszahl steigt, mit ihr die Zahl der Armen. Die Anbaufläche wird kleiner. Die Klima-

---

Die Industrieländer können auf diese Weise ihre Nahrungsmittelüberschüsse ‚entsorgen‘.

Weltweiter Verlust an Anbaufläche pro Jahr:

Erosion: 6 bis 7 Mio. Hektar

Vernässung ⎫
Versalzung ⎭ 1,5 Mio. Hektar

Die Industrieländer mit ihrer hohen Kaufkraft konkurrieren mit den mittellosen Hungernden um Nahrungsmittel.

Die Industrieländer suchen sich aus, was sie brauchen: Lebensmittel, die sie selber produzieren können oder wollen, belegen sie mit hohen Einfuhrzöllen. Sie bestimmen auch weitgehend die Preise.

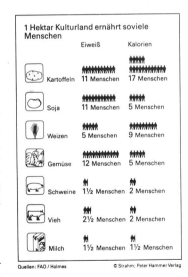

Ackerbau statt Viehzucht;
— ein Schritt in die richtige Richtung

Hauptbestandteile der Ernährung vor 100 Jahren:

— Getreide und Getreide-
  produkte
— Kartoffeln
— Hülsenfrüchte
— Gemüse.

Alles in allem eine ballaststoffreiche Kost (ca. 103 g
pro Tag).

Ballaststoffgehalt einiger Nahrungsmittel (g/100 g)

Weizen	9,8
Roggen	9,2
Gerste, spelzfrei	8,7
Hafer, spelzfrei	7,7
Reis, entspelzt	5,2
Weißbrot	2,7
Weizenvollkornbrot	4,6
Knäckebrot	11,7
Pumpernickel	13,5
Walnuß	11,8
Haselnuß	10,0
Erdnuß	1,7
Erbsen	14,9
Bohnen	13,1
Linsen	17,0
Kartoffeln	3,5
Möhren	3,2
Gurken	0,6
Rote Bete	2,0
Äpfel	1,2
Bananen	2,0
Apfelsinen	1,3

*Quelle: Koerber, Männle, Leitz-
mann, Vollwerternährung*

veränderung, die als Folge der Schadstoffemissionen unserer Industrie und als Folge der unkontrollierten Abholzung des Regenwal-
des schon seit Jahren zu beobachten ist, wird sich nachteilig auf die
Landwirtschaft auswirken. Der Count down läuft — werden wir
das Ruder noch herumreißen können?

Mangelernährung hier bei uns bedeutet zumeist einen Mangel an
einzelnen, lebensnotwendigen Stoffen. Mit Ausnahme des weitver-
breiteten Ballaststoffmangels bleibt die Unterversorgung, außerdem
im wesentlichen auf bestimmte Risikogruppen beschränkt.

Schon wenn nur ein einziger wichtiger Nahrungsbestandteil fehlt
oder in zu geringen Mengen aufgenommen wird, kann es zu Krank-
heitserscheinungen kommen.

9.1.1 Ballaststoffmangel

Wie nahezu alle anderen Lebensbereiche, so hat sich auch unsere
Ernährung in den letzten hundert Jahren radikal verändert.

Luxus und deshalb rar waren früher Lebensmittel, die wir heute in
Mengen verzehren: isolierter Zucker, Fett, Fleisch, Weißmehlpro-
dukte, insgesamt also ballaststofffreie oder doch ballaststoffarme
Nahrungsmittel. Die durchschnittliche Ballaststoffaufnahme der
Bundesbürger betrug denn auch 1984 gerade noch knapp 19 g pro
Person und Tag. Empfohlen werden 3 g Ballaststoffe pro 1000 kJ
(das entspricht rund 30 g pro Tag).

So wirken Ballaststoffe	Und das ist die Quittung für ballaststoffarme Kost
Die Nahrung muß länger gekaut werden, die Pro- duktion von Verdauungs- säften wird angeregt.	Bis ein Sättigungsgefühl eintritt, hat man schon wesentlich mehr geges- sen, als dies bei ausgiebigem Kauen der Fall gewesen wäre.
Der Speisebrei bleibt län- ger im Magen. So entsteht ein langanhaltendes Sätti- gungsgefühl.	Das Sättigungsgefühl hält nicht lange vor, es wird mehr gegessen. Das Entstehen von Fettsucht wird be- günstigt.
Sie fördern die Bildung alkalischen Speichels. So werden saure Lebensmittel- inhaltsstoffe im Mund schneller neutralisiert.	Karies hat größere Chancen, weil Säuren, die den Zahnschmelz angreifen, länger wirken können.
Sie sorgen für schnelle Neutralisierung überschüs- siger Magensäure.	Überschüssige Magensäure verur- sacht Magenschleimhautentzündung und Magengeschwüre.
Sie binden Gallensäuren und verringern den Chole- steringehalt im Blut.	Freie Gallensäuren tragen zur Ent- stehung von Dickdarmkrebs bei. Erhöhte Blutfettwerte stellen sich ein.

270

So wirken Ballaststoffe	Und das ist die Quittung für ballaststoffarme Kost
Sie sorgen für eine langsame und gleichmäßige Resorption von Monosacchariden.	Starke Schwankungen des Blutzuckerspiegels treten auf und belasten den Organismus.
Sie verstärken die Peristaltik und verringern so die Passagezeit von Speisebrei und auszuscheidenden Stoffen.	Giftige Inhaltsstoffe des Speisebreies und Ausscheidungsprodukte können lange Zeit auf den Magen-Darm-Trakt einwirken und ihn schädigen. Die Folgen: Geschwüre, Krebs und Entzündungen von Magen und Darm.
Sie erhöhen Stuhlgewicht und Stuhlvolumen. So kann der Stuhl leichter abgesetzt werden.	Es kommt zu Stuhlverstopfung, Hämorrhoiden, Krampfadern.
Sie trainieren sämtliche Verdauungsorgane und machen sie so widerstandsfähig und leistungsstark.	Erhöhte Anfälligkeit der Verdauungsorgane ist die Folge.

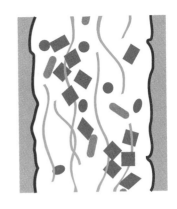

 Ballaststoffe

Nährstoffe und andere Inhaltsstoffe der Nahrung

Wasser

Unverdauliche, faserige Ballaststoffe behindern die Resorption von Nahrungsinhaltsstoffen.

⟶ günstig für Übergewichtige, Diabetiker, bei hohen Blutfettwerten.

Manche Ballaststoffe können Wasser anlagern

⟶ Erhöhung von Stuhlgewicht und Stuhlvolumen.

9.1.2 Mangel an Vitaminen (Hypovitaminosen) und Mineralstoffen

Eine gesunde, vielseitige Ernährung, wie sie empfohlen und in Mitteleuropa für jeden zugänglich und erschwinglich ist, enthält ausreichend Vitamine und Mineralstoffe. Ein entsprechender Mangel dürfte daher in den seltensten Fällen infolge Armut entstehen. Vielmehr sind Unwissenheit oder Nachlässigkeit bei der Speisezusammenstellung die eigentlich Schuldigen an diesem Mißstand.

Mangel an Vitamin B₁ (Thiamin)

Im Jahre 1896 wurden auf Java, einer Insel Indonesiens, neue, verbesserte Reisschälmaschinen eingeführt. In der Folge starben Tausende von Gefängnisinsassen, die außer diesem geschälten Reis kaum sonstige Nahrung erhalten hatten. Die Krankheit nannte man nach einem ihrer Symptome „Beri-Beri", das heißt „steifer Gang". Sie entstand, so fand man in der Folge heraus, weil der lebenswichtige Stoff, den man Thiamin nannte, beim Schälen des Reises entfernt worden war und so dem Körper fehlte.

Welche Funktion hat Thiamin im Organismus?

Es ist am Kohlenhydratabbau beteiligt. Energie kann nur gewonnen werden, wenn genügend Thiamin zur Verfügung steht.

Wie der Organismus auf Thiaminmangel reagiert:

— Er baut Fett und Körpereiweiß zur Energiegewinnung ab.

Die Symptome: Abmagerung, Muskelschwäche, bei Kindern: Wachstumsverzögerung.

— Gehirn und Nerven werden unzureichend versorgt, weil sie nur Glycose als Energiespender verwerten können.

Die Symptome: Konzentrationsschwäche, Müdigkeit, Lähmungen, Krämpfe.

Thiamin galt lange als Mangelvitamin. Mit dieser Einordnung ist man heute bei uns eher vorsichtig geworden. Ein Grund dafür ist, daß sich das Ernährungsverhalten in den letzten Jahren doch geändert hat:

— An Schweinefleisch, das sehr gut zur Bedarfsdeckung an Vitamin B_1 geeignet ist, konsumiert der durchschnittliche Bundesbürger eher zu viel als zu wenig.

— Vollkornprodukte nehmen an Beliebtheit ständig zu, so daß eine ausreichende Versorgung mit Thiamin durchaus wahrscheinlich ist.

Auch wissenschaftliche Untersuchungen deuten darauf hin, daß Vitamin B_1 in der Bundesrepublik kein kritisches Vitamin mehr ist: Selbst wenn über längere Zeit hinweg weniger Thiamin aufgenommen wird, als es den Empfehlungen entspricht, kann man im allgemeinen keine eindeutigen Hinweise auf eine Hypovitaminose erhalten. Man schließt deshalb nicht aus, daß die als Tagesdosis empfohlene Thiaminmenge bei Männern ab 25 Jahren 1,3 mg, bei Frauen ab dem gleichen Alter 1,1 mg höher liegt, als es dem tatsächlichen Bedarf entspricht.

Durch einen Mangel an Vitamin B_1 weiterhin gefährdet sind jedoch mit Sicherheit Personen, die

— kaum Vollkornprodukte und wenig Schweinefleisch essen,

— viele Süßigkeiten und Weißmehlprodukte verzehren,

— viel Alkohol trinken. Abgesehen davon, daß zum Abbau von Alkohol im Organismus ebenfalls Vitamin B_1 benötigt wird, zerstören sowohl Alkohol als auch die dem Wein zugesetzte schweflige Säure das Thiaminmolekül.

Provitamin D wird unter der Haut abgelagert. Durch Einwirkung von UV-Strahlen entsteht daraus das wirksame Vitamin.

So nennt man die Vitamin-D-Mangelkrankheiten

— Rachitis (Buckelkrankheit) bei Kindern

— Osteomalazie (griech.: Osteon = Knochen, malakos = weich) bei Erwachsenen.

Vitamin-D-Mangel und Mangel an Calcium

Die Vitamin-D-Mangelkrankheit war schon im Altertum bekannt, wenngleich damals die näheren Umstände ihres Entstehens noch im dunkeln lagen. Im vorigen Jahrhundert jedoch, zur Zeit der Industrialisierung, stieg in England die Zahl der Kinder sprunghaft an, die an dieser Krankheit — später nannte man sie „Englische Krankheit" — litten.

Der Hintergrund: unter Einwirkung von UV-Strahlen wird das unter der Haut abgelagerte Provitamin D in das wirksame Vitamin ungewandelt. Diese Kinder nun lebten unter denkbar schlechten Bedingungen. Kaum ein Sonnenstrahl gelangte in die engen Gassen und Wohnungen der ärmlichen Mietskasernen. Damit nicht genug: Kinder waren billige Arbeitskräfte und wurden im Untertage-Bergbau täglich zehn und mehr Stunden zu schwerer körperlicher Arbeit eingesetzt. An eine Vitamin-D-reiche Nahrung, wie sie Kinder neben der Eigensynthese des Vitamins in der Haut zusätzlich noch brauchen, war unter diesen Umständen natürlich nicht zu denken.

Vitamin-D-Mangel ist gleichbedeutend mit Calcium-Mangel

Vitamin D ist das Transportmittel für Calcium. Nur mit seiner Hilfe kann Calcium über die Darmwand resorbiert werden. Bei Vitamin-D-Mangel sinkt daher der Calciumgehalt des Blutes. Der Organismus zapft in einem solchen Fall seine natürlichen Calcium-Vorkommen in Knochen und Zähnen an. Als Folge dessen verformen sich dann die Knochen, besonders die stark belasteten Röhrenknochen (O- bzw. X-Beine), aber auch Schädel- und Rippenknochen (Trichterbrust). Die Zähne werden anfällig für Karies.

Noch bis vor wenigen Jahrzehnten war Rachitis ein weit verbreitetes Leiden. Durch massive Vorsorgemaßnahmen ist sie heute seltener geworden:

— Säuglinge erhalten ab der zweiten Lebenswoche täglich eine zusätzliche Vitamin-D-Gabe in medikamentöser Form.

— Ärztliche Überwachung und bei Gefahr der Unterversorgung Bestrahlungen mit UV-Licht.

— Was früher der ungeliebte Lebertran, sind heute wohlschmeckende Säfte in großer Auswahl, die mit Vitaminen, unter anderem auch mit Vitamin D, angereichert sind.

Osteoporose

Eine unzureichende Calciumzufuhr bis zum 25./30. Lebensjahr kann den Aufbau der Knochenmasse beeinträchtigen und damit die Voraussetzung dafür schaffen, im Alter an der sogenannten Osteoporose (Knochenbrüchigkeit) zu erkranken.

Das Krankheitsbild der Osteoporose läßt sich vergleichen mit einem Haus, bei dem man nach und nach immer mehr tragende Wände entfernt. Das Haus behält zunächst seine äußere Form.

Mit der Zeit wird es aber immer baufälliger, so daß irgendwann einmal eine geringfügige Erschütterung genügt, um es einstürzen zu lassen.

Auch der Knochen, dem festigendes Calcium fehlt, behält zunächst seine äußere Form. Schon bei einer vergleichsweise geringen Belastung aber kann er brechen.

Was bei Calcium-Mangel außerdem noch passieren kann:

— Störungen, bei der Blutgerinnung, da Calcium bei der Blutgerinnung normalerweise mitwirkt.

— Muskelkrämpfe, da Calcium die Erregbarkeit der Nerven und damit die Reizleitung reguliert.

Daß Kinder, um Calcium-Mangel zu vermeiden, genügend Milch und Milchprodukte bekommen müssen, ist hinlänglich bekannt. Die Calciumversorgung von Kindern, die solche Lebensmittel ablehnen, sollte regelmäßig vom Kinderarzt überprüft werden.

Besonders von Osteoporose betroffen sind Frauen nach den Wechseljahren, denn außer Calciummangel scheint auch ein Mangel an Östrogenen, also Geschlechtshormonen, das Entstehen der Krankheit zu begünstigen.

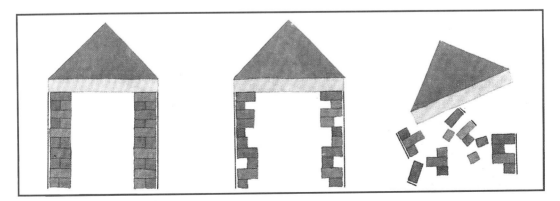

9.1.3 Eisenmangel

Eisenspäne in Rotwein, Äpfel, in die man zuvor rostige Nägel gedrückt hatte. Rezepte aus dem Mittelalter, die uns heute vorsintflutlich anmuten und der Gesundheit sicherlich nicht zuträglich sind. Sie zeigen aber, daß Eisenmangel schon damals bekannt war, also kein Problem der Neuzeit ist.

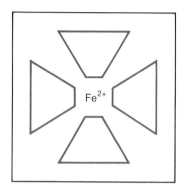

Dazu braucht man Eisen	So wirkt sich Eisenmangel aus
Es ist das zentrale Atom der sauerstoffbindenden Moleküle: — Hämoglobin (roter Blutfarbstoff) — Myoglobin (Muskelfarbstoff)	Zu wenig Hämo- und Myoglobin, d. h. unzureichende Sauerstoffversorgung des Körpers Symptome: Hautblässe, Müdigkeit, Zwangsgähnen
Es ist Bestandteil wichtiger Enzyme, z.B. der Atmungskette (s. S. 237)	Stoffwechselstörungen verschiedener Art

Eisenmangel, ein altes, aber dennoch immer noch aktuelles Problem:

Frauen sind wesentlich häufiger von Eisenmangel betroffen als Männer.

— Bei etwa 10 % der Kinder unter 16 Jahren in der Bundesrepublik läßt sich latenter (d.h. leichter, noch nicht durch Symptome offensichtlicher) oder sogar akuter (d.h. ausgeprägter) Eisenmangel feststellen.

— Schwangere haben einen erhöhten Bedarf zu decken, da Eisen für die Blutbildung und die „Anfangsausstattung" des Kindes mit einem Eisenspeicher gebraucht wird. Der Hämoglobingehalt des Blutes wird bei den Schwangeren-Vorsorgeuntersuchungen überwacht. Aus gutem Grund: etwa jede fünfte Schwangere hat Eisenmangel.

— Vegetarier müssen besonders auf eine ausreichende Bedarfsdeckung achten, weil Eisen aus pflanzlichen Nahrungsmitteln bei weitem nicht so gut resorbiert werden kann wie aus tierischen.

— Blutverluste, also z.B. die Monatsblutung, aber auch Operationen und Blutspenden bedeuten in jedem Fall erhöhten Eisenbedarf. Frauen sind demnach praktisch von der Pubertät bis zu den Wechseljahren eisenmangelgefährdet.

Was tun gegen Eisenmangel?

— Ausreichend tierische Nahrungsmittel verzehren, da aus ihnen Eisen besser resorbiert werden kann als aus pflanzlichen.

— Auch pflanzliche Nahrungsmittel bewußt zur Deckung des Eisenbedarfs heranziehen. Nahrungsmittel, von denen man größere Mengen verzehrt, können einen beachtlichen Beitrag zur Eisenbedarfsdeckung leisten, also z.B. Kartoffeln, Vollkornbrot, Vollkornnudeln.

— Kombinieren mit Vitamin-C-haltigen Nahrungsmitteln, da Vitamin C die Resorption von Eisen verbessert.

9.1.4 Eiweißmangel (Kwashiorkor)

Das Welthungerproblem ist in erster Linie ein Eiweißmangelproblem. Die Getreidearten Reis, Hirse und Mais, Grundnahrungsmittel in den ärmeren Ländern der Welt, enthalten wohl ausreichend Kohlenhydrate und Fett, aber zu wenig an Eiweiß, vor allem zu wenig an hochwertigem Eiweiß, um die Menschen ausreichend zu versorgen.

Was dem Körper bei Eiweißmangel fehlt	Die Folgen für den Organismus	Die Symptome
Baustoff für Zellsubstanz	Kein Neuaufbau oder Ersatz von Körperzellen	Wachstumsstörungen, Hautveränderungen, Muskelschwund
Baustoffe für lebenswichtige Substanzen (Enzyme, Hormone, Abwehrstoffe)	Enzyme fehlen Versagen des Informationssystems (Nerven und Hormone) Versagen der körpereigenen Abwehr	Stoffwechselstörungen Infektionsanfälligkeit
Transportstoffe im Blut	Störung oder gar Zusammenbruch des Stofftransportes	Schwäche, Müdigkeit
Pufferstoffe im Blut	Keine Neutralisation von Säuren bzw. Basen, der pH-Wert stimmt nicht mehr	Stoffwechselstörungen
Wasserbindende Stoffe in Blut und Gewebe	Normalerweise gebundenes Wasser ist frei	Aufgeblähter Bauch: „Wasserbauch", faltige Haut

Im fortgeschrittenen Stadium ist Kwashiorkor eine tödlich verlaufende Krankheit.

9.1.5 Unterernährung

Ißt man weniger, als es dem laufenden Bedarf des Körpers entspricht, so baut er zunächst seine Reserven ab. Von außen sieht man: die Fettpolster werden weniger, man nimmt ab. Bei einer Schlankheitskur der erwünschte Effekt. Werden jedoch auch nach dem Verbrauch der Energiespeicher weniger Nährstoffe zugeführt, als es dem Bedarf entspricht, so gerät der Organismus sehr schnell in die „roten Zahlen".

Zunächst geht er dann auf Sparflamme, d.h. er stellt Arbeitsvorgänge, die nicht unmittelbar zu seiner Erhaltung notwendig sind, ein; andere Arbeiten führt er langsamer aus.

Beispiele:

— Der Grundumsatz eines Untergewichtigen kann um die Hälfte des Normalwertes absinken.

— Körpertemperatur, Blutdruck und Pulsfrequenz verringern sich.

— Bei Frauen bleibt die Monatsblutung aus.

Eine langandauernde Unterversorgung jedoch kann der Organismus aber auch durch solche Notmaßnahmen nicht mehr auffangen. Ihm geschieht, was jedem anderen Unternehmen auch passieren würde; er geht „bankrott" und stirbt den Hungertod.

Abb. 105 „Mutter, ist es wahr, daß die Bauernkinder soviel Milch trinken dürfen, wie sie wollen?"

von Th. Th. Heine

9.1.5.1 Unterernährung bei den Reichen: ein verhältnismäßig neues Problem

Auch bei uns, in unserer sogenannten Wohlstandsgesellschaft, gibt es die Unterernährung. Armut ist hier allerdings in den wenigsten Fällen die Ursache, eher eine Art Hungerstreik. Pubertäre Magersucht oder Anorexia nervosa, so wird sie genannt, diese rätselhafte Krankheit, die seit etwa zwei bis drei Jahrzehnten immer häufiger zu beobachten ist.

In einem wohlhabenden, harmonischen Elternhaus aufgewachsen, war Friederike immer ein gesundes, braves, unauffälliges und zufrieden scheinendes Kind gewesen. Ja, oft hatte sie sogar Zweifel, ob sie das alles, was ihre Eltern ihr zukommen ließen, auch wirklich verdiene. Um so mehr bemühte sie sich, die von ihnen in sie gesetzten Erwartungen auch zu erfüllen. Die höhere Schule, die die Mutter so sehr für sie gewünscht hatte: sie schaffte es tatsächlich mit viel Fleiß, eine der Besten zu sein. Immerhin hatte der ältere Bruder, indem er die Schule und danach auch noch die Lehre abbrach, die Eltern schon genügend enttäuscht. Als sie dreizehn war und in die Pubertät kam, nahm sie auf einmal zu. Dem Vater gefiel das gar nicht. Er mochte keine pummeligen Frauen und empfahl seiner Tochter, doch ein bißchen auf ihr Gewicht zu achten.

Das tat Friederike. Sie hielt von nun an eine strenge Diät ein und nahm rapide ab. Die Monatsblutung blieb aus: ein bequemer Nebeneffekt, wie sie meinte. Ansonsten war sie stolz auf die Leistung, ihren Körper so gut unter Kontrolle halten zu können, stolz darauf, dünn zu sein. Bei der kleinsten Gewichtszunahme fürchtete sie, zu fett zu werden. Täglich legte sie sich ein mehrstündiges Trainingsprogramm auf: Schwimmen, Tennis, Gymnastik. Auch für die Schularbeiten, sie wollte ja bei den Besten bleiben, brauchte sie täglich einige Stunden. Zum Schlafen blieben so zeitweise nur noch vier Stunden.

Heute, mit sechzehn, sieht Friederike tatsächlich aus wie ein Gerippe. Sie wiegt bei einer Körpergröße von 1,65 m noch 68 Pfund. Die Rippen kann man zählen, die Schulterblätter stehen ab, die Augen im knochigen Gesicht sind eingefallen, die Beine erinnern an Besenstiele.

Friederike meint, sie sähe gut aus so. Eher noch zu fett. Am liebsten würde sie noch ein paar Pfund abnehmen. Im übrigen sei sie in Hochform. Keine Spur von einer Krankheit, die man behandeln müsse. Sie habe eben nicht mehr Hunger.

Etwa fünfzehn von 100 000 Menschen in unserer Gesellschaft leiden an Anorexia nervosa, der pubertären Magersucht. Die Dunkelziffer ist allerdings sehr hoch. Betroffen sind junge Leute unter 25 Jahren, zehnmal mehr junge Frauen als Männer.

Es handelt sich um eine psychische Erkrankung. Als Faktoren, die zum Ausbruch des Leidens beitragen, werden häufig Konflikte im Elternhaus, namentlich mit der Mutter, genannt. Gegen eine tatsächliche oder befürchtete Überforderung wird durch die Nahrungsverweigerung unbewußt protestiert.

Nicht immer, aber sehr häufig können außerdem folgende Krankheitszeichen bzw. Verhaltensweisen beobachtet werden:

— Ausbleiben der Menstruation

— flaumige Behaarung am Körper

— verlangsamte Herztätigkeit

— Überaktivität

— gelegentliche Freßanfälle

— Erbrechen (meist willkürlich herbeigeführt).

Sehr wichtig!

Die Kranken empfinden oft eine heftige Abneigung oder gar Ekel vor der Nahrung. Ihre Vorlieben, z.B. bestimmte Lieblingsgerichte, sollten deshalb, wenn möglich, berücksichtigt werden.

Das ist typisch für diese Krankheit

Die Kranken haben, auch bei bereits starkem Untergewicht, große Angst, dick zu werden. Daß sie krank sind, ist ihnen nicht bewußt. Im Gegenteil, sie sind stolz darauf, dünn zu sein, und weigern sich, ihr Gewicht auf einem Minimum des für ihr Alter und ihre Größe wünschenswerten Körpergewichts zu halten.

Das Körpergewicht verringert sich durch die Nahrungsverweigerung rapide. Von Magersucht spricht man bei einem Gewichtsverlust von mindestens 25 %.

Die Patienten horten und behandeln Nahrungsmittel in ungewöhnlicher Weise. Sie verbringen z.B. Stunden damit, ein delikates Gericht zuzubereiten, nachdem sie in mehreren Läden aufwendig eingekauft haben. Das fertige Essen rühren sie jedoch nicht an, sondern drängen es geradezu Familienmitgliedern auf.

Es liegt keine körperliche und auch keine andere psychische Krankheit vor, durch die man die Gewichtsabnahme sonst noch erklären könnte.

Was tun gegen pubertäre Magersucht?

Die Ursachen der Erkrankung sind psychischer Art. Eine erfolgreiche Behandlung muß also in jedem Fall in der Psychotherapie ansetzen. Die lebensgefährliche Nahrungsverweigerung ist nur das Symptom dieser Krankheit. Erste Voraussetzung für eine Heilung ist, daß die Patienten ihren Zustand als Krankheit begreifen, und daß sie selbst den Willen haben, gesund zu werden. Eine „Zwangsernährung" dagegen wird jeweils nur kurzzeitige Erfolge bringen.

Nicht schneller Fettansatz, sondern kontinuierlicher Wiederaufbau des ausgelaugten Körpers muß dann das Ziel der Ernährungstherapie sein. Daher folgende Empfehlungen:

— Leicht verdauliche Kost in Mengen, die nur gering unter dem Bedarf bei Normalgewicht liegen.

— Fett anfangs nur in geringen Mengen, es könnte den Organismus zu sehr belasten; leicht verdauliche Fette wählen.

9.1.5.2 Essen als Droge: die Eß-Brechsucht (Bulimia nervosa)

> Ich denke den ganzen Tag ständig nur ans Essen. Es ist das Wichtigste in meinem Leben. Doch es sind keine schönen Gedanken. Das Essen macht mir Angst. Es bedroht mich. Abends überlege ich mir schon, was ich am nächsten Tag essen darf, um nicht zuzunehmen. Morgens gilt mein erster Blick dem Gewichtsanzeiger der Waage, ob ich mein Idealgewicht noch habe. Abends und manchmal sogar tagsüber kontrolliere ich zusätzlich das Gewicht. Ich habe Angst vor der Gewichtszunahme, als ob alles vom Schlanksein abhängen würde... Zur Zeit überfällt mich jeden zweiten Tag ein Heißhungergefühl, und ich fresse alles in mich hinein. Ich verspüre dabei nie ein Sättigungsgefühl und futtere alles, bis mir schlecht ist. Ich durchstöbere alle Schränke, wo ich Süßes finden kann. Aber ich bin auch zur Not mit anderem zufrieden. Butterbrote, Käse, Nüsse, Müsli. Alles, was da ist, wird verschlungen. Kauen tue ich dann meistens nicht mehr richtig. Danach bekomme ich bald keine Luft mehr, so daß ich mich fast zwangsläufig übergeben muß und breche fast alles wieder heraus.
>
> Dann fühle ich mich im ersten Moment befreit. Aber bald mache ich mir die ersten Gewissensbisse und bekomme Schuldgefühle. Ich frage mich, warum hast du das getan, aber ich finde keine Antwort.
>
> *Quelle: Langsdorff: „Die heimliche Sucht, unheimlich zu essen".*

Das ist typisch für Bulimia nervosa:

— Wiederkehrende Heißhungeranfälle und das Verschlingen riesiger Nahrungsmengen innerhalb relativ kurzer Zeit. So wurde schon von einer Aufnahme von 63000 bis 84000 Kilojoule innerhalb von ein bis zwei Stunden berichtet.

— Die Kranken erkennen das Abnorme ihres Eßverhaltens, sind aber unfähig, dieses zu verändern. Sie machen sich deswegen Vorwürfe und leiden unter starken Depressionen und Minderwertigkeitsgefühlen.

Der Ernährungszustand eines eßsüchtigen Patienten ist nicht in einem so starken Maß wie bei einer Magersucht von Mangel geprägt. Durch das Erbrechen und den häufigen Gebrauch von Abführmitteln kommt es jedoch zu hohen Mineralstoffverlusten, zu Schädigungen im Verdauungstrakt sowie, wegen der starken Übersäuerung des Mundraumes, zu vermehrtem Auftreten von Karies.

Heilung der Krankheit kann nicht durch Diät, sondern in erster Linie durch eine intensive psychologische Hilfestellung erfolgen. Die Chancen, auf eigene Faust, also ohne psychotherapeutische Behandlung, eine Heilung zu erreichen, sind relativ gering.

Nicht immer, aber sehr häufig können außerdem folgende Krankheitszeichen bzw. Verhaltensweisen beobachtet werden:

— wahlloses Durcheinanderessen während eines Heißhungeranfalls

— heimliches Essen

— Beendigung einer Heißhungerattacke durch Magenschmerzen, selbst herbeigeführtes Erbrechen oder Störungen durch Dritte

— Versuche, durch strenge Diät oder den Gebrauch von Abführmitteln eine Gewichtsreduzierung zu erzwingen

— starke Gewichtsschwankungen, bedingt durch abwechselnde Fasten- und Freßphasen.

9.2 Überversorgung

„Im Essen bist Du schnell, im Gehen bist Du faul, iß mit den Füßen, Freund, und nimm zum Gehen das Maul."

Diese zugegebenermaßen nicht sehr charmante Kritik, von Gotthold Ephraim Lessing schon im achtzehnten Jahrhundert verfaßt, scheint nicht wenigen unserer Zeitgenossen geradezu auf den Leib geschrieben zu sein. Keine Frage: bei uns, in den „satten" Industrieländern, entstehen die meisten ernährungsabhängigen Krankheiten nicht durch Mangel, sondern durch Übermaß in der Ernährung.

9.2.1 Zuviel Zucker: Karies — ein ganzes Volk ist krank

Zum Überdenken:

— der durchschnittliche Bundesbürger ißt täglich über 100 g Zucker.

— 99,6 % aller Erwachsenen in der Bundesrepublik leiden an Karies.

— 14 Milliarden DM bezahlen die gesetzlichen Krankenkassen jedes Jahr für die Behandlung.

„Süßigkeiten schaden den Zähnen" und „Zähneputzen nicht vergessen", so lernen es schon die Kleinen im Kindergarten. Und tatsächlich sind es mangelhafte Mundhygiene und Süßwaren, die gemeinsam für das Entstehen von Karies verantwortlich sind.

Zahnbelag, die sogenannte Plaque, ist eine Schicht aus Milliarden von Bakterien. Sie sind in der Lage, Mono- und Disaccharide zu Säuren zu vergären. Säuren aber greifen den Zahnschmelz, eine Calciumverbindung, an. Es entsteht ein Loch im Zahn, das mit jedem Säureangriff weiter wächst. Heilung im Sinne einer Wieder-Neubildung von Zahnsubstanz gibt es nicht. Um so wichtiger ist deswegen eine umfassende Vorbeugung, damit die lästige Zahnfäule gar nicht erst entstehen kann.

Und das sind die Säulen der Kariesverhütung:

— Einschränkung des Zuckerverzehrs

— Regelmäßiges, sorgfältiges Zähneputzen

Außerdem wird empfohlen:

— Fluoridzufuhr über die Zahnpasta und, bei Säuglingen und Kleinkindern, über entsprechende Präparate (Fluoride in geringen Mengen härten den Zahnschmelz).

Medikamentöse Fluoridzufuhr sowie die in einigen Ländern praktizierte Fluoridierung des Trinkwassers sind nicht unumstritten. Als Gegenargumente werden z. B. angeführt:

— Die schädliche Dosis von Fluoriden liegt schon bei 2 mg pro Tag, also nur knapp über der empfohlenen Zufuhr. Die aus einer möglichen Überdosierung entstehende Krankheit, die Fluorose, zerstört den Zahnschmelz.

— Die eigentlichen Ursachen, zu viel Zucker und vor allem mangelnde Mundhygiene, werden dadurch nicht bekämpft. Es besteht eher die Gefahr, sie zu verharmlosen.

280

9.2.2 Übergewicht: keine Krankheit, aber Förderer vieler Krankheiten

Alle Stoffe, die dem Organismus Energie zuführen, also Fett, Kohlenhydrate, Eiweiß und — nicht zu vergessen — Alkohol, können einzeln oder gemeinsam, wenn sie im Übermaß genossen werden, Übergewicht bewirken.

Nahezu jeder zweite Erwachsene in der Bundesrepublik ist heute schon übergewichtig. Fragt man die Betroffenen nach der Ursache ihrer Fettpolster, so erfährt man zuweilen Erstaunliches.

„Ich habe nur einen starken Knochenbau."
  Richtig ist: Es gibt ihn tatsächlich, leichten oder schweren Knochenbau. Das Gewicht der Knochen macht aber nur etwa 10% des Körpergewichtes aus.

„Ich bin eben ein guter Futterverwerter."
  Richtig ist: Während manche Menschen zu viel aufgenommene Energie in Form von Körperwärme abgeben können, lagern andere dieses Zuviel an Energie als Fett ein. Die „guten Futterverwerter" haben somit eben tatsächlich einen geringeren Bedarf an Nährstoffen als die „schlechten Futterverwerter". Der Unterschied kann durchaus 1200 bis 1700 kJ betragen.

Angesichts solcher doch recht wackeligen Argumente drängt sich die Frage auf, warum sie so gerne angeführt werden, und wie sie eine so große Verbreitung haben erfahren können. Warum ist es so schwierig, zuzugeben, daß man ganz einfach mehr ißt, als der Körper braucht?

Zu dick? Ich hab doch nur so schwere Knochen!

Was von Schönheitsidealen zu halten ist

Berechnung des Normalgewichtes. Ein Beispiel:

Eine junge Frau, Körpergröße 1,65 m. Ihr Normalgewicht beträgt:
165 minus 100 = 65 kg.

Ab 20% über dem Normalgewicht wird's kritisch.

Übergewicht ist

— ein kosmetisches

— ein soziales

— ein gesundheitliches Problem

Die schönsten Frauen ihrer Zeit. So wurden sie von den berühmten Malern der vergangenen Jahrhunderte porträtiert. Unseren Vorstellungen von Schlankheit und Schönheit entsprechen sie aber sicherlich nicht mehr.

Waren die Schönen der vorigen Jahrhunderte also übergewichtig? Nach den Idealen der damaligen Zeit sicher nicht. Nach heutigen Vorstellungen von Schönheit ganz bestimmt. Es scheint offensichtlich, daß der Zeitgeschmack kein sehr geeignetes Kriterium für die Beurteilung des Körpergewichtes ist. Sinnvoller ist es sicherlich, das Gewicht im Hinblick auf den Gesundheitszustand des Körpers hin zu beurteilen.

Was zu empfehlen ist

Als das in etwa anzustrebende Gewicht gilt heute das sogenannte Normalgewicht nach Broca, das man nach folgender Formel berechnet: Körpergröße in cm minus 100 ergibt das Normalgewicht in kg. Von der Propagierung des Idealgewichts, für das Frauen zusätzlich 15%, Männer 10% von ihrem Normalgewicht abziehen sollten, ist man in neuerer Zeit wieder abgekommen.

Ab wann Vorsicht geboten ist

Personen, deren Übergewicht bis etwa 20% über dem Normalgewicht liegt, sind zwar eher gefährdet, gesundheitlichen Schaden zu nehmen, solange jedoch keine Beschwerden vorliegen, besteht kein Grund, aus gesundheitlichen Erwägungen dringend eine Gewichtsreduzierung zu empfehlen. Das erhöhte Risiko sollte jedoch Anlaß sein, sich einmal jährlich auf Stoffwechselstörungen hin untersuchen zu lassen. Liegt das Körpergewicht 20% und mehr über dem Normalgewicht, so spricht man von Fettsucht. Auch ohne daß zunächst gesundheitliche Beeinträchtigungen auftreten, sollte diese Personengruppe ihr Gewicht reduzieren.

Was tun bei Übergewicht?

Um bei einer Schlankheitskur „in Eigenregie" nicht dem Organismus mehr zu schaden als zu nützen, ist es wichtig, die Grundzüge gesunden Abnehmens zu kennen, um derartige Diäten auf ihre Qualität hin beurteilen oder aber sich gar selbst eine eigene Diät zusammenstellen zu können.

Die erlaubten Mengen

Ungefährer Grund- und Leistungsumsatz und damit die täglich benötigte Energie lassen sich errechnen (s. S. 11). Sollen Energiespeicher, sprich Fettpolster, abgebaut werden, müssen dem Körper weniger Nährstoffe zugeführt werden, als er braucht.

Bei einer Verringerung der täglichen Energieaufnahme um etwa 3000 kJ im Vergleich zum Normalbedarf (bei einem Erwachsenen) kann im allgemeinen mit einer langsamen, aber deutlichen Gewichtsabnahme gerechnet werden.

Die wichtigsten Grundregeln zum Abnehmen:

— Energie bei den Energielieferanten (Fett, Alkohol, Kohlenhydrate) einsparen.

— Mineralstoffe und Vitamine als wichtige Regler- bzw. Baustoffe dürfen nicht eingespart werden.

— Eiweiß als wichtigen Baustoff nur wenig einsparen.

— Reichlich trinken (ca. 1,5 bis 2 l pro Tag), um die durch Abbau körpereigener Substanzen vermehrt auftretenden Stoffwechselendprodukte vollständig ausscheiden zu können.

Auf die Qualität kommt es an

Um bei verringertem Energiegehalt den Körper ausreichend mit Vitaminen, Mineralstoffen, Eiweiß und Ballaststoffen zu versorgen, ist die Qualität des Nahrungsangebotes besonders wichtig. Daher gilt:

— Kohlenhydrate in Form wertvoller, d.h. vitamin-, mineralstoff- und ballaststoffreicher Nahrungsmittel wie Gemüse und Obst aufnehmen.

— Eiweiß mit hoher biologischer Wertigkeit wählen.

— Hochwertige Fette verwenden, das stellt die Versorgung mit essentiellen Fettsäuren und fettlöslichen Vitaminen sicher.

Alles in allem könnte man es auch so sehen: Eine solche Diät ist die ideale Gelegenheit, seine Ernährungsweise auf „gesund" umzustellen. Dem Ziel, auch nach dem Schlankwerden noch schlank zu bleiben, wäre man damit jedenfalls ein gutes Stück näher gerückt.

Die Entstehung folgender Stoffwechselkrankheiten kann durch Übergewicht begünstigt oder gar verursacht werden:

— Zuckerkrankheit (Diabetes mellitus)

— Gicht

— Hohe Blutfettwerte Hyperlipoproteinämien Bluthochdruck

— Arterienverkalkung (Arteriosklerose).

Außerdem treten vermehrt Skelettschäden sowie Schädigungen an den Verdauungsorganen und den Nieren auf.

Bei einer Schlankheitskur verändern sich die Nährwertrelationen:		
Energie (kJ)	4200	6300
Eiweiß (g)	61	91
Eiweiß (%)	25	25
Fett (g)	38	56
Fett (%)	35	35
KH (g)	98	146
KH (%)	40	40

Hilfreich nicht nur, wenn es um Gewichtsreduktion geht, ist die Berechnung der Nährstoffdichte. Darunter versteht man:

Nährstoffgehalt in mg

Brennwert in MJ
(1 MJ $\triangleq$ 1000 kJ)

Bei einer Reduktionsdiät z. B. ist es wichtig, daß alle essentiellen Nahrungsinhaltsstoffe zugeführt werden, dabei aber so wenig wie möglich Energie aufgenommen wird. Beispiel:

Die Nährstoffdichte von Brötchen im Hinblick auf Thiamin soll errechnet werden. Aus der Nährwerttabelle:

100 g Brötchen (ca. 2 Stück) enthalten 0,1 mg Thiamin und 1100 kJ $\triangleq$ 1,1 MJ an Energie

$$\frac{0,1 \text{ mg}}{1,1 \text{ MJ}} = 0,09 \text{ mg/MJ}$$

Die Berechnung der entsprechenden Nährstoffdichte von Roggenvollkornbrot ergibt analog einen Wert von 0,25 mg/MJ.

Roggenvollkornbrot hat demzufolge eine höhere Nährstoffdichte an Thiamin als Brötchen. Es eignet sich besser für eine Reduktionsdiät als Brötchen.

Richtig abnehmen:

— weniger an Energieträgern Fett, Alkohol, Kohlenhydraten

— Eiweiß in nur wenig verringerter, Vitamine und Mineralstoffe in gleicher Menge wie zuvor

— Kohlenhydrate: ballaststoffreich, vitaminreich

— Fett: hochwertig

Die Psyche kann ein Hindernis oder aber eine Hilfe beim Abnehmen sein. Deshalb folgende Empfehlungen:

1. Sich vor Beginn der Diät ein <u>realistisches</u> Ziel, z. B. durchschnittlich ein Pfund Gewichtsabnahme pro Woche, setzen. Zu hoch gesteckte Erwartungen führen schnell dazu, das ganze Unternehmen frustriert abzublasen.

2. Für das Erreichen des gesteckten Ziels, sich selbst eine Belohnung, z. B. ein neues Kleidungsstück, verprechen. Das spornt an.

3. Lieb gewordene Gewohnheiten nicht von einem auf den anderen Tag aufgeben wollen. Stellt man seine Ernährungsweise langsam um, fällt die Gewöhnung leichter.

4. Nicht auf sämtliche Lieblingsgerichte verzichten. Man könnte vielleicht die Portionen verkleinern oder versuchen, bei der Zubereitungsweise Nahrungsenergie einzusparen.

5. Die Mahlzeiten bewußt genießen. Das ist ein außerordentlich wichtiger Aspekt bei der neuen Ernährung. Dazu gehört z. B.:

— Eine Essensatmosphäre ohne Streß und Hektik.

— Langsam und in kleinen Bissen essen. Dabei auf den Geschmack achten und auch auf den Zeitpunkt, an dem man sich satt fühlt.

— Das Essen hübsch anrichten, denn das Auge ißt mit.

6. Gewohnheiten, die keinen echten Genuß bringen, sind die größten Feinde der schlanken Linie. Deshalb:

— Mit dem Essen aufhören, wenn man satt ist, auch wenn der Teller noch nicht leer ist.

— Den Tisch danach gleich abräumen.

— Nicht unkonzentriert nebenbei, z. B. vor dem Fernseher oder zwischendurch, naschen,

— Kurzen Verlockungen wie einem Stück Torte in der Auslage der Bäckerei widerstehen.

7. Abwechslung auf dem Speiseplan dient nicht nur der vollwertigen Versorgung mit Nährstoffen. Sie erfreut auch die Augen und Magen und läßt die Diät leichter durchstehen.

8. Körperliche Bewegung unterstützt die Gewichtsabnahme und sorgt für körperliches als auch seelisches Wohlbefinden.

9. In einer Gruppe von Gleichgesinnten geht es leichter. Erfahrungsaustausch und ein gewisser Erfolgsdruck helfen dabei, nicht mutlos zu werden.

Bis 10 Pfund in 7 Tagen weg:

In drei Tagen zwei Pfund

Schlank mit Salat

Sommer-Diät

25 Pfund vorm Urlaub weg

Ist schneller auch besser? Was von Radikaldiäten zu halten ist

Vielen erscheint das Ziel, schlank zu werden, auf oben beschriebene Weise allzu weit entfernt und zu mühsam zu erreichen. Diäten, bei denen's schneller geht, haben daher weitaus mehr Zuspruch zu verzeichnen. Doch Vorsicht:

— Nur die Umstellung der Ernährungsweise kann bewirken, daß ein einmal erreichtes Wunschgewicht erhalten bleibt.

— Radikalkuren können gefährlich sein.

Diäten, die aus einem Nahrungsmittel oder einer Nahrungsmittelgruppe zusammengesetzt sind, bedeuten immer Mangel an lebenswichtigen Stoffen. Derartige Kuren dürfen also keinesfalls über längere Zeit hinweg durchgeführt werden.

Essen, so viel man will, und dennoch abnehmen. Das verspricht die sogenannte Atkins-Diät. Sie ist extrem kohlenhydratarm, dagegen reich an Eiweiß und Fett. Durch den übermäßig hohen Anteil von Fett in der Diät wird aber das Entstehen von Arteriosklerose begünstigt. Ähnlich aufgebaut ist die sogenannte Punkte-Diät. Von beiden Diäten ist wegen möglicher Gefährdung der Gesundheit abzuraten.

Unter ärztlicher Betreuung, aber auch nur dann, kann z. B. für stark Übergewichtige, eine Nulldiät von Vorteil sein. Im Rahmen dieser Diät werden nur Vitamine, Mineralstoffe und Flüssigkeit in ausreichenden Mengen aufgenommen. Vor einer Nulldiät auf eigene Faust muß dringend gewarnt werden.

9.2.3 Stoffwechselleiden: Folgen von Fettsucht

Vielfältig sind die Krankheiten, die im Zusammenhang mit Übergewicht als „Dickes Ende" eintreten können.

9.2.3.1 Diabetes mellitus

Eine häufige und, weil man seine gesamte Lebensweise umstellen muß, recht gefürchtete Krankheit ist Diabetes mellitus, zu deutsch: Zuckerkrankheit. Spricht man von Zuckerkrankheit, so fällt mit Sicherheit auch der Begriff Insulin.

Was beim Abnehmen zu bedenken ist

Je weniger Energie man täglich zuführt:

— desto schneller nimmt man zunächst ab,

— desto größer ist die Gefahr, dem Organismus zu schaden,

— desto größer ist die Wahrscheinlichkeit, die Diät nicht durchzuhalten.

Abführmittel und Appetithemmer sind keine geeigneten Hilfen für eine Schlankheitsdiät

— Abführmittel verursachen erhöhten Mineralstoffverlust, der lebensgefährlich sein kann.

— Appetithemmer haben eine Fülle bedenklicher Nebenwirkungen, z. B. Beeinträchtigung des Reaktionsvermögens, Nervosität, Schlafstörungen, Kreislaufschäden bis hin zur Abhängigkeit und Persönlichkeitsveränderung

Starker Durst und Harndrang sind mögliche Anzeichen einer Diabetes mellitus.

Wer bekommt Diabetes?

Über die Ursachen der Entstehung dieser Krankheit weiß man bisher nur lückenhaft Bescheid. Sicher ist aber:

— Es gibt eine erbliche Anlage zu Diabetes mellitus.

— Die Häufigkeit steigt mit dem Alter.

— Übergewicht steigert das Risiko, an Diabetes mellitus zu erkranken, beträchtlich.

Über 40 % der Diabetiker, aber nur 1 % der Nichtdiabetiker haben Diabetiker in ihrer Verwandtschaft.

80 % der männlichen und 85 % der weiblichen Diabetiker sind älter als 45 Jahre.

Was ist Insulin?

Es ist ein Hormon, das in der Bauchspeicheldrüse gebildet wird. Seine Aufgaben:

— Es ermöglicht der Glucose den Übergang vom Blut in die Zelle.

— Es regt die Bildung von Nährstoffspeichern im Körper an, d.h. von Depotfett, Glykogen und auch von Muskeleiweiß.

Diabetikern fehlt es an wirksamem Insulin:

— Wird kein oder viel zu wenig Insulin gebildet, so spricht man von der Typ-I-Diabetes, früher auch Jugend-Diabetes genannt.

— Wird zwar Insulin gebildet, aber nicht in den richtigen Mengen und nicht zum richtigen Zeitpunkt, so liegt die Typ-II-Diabetes vor, früher auch Alters-Diabetes genannt (relativer Insulinmangel).

Wie wirkt sich Insulinmangel aus?

Die Körperzellen erhalten zu wenig Glucose, können also zu wenig Energie aus Kohlenhydraten erzeugen. In der Folge treten Störungen im Stoffwechsel auf, die im Extremfall bis zum lebensbedrohenden, diabetischen Koma führen können. Weil vermehrt Depotfett zur Energiegewinnung abgebaut wird, haben Diabetiker deshalb auch oft zu hohe Blutfettwerte und ein höheres Risiko, an Arteriosklerose zu erkranken. Besonders gefürchtet sind in diesem Zusammenhang die Ablagerungen in der Netzhaut der Augen. Die Sehkraft des Diabetikers kann deswegen nachlassen, ja es kann sogar zur völligen Erblindung des Kranken kommen.

Die aus der Nahrung aufgenommene Glucose wandert nicht in die Zellen, sondern bleibt im Blut. Durch die Stoffwechselstörung erhöht sich der Blutzuckerspiegel noch zusätzlich. Nur ein Teil der Glucose kann von der Niere rückresorbiert werden. Der Rest wird mit dem Urin ausgeschieden und ist darin nachweisbar. Dabei ‚nimmt sie Wasser mit'; starker Durst und Harndrang sind die Folge.

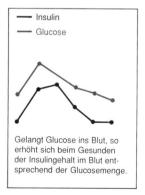

Gelangt Glucose ins Blut, so erhöht sich beim Gesunden der Insulingehalt im Blut entsprechend der Glucosemenge.

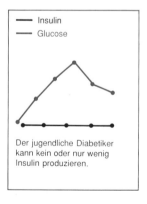

Der jugendliche Diabetiker kann kein oder nur wenig Insulin produzieren.

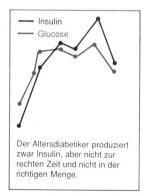

Der Altersdiabetiker produziert zwar Insulin, aber nicht zur rechten Zeit und nicht in der richtigen Menge.

Quelle: Jungermann, Möhler „Biochemie"

Die Diät: Süßschnäbel kommen zu kurz

Viele übergewichtige Diabetiker könnten einzig und allein durch die Normalisierung ihres Gewichtes ihre Krankheit zum Stillstand bringen. Deshalb und um den Stoffwechsel nicht unnötig zu belasten, lautet für diese Personengruppe die erste und mit Abstand wichtigste Empfehlung: Gewicht reduzieren! Alle anderen Diabetiker müssen grundsätzlich eine Diät einhalten.

Normalerweise wird eine Diabetes-Diät im Rahmen der ärztlichen Behandlung genau auf den einzelnen Patienten abgestimmt.

Diabeteshäufigkeit in Abhängigkeit vom Körpergewicht.
Quelle: Kasper, Ernährungssmedizin und Diätetik

Nicht alles auf einmal!

Um starke Blutzuckerschwankungen zu vermeiden: die Kohlenhydratzufuhr gleichmäßig verteilen, d.h. sechs bis sieben Mahlzeiten pro Tag. Diabetiker, die Insulin spritzen, müssen die Kohlenhydratzufuhr zeitlich darauf abstimmen.

Kohlenhydrate — im Mittelpunkt der Diabetes-Diät

Kohlenhydrate sind zwar die Hauptlieferanten für Blutglucose, fördern aber andererseits die Bildung von Insulin. Man ist daher von der früher empfohlenen drastischen Einschränkung wieder abgekommen. Heutige Empfehlung: 55 bis 60% der Gesamtenergiemenge als Kohlenhydrate.

Kohlenhydrat ist nicht gleich Kohlenhydrat

Die Kohlenhydrate werden im Körper unterschiedlich schnell abgebaut:

— Mono- und Disaccharide werden schnell abgebaut, bewirken also schnellen Blutzuckeranstieg, dem die Insulinproduktion nicht folgen kann.

— Stärke wird langsam abgebaut, läßt auch den Blutzuckerspiegel langsamer ansteigen und kann deshalb in genau berechneten Mengen verzehrt werden.

Daher gilt: Mono- und Disaccharide stark einschränken, hauptsächlich stärkehaltige Nahrungsmittel verzehren.

Ballaststoffe verzögern zusätzlich die Abgabe von Glucose ins Blut und sind damit unverzichtbarer Bestandteil der Diät.

Säulen der Diabetes-Ernährung:

— Begrenzung der Kohlenhydrat- und Fettmenge

— keine Mono- und Disaccharide, stattdessen ballaststoffreiche KH-Lieferanten

— Verteilung der Kohlenhydratmenge auf mehrere kleine Mahlzeiten.

Nährwertrelation auch bei Diabetes:

55 — 60% Kohlenhydrate
25 — 30% Fett
10 — 15% Eiweiß

Die Broteinheit ist eine leicht anwendbare Größe.

1 BE ist ungefähr enthalten in:

einer dünnen Scheibe Grau- oder Mischbrot

einer dicken Scheibe Weißbrot

einem halben Brötchen

einer hühnereigroßen Kartoffel

einem mittelgroßen Apfel oder einer mittelgroßen Birne

zwei Pfirsichen

einer kleinen Banane.

Austauschtabelle am Beispiel Milch und Milchprodukte:

1 BE entspricht:

300 ml Buttermilch

250 ml Magermilchjoghurt

120 ml Kondensmilch

250 ml Vollmilch (3,5 % Fett)

250 ml teilentrahmte Milch

250 ml Magermilch

250 ml Sauermilch (1,8 % Fett).

Bestimmte Arten von Hyperlipoproteinämien sind Risikofaktoren für die Entstehung von Arteriosklerose und Herzinfarkt.

Fett — mehr als nur Energieträger

Fett erfüllt in der Diabetikerkost eine wichtige Funktion als Sattmacher. Außerdem werden „in Begleitung" von Fett aufgenommene Kohlenhydrate langsamer abgegeben, das bedeutet:

— Der Blutzuckerspiegel schwankt weniger.

— Der Stoffwechsel wird weniger belastet.

Aber: Hohe Blutfettwerte sind die üblichen Begleitsymptome bei Diabetes; die Fettzufuhr muß also auch kontrolliert werden. Die Empfehlung: 35 bis 40 % der Energiezufuhr sollte Fett sein (davon jeweils ein Drittel als Streichfett, Zubereitungsfett, verborgenes Fett).

Diabetikerkost in der praktischen Anwendung

Die sogenannte Broteinheit, abgekürzt BE, erleichtert die Berechnung der erlaubten Nahrungsmittelmengen:

1 BE entspricht 12 g verdaulichen Kohlenhydraten.

Damit ist sie leicht auf viele gebräuchliche Nahrungsmittel anwendbar.

Die Nahrungsmittel werden in fünf Gruppen eingeteilt:

— Brot und Getreideerzeugnisse

— Milch und Milchprodukte

— Gemüse

— Kartoffeln

— Obst.

Von jeder dieser Gruppen sollte der Diabetiker täglich essen. Innerhalb einer Gruppe ist ein Austausch, z.B. Milch gegen Joghurt, erlaubt und wird durch spezielle Austauschtabellen erleichtert.

9.2.3.2 Zu viel Fett im Blut — Hyperlipoproteinämien

Zu hohe Blutfettwerte! Was bedeutet das? Gemeint sind damit die Transportformen der Fette, die Lipoproteine. Sie sind es, die man bei dieser Erkrankung in höheren Konzentrationen im Blut nachweisen kann.

Ursachen dafür können sein:

— Zu hohe Fettzufuhr mit der Nahrung.

— Zu viel cholesterinhaltige Nahrungsmittel.

— Zu viel Kohlenhydrate und Alkohol; beide Stoffe können in Fette umgebaut werden.

— Erbfaktoren.

9.2.3.3 Bluthochdruck

Über sechs Millionen deutsche Bundesbürger, so schätzt man, haben einen zu hohen Blutdruck. Da, zumindest in leichteren Fällen, keine oder nur untypische Symptome wie Schwindelgefühle, Kopfschmerzen oder Konzentrationsschwierigkeiten auftreten, wissen nur etwa ein Drittel aller Hochdruckkranken von ihrer Krankheit. Ein bedeutender Risikofaktor für das Entstehen anderer Störungen, z.B. Arteriosklerose, Herz- und Nierenschäden, bleibt auf diese Weise unbehandelt.

Bluthochdruck gibt es in zwei verschiedenen Ausprägungen

Bestimmte Krankheiten, vor allem der Nieren, können Bluthochdruck auslösen. Diese Art von Bluthochdruck heißt symptomatischer Hochdruck.

Schwieriger ist die Bestimmung der Entstehungsursache des etwa doppelt so häufigen, sogenannten essentiellen Hochdrucks. Wahrscheinlich gibt es dazu eine erbliche Anlage. Durch falsche Lebensweise, und hier in erster Linie Fehlernährung, kommt die Krankheit dann zum Ausbruch. Die Entstehungsweise des essentiellen Hochdrucks ist noch nicht hundertprozentig geklärt.

9.2.3.4 Arteriosklerose (Arterienverkalkung)

Mehr als die Hälfte aller Todesfälle in der Bundesrepublik haben ihre Ursache in Herz- und Kreislaufleiden: Folgen der Arteriosklerose.

Bei dieser Krankheit verändern sich die Blutgefäßwände, und an den so geschädigten Stellen bilden sich Ablagerungen, in erster Linie von Cholesterin, aber auch von anderen Stoffen wie Kohlenhydraten, Fetten und später von Kalksalzen. Daher rührt auch die deutsche Bezeichnung Arterienverkalkung.

Diese Ablagerungen bewirken eine Verengung der Adern, die Versorgung mit Blut, und damit nicht zuletzt mit Sauerstoff, wird behindert, später unterbrochen. Das gilt vor allem dann, wenn in diesen Engstellen zusätzlich noch Blutgerinnsel hängenbleiben. Das „dahinterliegende" Gewebe stirbt infolge Sauerstoffmangels ab.

Läuft dieser Vorgang im Herzmuskelgewebe ab, so ist die Folge Herzinfarkt. Eine Mangelversorgung von Hirnzellen führt auf gleiche Weise zum Hirnschlag.

Mit hoher Wahrscheinlichkeit wird das Auftreten von Bluthochdruck verringert durch:

— geringe Natriumaufnahme

— hohe Kaliumaufnahme

— Normalgewicht

— ausreichend essentielle Fettsäuren

> *In der Bundesrepublik Deutschland liegt der tägliche Kochsalzkonsum bei 15 g, obwohl 2 bis 3 g ausreichen würden.*

Risikofaktoren für die Entstehung von Arteriosklerose sind:

— erhöhte Blutfettwerte

— Rauchen

— Bluthochdruck

— Diabetes mellitus

— Gicht

— Übergewicht (indirekt).

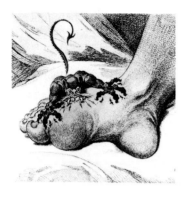

9.2.3.5 Gicht — die Schlemmerkrankheit

Etwa 1% bis 2% unserer Bevölkerung leiden an Gicht. Männer sind etwa 20 mal häufiger betroffen als Frauen. Voraussetzung für den Ausbruch der Krankheit ist eine erhöhte Konzentration von Harnsäure im Blut: eine Hyperurikämie.

Harnsäure — alltägliches Abfallprodukt des Organismus

Im Stoffwechsel wird ständig Harnsäure gebildet. Sie ist Abbauprodukt der sogenannten Purine, die entweder mit der Nahrung in den Organismus gelangen oder aber ihrerseits aus anderen Substanzen entstehen.

Normalerweise beträgt die Harnsäurekonzentration im Blutplasma etwa 5 bis 6 mg/100 ml beim Mann und ca. 4 bis 6 mg/100 ml bei der Frau. Die Harnsäure liegt dabei vorwiegend in Form ihres Natrium-Salzes, als Natrium-Urat vor und kann hauptsächlich über die Nieren ausgeschieden werden.

Harnsäure als Peiniger — so entsteht ein Gichtanfall

Ursachen für eine erhöhte Harnsäurekonzentration können sein:
— eine verminderte Ausscheidung über die Nieren. Das ist bei den meisten Gichtkranken der Fall
— eine vermehrte Bildung von Harnsäure.

Etwa ab einem Blut-Harnsäurespiegel von 7 mg/100 ml kann das Natrium-Urat nicht mehr gelöst werden. Es fällt, vorzugsweise in Gelenken, in Form scharfer Kristalle aus, die Verletzungen und schmerzhafte Entzündungen verursachen: einen Gichtanfall.

Primäre Gicht

Sind ererbte Ursachen, z.B. fehlerhaft funktionierende Enzyme, für die Entstehung der Krankheit verantwortlich, so spricht man von primärer Gicht.

Sekundäre Gicht

Eine im Laufe des Lebens, z.B. als Folge anderer Krankheiten, erworbene Gicht wird als sekundäre Gicht bezeichnet.

Mögliche Ursachen sind:
— Nierenerkrankungen, die die Harnsäureausscheidung beeinträchtigen.
— vermehrte Harnsäurebildung, z.B. als Folge bestimmter Blutkrankheiten oder als Folge von Überernährung vor allem mit purinreichen Lebensmitteln.

Was sind Purine?

Das sind chemische Substanzen, die in allen lebenden Organismen als Bausteine dienen für:
— die Chromosomen
— die Träger, die bei der Neubildung von Körpereiweiß den Stempelabdruck von den Chromosomen zu den Ribosomen bringen (vgl. S. 239)
— die Moleküle, die im Körper Energie übertragen und speichern.

Beim Abbau, z.B. von überalterten Körperzellen, werden die Purine wieder frei und können zu Harnsäure abgebaut werden.

Wird die Krankheit nicht behandelt, dann entstehen mit der Zeit sogenannte Gichtknoten in Knorpelgeweben und Gelenken. Diese werden deformiert, die Gelenke büßen ihre Beweglichkeit ein.
Darüber hinaus können sich die Kristalle in den Nieren anlagern, wodurch deren Funktionsfähigkeit beeinträchtig wird (Gichtniere).

Die Ernährung — eine der Säulen bei der Gichtbekämpfung

Zur Behandlung der Gicht werden heute im allgemeinen Medikamente eingesetzt, die die Harnsäureausscheidung über die Nieren fördern oder aber die Bildung von Harnsäure hemmen.

Daneben hat sich eine geeignete Ernährungsweise als fester Bestandteil der Therapie etabliert. Ziel ist, die Purin- und Harnsäurewerte erst gar nicht übermäßig ansteigen zu lassen. Dabei müssen die Kranken keine strenge Diät einhalten. Sie sollten aber:

— eventuell vorhandenes Übergewicht reduzieren. Übergewicht und seine Folgeerkrankungen wie Bluthochdruck oder Arteriosklerose treten überdurchschnittlich häufig gemeinsam mit Gicht auf. Bei übergewichtigen Gichtkranken mit nur gering erhöhtem Harnsäurespiegel im Blut und nur seltenen Gichtanfällen kann schon eine Reduktionsdiät zur Heilung führen.

— Alkoholkonsum einschränken, denn Alkohol hemmt die Ausscheidung der Harnsäure über die Nieren und führt zur Harnsäureanreicherung im Organismus.

— Purinreiche Lebensmittel einschränken. Die Umstellung auf eine ovo-lacto-vegetabile Kost ist hier zu empfehlen.

Radikale Abnehmkuren, z.B. Nulldiät, lassen im Stoffwechsel vermehrt Säuren entstehen. Um über die Niere ausgeschieden zu werden, brauchen diese Säuren den gleichen Trägerstoff wie ihn die Harnsäure benutzt. Sie müssen sich also mit der Harnsäure um den Trägerstoff „streiten". Die Folge: Es wird weniger Harnsäure ausgeschieden.

Auch Alkohol in größeren Mengen führt über eine vermehrte Säureproduktion zu einer Hemmung der Harnsäureausscheidung.

Puringehalt einiger Nahrungsmittel pro 100 g Frischgewicht (nach Zöllner 1960)

Bries	825—1270 mg	Blumenkohl	35—50 mg
Leber	230— 300 mg	alle anderen Gemüse	purinarm
Niere, Gehirn	200 mg	und Salate, Früchte,	oder
		Nüsse sowie Kartoffeln	purinfrei
Fleisch u. Süßwasserfische	100—190 mg	Körnerfrüchte (Weizen, Roggen,	
Seefisch, Hummer, Muscheln,		Gerste)	55—56 mg
Aal, Hering	bis 75 mg	Flocken daraus	65—100 mg
Fleischextrakt	160—5000 mg	Schwarzbrot	40 mg
Bouillon	30 mg	Weißmehl und Weißbrot	0—15 mg
Anchovis	360 mg	Eier, Milch, Butter, Käse	
Sardinen in Öl	300—350 mg	Speisefette, Zucker und	nahezu
Hülsenfrüchte	75—150 mg	Süßigkeiten	purinfrei
Spinat	35— 80 mg		
Rosenkohl	40 mg		
Mais und geschälter Reis	35— 40 mg	Bordeaux	purinfrei
Spargel	75—150 mg	Lagerbier (pro 100 ml)	16 mg

Quelle: Kasper, Ernährungsmedizin und Diätetik

Heute weiß man, daß nicht alle Purine in gleichem Maß zu Harnsäure abgebaut werden. Purine, die aus Chromosomen stammen, sind demnach vergleichsweise harmlos, weil aus ihnen nur wenig Harnsäure gebildet wird. Wie jedoch die Purine in den einzelnen Nahrungsmitteln zusammengesetzt und wie sie abgebaut werden, das muß noch näher untersucht werden, so daß vorläufig die pauschale Empfehlung weitergilt: möglichst wenige Purine aufnehmen, d. h. auch: nicht nur auf den Puringehalt pro 100 g Lebensmittel achten, sondern auch auf die Verzehrsmenge. So kann z. B. Gemüse, von dem man eine große Menge verzehrt, mehr Purine liefern als ein Teller Suppe, zu dessen Herstellung Fleischextrakt verwendet wurde.

9.3 Diäten bei Krankheiten der Verdauungsorgane

— Alte Zöpfe müssen weg —

Ein einleuchtender Gedanke: Krankheiten von Organen, die mit Nahrung in Kontakt kommen, lassen sich heilen, indem man die Nährstoffe wegläßt, die das entsprechende Organ besonders belasten. Dieser Überlegung folgend sind in den letzten Jahrzehnten verschiedene Diäten für Magen-, Darm-, Leber- und Gallenleiden erdacht und angewendet worden. Die Erwartungen, die man in die Wirksamkeit dieser „Schonkost"-Formen setzte, waren hoch; sie wurden leider in den meisten Fällen enttäuscht.

Neuere Untersuchungen ergaben, daß die herkömmlichen Diäten für die meisten Krankheiten des Verdauungskanals die Heilung der Patienten nicht beschleunigen. Ja, durch eine zum Teil diätbedingte Mangelversorgung kann sogar die Gefahr bestehen, daß sich der Zustand des Kranken verschlechtert.

Abgesehen von einigen Ausnahmefällen empfiehlt man den Patienten heute eine „leichte Vollkost":

— Der Energie- und Nährstoffbedarf des Kranken wird voll gedeckt.

— Nahrungsunverträglichkeiten sind bei diesen Patienten häufiger als bei Gesunden. Nahrungsmittel, die erfahrungsgemäß von dem jeweiligen Patienten nicht vertragen werden, läßt man einfach weg.

— Eine besondere Diätempfehlung darüber hinaus gibt es nicht.

9.3.1 Lebererkrankungen

In manchen Fällen kann hier eine Diät hilfreich sein.

9.3.1.1 Fettleber

Dabei verfetten die Leberzellen, so daß letztlich sogar mehr als 50 % der Leber aus Fett bestehen können. Dieses Leiden ist heilbar, und zwar dann, wenn die Ursachen konsequent ausgemerzt werden.

Bei Fettleber, die durch Alkoholmißbrauch entsteht: Alkoholverbot.

Bei Fettleber, die durch Übergewicht entsteht: Reduzierung des Übergewichts. Wichtig: eine alleinige Reduzierung des Nahrungsfettes bringt entgegen früherer Meinung keine Besserung des Leidens.

Bei Fettleber, die durch Proteinmangel entsteht (bei uns außerordentlich selten): Erhöhung des Proteinangebots.

Überholt sind z.B. spezielle Diäten für:

— Magenerkrankungen wie z.B. Magengeschwüre

— Leberentzündungen (Gelbsucht)

— Leberzirrhose im Anfangsstadium

— Gallenleiden.

Beispiele für häufige Nahrungsmittelunverträglichkeiten

Anteil an Unverträglichkeiten	%
1. Hülsenfrüchte	30,1
2. Gurkensalat	28,6
3. fritierte Speisen	22,4
4. Weißkohl	20,2
5. CO_2-haltige Getränke	20,1
6. Grünkohl	18,1
7. fette Speisen	17,2
8. Paprikagemüse	16,8
9. Sauerkraut	15,8
10. Rotkraut	15,8
11. süße und fette Backwaren	15,8
12. Zwiebeln	15,8
13. Wirsing	15,6
14. Pommes frites	15,3
15. hartgekochte Eier	14,7
16. frisches Brot	13,6
17. Bohnenkaffee	12,5
18. Kohlsalat	12,1
19. Mayonnaise	11,8
20. Kartoffelsalat	11,4
21. Geräuchertes	10,7
22. Eisbein	9,0
23. zu stark gewürzte Speisen	7,7
24. zu heiße und zu kalte Speisen	7,6

Quelle: Kasper, Ernährungsmedizin und Diätetik (1991)

Aufgaben:

1. Erklären Sie die Reaktionen des Organismus auf das Ausbleiben von Energienachschub aus Nährstoffen.

2. Begründen Sie den Ausdruck „Hungerstreik" im Zusammenhang mit der pubertären Magersucht.

3. Eine Magersüchtige in der Therapie soll sich für eine von zwei Frühstücksmahlzeiten entscheiden.

   a) 2 Brötchen   b) 1 Scheibe Vollkornbrot
       Magerquark   1 Scheibe Knäckebrot
       Marmelade   Butter
       1 Tasse Milch   4 Scheiben Salami
       1 Banane   Kaffee

   Welches Frühstück würden Sie ihr empfehlen? Begründen Sie.

4. Stellen Sie in einer Tabelle Gemeinsamkeiten und Unterschiede der beiden Krankheiten Anorexia nervosa und Bulimia nervosa zusammen.

5. Muskelschwund ist ein typisches Symptom für Eiweißmangel. Begründen Sie, warum dieses Symptom auch bei extremem Vitamin B_1-Mangel zu beobachten ist.

6. Eine medikamentöse Vitamin D-Zufuhr wird heute von den meisten Kinderärzten befürwortet. Auf dem Beipackzettel des Präparats steht: „Änderung der Tagesdosis nur nach ärztlicher Anweisung". Begründen Sie diesen Hinweis

   a) für den Fall der Senkung, b) für den Fall der Erhöhung der Tagesdosis.

7. Überprüfen Sie folgende Werbeaussagen auf ihre Richtigkeit: „Zahnbelag entzieht den Zähnen Calcium".

8. Sammeln Sie weitere gängige Argumente, die dazu angetan sind, Übergewicht bzw. seine Ursachen zu verharmlosen.

9. Übergewicht — ein soziales Problem?

10. a) Errechnen Sie Ihr eigenes Normalgewicht.

    b) Wieviel müßten Sie wiegen, damit die Empfehlung „Abnehmen" vom gesundheitlichen Standpunkt her gerechtfertigt wäre?

11. Begründen Sie die Diätempfehlungen für Diabetiker: Ballaststoffreich

12. Erläutern Sie, auf welche Weise a) Cholesterinzufuhr und b) hohe Natriumzufuhr zum Auftreten eines Herzinfarktes beitragen können.

13. Beurteilen Sie die Eignung des folgenden Abendessens für einen übergewichtigen Gichtkranken.

    — 2 Toastbrot mit Butter   — 100 g Käse (55% F.i.Tr.)
    — 200 g Schinken   — 0,5 l Rotwein

9.3.1.2 Leberzirrhose

Das ist eine Krankheit, bei der die Leberzellen nach und nach zerstört werden. Ursache ist oft Alkoholmißbrauch. Leberzirrhose kann aber auch Folge anderer Lebererkrankungen, wie z.B. Leberentzündung oder Fettleber, sein. Im Anfangsstadium empfiehlt man heute eine leichte Vollkost. Später kann je nach Krankheitsbild eine Diät notwendig sein:

— Eiweißeinschränkung, denn Eiweiß bildet Stoffwechselendprodukte im Organismus, die unter Normalbedingungen von der Leber entgiftet werden. Ist die Leber nicht mehr funktionsfähig, kann eine Vergiftung entstehen.

— Natriumeinschränkung, denn durch verschiedene voneinander abhängige Folgen der Leberfunktionsschwäche können Ödeme, also Wasseransammlungen im Gewebe, entstehen.

9.3.2 Gallenleiden

Lange empfahl man bei Gallenleiden, fettarm zu essen und den gesättigten, langkettigen Fettsäuren kurzkettige vorzuziehen. Man konnte das auch recht gut erklären: die Produktion von Gallensäuren sollte möglichst niedrig gehalten werden, um die kranken Gänge bzw. die Gallenblase zu schonen. Aber die Theorie funktioniert eben machmal besser als die Praxis: bei entsprechenden Versuchen erhielt man nach der Zufuhr kurzkettiger Fettsäuren ein noch schlechteres Ergebnis als bei den schwer verdaulichen langkettigen.

Auf eine rigorose Fetteinschränkung verzichtet man daher heute. Deutlich positiv ausgewirkt hat sich aber eine Erhöhung der Ballaststoffmenge in der Nahrung. Sie bindet das Cholesterin und wirkt so der Entstehung von Gallensteinen entgegen.

Gallenleiden können sein:

— Erkrankungen der Gallenwege, d.h. der Gänge, durch die die Gallenflüssigkeit aus der Leber oder aus der Gallenblase in den Dünndarm gelangt

— Bildung von Gallensteinen (Bestandteil: Cholesterin)

— Entzündung der Gallenblase.

Die gesunde Ernährung muß bereits im Kindesalter beginnen. Nur so kann man ernährungsbedingten Krankheiten wirkungsvoll begegnen.

294

Lebensmittel	Der eßbare Teil von 100 g eingekaufter Ware enthält:												
			Kohlenhydrate		Energie	Mineralstoffe				Vitamine			
	Protein	Fett	verwertbare	Ballaststoffe		Natrium	Kalium	Calcium	Eisen	A	B$_1$	B$_2$	C
	g	g	g	g	kJ	mg	mg	mg	mg	µg	mg	mg	mg
Fleisch und Fleischwaren													
Schweinefleisch, mager	19	7	—		600	70	345	8	2,0	—	0,70	0,15	—
Schweinefleisch, mittelfett	10	37	—		1630	70	250	7	1,4	—	0,70	0,10	—
Schweinefleisch, fett	10	37	—		1630	70	260	7	1,4	—	0,70	0,10	—
Schweinefleisch, sehr fett	8	46	—		1985	35	140	6	1,3	+	0,35	0,10	—
Rindfleisch, mager	15	11	—		725	45	275	9	2,1	—	0,05	0,15	—
Rindfleisch, mittelfett	15	18	—		995	75	275	8	2,4	10	0,05	0,15	—
Rindfleisch, fett	14	24	—		1225	85	300	8	2,4	—	0,05	0,15	—
Hackfleisch (halb u. halb)	20	19	—		1060	35	290	8	2,2	5	0,40	0,15	—
Kalbfleisch, mittelfett	16	3	—		390	75	260	10	1,7	—	0,10	0,20	—
Lammfleisch, mittelfett	14	13	—		745	70	245	8	1,9	+	0,14	0,22	+
Herz (Rind, Kalb)	12	4	1		425	80	205	10	3,5	24	0,40	0,75	4
Leber (Kalb)	18	4	4		575	80	285	4	10,2	4000	0,25	2,45	39
Leber (Rind)	18	3	6		550	110	270	7	6,6	7760	0,30	2,70	28
Leber (Schwein)	19	5	1		575	70	325	9	20,6	3290	0,30	2,95	21
Niere (Kalb)	15	6	1		505	175	255	9	10,1	185	0,35	2,20	11
Schinken, geräuchert, roh	16	29	—		1440	2200	215	9	2,0	+	0,50	0,20	—
Schinken, gekocht	19	20	—		1145	850	260	10	2,4	+	0,50	0,25	+
Speck, durchwachsen	8	60	—		2530	1630	205	9	0,7	+	0,40	0,15	—
Blutwurst	14	44	—		1935	650	35	10	2,0	—	—	—	—
Bratwurst	12	35	—		1570	520	140	5	1,0	—	0,40	0,10	—
Fleischwurst	11	30	—		1355	820	195	9	2,5	—	0,20	0,25	—
Bierschinken	15	19	—		1025	740	260	15	1,5	—	0,30	0,20	—
Leberkäse	13	23	+		1135	600	300	4	2,0	—	0,05	0,15	—
Leberwurst	12	40	1		1840	795	140	40	5,2	1430	0,20	0,90	—
Mettwurst (Braunschw. Mettw.)	12	51	—		2220	1070	210	13	(1,6)	—	(0,20)	(0,15)	—
Mortadella	12	32	+		1505	655	205	40	1,5	+	0,10	0,15	+
Salami	17	47	+		2190	1185	285	35	2,0	+	0,15	0,20	+
Schwartenmagen	15	20	—		1040	—	260	10	2,0	—	0,05	0,10	—
Zervelatwurst	17	41	—		1900	1200	185	20	1,5	—	—	—	—
Dosenwürstchen	13	20	—		1000	710	165	10	2,7	—	0,03	0,10	—
Kasseler Rippchen	15	22	+		1140	795	270	5	2,1	+	—	—	—
Fleischkonserven (Rind)	25	14	—		975	600	280	14	3,0	—	0,05	0,20	—
Brathähnchen	15	4	—		450	60	265	9	1,3	7	0,37	0,4	2
Ente	15	14	—		810	65	235	9	1,7	—	—	—	6
Gans	10	20	—		960	55	265	8	1,2	41	0,37	—	—
Hähnchenkeule	15	2	—		375	70	190	11	1,4	—	—	—	—
Hähnchenbrust	16	1	—		330	50	190	10	0,8	—	—	0,3	—
Putenfleisch ohne Knochen	23	3	—		525	50	200	20	3,0	—	—	—	—
Truthahn (Puter)	15	11	+		705	50	230	19	3,1	+	—	—	—
Fische und Fischwaren													
Aal	9	18	+		875	55	175	13	0,4	520	0,20	0,7	1
Heilbutt	16	2	—		370	55	360	11	0,4	25	0,34	0,8	—
Kabeljau, TK, paniert	15	0,2	11		475	65	280	9	0,1	—	0,06	0,04	2
Rotbarsch, TK, paniert	16	3	11		595	60	275	16	0,6	9	0,10	0,08	1
Schellfisch (Filet)	18	+	+		335	115	300	18	0,6	17	0,05	0,15	—
Seelachs (Filet)	18	1	+		370	80	375	14	1,0	11	0,10	0,35	—
Bach-Regenbogenforelle	10	1	+		220	20	235	9	0,5	23	0,05	0,04	—
Karpfen	10	3	+		270	25	160	15	0,6	27	0,05	0,03	(1)
Aal, geräuchert	14	22	—		1120	380	175	15	0,5	710	0,15	0,30	—
Bückling, geräuchert	14	9	+		610	455	180	20	(0,9)	9	0,03	0,20	—
Hering, mariniert (Bismarckhering)	16	15	—		895	980	250	35	—	34	0,05	0,20	—
Salzhering (Pökelhering)	9	7	+		420	2550	105	50	(8,6)	20	0,02	0,15	+
Matjeshering (Filet)	16	23	—		1190	2500	235	50	—	—	—	—	—
Lachs in Dosen	21	9	—		710	530	290	180	1,0	58	0,05	0,15	+
Ölsardinen (nur feste Teile)	24	14	1		1005	505	395	330	2,7	60	0,05	0,30	+
Fischstäbchen, TK	16	7	20		840	—	—	—	—	—	—	—	—

Lebensmittel	Der eßbare Teil von 100 g eingekaufter Ware enthält:												
	Protein	Fett	Kohlenhydrate		Energie	Mineralstoffe				Vitamine			
			verwertbare	Ballast-stoffe		Natrium	Kalium	Calcium	Eisen	A	B$_1$	B$_2$	C
	g	g	g	g	kJ	mg	mg	mg	mg	µg	mg	mg	mg
Eier													
Hühnerei, St. ca. 57 g	7	6	+		350	70	75	30	1,0	150	0,05	0,15	+
Hühnereidotter (Flüssigeigelb)	16	32	+		1575	50	140	140	7,2	1490	0,30	0,40	+
Hühnereiklar (Flüssigeiweiß)	11	+		1	230	170	155	11	0,2	+	0,02	0,30	0,3
Milch und Milcherzeugnisse													
Kuhmilch, 3,5% Fett (Vollmilch)	3,3	3,5	5		275	50	155	120	0,1	28	0,04	0,18	1,7
Vollmilch (Roh-, Vorzugsmilch)	3,3	3,8	5		290	50	155	120	0,1	30	0,04	0,18	1,7
Teilentrahmte (fettarme) Milch	3,4	1,5	5		200	50	150	120	0,1	13	0,04	0,17	0,7
Entrahmte Milch (Magermilch)	3,5	0,1	5		145	55	150	125	0,1	—	0,04	0,17	0,3
Buttermilch	3,5	0,5	4		150	55	145	110	0,1	8	0,03	0,16	0,6
Kondensmilch, ungez. (7,5% Fett)	6,5	7,6	10		580	100	320	240	0,1	48	0,07	0,37	2,1
Kakaotrunk	3,5	0,5	9		245	500	1700	1200	0,3	30	0,04	0,18	1,0
Schlagsahne mit 30% Fett	2,4	32	3		1345	35	110	80	0,1	250	0,03	0,15	1,0
Sahne (Rahm)	3,1	10,5	4		530	40	135	110	0,1	66	0,04	0,16	1,0
Kefir	3,3	3,5	5		275	50	150	120	0,1	60	0,04	0,17	1,0
Vollmilch-Joghurt	3,8	3,8	5		300	50	160	120	0,1	29	0,04	0,18	1,0
Joghurt mit Früchten 3,5% Fett	3	3	14		425	40	130	100	—	50	0,03	0,15	1,0
Joghurt, fettarm 1,5% Fett	3,6	1,6	5		210	45	150	115	—	14	0,04	0,17	1,6
Joghurt mit Früchten, fettarm	3,0	1	14		355	40	130	120	—	14	0,03	0,15	1,0
Joghurt aus entrahmter Milch	4,4	0,1	5		165	55	190	140	0,1	1	0,04	0,18	1,7
Emmentaler Käse (45% Fett i.Tr.)	27	28	—		1555	420	100	960	0,3	300	0,05	0,32	+
Parmesankäse	33	24	—		1500	670	125	1230	1,0	320	0,02	0,59	—
Limburger Käse (20% Fett i.Tr.)	26	9	—		795	1280	115	510	0,4	40	0,04	0,58	+
Edamer Käse, fett (40% Fett i.Tr.)	25	22	—		1285	860	100	750	0,3	230	0,05	0,35	+
Jocca-Frischkäse	11	5	4		450	390	—	—	—	—	—	—	—
Doppelrahmfrischkäse (60% Fett i.Tr.)	11	32	—		1435	375	95	70	0,6	325	0,05	0,23	+
Camembert (45% Fett i.Tr.)	21	22	—		1215	980	110	570	0,3	360	0,05	0,60	+
Schmelzkäse (45% Fett i.Tr.)	14	24	—		1175	1260	65	545	1	300	0,03	0,38	—
Schmelzkäse, halbfett	25	9	6		880	1200	150	800	1,0	150	0,03	0,38	—
Magerkäse, unter 10% Fett i.Tr.	30	1	—		555	1520	105	125	0,3	30	0,03	0,38	1,0
Speisequark (mager)	14	0,2	4		315	40	95	90	0,4	2	0,04	0,30	0,7
Speisequark (20% Fett i.Tr.)	13	5	3		470	35	85	85	0,4	44	0,04	0,27	0,6
Sahnequark (40% Fett i.Tr.)	11	11	3		670	35	80	95	0,03	100	0,03	0,24	0,5
Öle und Fette (pflanzliche und tierische)													
Butter, Deutsche Marken-, Molkerei-, Kochbutter	1	83	+		3240	5	15	13	0,1	650	0,01	0,02	+
Halbfettmargarine	6	40	+		1665	—	—	—	—	—	—	—	—
Kokosfett	0,8	99	+		3870	2	2	2	—	+	—	—	—
Maiskeimöl	—	100	—		3890	1	1	15	1,3	35	—	—	—
Margarine	1	80	+		3180	75	7	10	0,1	590	+	+	+
Mayonnaise (80% Fett)	2	80	3		3200	360	20	19	1,0	3	0,05	0,10	6
Olivenöl	+	100	+		3880	1	1	—	—	(20)	—	—	—
Salat-Dressing i.D.	2	21	10		990	—	—	—	—	—	—	—	—
Schweineschmalz	+	100	+		3960	1	1	—	—	+	+	+	+
Sonnenblumenöl	+	100	+		3885		1	—	—	4	—	—	—

Lebensmittel	Protein	Fett	Kohlenhydrate		Energie	Mineralstoffe				Vitamine			
			verwert-bare	Ballast-stoffe		Natrium	Kalium	Calcium	Eisen	A	B$_1$	B$_2$	C
	g	g	g	g	kJ	mg	mg	mg	mg	µg	mg	mg	mg

Der eßbare Teil von 100 g eingekaufter Ware enthält:

Getreideerzeugnisse / Nährmittel

Lebensmittel	Protein	Fett	verwert-bare	Ballast-stoffe	kJ	Natrium	Kalium	Calcium	Eisen	A	B$_1$	B$_2$	C
Corn-flakes	8	1	77,8	4,0	1470	915	140	13	2,0	+	—	0,05	+
Eierteigwaren (Nudeln)	13	3	66,8	3,4	1480	7	155	20	2,1	60	0,20	0,10	—
Grünkernmehl	10	2	75	75	1550	3	349	20	—	+	—	—	—
Haferflocken	14	7	61,2	6,7	1550	3	360	65	3,6	—	0,40	0,15	—
Leinsamen, geschrotet	19	31	13	13	1760	+	590	260	—	75	0,41	0,96	—
Mais-Korn	9	4	65,2	9,2	1415	6	330	15	1,5	60	0,36	0,20	—
Müsli (Früchtemüsli)	11	6	68	68	1550	50	435	55	3,0	10	0,36	0,15	48
Reis, parboiled	7	1	80	80	1505	—	92	24	2,9	—	0,44	0,03	—
Reis, poliert	7	1	78,4	1,4	1470	6	105	6	0,6	+	0,05	0,03	+
Reis, Vollreis	7	2	74,6	4,0	1475	10	150	25	2,6	+	0,40	0,10	+
Roggenmehl, Type 1150	9	—	61,8	13,3	1255	1	295	20	2,4	+	0,20	0,10	—
Roggenvollkornschrot	11	2	64	64	1350	2	439	23	4,0	45	0,30	0,14	—
Weizengrieß	10	1	65,6	5,3	1325	1	110	17	1,0	—	0,10	0,05	—
Weizenkeime	27	9	28,0	4,2	1335	5	840	70	8,1	160	2,00	0,72	—
Weizenkleie	16	5	14,1	42,4	720	2	1400	45	3,6	4	0,65	0,51	—
Weizenmehl, Type 405	11	1	72,8	2,2	1460	2	110	15	1,0	10	0,06	0,03	—
Weizenmehl, Type 1050	12	2	65,1	4,2	1390	2	205	14	2,8	+	0,45	—	—
Weizenvollkornmehl	12	2	69	69	1470	3	337	32	3,4	50	0,50	0,10	—
Brötchen (Semmeln)	7	1	51,2	—	1100	485	115	25	0,6	+	0,10	0,05	+
Knäckebrot	10	1	63,2	14,6	1305	460	435	55	4,7	+	0,20	0,20	+
Mischbrot (Roggen-Weizen)	7	1	41,6	4,1	865	300	410	20	1,5	—	0,15	0,10	—
Pumpernickel	6	1	49	49	1035	370	340	55	—	—	0,05	—	—
Roggenbrot	6	1	39,4	5,5	825	220	100	20	1,9	+	0,15	0,10	—
Roggenvollkornbrot	7	1	36,3	7,2	795	425	290	45	3,3	50	0,20	0,15	—
Weizentoastbrot	10	2	48,1	3,1	1115	640	130	110	2,2	—	0,17	0,04	—
Weizenvollkornbrot	8	1	40,7	6,7	860	430	—	95	2,0	—	0,25	0,15	+
Zwieback, eifrei	10	4	75,6	3,5	1620	265	160	40	1,5	—	—	—	—
Kuchen i.D.	7	13	39	39	1315	—	—	80	1,0	50	0,15	0,10	1

Kartoffeln

Lebensmittel	Protein	Fett	verwert-bare	Ballast-stoffe	kJ	Natrium	Kalium	Calcium	Eisen	A	B$_1$	B$_2$	C
Kartoffeln mit Schalen	2	+	12	2	240	3	355	8	0,6	8	0,10	0,05	14
Kartoffeln ohne Schalen	2	+	15	2	295	3	455	10	0,8	10	0,10	0,05	17
Pommes frites (erhitzte)	4	15	29,2	—	1120	12	1020	9	1,8	0	0,15	0,02	21
Kartoffel-Chips	5	40	40,6	—	2300	450	1000	40	1,8	—	0,21	0,70	16

Hülsenfrüchte

Lebensmittel	Protein	Fett	verwert-bare	Ballast-stoffe	kJ	Natrium	Kalium	Calcium	Eisen	A	B$_1$	B$_2$	C
Bohnen, weiße	21	2	47	47	1245	2	1300	105	6,0	65	0,45	0,15	3
Erbsen, gelbe, geschält	23	1	56	16	1330	26	930	50	5,0	20	0,75	0,30	2
Linsen	24	1	50,8	10,6	1340	4	810	75	6,9	20	0,45	0,25	—
Sojabohnen (im Glas)	7	3	6,0	6,0	315	4	1440	55	2,9	—	0,09	0,09	8
Sojabohnenkeime	6	1	5	5	250	—	—	48	1,0	80	0,23	0,20	13

Süßwaren, Zucker

Lebensmittel	Protein	Fett	verwert-bare	Ballast-stoffe	kJ	Natrium	Kalium	Calcium	Eisen	A	B$_1$	B$_2$	C
Bienenhonig, i.D.	+	—	81		1275	7	45	5	1,3	+	+	0,05	2
Bonbons i.D.	1	—	94		1630	—	—	—	—	—	—	—	—
Diabetikermarmelade	—	—	52		880	—	—	—	—	—	—	—	—
Kakaopulver, schwach entölt	20	25	10,8		1495	35	1920	115	11,5	8	0,10	0,10	—
Kokosflocken	2	18	69		1865	18	195	10	1,2	—	0,03	+	2
Marmelade i.D.	+	—	66		1090	10	15	10	—	—	+	+	8
Nuß-Nougat-Creme	7	31	54		2250	36	440	130	3,4	—	0,03	0,24	7
Pralinen i.D.	5	16	70		1910	—	400	—	—	—	—	—	—
Vollmilchschokolade	9	33	54,1		2300	60	420	215	3,1	25	0,10	0,40	+
Zucker	—	—	99,8		1670	+	2	1	0,3	—	—	—	—

Lebensmittel	Der eßbare Teil von 100 g eingekaufter Ware enthält:												
	Protein	Fett	Kohlenhydrate		Energie	Mineralstoffe				Vitamine			
			verwert-bare	Ballast-stoffe		Natrium	Kalium	Calcium	Eisen	A	B$_1$	B$_2$	C
	g	g	g	g	kJ	mg	mg	mg	mg	µg	mg	mg	mg
Gemüse													
Artischocke	1	+	5	—	95	23	170	25	0,7	8	0,07	0,01	4
Aubergine	1	+	3	1	70	3	220	11	0,4	4	0,03	0,04	4
Avocado	1	18	1	2	725	2	375	8	0,5	9	0,06	0,11	10
Blumenkohl	2	+	2	2	60	10	205	12	0,4	3	0,07	0,06	45
Bohnen, grün (Schnittbohnen)	2	+	6	—	145	2	235	55	0,8	50	0,08	0,11	19
Broccoli	2	+	1	2	55	8	285	65	0,8	195	0,06	0,13	70
Chicorée	1	+	1	1	40	4	170	25	0,7	190	0,05	0,03	9
Chinakohl	1	+	1	1	35	6	160	30	0,5	10	0,02	0,03	30
Dicke Bohnen	3	+	2	—	90	—	—	150	10,0	17	0,25	0,25	20
Endivie	1	+	1	1	40	40	265	40	1,1	145	0,04	0,09	7
Erbsen, grün	3	+	5	2	140	1	120	10	0,7	25	0,12	0,06	10
Feldsalat (Rapunzel)	2	+	1	1	45	4	410	35	1,9	500	0,06	0,08	35
Fenchelknolle	2	+	8	8	195	80	460	100	2,5	730	0,21	0,10	90
Grünkohl (Braunkohl)	2	—	1	2	65	20	250	110	1,0	350	0,05	0,13	55
Gurke, ungeschält	+	+	2	1	40	6	105	11	0,4	22	0,01	0,02	6
Kohlrabi	1	+	3	1	65	20	250	45	0,6	22	0,03	0,03	40
Kohlrübe	1	+	6	6	120	8	190	40	0,4	14	0,04	0,05	25
Kopfsalat	1	+	1	1	30	7	150	25	0,8	90	0,04	0,05	9
Kürbis	1	+	2	2	55	1	270	15	0,6	230	0,03	0,05	8
Lauch	1	+	2	1	60	3	130	50	0,6	20	0,06	0,03	17
Maiskolben	3	1	19	19	525	—	—	—	—	—	—	—	—
Maronen	2	2	33	—	655	1	565	25	1,1	3	0,16	0,17	20
Meerrettich	1	+	6	—	135	5	295	55	0,7	2	0,07	0,06	60
Möhren (Karotten, Mohrrüben)	1	+	4	3	90	50	235	35	—	1120	0,06	0,04	6
Paprikafrucht, -schote	1	+	2	2	60	1	165	9	0,6	25	0,05	0,04	105
Radieschen	1	+	1	—	35	11	160	20	1,0	2	0,02	0,02	18
Rettich	1	+	1	1	30	14	245	25	0,6	1	0,02	0,02	20
Rhabarber	+	+	1	3	35	2	210	40	0,4	9	0,02	0,02	8
Rosenkohl	3	+	3	3	115	5	320	25	0,9	50	0,10	0,11	90
Rote Beete	1	+	7	2	130	45	260	25	0,7	1	0,02	0,03	8
Rotkohl (Blaukraut)	1	+	3	2	65	3	210	25	0,4	4	0,05	0,04	40
Schwarzwurzel	1	+	1	—	30	3	180	30	1,9	2	0,06	0,02	2
Sellerie (Knolle)	1	+	2	3	65	55	235	50	0,4	2	0,03	0,05	6
Spargel	1	+	1	1	40	3	155	15	0,7	4	0,08	0,09	16
Spinat	2	+	+	2	50	55	540	105	3,5	595	0,09	0,20	45
Tomate	1	+	3	2	70	6	285	13	0,5	130	0,05	0,03	25
Weißkohl (Weißkraut)	1	+	3	2	70	10	175	35	0,4	5	0,04	0,03	35
Wirsingkohl	2	+	3	1	90	6	205	35	0,7	5	0,04	0,04	30
Zwiebel	1	+	6	3	125	8	160	30	0,5	5	0,03	0,03	8
Petersilie, Blatt	3	+	6	6	155	20	600	145	3,3	725	0,10	0,20	100
Schnittlauch	4	1	8	8	230	3	435	130	1,9	50	0,14	0,15	45
Erbsen, grün (in Dosen)	4	+	11	11	275	145	135	20	1,8	70	0,12	0,06	9
Grüne Bohnen (in Dosen)	1	+	4	4	95	275	150	35	1,3	35	0,07	0,04	4
Maiskörner (in Dosen)	2	+	16	16	275	235	95	4	0,4	30	0,03	0,05	5
Möhren (in Dosen)	1	—	6	6	125	60	140	25	0,7	1210	0,02	0,02	3
Gemüsekonserven i.D.	2	+	6	6	150	300	250	25	1,3	55	0,10	0,05	9
Sauerkraut	2	+	2	2	65	355	290	50	0,6	3	0,03	0,05	20
Essiggurken	1	+	3	3	70	960	—	30	1,6	—	+	0,02	—
Nüsse und Samen													
Erdnüsse geröstet u. geschält	26	49	9	7	2565	6	775	65	2,3	2	0,25	0,14	—
Haselnüsse ohne Schale	14	62	11	7	2840	2	635	225	3,8	5	0,39	0,21	3
Mandeln ohne Schale	18	54	9	10	2600	—	835	250	4,1	20	0,22	0,62	—
Pistazien	21	51	13	7	2635	—	1020	136	7,3	25	0,69	0,20	7
Sesam, geschält	20	50	2	2	2510	45	460	785	10,0	6	1,00	0,25	—
Sonnenblumenkerne	27	49	8	6	2540	2	725	100	6,3	—	1,90	0,14	—
Walnüsse ohne Schale	14	63	12	5	2905	2	545	85	2,5	8	0,3	0,12	3

Lebensmittel	Protein g	Frucht- säure g	Kohlenhydrate verwert- bare g	Ballast- stoffe g	Energie kJ	Natrium mg	Kalium mg	Calcium mg	Eisen mg	A µg	B₁ mg	B₂ mg	C mg
Obst													
Apfel	+	+	11	2	205	3	130	7	0,4	7	0,03	0,03	11
Birne	+	+	9	3	175	2	115	9	0,2	5	0,03	0,04	4
Aprikose	1	+	9	—	170	2	255	15	0,6	270	0,04	0,05	9
Kirsche, süß	1	+	11	2	215	2	200	15	0,3	12	0,03	0,04	13
Pfirsich	1	+	8	—	150	1	190	7	0,4	65	0,02	0,05	9
Pflaume (Zwetschge)	1	+	11	2	205	2	210	13	0,4	35	0,07	0,04	5
Brombeeren	1	1	9	3	200	3	190	44	0,9	45	0,03	0,04	17
Erdbeeren	1	+	6	2	130	2	145	25	0,9	8	0,03	0,05	60
Heidelbeeren	1	1	19	5	350	1	65	10	0,7	22	0,02	0,02	20
Himbeeren	1	1	6	5	130	—	170	40	1,0	13	0,02	0,05	25
Johannisbeeren, rot	1	+	8	3	160	1	235	30	0,9	6	0,04	0,03	35
Johannisbeeren, schwarz	1	+	10	7	195	1	305	45	1,3	23	0,05	0,04	175
Stachelbeeren	1	+	10	3	190	2	200	30	0,6	35	0,02	0,02	35
Weintrauben	1	+	16	2	280	2	185	17	0,5	5	0,04	0,03	4
Ananas	+	+	7	1	125	1	95	9	0,2	5	0,04	0,02	10
Apfelsine (Orange)	1	+	7	2	130	1	125	30	0,3	11	0,06	0,03	35
Banane	1	+	13	1	230	1	265	6	0,4	25	0,03	0,04	8
Clementine	1	+	8	8	140	1	90	30	0,3	30	0,04	0,01	35
Grapefruit	+	+	6	+	115	1	120	12	0,2	2	0,03	0,02	30
Honigmelone	1	+	10	1	180	16	265	5	0,2	230	0,05	0,02	25
Kiwi	1	1	9	—	185	4	255	35	0,7	53	0,01	0,04	60
Mandarine	+	+	7	—	125	1	135	20	0,2	37	0,04	0,02	20
Mango	+	+	9	1	160	3	130	8	0,3	318	0,03	0,03	25
Nektarine	1	+	16	16	245	6	270	4	0,5	455	—	—	12
Wassermelone	+	+	3	+	65	+	70	5	0,2	15	0,02	0,02	3
Zitrone	+	+	5	—	110	2	95	7	0,3	2	0,03	0,01	35
Alkoholfreie Getränke													
Apfelsaft	+	1	11,9		200	5	120	7	0,3	7	0,02	0,03	1
Johannisbeernektar, rot	0,4	1	15,1		260	+	110	7	0,3	4	+	+	8
Johannisbeernektar, schwarz	0,4	1	15,1		260	5	100	15	0,3	4	+	+	30
Orangensaft, ungezuckert	1	1	10,1		190	1	160	11	0,2	12	0,10	0,03	54
Sanddornbeerensaft	1	4	4,8		185	6	210	9	—	—	—	—	268
Traubensaft	+	+	16,9		285	—	165	13	1,7	—	0,05	—	2
Zitronensaft	+	6	7,7		140	2	140	14	0,1	2	0,05	—	55
Cola-Getränke	—	—	10,5		175	6	1	4	—	—	—	—	—
Limonade	—	—	12,0		190	1	1	—	—	—	—	—	—
Alkoholhaltige Getränke		Fett	Alkohol										
Apfelwein	—	—	5,0	—	165	—	—	—	—	—	—	—	—
Eierlikör	3,8	7,4	13,4	—	710	—	—	—	—	—	—	—	—
Malzbier, Malztrunk	0,6	—	1,1	8,6	230	4	45	3	0,2	—	—	0,05	—
Rotwein, deutsche Lage	—	—	7,9	0,3	275	4	95	7	0,9	—	0,05	0,05	—
Trinkbranntwein i.D.	—	—	35,0	—	1045	—	—	—	—	—	—	—	—
Vollbier, dunkel	0,4	—	3,5	5,0	200	5	40	4	0,1	1	—	0,05	—
Vollbier, hell	0,5	—	3,6	3,8	195	5	40	4	0,1	—	+	—	—
Weinbrand i.D.	—	—	33,0	—	1005	—	—	—	—	—	+	+	—
Weißwein, deutsche Lage	—	—	8,4	0,1	295	2	80	10	0,6	—	+	+	—

Praktische Übungen

Schülerversuche sollen den Theorieunterricht ergänzen und Zusammenhänge veranschaulichen.

Damit auch das gelingt, sollte man einige „Spielregeln" beachten:

Quelle: BAguv 1986, Empfehlungen für Richtlinien zur Sicherheit im naturwiss. Unterricht

Während des Praktikums:

— Lesen sie zunächst die Versuchsanleitung genau durch. Wenn Sie etwas nicht verstehen, fragen Sie gleich nach.

— Stellen Sie — soweit möglich — alle Materialien, die sie zur Durchführung eines Versuchs brauchen, an Ihrem Arbeitsplatz bereit.

— Führen Sie den Versuch nach Anweisung durch. Beachten Sie dabei:
- gehen Sie vorsichtig mit Geräten und sparsam mit chemischen Substanzen um.
- achten Sie beim Umgang mit Säuren, Basen usw. auf die Einhaltung der Sicherheitsvorschriften.

— Notieren Sie alle Ihre Beobachtungen.
und

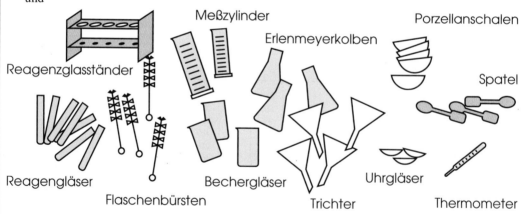

— Spülen und Aufräumen muß natürlich auch sein.

Nach dem Praktikum:

Schreiben Sie ein Protokoll folgenden Inhalts:

1. die Überschrift, wie sie in der Versuchsanleitung angegeben ist.
2. Benötigte Materialien und Versuchsdurchführung nur, soweit sie von der vorgegebenen Anweisung abweichen.
3. die Beobachtungen bzw. Ergebnisse, ggf. mit Diagrammen.
4. die Deutung der Ergebnisse. ⎱
5. die Beantwortung zusätzlich gestellter Fragen ⎰ unter Zuhilfenahme des Lehrbuchs

Praktische Übungen I

Aufgaben von Wasser im Organismus

Versuch 1: Wasser als Baustoff

Material: ein ca. 3 cm großes Stück Salatgurke, eine Raspel, eine Petrischale zum Auffangen.

Durchführung: Reiben Sie die Gurke möglichst fein.

Versuch 2: Wasser als Baustoff

Material: Blattgelatine, Waage, Becherglas.

Durchführung: Wiegen Sie ein halbes Blatt Gelatine ab. Legen Sie dieses dann in das mit Wasser gefüllte Becherglas. Nach etwa 10 Minuten drücken Sie die Gelatine gut aus und wiegen Sie erneut.

Zusatzfrage: In welchen Organen wird besonders viel, in welchen Geweben besonders wenig Wasser eingebaut?

Versuch 3: Wasser als Lösungsmittel

Material: Traubenzucker 1, Aminosäure 2, Stärke 3, Wasser, drei Reagenzgläser im Ständer, Spatel.

Durchführung: Füllen Sie die Reagenzgläser etwa 5 cm hoch mit Wasser. Geben Sie in jedes Glas eine kleine Spatelspitze einer der drei Substanzen.

Zusatzfragen: Informieren Sie sich über die Strukturen der drei Substanzen, für welche Substanzen Wasser als Lösungsmittel in Frage kommt.

Versuch 4: Wasser als Wärmepuffer

Material: Wasser, Bunsenbrenner, Dreifuß mit Keramiknetz, (oder Heizplatte), 2 Bechergläser, 50 g-Metallgewicht.

Durchführung: Füllen Sie ein Becherglas mit 100 ml Wasser, ein anderes Becherglas mit 50 ml Wasser und dem Metallgewicht. Erhitzen Sie beide Bechergläser und messen Sie jeweils den Temperaturverlauf alle 30 Sekunden über einen Zeitraum von 5 min. Erstellen Sie ein Diagramm der Temperaturverläufe.

Tip: Um vergleichbare Ergebnisse zu erhalten, ist es wichtig, daß auch die Wärmezufuhr bei beiden Teilversuchen gleich ist. Wenn Sie also mit Bunsenbrenner arbeiten, führen Sie die beiden Versuche nacheinander durch.

Zusatzfragen: Welcher Teil Flüssigkeit erwärmt sich in dem mit Wasser gefüllten Becherglas am schnellsten. Warum kann die ganze Flüssigkeit erhitzt werden, obwohl die Wärmequelle nur auf den Becherboden wirkt? Leiten Sie daraus eine weitere Funktion des Wassers im Organismus ab.

Versuch 5: Wasser als Wärmeregulator

Material: Zwei Thermometer, Wattebäusche, Fön, Stativmaterial.

Durchführung: Befestigen Sie zwei Thermometer vorsichtig an einem Stativ. Umwickeln Sie die Spitze des einen Thermometers mit einem trockenen, die des anderen Thermometers mit einem nassen Wattebausch. Schalten Sie den Fön auf die niedrigste Stufe (kalt) und fönen Sie möglichst gleichmäßig beide Wattebäusche. Messen Sie jeweils den Temperaturverlauf wie bei Versuch 4. Erstellen Sie ein Diagramm.

Zusatzfrage: Erläutern Sie, auf welche Weise der Organismus eine zu hohe Wärmeentwicklung einreguliert.

Praktische Übungen II

Kohlenhydrate in Lebensmitteln/Kohlenhydratverdauung

A: Der Nachweis für Monosaccharide

Die funktionelle Gruppe der Aldehyde ist die Carbonylgruppe $-C{<}^O_H$. Auch Zucker sind ihrer chemischen Struktur nach Aldehyde. Deshalb lassen sich Mono- und einige Disaccharide mit der für Aldehyde typischen Reaktion nachweisen. Diese Reaktion wurde 1850 zum ersten Mal von dem Wissenschaftler Fehling durchgeführt, der damit eine Methode gefunden hatte, die Glucose im Urin von Diabetikern nachzuweisen.

Versuch 1: Fehling'sche Probe:

Material: Fehling'sche Lösung I (Kupfersalzlösung), Fehling'sche Lösung II (basische Lösung), Reagenzgläser, Bunsenbrenner, Dreifuß, Keramiknetz (oder Heizplatte), Becherglas, ca. 5 cm hoch mit Wasser gefüllt, Meßzylinder 10 ml, Spatel.

Durchführung: Die Fehling'sche Lösung wird unmittelbar vor Versuchsbeginn hergestellt, indem man Fehling'sche Lösung I und Fehling'sche Lösung II (jeweils 2 ml) in einem Reagenzglas zusammengibt. Geben Sie dazu eine kleine Spatelspitze Glucose und erhitzen Sie im Wasserbad.

Zusatzaufgabe: Informieren Sie sich über die chemischen Grundlagen dieser Reaktion.

Versuch 2: Nachweis von Monosacchariden in Lebensmitteln.

Material: Wie bei Versuch 1, jedoch statt Glucose verschiedene Lebensmittel, z. B. Apfel, Schokolade, Zwiebel, jeweils so fein wie möglich zerkleinert.

B: Der Nachweis für Stärke

Wegen seiner schraubenförmigen Struktur kann das Stärkemolekül Jod einlagern. Der entstehende Komplex weist eine charakteristische Blaufärbung auf.

Versuch 3: Die Jod-Stärke-Reaktion

Material: Speisestärke, Wasser, Jod-Kalium-Jodid-Lösung, Reagenzglas, Spatel.

Durchführung: Geben Sie in das Reagenzglas ca. 5 cm hoch Wasser und schlämmen Sie eine kleine Spatelspitze Stärke darin auf. Geben Sie einen Tropfen JKJ-Lösung dazu.

C: Die Kohlenhydratverdauung

Versuch 4: Stärke im Weißbrot wird verdaut

Material: Weißbrot, Fehling'sche Lösung I und II, Speichel, JKJ-Lösung, Mörser, Pistill, Reagenzgläser, Wasserbad 37 °C.

Durchführung: Prüfen Sie jeweils ein kleines Stückchen Weißbrot mit Fehling auf Zucker und mit JKJ auf Stärke. Kauen Sie eine halbe Scheibe Weißbrot 5 Minuten lang und speicheln Sie gut ein. Achten Sie auf Gechmacksveränderung. Bringen Sie das gekaute Brot in einen Mörser und verreiben sie es mit 20 ml Wasser. Absetzen lassen. Gießen Sie die stehende Flüssigkeit in zwei Reagenzgläser und prüfen Sie mit JKJ und mit Fehling.

Zusatzaufgabe: Erläutern Sie die Zusammenhänge zwischen Ihren Ergebnissen und den Verdauungsvorgängen im Organismus. Warum werden Monosaccharide nicht verdaut?

Praktische Übungen III

Eigenschaften von Kohlenhydraten

Versuch 1: Hygroskopie

Material: Apfel, Saccharose, Glucose, Fructose, Sorbit, Stärke, 6 Uhrgläser, Spatel.

Durchführung: Legen Sie die sechs Uhrgläser nebeneinander und geben Sie jeweils ein Apfelstückchen darauf. Eines bleibt zum Vergleich, auf die restlichen fünf geben Sie jeweils eine Spatelspitze von einem der o. g. Kohlenhydrate. Notieren Sie Ihre Beobachtung nach 30 Minuten.

Tip: Wenn Sie die Uhrgläser mit einem wasserlöslichen Folienstift markieren, wissen Sie auch noch nach 30 Minuten, welches Kohlenhydrat auf welchem Apfelstückchen ist.

Zusatzaufgabe: Erläutern Sie die hygroskopische (wasseranziehende) Wirkung am Beispiel eines Glucosemoleküls. Erklären Sie in diesem Zusammenhang auch die Dipoleigenschaft des Wassers. Zeichnen Sie ein Schema.

Strukturformel der Glucose: s. S. 30

Versuch 2: Vergärbarkeit

Material: Hefe, Saccharose, Stärke, Öl, 6 Reagenzgläser, Bunsenbrenner, Dreifuß, Keramiknetz (oder Heizplatte), Meßzylinder, Spatel, Thermometer, Uhr.

Durchführung: Mischen Sie jeweils die angegebenen Substanzen und füllen Sie die Suspension in ein Reagenzglas. Messen sie die Zeit, bis die ersten Gasblasen aufsteigen.

a) 10 ml kaltes Wasser + 1 g Zucker + 1 g Hefe

b) 10 ml warmes Wasser (40 °C) + 1 g Zucker + 1 Hefe

c) 10 ml kochendes Wasser + 1 g Zucker + 1 g Hefe

d) 10 ml warmes Wasser (40 °C) + 10 g Zucker + 1 g Hefe

e) 10 ml warmes Wasser (40 °C) + 1 g Stärke + 1 g Hefe

f) 10 ml warmes Wasser (40 °C) + 1 g Zucker + 2 ml Öl + 1 g Hefe

Tip: Genauer arbeitet man mit einem Gärröhrchen. Man kann damit die Menge des entstehenden Gases in einer Zeiteinheit messen.

Zusatzaufgaben: Leiten Sie aus Ihren Beobachtungen ab, welches die optimalen Bedingungen für die Herstellung eines Hefeteiges sind.

Bei welchen Teigen macht man einen Vorteig? Begründen Sie.

Versuch 3: Süßkraft

Material: In fünf Petrieschalen befinden sich verschiedene Kohlenhydrate: Glucose, Saccharose, Fructose, Maltose, Stärke. Nur das Gefäß mit Saccharose ist bekannt, die anderen Schalen sind mit Zahlen markiert.

Durchführung: Führen Sie einen Geschmackstest durch. Als Vergleichssubstanz dient Saccharose; sie erhält den Wert 100. Wenn Sie also z. B. finden, daß eine der Substanzen halb so süß schmeckt wie Saccharose, geben Sie ihr den Wert 50 usw. Welche Substanz sich hinter der jeweiligen Zahl verbirgt, erfahren Sie von Ihrer Lehrerin bzw. Ihrem Lehrer nach Versuchsende. Vergleichen Sie nun Ihre Schätzwerte mit den offiziellen Süßkraft-Werten im Buch Seite 51.

Zusatzaufgabe: Beurteilen Sie die Zuverlässigkeit dieses Tests. Wie könnte man sonst noch Glucose, Saccharose und Stärke voneinander unterscheiden?

Praktische Übungen IV

Aufbau und Inhaltsstoffe des Getreidekorns

Versuch 1: Der Aufbau des Getreidekorns

Material: Weizenkörner (zuvor ca. 24 Stunden in Wasser quellen lassen), Messer, Pinzette, JKJ-Lösung.

Durchführung: Schneiden Sie das Getreidekorn längs durch. Beschreiben Sie die Schnittfläche. Tropfen Sie etwas JKJ-Lösung auf die Schnittfläche. Achten Sie darauf, ob sich die gesamte Fläche verfärbt. Lösen Sie vorsichtig mit der Pinzette die äußeren Schalen des Korns ab. Wieviel braune Schalen erkennen Sie?

Auswertung: Fertigen Sie gemäß Ihren Beobachtungen eine Schemazeichnung an, die einen Schnitt durch ein Weizenkorn darstellt. Überprüfen bzw. ergänzen Sie Ihre Zeichnung mit Hilfe des Lehrbuches und erarbeiten Sie, ebenfalls anhand des Lehrbuches, welche Inhaltsstoffe die einzelnen Kornbestandteile enthalten (S. 17).

Zusatzfragen: Nennen Sie möglichst viele Lebensmittel, die a) aus dem ganzen Korn und b) nur aus Auszügen des Korns hergestellt werden.

Versuch 2: Kneten eines Teiges

Material: 100 g Mehl, 60 ml Wasser, feste, glatte Unterlage.

Durchführung: Mischen Sie Mehl und Wasser und kneten Sie das Ganze mindestens 5 Minuten lang.

Versuch 3: Auswaschen von Klebereiweiß

Material: 2 Eßlöffel Weißmehl, Tuch, Wasser, Schere, 2 Eßlöffel Roggenmehl.

Durchführung: Geben Sie das Mehl auf das Tuch, schließen Sie dieses und waschen sie unter fließendem Wasser aus, bis das ablaufende Wasser klar ist. Backen Sie Ihr gewonnenes Klebereiweiß ca. 25 Minuten (je nach Menge) im Trockenschrank bei 200 °C. Schneiden Sie Ihr Backstück mit der Schere vorsichtig auseinander.

Wiederholen Sie den Versuch und verwenden Sie statt Weißmehl nun Roggenmehl.

Zusatzaufgaben: Leiten Sie aus den Versuchen 2 und 3 die Bedeutung von Klebereiweiß für den Genußwert von Backwaren ab.

Erläutern Sie den Unterschied zwischen Speisestärke und Mehl.

Praktische Übungen V

Fette: Eigenschaften/Verdauung

EIGENSCHAFTEN

Versuch 1: Schmelzbereich

Material: ca. haselnußgroßes Stück Butter, Reagenzglas, Becherglas mit Wasser, Thermometer, Bunsenbrenner, Dreifuß, Keramiknetz (oder Heizplatte).

Durchführung: Geben Sie die Butter in das Reagenzglas und erhitzen Sie im Wasserbad. Notieren Sie a) die Temperatur, bei der das Fett anfängt zu schmelzen und b) die Temperatur, bei der das Fett gerade durchgeschmolzen ist.

Tip: Achten Sie darauf, daß die Thermometerspitze bei der Messung von Fett umgeben ist und nicht auf dem Gefäßboden aufsteht.

Zusatzfrage: Warum gibt es bei Fetten keinen Schmelzpunkt, sondern einen Schmelzbereich?

Versuch 2: Löslichkeit/Emulgierbarkeit

Material: Speiseöl, Eigelb, Gallenflüssigkeit, 3 Reagenzgläser, Pipetten.

Durchführung: Geben Sie jeweils ca. 1 cm hoch Speiseöl in jedes Reagenzglas. Dazu:

in Rgl I: ca. 1 cm hoch Wasser
in Rgl II: ca. 1 cm hoch Wasser, ca. 1 ml Eigelb
in Rgl III: ca. 1 cm hoch Gallenflüssigkeit.

Schütteln Sie die Proben kräftig durch und lassen Sie sie einige Zeit nebeneinander stehen. Achten Sie auf Veränderungen und auch auf die Zeit, in der diese Veränderungen zu beobachten sind.

Zusatzfragen: Erklären Sie den Begriff „Emulgator". Fertigen Sie eine Schemazeichnung dazu an. Warum braucht man bei der Fettverdauung Emulgatoren?

Versuch 3: Vorgänge bei der Verdauung

Material: Vollmilch, Gallenflüssigkeit, Pankreatinlösung, Phenolphthalein, NaOH(verd). Wasserbad 37 °C, 3 Reagenzgläser.

Informationen dazu:
Pankreatin ist ein Enzymgemisch, das u. a. fettspaltende Enzyme enthält. Phenolphthalein ist ein Indikator. Er färbt sich im basischen Milieu rosa, in neutralem und saurem Milieu ist er farblos.

Durchführung: Mischen Sie in drei Reagenzgläsern 3 ml Vollmilch mit 3 ml H_2O und erwärmen Sie auf 37 °C im Wasserbad. Markieren Sie die Gläser I bis III. Dazu kommen:

in Rgl I: 2 ml Gallenflüssigkeit, 1 ml Pankreatinlösung
in Rgl II: 1 ml Pankreatinlösung
in Rgl III: 2 ml Gallenflüssigkeit.

Geben Sie dann in jedes der drei Reagenzgläser 1 Tropfen Phenolphthalein und unter Schütteln tropfenweise so viel NaOH zu, bis eine beständige rosa Farbe entsteht. Stellen Sie die Reagenzgläser wieder ins Wasserbad und beobachten Sie einige Minuten lang. Achten Sie dabei auf die Zeit, bis Veränderungen auftreten.

Auswertung: Welche Produkte entstehen bei der Fettverdauung? Wie haben Sie diese bei dem Versuch nachgewiesen? Welche Stoffe müssen vorhanden sein, damit die „Verdauungs-Reaktion" abläuft? Erstellen Sie eine entsprechende Reaktionsgleichung mit einem Fett Ihrer Wahl.

Praktische Übungen VI

Proteine: Nachweise/Eigenschaften

I. NACHWEISREAKTIONEN

Versuch 1: die Xanthoproteinprobe

Material: Eiklar, HNO_3(konz. od. halbkonz.) Bunsenbrenner, Dreifuß, Keramiknetz (oder Heizplatte), Becherglas, Wasser, Reagenzglas, Meßzylinder.

Durchführung: Versetzen Sie ca. 2 ml Eiklar mit gleicher Menge HNO_3 (Vorsicht Säure!) Erhitzen Sie einige Minuten im Wasserbad.

Information: Die Xanthoproteinprobe ist ein Nachweis für aromatische Aminosäuren, d.h. Aminosäuren mit einer besonderen, ringförmigen Struktur.

Versuch 2: Die Biuretprobe

Material: Eiklar, $NaOH_{(verd.)}$, Kupfersulfatlösung, Alanin, Reagenzglas, Meßzylinder.

Durchführung: Versetzen Sie ca. 2 ml Eiklar mit der gleichen Menge NaOH. Geben Sie 1 bis 2 Tropfen Kupfersulfatlösung dazu und schütteln Sie um.

Führen Sie diesen Versuch noch einmal durch aber verwenden Sie statt Eiklar Alanin.

Tip: Statt Kupfersulfatlösung können Sie auch Fehling'sche Lösung I verwenden.

II. EIGENSCHAFTEN VON PROTEINEN

Versuch 3: Wasserlöslichkeit

Material: ca. walnußgroßes Stück Hackfleisch, HNO_3 (konz. od. halbkonz.), Bunsenbrenner, Dreifuß, Keramiknetz (oder Heizplatte), Bechergläser, Reagenzgläser, Filter und Filterpapier, Glasstab.

Durchführung: Geben Sie das Hackfleisch in ein Becherglas mit Wasser und rühren Sie gut durch; anschließend filtern sie ab. Beschreiben Sie das Filtrat. Führen Sie mit dem Filtrat die Xanthoproteinreaktion durch.

Zusatzfrage: Welches Protein ist hier im Fleischsaft nachzuweisen?

Versuch 4: Löslichkeit in verdünnter Salzlösung

Material: Eiklar, Wasser, verdünnte Salzlösung (1 g NaCl auf 100 ml Wasser), Reagenzgläser.

Durchführung: Vergleichen Sie die Löslichkeit von Eiklar in Wasser und in einer Salzlösung.

Zusatzfrage: Welche Gruppe von Proteinen ist wasserunlöslich, aber löslich in Salzwasser. Zu den Versuchen 3 und 4: Erläutern Sie, inwiefern diese Eigenschaften bei der Nahrungszubereitung von Bedeutung sind.

Versuch 5: Gerinnbarkeit (Denaturierbarkeit)

Material: Eiklar, Brennspiritus, $HCl_{(halbkonz.)}$, gesättigte NaCl-Lösung, Bunsenbrenner, 4 Reagenzgläser.

Durchführung: Geben Sie in jedes der vier Reagenzgläser ca. 3 cm hoch Eiklar. Erhitzen Sie ein Reagenzglas kurz über dem Bunsenbrenner.

In den anderen drei Reagenzgläser geben Sie jeweils eine der folgenden Substanzen: Brennspiritus, HCl, gesättigte NaCl-Lösung.

Zusatzfrage: Was passiert mit dem Eiweißmolekül, wenn es denaturiert wird? Wie wirkt sich dieser Vorgang auf die Verdaulichkeit aus?

Praktische Übungen VII

Qualitative Untersuchung von Milch

Versuch 1: Die Milchproteine

a) Casein

Material: Essigsäure, NaOH, Kupfersulfatlösung, Salpetersäure (konz.), Indikatorpapier, Bechergläser, Glasstab, Filter, Filterpapier, Reagenzgläser.

Durchführung: 20 ml Milch mit Wasser auf 100 ml verdünnen. Unter umrühren mit dem Glasstab so lange Essigsäure **zutropfen!** bis eine deutliche Ausflockung eintritt, dann abfiltern. **Das Filtrat aufheben!**

Einen Teil des Niederschlags mit NaOH lösen, mit Indikator auf Basizität prüfen. Mit einigen Tropfen Kupfersulfatlösung die Biuretreaktion durchführen.

Mit dem restlichen Teil des Niederschlags wird die Xanthoproteinreaktion gemacht.

b) Molkenproteine (ca. 20% des Gesamteiweißes)

Mit 5 ml des Filtrats aus Versuch 1 a) die Biuretprobe durchführen.

Versuch 2: Der Milchzucker

Material: gesättigte Na_2SO_4-Lösung. Fehling'sche Lösungen I und II, Bunsenbrenner, Dreifuß, Keramiknetz (oder Heizplatte), Bechergläser, Filter, Filterpapier.

Durchführung: 10 ml des Filtrats aus Versuch 1 a) werden mit 10 ml der Na_2SO_4-Lösung ca. 2 Minuten gekocht. Albumin und Globulin flocken aus und werden durch Filtrieren abgetrennt (aussalzen). 2 ml der eiweißfreien Lösung mit Fehling prüfen (das Reaktionsgemisch muß dabei alkalisch sein).

Versuch 3: Das Milchfett

Material: Ether, Ethanol, Wasserbad, Sudan III (färbt Fett rot = Nachweis), Becherglas, Reagenzglas, Meßzylinder.

Durchführung: 5 ml Milch mit der gleichen Menge Ether bis zur gleichmäßigen Mischung gut durchschütteln. 5 ml Alkohol zugeben und das Reagenzglas in ein Wasserbad von ca. 40 °C stellen. Nach einigen Minuten erneut schütteln und das Reagenzglas noch eine Weile in einem Becherglas mit Leitungswasser stehen lassen. Einige Tropfen Sudan III zugeben.

Zusatzfrage: Erläutern Sie die Aufgaben von Ether und von Alkohol, wenn es darum geht, Fett aus der Milch zu isolieren.

Praktische Übungen VIII

Käseherstellung

Material:
— 2 Liter Vollmilch (Rohmilch oder pasteurisierte Milch, keine H-Milch).
— 1 Becher Naturjoghurt.
— Labtablette (gibt es in Tablettenform in der Apotheke oder in Hobbythekläden, genaue Menge nach Vorschrift auf der Packung).
— 15 %ige Salzlösung (150 g Salz auf 1 Liter mit Wasser auffüllen).
— 1 großer Kochtopf, Schneebesen, Kaffeelöffel, kleiner Teller, Seihschüssel, Konservendose mit sauber abgetrenntem Deckel, den Boden und Seiten mit Löchern durchbohrt, große Kieselsteine zum Beschweren, Geschirrtuch, großes Taschentuch, Alufolie, Thermometer, Heizplatte, großes Messer, Auffangschale für Molke, (Kuchen)-gitter.

Durchführung: **1. Vorbereitung**
— Milch und Joghurt in den Kochtopf geben und unter Rühren auf 38 °C erwärmen.
— Topf mit Deckel verschließen und an einem warmen Ort 1 Stunde stehen lassen.

2. Im Unterricht
— Die Labtablette auf den kleinen Teller geben, etwas Wasser dazu und mit einem Kaffeelöffel fein zerdrücken; in die Milch einrühren und gut durchrühren.
— Den Topf weitere 45 Minuten lang warm stehen lassen.
— Mit dem Messer die eingedickte Milch in lange ca. 1 cm dicke Streifen schneiden und 10 Minuten stehen lassen.
— Mit dem Messer die eingedickte Milch über Kreuz in Streifen schneiden. Jetzt sind Würfel enstanden. Nochmals 10 Minuten stehen lassen.
— Den Topfinhalt in eine mit dem Geschirrtuch ausgelegte Seihschüssel schütten. Die Molke ablaufen lassen.
— Den im Tuch verbliebenen Bruch auf das Taschentuch geben, die Zipfel möglichst glatt darüberlegen.
— In die Konservendose geben, den Deckel darauflegen und das ganze mit einigen großen Steinen beschweren. Auf einem Gitter ablaufen lassen.

3. Nachbereitung
— Nach ca. 3 Stunden, den Käse auspacken und in eine Schüssel mit 15 %iger Salzlösung legen. In der Salzlösung bleibt der Käse 3 Stunden lang. Zwischendurch einmal wenden.
— Den Käse auf einem Gitter abtrocknen lassen (ca. 1 Std.) und in Alufolie eingepackt noch ca. 1 Woche im Kühlschrank reifen lassen.
Tip: Professioneller geht die Käseherstellung mit einem speziellen Käsemachset, das im Schulbedarfshandel angeboten wird. Das Schneiden der eingedickten Milch mit einem kleinen Metallgitter, dem Dickmilchschneider führt außerdem zu einer besseren Trennung von Molke und Bruch.   Guten Appetit!

*Dickmilch-
schneider*

Sachwortverzeichnis

Bildquellenverzeichnis

Wir danken folgenden Firmen, Verbänden und Bildagenturen für die freundliche Abdruckgenehmigung:

B. Birkel Söhne GmbH, Weinstadt-Endersbach

Bünting, J Teehandelshaus GmbH & Comp., Leer

Bundeszentrale für gesundheitliche Aufklärung, Köln

Centrale Marketinggesellschaft der
deutschen Agrarwirtschaft mbH, Bonn

Deutscher Brauerbund, Bonn

Deutscher Kaffee-Verband e. V., Hamburg

Evangelisches Krankenhaus, Zweibrücken

Fischwirtschaftliches Marketing-Institut, Bremerhaven

Info-Zentrum Schokolade, Düsseldorf

Margarine-Institut für gesunde Ernährung, Hamburg

Melitta-Werke, Minden

Opekta GmbH & Co., Köln

Ostmann, Bielefeld

Peter Hammer Verlag GmbH, Wuppertal

Pfanni-Werke, München

Pfeifer & Langen, Köln

Reis-Fit, Bremen

Rewe-Zentrale, Köln

Süddeutscher Verlag GmbH, München

Teekanne GmbH, Düsseldorf

teubner edition, Füssen

Tony Stone Associates GmbH, München

Union deutsche Lebensmittelwerke GmbH, Hamburg

Vereinigung Getreide-, Markt- und Ernährungs-
forschung e. V., Bonn